THOMAS L. ZOTZ

Der Breisgau und das alemannische Herzogtum

Zur Verfassungs- und Besitzgeschichte im 10. und beginnenden 11. Jahrhundert

VORTRÄGE UND FORSCHUNGEN
Sonderband 15 · Herausgegeben vom
Konstanzer Arbeitskreis für mittelalterliche Geschichte

JAN THORBECKE VERLAG SIGMARINGEN

Die Friedrich-Metz-Stiftung, Freiburg i. Br., förderte die Entstehung dieser Arbeit mit einem Stipendium.

Gesamtherstellung: M. Liehners Hofbuchdruckerei KG Sigmaringen

Printed in Germany – ISBN 3-7995-6675-9

[redacted]

Der Breisgau
und das alemannische Herzogtum

Zur Verfassungs- und Besitzgeschichte im 10. und beginnenden 11. Jahrhundert

von

Thomas L. Zotz

VORTRÄGE UND FORSCHUNGEN

Sonderband 15 · Herausgegeben vom
Konstanzer Arbeitskreis für mittelalterliche Geschichte

JAN THORBECKE VERLAG SIGMARINGEN

INHALTSÜBERSICHT

EINLEITUNG

Diese Untersuchung will sowohl einen Beitrag zur Geschichte des Breisgaus, zum Eigengewicht dieses Raumes und zu den in ihm wirkenden Adelskräften leisten [1] als auch das Spannungsverhältnis zwischen der oberrheinischen Landschaft und dem gesamten alemannischen Herzogtum sowohl in verfassungs- als auch in sozial- und besitzgeschichtlicher Hinsicht erörtern. Dieses Spannungsfeld läßt sich einerseits am Verhältnis von Königtum und Herzogtum zueinander [2] und andererseits an den Beziehungen jeder der beiden Kräfte zu dem historisch-politischen Raum am Oberrhein beobachten und darstellen.

Im ersten Kapitel wird versucht, am Beispiel der urkundlichen topographischen Terminologie den Wandel des Breisgaus als einer Randzone im alemannischen Herzogtum nachzuzeichnen und gleichzeitig Aufschluß über das zeitgenössische Verständnis vom Herzogtum und dessen Geltungsbereich zu gewinnen. Damit nicht der terminologische Befund isoliert seine Aussagekraft einbüßt, soll unter besonderer Berücksichtigung des Oberrheingebiets das ottonische Itinerar [3] in ganz Alemannien im 10. Jahrhundert aufgearbeitet werden; hierbei gilt die Aufmerksamkeit der Qualität der königlichen Aufenthaltsorte und dem damit verbunde-

1 Hierüber liegen bereits verschiedene Arbeiten vor: TH. MAYER, Die historisch-politischen Kräfte im Oberrheingebiet im Mittelalter, in: ZGO NF 52, 1939, S. 1–24, wieder abgedruckt in: DERS., Mittelalterliche Studien, 1959, S. 387–403; H. BÜTTNER, Breisgau und Elsaß. Ein Beitrag zur frühmittelalterlichen Geschichte am Oberrhein, in: Schauinsland 67, 1941, S. 3–25; W. STÜLPNAGEL, Der Breisgau im Hochmittelalter, in: Schauinsland 77, 1959, S. 3–17.

2 Zum Verhältnis von Königtum und Herzogtum äußert sich G. WARNKE-ZOLLER, König und Herzog. Studien zur Politik der Liudolfingerkönige, Diss. phil. Freiburg, 1944 (1947) masch. Dabei steht allerdings das gesamte ottonische Herrschaftsgebiet unter dem Aspekt von verfassungsgeschichtlichen und verwandtschaftlichen Fragen zur Diskussion.

3 Vgl. TH. MAYER, Das deutsche Königtum und sein Wirkungsbereich, in: Das Reich und Europa, 1941 (2), S. 52–74, wieder abgedruckt in: DERS., Mittelalterliche Studien, 1959, S. 28–44, und H. J. RIECKENBERG, Königsstraße und Königsgut in liudolfingischer und frühsalischer Zeit, in: AUF 17, 1941. S. 32–154, neu 1965 als Separatum.

nen Wirkungsbereich der kirchlichen Institutionen [4]. Gerade die Zusammenschau dieser beiden Faktoren scheint den spezifischen Bedingungen der königlichen Gastung, wie sie Gegenstand der Pfalzenforschung ist [5], im »königsfernen« alemannischen Raum gerecht zu werden [6]. Dabei wäre es unzulässig, den Breisgau von seinem landschaftlich-historischen Zusammenhang mit dem Elsaß [7] und der Ortenau [8] zu trennen.

Das zweite Kapitel bietet in zeitlich parallelem Ansatz eine Darstellung und Analyse der Schwerpunkte herzoglicher Aktivität [9] sowohl im

4 Zu diesem Fragenkomplex B. HEUSINGER, Servitium regis in der deutschen Kaiserzeit, in: AUF 8, 1923, und C. BRÜHL, Fodrum, Gistum, Servitium regis. Studien zu den wirtschaftlichen Grundlagen des Königtums im Frankenreich und in den fränkischen Nachfolgestaaten Deutschland, Frankreich und Italien vom 6. bis zur Mitte des 14. Jahrhunderts, Kölner historische Abhandlungen Bd. 14/I/II, 1968; zur Situation und Qualität des Reichsgutes und zur Stellung der Kirche s. auch W. METZ, Das karolingische Reichsgut, 1960, S. 119 ff., 137 ff.; für die ottonische Zeit: A. EGGERS, Der königliche Grundbesitz im 10. und beginnenden 11. Jahrhundert, in: Quellen und Studien zur Verfassungsgeschichte des Deutschen Reiches in Mittelalter und Neuzeit Bd. 3, 2, 1909; für Alemannien selbst J. FLECKENSTEIN, Bemerkungen zum Verhältnis von Königspfalz und Bischofskirche im Herzogtum Schwaben unter den Ottonen, in: Schauinsland 90, 1972, S. 51–59.

5 H. HEIMPEL, Bisherige und künftige Erforschung deutscher Königspfalzen, in: GWU 16, 1965, S. 461–487; C. BRÜHL, Die wirtschaftliche Bedeutung der Pfalzen für die Versorgung des Hofes von der fränkischen bis zur Stauferzeit, ibd. S. 505–515; A. GAUERT, Zur Struktur und Topographie der Königspfalzen, in: Deutsche Königspfalzen Bd. 2, hg. v. H. Heimpel, 1965, S. 1–60.

6 Beispielhaft die Rolle Ulms in der Arbeit von U. SCHMITT, Villa regalis Ulm und das Kloster Reichenau. Untersuchung zur Pfalzfunktion des Reichsklostergutes in Alemannien (9.–12. Jahrhundert), Veröffentlichungen des Max-Planck-Instituts für Geschichte Bd. 42, 1974.

7 H. BÜTTNER, Geschichte des Elsaß Bd. 1, 1939, und DERS., Breisgau und Elsaß; mit stärkerer Betonung der Sozial- und Wirtschaftsgeschichte PH. DOLLINGER, Histoire de l'Alsace, 1970.

8 PH. RUPPERT, Geschichte der Ortenau Bd. 1, 1878; H. BÜTTNER, Franken und Alemannen im Breisgau und in der Ortenau, in: ZGO NF 52, 1939, S. 323–359; M. KREBS, Politische und kirchliche Geschichte der Ortenau, in: Die Ortenau 40, 1960, S. 133–245; unter spezieller Fragestellung, aber den Raum weiter umfassend D. KAUSS, Die mittelalterliche Pfarrorganisation in der Ortenau, Veröffentlichung des Alemannischen Instituts Nr. 30, 1970.

9 Zu diesem noch wenig systematisch behandelten Gesichtspunkt H. KELLER, Kloster Einsiedeln im ottonischen Schwaben, FOLG Bd. 13, 1964, S. 98 ff. und 118 ff.; vereinzelt ergiebig auch H. W. KLEWITZ, Das alemannische Herzogtum bis zur Staufischen Epoche, in: Oberrheiner, Schwaben, Südalemannen, Arbeiten vom Oberrhein Bd. 2, hg. v. F. Maurer, 1942, S. 79–110.

gesamten alemannischen Raum als auch im Breisgau [10]. Diese Basis scheint geeignet, das Verhältnis zwischen den burchardingischen und konradinischen Herzögen und, damit verbunden, den Problemkreis des Führungswechsels in Alemannien von 926 zu beurteilen und die Begriffe Stammes- und Amtsherzogtum zu überprüfen [11]. Gegenstand der Frage, welche Funktion für den Herzog der Breisgau innerhalb Alemanniens ausübte, ist die Gründung des Klosters Waldkirch durch Buchard I. [12]. Dieser Vorgang zu einer Zeit, als das Königtum analog dem terminologischen Befund der Urkunden keinen Zugang zum Oberrheingebiet hatte, ist auf seine Voraussetzungen hin zu untersuchen.

In der Diskussion darüber, ob ein bestimmter Besitztitel als Königsgut, als herzogliches »Amtsgut« oder als herzogliches Allod anzusprechen sei, hat sich gezeigt, wie problematisch diese formalen Kategorien bei dem Versuch sind, den historischen Sachverhalt zu klären [13]. Deshalb werden im Zusammenhang der konradinischen Schwerpunkte die tatsächlichen Bedingungen von Reichsgut an inneralemannischen Beispielen ge-

10 Daß eine sich nach anderen Seiten hin abschließende Einheit des Oberrheingebiets bestand und folgenreich wurde, hat H. W. Klewitz, Herzogtum, S. 91 ff., dargestellt, der das Bodenseegebiet mit Rätien als zweiten und das Quell- und Stromgebiet von oberer Donau und oberem Neckar als dritten abgeschlossenen Raum des alemannischen Herzogtums bezeichnete; vgl. auch Th. Mayer, Die Besiedlung und politische Erfassung des Schwarzwaldes im Hochmittelalter, in: ZGO NF 52, 1939, S. 500–522, wieder in: Ders., Studien, S. 404–424.

11 Dazu H. Werle, Titelherzogtum und Herzogherrschaft, in: ZRG GA 73, 1956, S. 225–299; allgemein: G. Tellenbach, Königtum und Stämme in der Werdezeit des deutschen Reiches, in: Quellen und Studien zur Verfassungsgeschichte des Deutschen Reiches in Mittelalter und Neuzeit Bd. 7, 4, 1939, und Ders., Vom karolingischen Reichsadel zum deutschen Staat des Mittelalters, in: Adel und Bauern, hg. v. Th. Mayer, 1943, S. 22–73, neu in: Herrschaft und Staat im Mittelalter, hg. v. H. Kämpf, 1956, S. 191–242.

12 H. Roth, Die Gründer des Klosters Waldkirch, in: FDA 72, 1952, S. 54–73; weitere Literatur s. u. S. 81.

13 Dies wird etwa an der Literatur über die Probleme des Hohentwiel im 10. Jh. deutlich: H. M. Decker-Hauff, Die Ottonen und Schwaben, in: ZWLG 14, 1955, S. 233–371; G. Tellenbach mit J. Fleckenstein und K. Schmid, Kritische Studien zur großfränkischen und alemannischen Adelsgeschichte, in: ZWLG 15, 1956, S. 169–190; Th. Mayer, Das schwäbische Herzogtum und der Hohentwiel, in: Hohentwiel. Bilder aus der Geschichte des Berges, hg. v. H. Berner, 1957, S. 88–113, wieder abgedruckt in: Ders., Studien, 1959, S. 325–349.

prüft, um von daher das Verhältnis zwischen Otto d. Gr. und Herzog Hermann I. zu bewerten [14].

Im dritten Kapitel ist der Bedeutungswandel des Oberrheingebiets in der zweiten Hälfte des 10. Jahrhunderts Gegenstand der Untersuchung. Die Zuordnung königlicher und herzoglicher Wirksamkeit [15], die Frage des *ducatus Alsatiae* [16] und die Stellung der Konradiner in Alemannien [17], sowohl die der Herzöge als auch die der anderen im Südwesten wirksamen Mitglieder dieses fränkischen Verwandtschaftskreises, müssen zu dem von der Forschung bislang nur gestreiften Problem in Beziehung gesetzt werden, daß etwa 20 Jahre lang neben den regulären alemannischen Herzögen Otto und Konrad die Herzoginwitwe Hadwig quasiherzogliche Funktionen und Rechte ausübte [18].

Mit Hadwigs Tod treten zugleich der Hohentwiel, einer der Vororte Alemanniens, dessen Funktion es im Zusammenhang mit den anderen *capita ducatus* zu klären gilt, und Kloster Waldkirch in den Quellen entgegen. Die damit verbundene neuerliche Aktivierung des nördlichen Breisgaus, in Ottos III. Aufenthalt in dem seit Karl III. nicht mehr besuchten Sasbach faßbar, verdient eine eindringliche Behandlung im Rahmen der konradinisch-bayerischen Spannungen am Ende des 10. Jahrhunderts, die sich in Breisach und in der dortigen, mit Sicherheit Herzog

14 Dabei gilt es, die Fragen in Zusammenhang mit einer Landschaft als dem Wirkungsbereich von Kirche und Adel zu sehen. Zum methodischen Ansatz vgl. K. SCHMID, Königtum, Adel und Klöster zwischen Bodensee und Schwarzwald, in: Studien und Vorarbeiten zur Geschichte des großfränkischen und frühdeutschen Adels, hg. v. G. Tellenbach, FOLG Bd. 4, 1957, S. 225–334; H. MAURER, Das Land zwischen Schwarzwald und Randen im frühen und hohen Mittelalter. Königtum, Adel und Klöster als politisch wirksame Kräfte, FOLG Bd. 16, 1965.

15 H. MAURER, Rottweil und die Herzöge von Schwaben, in: ZRG GA 85, 1968, S. 59–77, der besonders die Frage der herzoglichen Vororte und ihres Wandels anspricht (S. 72 ff.).

16 W. ERBEN, Die Anfänge des Klosters Selz, in: ZGO 46 NF 7, 1892, S. 1–37; H. BÜTTNER, Geschichte des Elsaß Bd. 1, S. 195 f.; E. E. STENGEL, Udo und Hermann, die Herzöge vom Elsaß, in: Hessisches Jahrbuch für Landesgeschichte 1, 1951, S. 42–71; H. KELLER, Kloster Einsiedeln, S. 101 f. mit Anm. 34.

17 Die Formulierung des Forschungsthemas »Die Konradiner in Schwaben« bei K. SCHMID, Probleme um den Grafen Kuno von Öhningen, in: Dorf und Stift Öhningen, hg. v. H. Berner, 1966, S. 43–88, hier S. 86; mitunter auch für die Geschichte der Konradiner im 10. Jh. die grundlegende Arbeit von I. DIETRICH, Das Haus der Konradiner. Untersuchungen zur Verfassungsgeschichte der späten Karolingerzeit, Diss. phil. Marburg, 1952.

18 Hinweise bei H. M. DECKER-HAUFF, Die Ottonen, S. 237 f., und bei H. KELLER, Kloster Einsiedeln, S. 46.

Heinrich dem Zänker zuzuweisenden Münze niederschlugen und zum Verständnis des Herrschaftswechsels von 1002 von großer Bedeutung sind.

Damit die besondere Ausformung der Interdependenz von Königtum und Herzogtum, die von Heinrich I. und Otto d. Gr. als konstitutiver Faktor ihrer Herrschaftsausübung begründet wurde [19], im Problemkreis der Jahrtausendwende deutlich wird, scheint es aufschlußreich, die Rolle des Oberrheingebiets in diesem Zusammenhang zu untersuchen. Welche Auswirkung der hier zu beobachtende Zusammenstoß konradinischer und bayerisch-liudolfingischer Interessen hatte, zeigen die Umstrukturierung dieses Raumes [20] durch Heinrich II. und die Konsequenzen des Dynastiewechsels für das Verhältnis des Königtums zu den konradinischen Herzögen in Alemannien am Anfang des 11. Jahrhunderts.

19 K. Schmid, Die Thronfolge Ottos d. Gr., in: ZRG GA 81, 1964, S. 80–163; mit Nachträgen neu in: Königswahl und Thronfolge in ottonisch-frühdeutscher Zeit, hg. v. E. Hlawitschka, 1971, S. 417–508 mit Hinweisen auf die frühere Literatur.

20 Auf sie hat bereits H. Keller, Kloster Einsiedeln, S. 118 ff., aufmerksam gemacht.

I. DER BREISGAU IM 10. JAHRHUNDERT: WANDEL EINER POLITISCHEN RANDZONE ALEMANNIENS

1. Der Breisgau und der ducatus Alamanniae

Notum sit omnibus fidelibus nostris ..., qualiter Hartpertus venerabilis Curiensis episcopus nostram adiit celsitudinem, referens nobis quoddam concambium cum locis ad suum episcopium Curiense pertinentibus in pago Prisikeuue *in villa Niuuericheshusa et* in comitatu Mortenouua *in villa Tuntelinga ..., quae nos in loco Clofheim cum manu praefati episcopi de rege Chuonrado in legitimum concambium, dato predio praescripti episcopii* in Alsatia, *multis praesentibus recepimus, peractum habuisse cum monachis in monasterio Suarzaha dicto, quod est constructum in honore sancti principis apostolorum, monasticam vitam colentibus, consensu Chuonradi comitis, cui ipsius monasterii procurationem extrinsecus commisimus, ab ipsis recipiens loca econtra* in ducatu Alamanniae *in pagis et vicis ita nominatis:* in comitatu Bara *in loco Bochinga ...* in comitatu Apha ... in comitatu Herekeuue ... et in comitatu Muntricheshuntera ... [1].

An dieser Urkunde Ottos d. Gr., die ein zwischen dem Kloster Schwarzach a. Rh. und dem Bischof Hartbert von Chur im Jahr 961 abgeschlossenes Tauschgeschäft zum Inhalt hat, läßt sich unschwer ein Unterschied in der topographischen Terminologie ablesen: Während der *comitatus Bara* und die folgenden Grafschaften durch das davorstehende *in ducatu Alamannico* als Teile des alemannischen Herzogtums deutlich gekennzeichnet werden, fehlt dieser Terminus bei dem Breisgau, der Ortenau und dem Elsaß. Ob es sich hierbei um eine historisch relevante Aussage handelt, kann nur aus einem größeren zeitlichen Zusammenhang heraus deutlich werden. Mit welchen topographischen Attributen erscheinen also der Breisgau und die angrenzenden Gebiete in den Quellen des 10. Jahrhunderts [2] und wie verhalten sich dazu die übrigen Landschaften Alemanniens?

Mustert man die Königsurkunden des in Frage kommenden Zeitraums für das Herzogtum, so findet sich der Zusatz *in ducatu Alamannico* bis in die sechziger Jahre des 10. Jahrhunderts lediglich in Diplomen,

1 D OI 225 (961 Mai 17).

2 Das 9. Jahrhundert wird gelegentlich auch berührt.

die den Thurgau [3], den Zürichgau [4] oder den innerschwäbischen Raum [5] betreffen, und er erscheint keineswegs regelmäßig; abgesehen von den Urkunden Konrads I. [6], fehlt er z. B. in D OI 119 (950 Febr. 7) für St. Gallen [7] und in D OI 147 (952 März 10) [8]. Weder für den Breisgau [9] und die Ortenau [10] noch für das Elsaß [11] kommt der *ducatus Alamannicus* in Verbindung mit den Ortsangaben vor. Die Urkunden Ottos I. über das Tauschgeschäft Chur–Schwarzach lassen den Gegensatz Breisgau, Ortenau, Elsaß einerseits und innerschwäbischer Raum andererseits am deutlichsten erkennen. Im Hinblick auf den Breisgau ändert sich dieses Bild in der Folgezeit, wenn auch nicht konsequent – das läßt sich ja auch für die anderen Räume nicht feststellen –, so aber doch zeitweilig: 972 bestätigte Otto II. dem Kloster Einsiedeln seinen Besitz *(curtem Riegol vocatam cum locis ... in ducatu Alamannico in pago Brisikeuue sitis)*. Dieser Zusatz steht in so enger Verklammerung mit den genannten Orten im Breisgau, daß er sich nicht als Oberbegriff für die gesamten alemannischen Güter Einsiedelns verstehen läßt, zu denen außer den breisgauischen auch diejenigen *in comitatu Zurihkeuue, in Tûrgeuue* und *in Linzihkeuue* gehören [12].

3 D OI 189 (958 Jan. 6) für Einsiedeln: *in ducatu Alamannico in comitatu Burchardi ducis Durgeuue noncupato in villa Askinza.*

4 D OI 208 (960 Mai 16) für Disentis: *in ducatu Alemanniae in Zurichgeuue in comitatu Luitonis comitis in villa Pfaffinghoue.*

5 DOI 224/225 (961 Mai 17) Tausch Chur–Schwarzach.

6 D KoI 5 (912 März 14) für St. Gallen: *in Turgeuue, in Alpegeuue, in pago Para;* zum terminologischen Problem vgl. Chr. Fr. Stälin, Wirtembergische Geschichte Bd. 1, 1841, S. 336, Anm. 3.

7 Vgl. D KoI 5.

8 *in pago Zuriggauui ... in comitatu Liudonis commitis.*

9 D OI 155 (952 Aug. 9) *Lielahe ... in pago Brisehgeuue in comitatu filii nostri Liutolfi.*

10 D OI 224/225 wie Anm. 1.

11 D OI 146, 163, 201, 209 *(in Alsatia* – hier zuvor: *in d[ucatu Alamanniae in comitatu Nechergeuue]);* Lücke ergänzt laut D OII 124, jedoch bereits in früherer Urkunde Zusatz klar ersichtlich.

12 D OII 24 (972 Aug. 14). Für die hier angeschnittene Frage ist es wenig erheblich, auf welche Zeit die ursprüngliche Urkunde Ottos I. zu datieren ist. P. Kläui, Untersuchungen zur Gütergeschichte des Klosters Einsiedeln vom 10.–14. Jh., in: Festgabe Hans Nabholz zum 70. Geburtstag, 1944, S. 78–120, hier S. 92 f., glaubt sich auf Tschudis Datierung auf 969 stützen zu können. Seine Argumentation stimmt jedoch nicht ganz; denn sein Indiz gegen den Einwand, Tschudi habe die Liste der Orte nicht D OII 24 entnehmen können, weil dort – entgegen Tschudis Formulierung – nicht stehe, daß alle Orte zum Hof Riegel gehören, trifft nicht zu (*iuris sui curtem Riegol cum locis Endingen* etc.). So spricht nichts gegen die Annahme einer Kompilation. Auch H. Keller, Einsiedeln, S. 100, Anm. 18, hält Tschudis Datierung für willkürlich. Was den

Verfolgt man die topographische Terminologie in den Königsurkunden des 10. Jahrhunderts weiter, so enthalten Bestätigungen für den Zürichgau [13] und den Neckargau [14] die in Frage stehende Bezeichnung aufgrund der Vorurkunden, jedoch auch hier nicht durchgängig [15]. Ebenso variieren die Zeugnisse für den Breisgau: In D OII 182 (979 Jan. 15) ist nur vom Breisgau die Rede wie auch in D OIII 61 (990 April 21) [16], D OIII 63 (990 Juni 18), D OIII 129 (993 Juni 22), D OIII 157 (994 Dez. 22) und D OIII 161 (994 Dez. 29). Nur noch einmal, in D OIII 187 (995 Dez. 9), läßt sich für den Breisgau die Beifügung *in ducatu Alamannico* feststellen. Hier bestätigt Otto III. ein Tauschgeschäft zwischen dem Bischof Hildibald von Worms und dem Abt Gregor von Einsiedeln. Das Kloster erwarb das *praedium Scheleia* [17] vom Wormser Bischof, dem es fünf Jahre zuvor Otto III. geschenkt hatte [18]. Während in der früheren Urkunde der Breisgau allein steht, enthält die spätere zusätzlich den Hinweis *in ducatu Alamannico* [19].

In den Urkunden Heinrichs II. begegnet der Breisgau stets allein [20], außer in Bestätigungen für das Kloster Einsiedeln [21]. Dasselbe gilt für die Ortenau [22] und das Elsaß [23].

Zieht man die Bilanz aus der Sichtung des urkundlichen Materials, läßt sich mit aller Vorsicht feststellen, daß die Bestimmung *in ducatu Alamannico* bis etwa 960, wenn überhaupt, dann nur in Königsurkunden

Terminus *in ducatu Alamannico* betrifft, so ist nicht auszumachen, ob er in der verlorenen Urkunde Ottos I. stand. Jedenfalls wurde diese nach 952 ausgestellt; denn erst mit diesem Jahr beginnt die Reihe der königlichen Schenkungen an Einsiedeln, die auf die Konfiskation der Güter Guntrams zurückgehen. Hierzu ist nach H. Büttner, Graf Guntram am Oberrhein, in: Oberrheinische Heimat 28, 1941, S. 120–124, auch der nördliche Kaiserstuhl zu rechnen.

13 D OII 121 (975 Dez. 26) nach D OI 276.

14 D OII 124 (976 Jan. 3) nach D OI 209.

15 D OII 131 (976 Juli 4) lediglich *in pago Turegum.*

16 Zurückgehend auf D OI 277 bzw. D KaIII 189 (887 April 16 – unecht).

17 Nach Quellenwerk zur Entstehung der Schweizerischen Eidgenossenschaft Abt. II: Urbare u. Rödel, bearb. v. P. Kläui, Bd. 3, 1951, S. 367, Anm. 16: Schliengen; eher kommt jedoch Schelingen im Kaiserstuhl in Frage. Vgl. unten, S. 163, Anm. 252.

18 D OIII 63 (990 Juni 18).

19 Beide Urkunden sind vom Schreiber HF verfaßt.

20 D HII 78, 117, 118, 171, 348, 354.

21 D HII 77, 378.

22 D OII 51, 122, 182; D OIII 158, 273; D HII 69, 156, 167, 209, 348.

23 D OI 146, 157, 163, 166, 201, 209, 224 f., 368; D OII 51, 79, 109, 124, 182; D OIII 11, 27, 36, 43, 79, 86, 159, 273, 371; D HII 18, 69, 79, 80, 348, 499.

vorkommt, die den Thurgau/Zürichgau oder innerschwäbische Gebiete, nicht jedoch den Raum am Oberrhein betreffen. Für die Zeit danach nimmt der Breisgau eine gewisse Sonderstellung gegenüber der Ortenau und dem Elsaß ein. Da aber grundsätzlich der betreffende Zusatz nur unregelmäßig vorkommt, bedeutet es wohl nicht viel, wenn nur zwei Breisgau-Urkunden dazu zu rechnen sind, beide übrigens für das Kloster Einsiedeln ausgestellt [24]. Gibt es Gründe für die Einbeziehung des Breisgaus in die Reihe der historischen Landschaften, die explizit zum alemannischen Herzogtum zählten?

In der ersten Hälfte des 10. Jahrhunderts blieb der Breisgau den Königen Konrad I., Heinrich I. und Otto I. weitgehend verschlossen. Konrads I. Aufenthalte in Alemannien, die mit dem Jahr 913 abbrachen, beschränkten sich auf Konstanz [25], St. Gallen [26], Bodman [27], Ulm [28], Straßburg [29] und Twiel [30]. Vom Hohentwiel abgesehen, sind es Orte, an denen auch die letzten ostfränkischen Karolinger, voran Ludwig d. Dt. und Karl III., nachzuweisen sind [31]. Allerdings zeigt dieser Vergleich, daß Konrad I. weder Kirchen a. Rh. als *curtis regalis* [32] noch Sasbach besuchte; an beiden Stätten hielten sich Karl III. und Arnulf auf [33]. Noch klarer wird die Entwicklung der königlichen Stellung im Breisgau bis zu Konrad I. hin, wenn man sich vergegenwärtigt, von welcher Bedeutung dieser Raum für Karl III. war. Unter der Regentschaft seines Vaters, Ludwigs d. Dt., wirkte er seit 865 als Graf im Breisgau [34]. Dabei spielte der Grenzraum eine wichtige Rolle im Zusammenhang mit der vorläufigen Teilung, die Ludwig d. Dt. 865 für seine

24 Diese Tatsache wird besonders klar aus den zwei Urkunden D OIII 63 und 187 (beide von HF), die das Gut *Scheleia* zum Inhalt haben. Die erste (ohne Zusatz) galt für Worms, die zweite (mit Zusatz) für Einsiedeln.
25 RI I 2071b.
26 RI I 2071c.
27 RI I 2072, 2081.
28 RI I 2072a, 2082.
29 RI I 2075, 2087.
30 RI I 2095a.
31 Vgl. Tabelle unten, S. 230.
32 Nach E. DÜMMLER, Geschichte des ostfränkischen Reiches Bd. 3, 1888 (2), S. 277, Anm. 2: Kirchen bei Lörrach, nicht Kirchen im Elsaß; vgl. auch J. SCHMIDT, Kirchen am Rhein. Eine karolingische Königspfalz, 1912, S. 47 f.
33 Kirchen: Karl III. (RI I 1749a, 1750–1754a); Arnulf (RI I 1897e); Sasbach: Karl III. (RI I 1719).
34 Nachweisbar aufgrund von St. Galler Urkunden seit 865; vgl. H. Wartmann, UB St. Gallen (künftig: WARTMANN) 2, Nr. 534, 553, 555, 574, 575; zu Karl III. und seiner Breisgaugrafschaft J. FLECKENSTEIN, Die Hofkapelle der deutschen Könige Bd. 1, MGH-Schriften 16/1, 1959, S. 189 ff.

Söhne Ludwig, Karlmann und Karl vornahm [35]. Jeder der drei Söhne trat nach dem Willen des Vaters in eine enge verwandtschaftliche Beziehung zum einheimischen Adel: Karl heiratete die Tochter des alemannischen Grafen Erchanger, Richardis; Ludwig schenkte dafür Reichsgut am Kaiserstuhl [36] als Morgengabe an seine Schwiegertochter. Hierbei diente der Breisgau offenkundig der Politik, das Elsaß, das zum Mittelreich Lothars II. gehörte, dem ostfränkischen Bereich anzugliedern. Dieser Plan, den Lothar II., von Karl d. K. bedrängt, 860 durch ein Bündnis mit Ludwig d. Dt. vorbereitete [37], fiel kurz vor seiner Verwirklichung schließlich dem ständigen Wechsel der Positionen zum Opfer [38].

Der politisch-strategische Stellenwert, der dem Breisgau in den Plänen Ludwigs d. Dt. und in der Aktivität Karls als Grafen und seit 876 als des Nachfolgers seines Vaters in Alemannien zukam, verminderte sich in der Folgezeit spürbar. Während 887 in der *curtis regalis* Kirchen noch das hochpolitische Ereignis der erzwungenen Absetzung [39] Liutwards von Vercelli im Rahmen eines *placitum* [40] stattgefunden und sich dort Arnulf noch einmal 894 aufgehalten hatte [41], erscheint Sasbach seit Karl III. nicht mehr in den Quellen. Ludwig d. K. besuchte keinen der beiden Orte, sondern beschränkte sich, von Straßburg abgesehen, auf den inneralemannischen Raum.

Das allmähliche Ausbleiben der Königsaufenthalte im Breisgau in der Zeit der Regentschaft Karls III. bis Konrad I. kann mit dem Plan, die Schwerpunkte königlicher Politik zu verschieben, zusammengehangen haben, aber auch als Ausdruck dafür gelten, daß dem Königtum ein Raum unzugänglich wurde. Dieser Wandel in der Position des Breisgaus ist mit den urkundlichen Zeugnissen in Beziehung zu setzen. Es fällt auf, daß unter Ludwig d. Dt. in den Urkunden *in ducatu Alamannico* in Verbindung mit dem Thurgau [42] und dem Linzgau [43] oder auch ohne Gau-

35 E. Dümmler, Ostfränkisches Reich Bd. 2, S. 119.
36 D Ludw. Dt. 108 (862[?] Aug. 1); dazu H. Büttner, Breisgau und Elsaß, S. 12 ff.
37 RI I 1293a.
38 E. Dümmler, Ostfränkisches Reich Bd. 2, S. 19, Anm. 3.
39 RI I 1754a; E. Dümmler, Ostfränkisches Reich Bd. 3, S. 282 f.
40 J. Schmidt, Kirchen am Rhein, S. 46.
41 Ann. Fuld. a. 894 (MG SS rer. Germ. i. u. sch. rec. F. Kurze, 1891, S. 124); zu Kirchen als »Pfalz« H. Heimpel, Bisherige und künftige Erforschung deutscher Königspfalzen, in: GWU 16, 1965, S. 461–487, hier S. 475.
42 D Ludw. Dt. 67 (Zürich); 90 (Rheinau).
43 D Ludw. Dt. 165.

angabe[44] beim Ortsnamen steht, während der Breisgau mit der Angabe *in Alamannia* verbunden ist[45]. Die einzige Urkunde Karls III. mit der *ducatus*-Formel betrifft die königliche *curtis* Stammheim im Thurgau[46]; in Arnulfs Diplomen hingegen ist das Wort *ducatus* überhaupt nicht zu finden. Hier begegnet wie Bayern und Sachsen[47] auch Alemannien ohne Zusatz[48]. Diese Terminologie gilt für den inneralemannischen Raum[49] wie für den Breisgau[50].

So wird man für den Zeitraum von Ludwig d. Dt. bis Konrad I.[51] zusammenfassend sagen können, daß in den Urkunden die Formel *in ducatu Alamannico* für Gebiete wie den Thurgau, den Linzgau und den innerschwäbischen Raum, nicht aber für den Breisgau verwendet wird. Der von anderer Seite her festgestellte Wandel im Stellenwert dieser Landschaft in der Politik Ludwigs d. Dt. und seiner Nachfolger scheint sich jedoch in dem für den Breisgau verwendeten Zusatz *in Alamannia* auszudrücken. Wie für das 10. Jahrhundert gilt auch hier, daß in den genannten Gebieten die *ducatus*-Formel keineswegs regelmäßig ist. Die Gründe dafür mögen teils bei den wechselnden Schreibern und ihren Gewohnheiten zu suchen sein, teils mit der Nähe von Ausstellungsort

44 In diesen Fällen läßt sich aus den Ortsnamen der Standort erschließen: D Ludw. Dt. 163 Kloster Faurndau bei Göppingen, also im inneralemannischen Gebiet; D KaIII 13 Stammheim, also im Thurgau.

45 D Ludw. Dt. 108 Morgengabe für Richardis; D Ludw. Dt. 119 für St. Denis Besitzbestätigung *(cellulas sitas in Alamannia ... in pago Nechragauue ... in pago Rehtsa* [Rießgau] ... *in pago Heegeuua ... Similiter autem et in rebus de Mortonogouua et Brisikagua ... fieri petiit).* Hier kann man *Alamannia* als Oberbegriff entweder für alle genannten Gaue verstehen oder nur für die im ersten Satz selbst erwähnten Gaue. Wegen der schwankenden Terminologie läßt sich keine klare Entscheidung treffen, zumal da in D Ludw. Dt. 108 *Alamannia* im Zusammenhang mit dem Breisgau steht.

46 D KaIII 13; vgl. oben, Anm. 44.

47 Vgl. die entsprechenden Positionen des Namensregisters in der MGH-Diplomata-Ausgabe.

48 D A 25, 81, 122.

49 D A 81 Rückgabe von konfiszierten Gütern *in Alamannia vel Alsatia,* wegen des ausgeklammerten Teufen im Thurgau (vgl. Wartmann 2, Nr. 676, S. 277) ist *Alamannia* lokalisierbar. D A 122 Schenkung in Sunthausen (bei Donaueschingen) und Schwenningen *in Alamannia.*

50 D A 25 Besitz in Tiengen *in Alamannia ... in pago Prisihgouui.*

51 Die Urkunden Ludwigs d. K. enthalten weder *Alamannia* allein noch die Dukat-Formel. Was die erste Hälfte des 9. Jhs. betrifft, so begegnet *in ducatu Alamannico* in Urkunden Ludwigs d. Fr. für die Reichenau von 816 (RI I 661; Tr. Neugart, Codex diplomaticus Alemanniae (künftig: Neugart) 1, Nr. 188, S. 159 ff.) und für Kempten von 839 (RI I 990; Neugart 1, Nr. 292, S. 237). Auch der *ducatus Alsaciensis* erscheint in Murbacher Urkunden Ludwigs d. Fr. 816 (RI I 623 f.) und Lothars I. 840 (RI I 1069; D LoI 45).

und Urkundenobjekt zusammenhängen. Sicher spielt dieser Umstand in den alemannischen Privaturkunden eine Rolle. Hier kommt im späten 8., im 9. und im 10. Jahrhundert der Zusatz fast nicht vor[52]. Ausnahmen sind: 797 übertrug die *Deo sacrata* Ata ihren Besitz zu Seedorf (OA Oberndorf) *in ducato Alamanniae* an St. Gallen[53]. Dabei fehlt in der Urkunde eine spezifische Gauangabe, während das Kloster gekennzeichnet wird: *in pago qui dicitur Arbonense,... in ducato Alamanniae.* Im selben Jahr schenkt ein Liutpert an St. Gallen Besitz in *Tillindorf* (Dillendorf bei Bonndorf) *in pago Alamannorum*[54]. In diesem Fall deckt sich der *pagus Alamannorum* mit dem Alpgau[55], während Seedorf sonst *in pago Para* lokalisiert wird, also in der Bertholdsbaar[56]. Auch im Codex Laureshamensis deckt sich der *pagus Alamannorum* öfters mit der Bertholdsbaar[57], aber auch mit der *Munigeshuntare* der Ostbaar[58]. Einmal findet sich, die Bertholdsbaar betreffend, *in ducatu Alamannorum*[59]. *Pagus* besitzt hier also eine über den Begriff »Gau« hinausgehende allgemeinere Bedeutung; diese dürfte nah bei *ducatus*[60] liegen. Das wird an Beispielen ganz deutlich, die den *pagus Alamannorum* zusammen mit einer weiteren topographischen Angabe nennen[61].

Um zur ursprünglichen Fragestellung zurückzukehren, sei hervorgehoben, daß auch im Lorscher Codex der Breisgau ohne jegliche Ergänzung genannt wird. Dies kann als weiteres Indiz für die Abgrenzung von Oberrheingebiet und inneralemannischem Raum gelten, die auf dem Hintergrund der Tatsache Bedeutung gewinnt, daß das fränkische Reichsklo-

52 Aufgrund der Durchsicht der St. Galler, Thurgauischen, Bündner, Zürcher, Straßburger Urkundenbücher, des Codex diplomaticus Alemanniae und der Quellen zur Schweizer Geschichte Bd. 3. Zu den bibliographischen Angaben vgl. das Literaturverzeichnis.

53 Wartmann 1, Nr. 150, S. 142.

54 Ibd. 1, Nr. 145, S. 137.

55 Vgl. H. Maurer, Randen, S. 61.

56 D HII 149; vgl. Chr. Fr. Stälin, Wirtembergische Geschichte Bd. 1, S. 284 ff., hier S. 290, und H. Jänichen, Baar und Huntari, in: Grundfragen der alemannischen Geschichte, Vorträge und Forschungen Bd. I, 1952, S. 83–148, hier S. 101 f.

57 Codex Laureshamensis, hg. v. K. Glöckner, Nr. 3195–3314.

58 Ibd. Nr. 3214 ff.

59 Ibd. Nr. 3617; vgl. H. Jänichen, Baar und Huntari, S. 96.

60 So auch H. Jänichen ibd.; vgl. I. Dienemann-Dietrich, Der fränkische Adel in Alemannien im 8. Jh., Vorträge und Forschungen Bd. I, 1952, S. 149–192, hier S. 177.

61 Cod. Laur. Nr. 3227 f. *in pago Alemannorum in Neckergouue;* Nr. 3270–73 *in pago Alemannorum in Bertoldesbara.*

ster Lorsch in der zweiten Hälfte des 8. Jahrhunderts im Breisgau und im inneralemannischen Bereich der Baaren eine ähnliche politisch-strategische Position für die fränkische Zentralgewalt gewinnen konnte wie Fulda im Elsaß und in Nordostalemannien [62].

Was den aus der Terminologie der Urkunden gewonnenen Befund hinsichtlich der Stellung des Breisgaus und seiner Nachbargebiete innerhalb Alemanniens betrifft, so ist zu fragen, ob als Unterscheidungsmerkmal dafür gelten kann, daß nach dem Wortlaut der Urkunden Karls d. Gr. für St. Denis und St. Martin in Tours Gütereinziehungen *in ducatu Alamanniae* stattgefunden haben, die mit den Konfiskationen des Grafen Ruthard im Breisgau 741–747 zusammenhingen [63]. Im Diplom für St. Denis [64] spricht die ausführliche Narratio von den *in ducatu Alamanniae* zur Zeit Pippins und Karlmanns betriebenen Konfiskationen und ihrer späteren Entfremdung. Die folgende Aufzählung der Güter lokalisiert diese *in pago Brisigauia*. Unmittelbar nebeneinander erscheinen *ducatus Alamannorum* und Breisgau in der Privaturkunde von St. Denis [65], nach deren Wortlaut 764 Graf Ruthard in der elsässischen Pfalz Marlenheim breisgauische Güter – sowohl die in der Urkunde Karls d. Gr. genannten als auch weitere – an Fulrad von St. Denis verkaufte.

Hier wird offenkundig eine ausdrückliche Zugehörigkeit des Breisgaus zum alemannischen Herzogtum faßbar, wie dies erst wieder für die zweite Hälfte des 10. Jahrhunderts feststellbar ist [66]. Es ist zu erwähnen, daß in einer anderen Urkunde Karls d. Gr. für Fulrad von St. Denis [67] Herbrechtingen Kr. Heidenheim a.d.Brenz, also im Rießgau gelegen [68], gleichfalls *in docato Alamannorum* angesiedelt wird. Der Rießgau, nord-

62 E. E. Stengel, Die Reichsabtei Fulda in der deutschen Geschichte, 1948; K. Schmid, Hirsau und seine Stifter, FOLG Bd. 9, 1959, S. 79; J. Fleckenstein, Fulrad von St. Denis und der fränkische Ausgriff in den süddeutschen Raum, FOLG Bd. 4, 1957, S. 9–39; für NO-Alemannien U. Schmitt, Ulm, S. 13 ff.

63 H. Büttner, Geschichte des Elsaß Bd. 1, S. 116 mit Anm. 43; Ders., Franken und Alemannen im Breisgau und Ortenau, in: ZGO NF 52, 1939, S. 323–359.

64 D Karol. 1, Nr. 166.

65 Neugart 1, Nr. 41, S. 44; A. Bruckner, Regesta Alsatiae 1, Nr. 198; zum Hintergrund dieses Kaufvertrags und seinem Verhältnis zur Urkunde Karls d. Gr. vgl. H. Büttner, Geschichte des Elsaß Bd. 1, S. 116 f., und J. Flekkenstein, Fulrad, S. 21 f. D Karol. 1, Nr. 167 für St. Martin in Tours hat Nr. 166 zur Vorlage.

66 Belege dazu bei A. Krieger, Topographisches Wörterbuch des Großherzogtums Baden Bd. 1, 1903, Sp. 273 f.

67 D Karol. 1, Nr. 83 (ca. 774).

68 Chr. Fr. Stälin, Wirtembergische Geschichte Bd. 1, S. 307.

östlich von Ulm, bleibt in der Folgezeit ebenso wie der Breisgau außerhalb des Raumes, der in Königsurkunden ausdrücklich dem *ducatus* zugeordnet wird. Dem mit dem Rießgau berührten Nordosten Alemanniens kam in der späten Karolingerzeit und im 10. Jahrhundert eine deutliche Randfunktion zu [69]; den Reichsklöstern Fulda und Reichenau war vornehmlich die Aufgabe übertragen, die Landschaft für die königliche Zentralgewalt zu erschließen und zu sichern.

Man wird aus dem Befund der Urkunden für St. Denis und St. Martin in Tours den Schluß ziehen dürfen, daß hier, zumindest im zeitgenössischen Verständnis, ein weiter gespannter Rahmen des *ducatus Alamanniae* erkennbar ist, der sich in der folgenden Zeit auf das inneralemannische Gebiet und den südlich angrenzenden Thurgau verengt hat. Andererseits muß in Betracht gezogen werden, ob im Fall dieser Urkunden nicht die große räumliche Distanz zwischen Empfänger und Gegenstand zu der topographischen Spezifizierung geführt hat [70]. Um das terminologische Zeugnis durch den weiteren historischen Zusammenhang zu stützen, scheint es wichtig, die Rolle des Breisgaus unter den frühen Karolingern kurz zu streifen. Die Ausdehnung des Konstanzer Bistums über den Breisgau [71] weist ebenso wie das Zeugnis der Vita s. Galli [72] auf die

69 U. SCHMITT, Ulm, S. 17 ff.

70 Vgl. oben, S. 19.

71 H. BÜTTNER, Breisgau und Elsaß, S. 8, und DERS., Die Entstehung der Konstanzer Diözesangrenzen, in: Schweiz. Zeitschrift f. Kirchengesch. 48, 1954, S. 225–274, hier S. 236 ff.; H. W. KLEWITZ, Das alemannische Herzogtum, S. 96 (Kartenskizze).

72 Vita s. Galli c. 21 (MG SS rer. Merov. 4, 267): Der Rhein als Grenze des Herzogtums gegenüber dem fränkischen Reich (Anfang 7. Jh.); zum Zeugnis der Vita s. Trudperti, die Mörder des Heiligen hätten durch große Waldgebiete die *Alamannorum partes* erreichen wollen, vgl. die Bemerkungen von TH. MAYER, St. Trudpert und der Breisgau, in: Beiträge zur Geschichte von St. Trudpert, hg. v. Th. Mayer, 1937, S. 11–30, hier S. 14 f. (wieder in: DERS., Studien, S. 273–288, hier S. 275 f.), und von M. BECK, St. Trudpert bis zum 10. Jh., in: Beiträge, S. 61–84, hier S. 67. Zu beiden Zeugnissen H. BÜTTNER, Breisgau und Elsaß, S. 5, der die Doppelposition des Breisgaus – einerseits Zugehörigkeit zum alemannischen Herzogtum, andererseits Abgrenzung gegenüber dem alemannischen Kernraum – betont. Hierzu beachte man auch die Einordnung des Breisgaus im Lorscher Codex (s. oben, S. 18). Die Abgrenzung der Ortenau zeigt sich in der Urkunde über den Streit der Klöster Waldkirch und Ettenheimmünster von 926 (NEUGART 1, Nr. 714, S. 580), die, aus disparaten echten Teilen verschiedener Epochen bestehend (H. BLOCH u. W. WITTICH, Die Iura curiae in Munchwilare, in: ZGO 54 NF 15, 1900, S. 391–431, hier S. 393 ff.), in einer Grenzbeschreibung die Ettenheimer Mark nach Osten mit *confinium* und *commarchium Alamannorum* gegenüber dem inneralemannischen Raum absondert. Dazu H. ROTH, Die Gründer des Klosters Waldkirch, in: FDA 72, 1952, S. 54–73, hier S. 63 – mit Abdruck

Zugehörigkeit des Breisgaus zum alemannischen Herzogtum hin. Auch ist darauf zu verweisen, daß die Konfiskationen Ruthards mit dem fränkischen Vorgehen gegen das alte alemannische Herzogtum zusammenhingen [73]. Von welcher Bedeutung der Breisgau für die karolingische Zentralgewalt war, geht nachdrücklich aus der Einführung der Grafschaftsverfassung im Breisgau um 750 und der Einsetzung des ersten Grafen Chancor, des als Gründer von Lorsch bekannten Mitglieds der fränkischen Adelsgruppe der Rupertiner [74], hervor. Auf diesem kurz skizzierten Hintergrund [75] scheint die Terminologie der Urkunden für St. Denis, soweit sie den Breisgau betreffen, den geschichtlichen Gegebenheiten Rechnung zu tragen [76].

Angesichts dieses von der frühen über die späte Karolingerzeit bis in die ottonische Epoche reichenden Quellenbefunds ist nach dem Wandel der Qualität und der Stellung des Breisgaus innerhalb Alemanniens und im Rahmen der königlichen Politik zu fragen. Die Polarisierung etwa des nordostalemannischen Raumes als Randzone und des inneralemannischen Gebietes einschließlich des Breisgaus als Kernzone, gestützt auf die Gegebenheiten des Königsgutes, trifft in dieser alternativen Form nur zeitweise zu [77]. Vielmehr wird man bedenken müssen, auf welche Weise sich zu verschiedenen Zeiten der Stellenwert einer politischen Landschaft verändert. Die Umstände des Wiedererscheinens von über

der Urkunde einschließlich der Grenzbeschreibung S. 71 ff. – und J. Ferdinand, Streifzug durch die Geschichte Ettenheims, in: Die Ortenau 24, 1937, S. 1–32, hier S. 4. Verfehlt erscheint es, wenn K. List, Zur Frage der Stifter des Klosters Sulzburg im Breisgau, in: Schauinsland 84/85, 1966/67, S. 268–283, hier S. 270, die Stelle der Vita Trudperti für die Verhältnisse am Ende des 10. Jhs. heranzieht (s. unten, S. 184). Zum Problem der Zugehörigkeit der Ortenau zu Alemannien in frühfränkischer Zeit vgl. Passio Desiderii c. 3 (SS rer. Merov. 6, 57) *(ad fines Alamannorum ad locum, cuius vocabulum est Mortunaugia, ubi dux preerat nomine Willicharius* – mit Parallelstellen ibd., Anm. 3); dazu I. Dienemann-Dietrich, Fränk. Adel, S. 156 u. 177, und Chr. Fr. Stälin, Wirt. Gesch. Bd. 1, S. 179 mit Anm. 8 und S. 225 f.

73 H. Büttner, Breisgau und Elsaß, S. 7, und Ders., Franken und Alemannen, S. 345; J. Fleckenstein, Fulrad, S. 20 ff.

74 I. Dienemann-Dietrich, Der fränkische Adel, S. 176 f.; K. Glöckner, Lorsch und Lothringen, Robertiner und Capetinger, in: ZGO NF 50, 1938, S. 301–354; R. Wenskus, Die deutschen Stämme im Reich Karls des Großen, in: Karl der Große Bd. 1: Persönlichkeit und Geschichte, hg. v. H. Beumann, 1965, S. 178–219, hier S. 217 mit Anm. 348 und 352 f.

75 H. W. Klewitz, Das alemannische Herzogtum, S. 97 ff.

76 H. Büttner, Breisgau und Elsaß, S. 8.

77 U. Schmitt, Ulm, S. 38.

einen längeren Zeitraum hinweg entfremdetem Königsgut vermögen dabei mitunter Aufschluß über die Ursachen des Wandels zu geben [78].

Zuletzt soll auch das Material der erzählenden Quellen kurz auf die *ducatus*-Terminologie hin geprüft werden. Der in Frage stehende Begriff kommt in den annalistischen Quellen des 9. Jahrhunderts nur selten vor [79]. Er wird von den Schriftstellern dabei fast stets im Sinn von Heerführerschaft gebraucht [80]. Die territoriale Bedeutung von Dukat begegnet nach Waitz [81] öfters in den erzählenden Quellen des 10. Jahrhunderts. Doch scheint sich die Geschichtsschreibung dieser Zeitspanne eher dadurch auszuzeichnen, daß sie *ducatus* weder in territorialer noch in institutioneller Bedeutung häufig verwendet [82].

78 Dazu Näheres unten im Kapitel über die den Hohentwiel betreffenden Probleme u. S. 165 ff.

79 In den Annales Bertiniani (MG SS rer. Germ. i. u. sch. ed. G. Waitz) findet sich *Alemannia* allein öfters (vgl. Index-Position *Alamanni*), in Verbindung mit *ducatus* einmal (a. 839 p. 21) im Zusammenhang der Aufzählung der von Ludwig d. Fr. für eine Reichsteilung vorgesehenen Gebiete; zur Stelle G. Waitz, Deutsche Verfassungsgeschichte Bd. 4, 1955(3), S. 679 mit Anm. 2.

80 G. Waitz, Deutsche Verfassungsgeschichte Bd. 5, S. 38 f.; ibd. Stellen bei Regino vom Prüm angeführt S. 39, Anm. 1, und Bd. 3, S. 354, Anm. 2; vgl. auch ibd. Bd. 3, S. 364 ff.; vgl. weiterhin die grundsätzlichen Bemerkungen zu *dux* und *ducatus* in der späten Karolingerzeit bei G. Tellenbach, Königtum und Stämme, S. 10 mit Anm. 2, und bei R. Wenskus, Die deutschen Stämme, S. 203 f.

81 G. Waitz, Deutsche Verfassungsgeschichte Bd. 7, S. 121, Anm. 1, führt die Vita Udalrici an (c. 28 – MG SS 4, 410 – *Augusta civitas in suo ducatu sita)*. Ibd. weist Waitz auf das seltene Vorkommen von *ducatus* in territorialer Bedeutung in Urkunden hin (nur in D OII 211 *in ducatu Ottonis ducis*), während er Bd. 3, S. 356, Anm. 4, die *ducatus*-Bezeichnung in Urkunden als häufig hinstellt. Die angefügten Beispiele machen deutlich, daß im zweiten Fall das Vorkommen des Begriffes in Verbindung mit einem Landschaftsnamen gemeint ist.

82 Weder in den Annales Alamannici noch in den Annales Sangallenses maiores bis 1030 (beide ediert von C. Henking in: MVG 19 NF 9, 1884, S. 197 ff.); bei Liutprand von Cremona (ed. J. Becker, MG SS rer. Germ. i. u. sch., 1915[3] kein einziges Mal vorkommend; bei Widukind, Sachsengeschichte (ed. H. E. Lohmann – P. Hirsch, MG SS rer. Germ. i. u. sch., 1935 [5]) mehrmals, aber wohl stets in institutioneller Bedeutung (vgl. Sachregisterposition *ducatus*: häufig *ducatum administrare*). Etwas öfter, doch auch fast durchgängig in institutioneller Hinsicht, bei den Autoren der ersten Hälfte des 11. Jhs.; Thietmars Stelle über Straßburg als *caput ducatus sui* (MG SS NS 9, ed. R. Holtzmann, 1955(2), 234) kann als Beispiel für territorialen Gebrauch gelten.

Dieser Befund der erzählenden Quellen des 9. und 10. Jahrhunderts [83] läßt sich weder positiv noch negativ für die Frage nach der Stellung des Breisgaus heranziehen. Die Sichtung des Urkundenmaterials hat andererseits ergeben, daß im Laufe der zweiten Hälfte des 10. Jahrhunderts vereinzelt der Breisgau ausdrücklich dem *ducatus Alamanniae* [84] zugeordnet wird und daß diese Verbindung seit Ende des 9. Jahrhunderts lediglich bestimmten inneralemannischen Gebieten (Neckargau, Bertholdsbaar, Linzgau), dem Thurgau und Rätien vorbehalten war [85]. Die Ortenau und das Elsaß bleiben von dieser Veränderung unberührt. Um die Frage zu beantworten, ob der terminologische Wandel eine geschichtliche Veränderung widerspiegelt, wird es von Bedeutung sein, die im 10. Jahrhundert im Breisgau wirkenden Kräfte des Königtums, der Kirche und des Adels an Hand der Besitzstreuung zu verdeutlichen.

2. Die Besitzverhältnisse im Breisgau und das königliche Itinerar in Alemannien vor und um 950

Schon seit dem Beginn des 8. Jahrhunderts [86], in vollem Umfang im 9. Jahrhundert hatte das Kloster St. Gallen Güter im Breisgau durch Schenkungen von seiten der ansässigen Grundbesitzer und, seit der Mitte des 9. Jahrhunderts, auch des Königtums [87] erhalten. Die Schwerpunkte der Besitzpositionen lagen einmal im Raum zwischen dem Isteiner Klotz und Müllheim, zu dem auch das Wiesental bis Schopfheim zu zählen ist [88], zum anderen um den Schönberg zwischen Ambringen und Merz-

83 Die Verbindung *ducatus* mit Alemannien läßt sich nicht nachweisen.

84 In territorialem Wortverständnis, von dem allerdings der institutionellrechtliche nie völlig getrennt werden kann. Diese Unterscheidung macht Waitz an den oben zitierten Stellen zu deutlich.

85 Das Hinzutreten von Thurgau und Rätien muß in Zusammenhang mit der Stellung der »Hunfridinger« in Alemannien gesehen werden; vgl. E. Meyer-Marthaler, Rätien im frühen Mittelalter, Beiheft 7 der Zs. f. Schweiz. Gesch., 1948.

86 G. Meyer von Knonau, Exkurs II: Der Besitz des Klosters St. Gallen in seinem Wachstum bis 920 nach Wartmann, Bd. 1 und 2, in: MVG 13 NF 3, 1872, S. 87–225, hier S. 155.

87 Zum Verhältnis St. Gallens zum fränkischen Königtum R. Sprandel, Das Kloster St. Gallen in der Verfassung des karolingischen Reiches, FOLG Bd. 7, 1958, S. 28 ff., bes. S. 50 ff.; zu St. Gallen und Breisgau s. S. 53 und 69 f.

88 G. Meyer von Knonau, Besitz von St. Gallen, S. 156–158 mit Belegen: Schopfheim, Eichen, Wiechs, Maulburg, *Binzen,* Fischingen, Egringen, Wintersweiler, Eggenen, Schliengen, Müllheim.

hausen[89], im Kirchzartener Becken[90] und in der Freiburger Bucht zwischen Haslach und Riegel[91]. Im südlichsten dieser Räume, unweit des Rheinknies, verzahnte sich St. Galler Besitz mit den breisgauischen Gütern von St. Denis, wie sie aus dem Kaufvertrag zwischen Ruthard und Fulrad bekannt sind[92]. Der etwa mit dem Dreieck Ebringen–Kirchzarten–Bottingen umschriebene Besitzkomplex vermochte zwischen Kaiserstuhl und Vorbergzone einen mäßig dichten Riegel zu bilden, der im 10. Jahrhundert durch das ottonische Königtum noch nach Kräften intensiviert wurde, allerdings nicht durch Traditionen an St. Gallen.

Beim Versuch, diese St. Galler Besitzschwerpunkte zu analysieren, fällt auf, daß der Kaiserstuhl gänzlich, der Raum zwischen Müllheim und Schönberg fast ausgeklammert war. Es liegt nahe, hier andere Einfluß- und Besitzbereiche anzunehmen, und in der Tat ließen sich für den Kaiserstuhl große Reichsgutkomplexe nachweisen[93], deren Zentrum Riegel und Sasbach bildeten, während in dem südlich gelegenen Raum zwischen Müllheim und Tuniberg für den Anfang des 10. Jahrhunderts

89 DERS., Besitz von St. Gallen, S. 159–162, Ambringen, Mengen, Wolfenweiler, Bollschweil, Sölden, Wittnau, Talhausen, Berghausen, Ebringen, Merzhausen, Wendlingen.

90 DERS., Besitz von St. Gallen, S. 159, Zarten, Kirchzarten, Wiehre.

91 DERS., Besitz von St. Gallen, S. 161–163, Uffhausen, Haslach, Tiengen, Hochdorf, Buchheim, Neuershausen, Bötzingen, Bottingen, Mundingen, Heimbach.

92 Nach J. FLECKENSTEIN, Fulrad, S. 21, Haltingen, Tunringen, Öttlingen, Eimeldingen, *Binzen* (s. oben, Anm. 88), Rümmingen, Wollbach, Küttingen; dazu auch R. SPRANDEL, St. Gallen, S. 31.

93 H. BÜTTNER, Reichsbesitz am nördlichen Kaiserstuhl, in: Schauinsland 67, 1941, S. 26–31. Kiechlinsbergen, Endingen, Bahlingen und Sexau kamen durch Ludwig d. Dt. 862 an Richardis und durch sie an Andlau; fränkischer Fiskus in Sasbach nachweisbar (RI I 994; WUB 1, Nr. 102, S. 117 f.), Reichsgut in Königschaffhausen (D OIII 161) und Schelingen(?) (D OIII 63); Reichsgut um die *curtis Riegel* hat Büttner aus den ottonischen Schenkungen und Bestätigungen an Kloster Einsiedeln erschlossen, da hier deutliche Überschneidungen mit dem Andlau-Besitz aus der Hand Ludwigs d. Dt. erkennbar sind. Die einzelnen Reichsgut-Titel sind von A. EGGERS, Der königliche Grundbesitz, S. 22, zusammengestellt, ohne daß allerdings die individuellen Bedingungen verdeutlicht werden; zum Beispiel Sasbach s. unten, S. 146 ff.

94 Zu St. Trudpert M. BECK, St. Trudpert bis zum 10. Jh., in: Beiträge zur Geschichte von St. Trudpert, hg. v. Th. Mayer, 1937, S. 61–84, und J. BASTIAN, Der Güterbesitz des Klosters St. Trudpert, ibd., S. 169–201; F. VOLLMER, Die Etichonen, in: FOLG Bd. 4, 1957, S. 137–184, bes. S. 174 ff. Der Klosterbesitz läßt sich weitgehend nur aus hoch- und spätmittelalterlichen Quellen, z. T. Fälschungen, rekonstruieren. Immerhin scheinen Besitztitel und Namen auf echten Ursprung zurückzugehen. In den fünfziger oder sechziger Jahren des 9. Jhs. haben Immo, Wolfwin und Wolvroh Besitz in Tunsel südlich

Positionen der Klöster St. Trudpert[94] und Murbach[95] belegt sind, die beide in intensiven Beziehungen zum elsässischen Grafenhaus standen[96]. Zu den aus der Karolingerzeit stammenden Besitztiteln rechnen auch die Güter des fränkischen Reichsklosters Lorsch[97]: Buchheim, Bötzingen, Achheim (bei Breisach), Biengen, Staufen, Geisenweiler, Riegel[98], also im Umkreis des strategisch wichtigen Kaiserstuhls und zwischen dem südlichen Tuniberg und dem Münstertal gelegen. Weiterhin verfügte auch die Reichenau im nördlichen Breisgau über Besitz, der allerdings im Vergleich zu dem gesamten Güterkomplex ein verschwindend geringes Ausmaß hatte[99]. Ludwig d. Fr. hatte dem Kloster in Sasbach Fiskaleinkünfte übertragen; aus spätmittelalterlicher Zeit ist Besitz in Mengen, Ebringen und Oberrotweil nachgewiesen.

von Krozingen übertragen; Wolfwin könnte mit dem Breisgaugrafen Ende des 9. Jhs. zusammenhängen; D A 25 (880) und 165 (898), WARTMANN 2, Nr. 654, S. 258 (886), und Regesta Alsatiae 1, Nr. 662 (902). Ein von J. BASTIAN (S. 170) mit Zizingen südlich von Müllheim identifizierter Ort *Kachinhova* läßt sich nach WARTMANN 3, Nr. 811, S. 27, als Besitz Trudperts nachweisen. Von Britzingen, nordöstlich von Müllheim, bis Rimsingen sind zahlreiche Titel aus Papsturkunden (Lucius III. von 1185 und Innozenz IV. von 1245) bekannt. (Zusammenstellung der Trudperter Urkunden von G. Weech in: ZGO 30, 1878, S. 77 f.) Die Beziehungen zum Haus der Etichonen werden in der aus dem 13. Jh. überlieferten, auf 902 zu datierenden Urkunde Liutfrids faßbar. M. BECK, St. Trudpert, S. 73 ff., hat das Nötige zu dieser Urkunde beigetragen, nach der Liutfrid zusammen mit seinen Söhnen Hunfrid, Liutfrid und Hugo das Kloster restauriert und mit Besitz im Elsaß (Burgheim, Königshofen, Colmar, Sausheim, Egisheim, Sundhofen) und in der Ortenau (Ichenheim, Wittelbach, Gamshurst – später auch Schwieheim und Kippenheim) ausstattete. Breisgauischen Besitz verliehen diese Angehörigen des Etichonenhauses nicht, aber es ist unzweifelhaft, daß sie durch den Eingriff in das Klosterleben ihren Einfluß in diesem Raum intensivierten.

95 Nach H. BÜTTNER, Breisgau und Elsaß, S. 11, gehörte der Abtei Murbach Besitz in Grißheim, Heitersheim, Bellingen, Biengen, Ambringen, Schallstadt, Schopfheim, Rötteln, Nimburg, Hochdorf, Wasenweiler, in Orten also, in denen z. T. auch St. Gallen Positionen hatte. – Der Vollständigkeit halber seien auch noch die breisgauischen Güter von St. Stephan in Straßburg zu Munzingen (Straßburger UB, hg. v. W. Wiegand, 1, Nr. 25, 51) und des Klosters Ebersheimmünster in Weisweil genannt, die eng mit den Etichonen zusammenhingen; vgl. auch H. BÜTTNER, Murbacher Besitz im Breisgau, in: Elsaß-lothringisches Jahrbuch 18, 1939, S. 314–319.

96 Über dieses F. VOLLMER, Die Etichonen, S. 137–184, bes. S. 170 ff.

97 Über die mit Hilfe des Klosters Lorsch betriebene karolingische Politik s. oben, Anm. 74; vgl. auch W. STÜLPNAGEL, Der Breisgau, S. 4.

98 Codex Laureshamensis, ed. K. Glöckner, Nr. 2628–2711.

99 F. BEYERLE, Die Grundherrschaft der Reichenau, in: Die Kultur der Abtei Reichenau Bd. 1, 1925, S. 452–512, hier S. 488.

Besitzveränderungen fanden in der ersten Hälfte des 10. Jahrhunderts im Breisgau im Zusammenhang mit der Gründung des Klosters Waldkirch im Elztal durch Herzog Burchard I. statt [100]. Zwischen 917 und 926 dotierte er das Kloster mit Besitz in Wyhl bei Königschaffhausen [101] in der unmittelbaren Nähe von Waldkirch und im Bereich zwischen Kaiserstuhl und Schwarzwald-Vorbergzone [102].

Eine bedeutende Zäsur in der Geschichte des Breisgaus im 10. Jahrhundert und der in ihm bestehenden Besitzverhältnisse stellt die Zeit kurz nach 950 dar: Otto d. Gr. griff entscheidend in einen historischen Raum ein, der bislang für die ottonische Politik unzugänglich gewesen war [103]. Wie Otto bis 952 das Elsaß nicht betreten hatte [104], er in diesem und dem folgenden Jahr zweimal in Erstein weilte [105] und hier 953 ein *colloquium* abhielt, so verfügte der König erst in diesen Jahren über Besitztitel im Breisgau, die infolge des Guntramprozesses 952 auf dem Augsburger Reichstag der Krone zugänglich geworden waren [106]. Die Diskussion der Forschung über die Frage, welche der in den Königsurkunden als Guntrams Besitzungen bezeichneten Güter ursprünglich Reichsgut, welche Allod des elsässischen Adligen waren, konnte zu keinem eindeutigen Ergebnis gelangen [107]. Angesichts der Tatsache, daß Otto d. Gr. mit diesem Prozeß das elsässische Grafenhaus nicht endgültig aus seinen Positionen verdrängte, sondern der Comitat weiter in dessen Händen blieb [108], wird man einen großen Teil des *populari iudicio* [109]

100 Eingehend über dieses Kloster mit allen Literaturhinweisen s. unten, S. 81 ff.

101 NEUGART 1, Nr. 714, S. 580.

102 L. WERKMANN, Beiträge zur Geschichte des Frauenstifts Waldkirch, in: FDA 3, 1868, S. 123–163, mit der Wiedergabe der Besitzbestätigung Papst Alexanders III. von 1178 (S. 130).

103 H. BÜTTNER, Breisgau und Elsaß, S. 19 ff.; W. STÜLPNAGEL, Der Breisgau, S. 7; H. KELLER, Kloster Einsiedeln, S. 98 ff.

104 Von der Belagerung Breisachs 939 abgesehen; RI II/1 78a,b; in Alemannien nahm Otto I. erst am Anfang der fünfziger Jahre intensiver in den Urkunden Einfluß (vgl. J. FLECKENSTEIN, Hofkapelle Bd. 2, S. 18, und unten, S. 32 ff.).

105 RI II/1 209 f. und 225b–227.

106 Über den Guntramprozeß H. BÜTTNER, Graf Guntram am Oberrhein, in: Oberrheinische Heimat 28, 1941, S. 120–124.

107 D. v. GLADISS, Die Schenkungen der deutschen Könige zu privatem Eigen, in: DA 1, 1937, S. 80–137, hier S. 120. H. BÜTTNER, Breisgau und Elsaß, S. 22.

108 R. KLOSS, Das Grafschaftsgerüst des Deutschen Reiches, Diss. phil. Breslau, 1940, S. 125.

109 D OI 155.

konfiszierten Besitzes als entfremdetes Reichsgut auffassen können, zumal da auch die Einziehungen der Besitztümer Adams in Rätien kurz zuvor Orte betrafen, an denen Reichsgut bekannt ist [110].

Wesentlicher ist die Frage, wem Otto I. die ihm zugänglich gewordenen Güter im Breisgau und in dem durch Guntrams Stellung damit eng zusammenhängenden Elsaß übertrug. Interessanterweise profitierten weder St. Gallen und die Reichenau noch Lorsch von diesen Neu- bzw. Rückerwerbungen. Dabei lassen sich für diesen Zeitraum sehr wohl Begünstigungen aller drei Reichsklöster nachweisen: 947 verlieh Otto I. dem Kloster St. Gallen Markt- und Münzrecht in Rorschach [111], 950 schenkte er ihm die *curtis* Schwaningen im Alpgau, die *curtis* Oberndorf in der Bertholdsbaar und Weiern im Thurgau [112]. Die Reichenau erhielt von ihm 946 Besitz in der *villa* Litzelstetten [113] am Bodensee und 950 Güter in Truchtelfingen und Trossingen in der Nähe von Rottweil [114]. Auch Lorsch begegnet um diese Zeit in Urkunden, allerdings Güter im nächsten Umkreis des Klosters betreffend [115].

Doch statt dieser alten Reichsabteien gelangten das in der ersten Hälfte des 10. Jahrhunderts von Herzog Hermann I. und Reginlind gegründete, 947 reichsunmittelbar gewordene Kloster Einsiedeln und die Bistümer Chur und Konstanz im Rahmen der Guntram-Ereignisse zu politischer Wirksamkeit im Breisgau und Elsaß. Den wegen der Orientierung nach Italien überaus wichtigen Raum am Oberrhein vertraute Otto d. Gr., soweit er hier durch die Konfiskationen einzugreifen in der Lage war, Institutionen an, die als Hauptstützen seiner Alemannienpolitik gelten können [116].

110 H. Keller, Kloster Einsiedeln, S. 99 mit Anm. 14.
111 D OI 90.
112 D OI 119; zur Urkunde RI II/1 183. Daß sich Salomons II. Schenkung dabei auf Reichsgut stützte, macht der Wortlaut von D KoI 5 (= RI I 2075) deutlich. Irrig A. Eggers, Der königliche Grundbesitz, S. 22, der diese Titel als ottonische Schenkung einordnet. Die Begünstigung St. Gallens fand auf dem Wormser Hoftag 950 statt, auf dem Liudolf in das alemannische Herzogtum eingewiesen wurde; R. Köpke–E. Dümmler, Kaiser Otto der Große, 1962(2), S. 178.
113 D OI 83.
114 D OI 116; zu dieser Urkunde Th. Mayer, Das schwäbische Herzogtum und der Hohentwiel, S. 94 f. (S. 331 f.).
116 D OI 176 f.
116 Für Einsiedeln: H. Keller, Kloster Einsiedeln, S. 44 ff., 98 ff.; für Chur: J. G. Mayer, Geschichte des Bistums Chur Bd. 1, 1907, S. 129 ff.; für Konstanz: H. Tüchle, Kirchengeschichte Schwabens Bd. 1, 1950, S. 154 ff., I. Miscoll-Reckert, Kloster Petershausen als bischöfliches Eigenkloster. Studien über das Verhältnis zu Bischof, Adel und Reform vom 10. bis 12. Jh., FOLG Bd. 24,

Betrachten wir den vom Kloster Einsiedeln in diesen Jahren erworbenen Besitz [117], wird deutlich, wie die Abtei gerade am Kaiserstuhl, wo St. Gallen nicht begütert war, und in dem in Richtung Vorbergzone nach Osten anschließenden Raum Positionen gewann [118], die dadurch indirekt dem Einfluß des mit Einsiedeln aufs engste verbundenen ottonischen Königtums unterworfen waren. Zu erwähnen bleibt, daß aus der Streuung der Dotation hervorgeht, wie nicht nur St. Gallen keinen Anteil

1973, S. 51 f., und H. MAURER, Konstanz als ottonischer Bischofssitz. Zum Selbstverständnis geistlichen Fürstentums im 10. Jh., Veröffentlichungen des Max-Planck-Instituts für Geschichte Bd. 39 (= Studien zur Germania sacra Bd. 12), 1973, S. 26 f. Bereits an dieser Stelle, an der von der Funktion des Breisgaus im Rahmen der ottonischen Italienpolitik die Rede ist, sei auf die in diesem Punkt nicht zutreffende Ponderierung hingewiesen, die C. BRÜHL in: Fodrum, Gistum, Servitium regis, 1968, S. 117 ff., Alemannien zuteil werden läßt.

117 Die Übertragungen Ottos I. begannen nach dem Urkundenmaterial 952 (D OI 155). Das muß auch grundsätzlich als der früheste Zeitpunkt angesehen werden, da D OI 155 noch während des Augsburger Reichstags ausgestellt worden ist, auf dem Guntram verurteilt wurde. Den übrigen Breisgaubesitz Einsiedelns nennt erst D OII 24, doch ist Otto I. durch die Notizen des Jahrzeitbuchs als Schenker ausgewiesen (QW II/3, S. 367).

118 P. KLÄUI, Gütergeschichte, S. 92 ff. Die wohl aus der ursprünglichen Dotation stammenden Orte waren nach D OII 24: Riegel mit Endingen, Bahlingen (nicht Baldingen, wie KLÄUI, a.a.O., S. 92, Anm. 72, schreibt; vgl. A. KRIEGER, Topographisches Wörterbuch Bd. 1, Sp. 110 f.), *Uenelinga* (nicht Wendlingen bei Merzhausen, wie Urkundenbuch Zürich 1, Nr. 214, Anm. 2, angibt, sondern wegen des örtlichen Zusammenhangs eine bei Endingen abgegangene Siedlung Wöllingen, nach KLÄUI, a.a.O., S. 92, Anm. 72), Kenzingen, Teningen, Tutschfelden; sie umfaßten den Raum zwischen Kaiserstuhl und der Vorbergzone nördlich von Freiburg, also an St. Galler Besitz anschließend (S. oben, Anm. 89 ff.) und sich z. T. mit Andlauischen Gütern berührend, die in Kiechlinsbergen, Endingen, Bahlingen und Sexau lagen (nach D Ludw. Dt. 108). Ein zweiter Güterkomplex betraf den Kaiserstuhl selbst: Burkheim, Oberrotweil, Oberbergen, Vogtsburg. In St. Galler Gebiet stieß Einsiedeln mit seinem in D OII 24 genannten Besitz in Kirchzarten und Unterbirken zwischen Kirchzarten und Stegen, ebenso im südlichen Breisgau in Riedlingen und Liel zwischen Schliengen und Kandern. Laut späteren Bestätigungen (D OIII 4,231; D HII 77,378), die jeweils von verschiedenen Vorlagen abhängig sind, kam nach 972 noch Denzlingen hinzu (zuerst in D OIII 4 erwähnt); es fehlen andererseits Kenzingen, Tutschfelden, Riedlingen und Unterbirken in D OIII 4 und 231, während diese Orte in DH II 77 z. T., in D HII 378 alle wiederkehren. Angesichts der Tatsache, daß 979 ein Tausch zwischen einem Eberhard und Abt Gregor von Einsiedeln stattfand (D OII 182), bei dem Einsiedeln Besitz im Breisgau, der Ortenau und im Elsaß abgab und dafür thurgauische Güter erhielt (von KLÄUI, a.a.O., S. 93, zur Erklärung des Fehlens der oben genannten Orte herangezogen), wird man die Diplome Heinrichs II. mit der entsprechenden Vorsicht zu benützen haben.

an den Veränderungen im Breisgau hatte, sondern Einsiedeln z. T. sogar in bisherige St. Galler Besitzkomplexe eindrang.

Nimmt man hinzu, daß Otto I. außer Einsiedeln noch Bischof Konrad von Konstanz und damit die Konstanzer Kirche mit breisgauischen Gütern aus der Guntram-Konfiskation bedachte [119], wird im Hinblick auf die Stellung Konrads [120] neben Ulrich von Augsburg [121] und Hartbert von Chur [122] in der alemannischen Politik Ottos I. deutlich, welche bedeutende Rolle der Breisgau hierin spielte. Um das Bild dieser Politik abzurunden, sei noch auf das Vorgehen Ottos im Elsaß zur gleichen Zeit hingewiesen. Hier empfingen Hartbert [123] von Chur und Rudolf [124], der Bruder Adelheids, Begünstigungen. Außer einer umfang-

119 D OI 236: Buggingen, Ihringen, Mauracher Hof Gem. Denzlingen (Lokalisierung von *Muron* in der MGH-Diplomata-Ausgabe abwegig; richtig bei H. BÜTTNER, Breisgau und Elsaß, S. 20; vgl. auch RI II/1 313). Buggingen wie Liel (D OI 155; RI II/1 218) lassen sich somit eindeutig als Guntram-Positionen im Breisgau verstehen; diese berührten aufs engste die Besitzlandschaft von St. Trudpert, so daß hierdurch einmal mehr die Beziehungen der Etichonen (F. VOLLMER, Etichonen, S. 179) zu diesem Kloster sichtbar werden (J. BASTIAN, Güterbesitz, S. 186 ff.). Mit Ihringen kann man Guntrams Stellung am Südrand des Kaiserstuhls fassen, und am Beispiel des Mauracher Hofes wird deutlich, wie weit der elsässische Adlige im Breisgau nach Osten vorgedrungen war; er berührte hiermit den Besitzkomplex des Klosters Waldkirch.

120 Zu Bischof Konrad die Regesta Episcoporum Constantiensium 1, Nr. 352–381, und H. MAURER, Konstanz, S. 26 ff.

121 L. SPRANDEL–KRAFFT, Untersuchungen zur Geschichte Bischof Ulrichs von Augsburg, diss. phil. Freiburg, 1962.

122 Zu Hartbert H. KELLER, Kloster Einsiedeln, S. 99 mit Anm. 9.

123 D OI 157: Otto I. restituiert dem Bistum Chur Güter im nördlichen Elsaß (Schlettstadt, Kinzheim, Breitenheim, Winzenheim), die einst Karl III. dem Bistum entzogen (sie stammten von Karl d. Gr., RI I 952) und Liutward von Vercelli übertragen hatte, während Chur Besitz in Rätien als Ersatz erhielt (D KaIII 30). Widerstände führten zur Wiederholung dieser Restitution mittels eines Zeugenbeweises (D OI 163). Im Vergleich dieser beiden Handlungen Karls III. und Ottos I., die größtenteils ursprüngliches Königsgut betrafen (CLAUSS, Historisch-Topographisches Wörterbuch zum Elsaß: zu Kinzheim S. 556, zu Schlettstadt S. 1004), erhellt deutlich, welche Stützen Otto I. für seine Politik heranzog.

124 D OI 201: Colmar, Hüttenheim und die konfiszierten Güter Guntrams im Elsaß außer Brumath. Es fragt sich, ob man nach BÜTTNER, Geschichte des Elsaß Bd. 1, S. 194 mit Anm. 154, auch Colmar und Hüttenheim zu der *proprietas* Guntrams zählen kann. Der Wortlaut der Urkunde macht eine deutliche Trennung zwischen den *res nostrae proprietatis in Cholumbra et Hitinheim* und *omnia quae Guntramnus in Hillisazaas proprietatis visus est habere, excepto Pruomad*. Brumath nämlich war nach D OI 166 zusammen mit Mommenheim (CLAUSS, S. 689 f.), Morschweiler (CLAUSS, S. 693), Gries (CLAUSS, S. 405), Bernolsheim (CLAUSS, S. 109) und Wahlenheim als konfis-

reichen Schenkung kam an Rudolf auch ein Anteil an der Vogtei des den Etichonen von Otto I. weitgehend entzogenen Klosters Lure[125], das der König wiederum mit Besitz in Wolfisheim östlich von Straßburg und Rosheim ausgestattet hatte[126]. Klar erkennbar ist die Systematik, mit der Otto I. das Elsaß durch die Beteiligung der seine Politik stützenden Kräfte sicherte[127].

Dabei lassen sich Korrekturen an dem ursprünglich geschaffenen Zustand feststellen: Den Besitz im Elsaß, der Chur 952 und 953 unter schwierigen Umständen restituiert worden war[128], gab 960 Bischof Hartbert an König Konrad von Burgund gegen Besitz Konrads in Kirchheim im Neckargau, in Neuershausen im Breisgau und in Dinglingen

zierter Guntrambesitz an Lorsch tradiert worden. Auch hier stellte Otto I. wieder karolingische Beziehungen her; denn Arnulf hatte 889 Brumath an Lorsch geschenkt (D A 70; RI I 1838). – In den Bestätigungen von D OI 201 (die Besitzmasse wurde laut D OII 51 von Rudolf an Peterlingen weitergeschenkt), D OII 51 und D HII 69, wird die Trennung durch die Zwischenschaltung der *villa Badelsbach* (Bohlsbach bei Offenburg) unterstrichen. Diese Auffassung auch bei W. Erben, Die Anfänge des Klosters Selz, in: ZGO 46 NF 7, 1892, S. 1–37, hier S. 4, und bei E. Sackur, Die Cluniacenser Bd. 1, 1892 (2), Neudruck 1971, S. 220; andererseits wird bei Clauss, S. 503 f., Hüttenheim als ursprünglich egisheimisches Hausgut beschrieben. Ebersheim (D Karol. 1, Nr. 221) und Honau (D KaIII 101), die beide von der elsässischen Herzogsfamilie dotiert worden sind, hatten hier Besitz. In Colmar statteten die Sundgaugrafen Anfang des 10. Jhs. St. Trudpert aus; Fr. Vollmer, Etichonen, S. 174. Dies spricht dafür, daß Hüttenheim und Colmar zu Guntrams Gütern zählten.

125 H. Büttner, Geschichte des Elsaß Bd. 1, S. 192 ff.

126 D OI 199. Kurz darauf die Schenkung an Rudolf. Otto I. hatte die Güter für Lure von einem Boso eingetauscht. Für Rosheim läßt sich sowohl Reichsgut als auch Etichonenbesitz nachweisen (Clauss, S. 918). Wolfisheim liegt in unmittelbarer Nähe von Königshofen, wo die Situation ähnlich ist (Clauss, S. 570).

127 Seit 953 besaß Berta, die Mutter von Adelheid, Rudolf und König Konrad von Burgund, die Abtei Erstein (Contin. Reginonis a. 953 in MG SS rer. Germ. i. u. sch., ed. F. Kurze, S. 166; R. Köpke–E. Dümmler, Kaiser Otto der Große, S. 214 mit Anm. 1). 968 schenkte Otto I. Adelheid die elsässischen Güter Hochfelden (Clauss, S. 476) westlich von Brumath, Morschweiler(?) (Clauss, S. 693) und Schweighausen westlich von Hagenau, Sermersheim und Selz östlich des Heiligen Forstes (H. Witte, Der heilige Forst und seine ältesten Besitzer, in: ZGO 51 NF 12, 1897, S. 193–244). Damit berührten sich die Lorscher Besitzungen laut D OI 166. Zur Gesamtpolitik auch H. Keller, Kloster Einsiedeln, S. 101 f.

128 Vgl. oben, Anm. 123.

in der Ortenau ab[129]. In den Quellen wird dieser Vorgang indes nur durch zwei weitere Tauschaktionen faßbar: Chur trat 960 an König Otto I. den Ort Kirchheim *ob commodam sibi utilitatem nostrae proprietatis* ab[130] gegen den Königshof in Chur und andere Begünstigungen. Ein Jahr später tauschte das Bistum für den von Konrad von Burgund erhaltenen breisgauischen und ortenauischen Besitz Güter im inneralemannischen Raum von Schwarzach ein[131]. Man sieht an diesen Umwälzungen in der Besitzlandschaft deutlich, wie bestimmte Maßnahmen des Königs über ein programmatisches Stadium hinaus nicht realisierbar waren und die jeweils lokalen Bedingungen eine Korrektur an der großräumig angelegten Gesamtpolitik erforderlich machten. In ähnlicher

129 RI II/1 279. Dieser auf dem Reichstag von Clofheim abgeschlossene Tausch läßt sich aus den Urkunden D OI 209 und 224/225 erschließen. Zum Churer Besitz im Elsaß: O. P. Clavadetscher, Die Besitzungen des Bistums Chur im Elsaß, in: Schweizer Beiträge zur allgemeinen Geschichte 8, 1950, S. 191 ff.; Ders., Die Restitution der Churer Besitzungen im Elsaß, in: Bündner Monatsblatt 1952, H. 9/10, S. 1 ff.

130 D OI 209; bezeichnend ist die im Text angeführte Begründung, Kirchheim sei für den König günstig. In das Itinerar in Alemannien läßt sich der Ort nicht einfügen; H. J. Rieckenberg, Königsstraße, S. 65 (S. 34), und K. Weller, Die Reichsstraßen des Mittelalters im heutigen Württemberg, in: Württ. Vierteljahrshefte f. LG NF 33, 1927, S. 1 ff. Nach Chr. Fr. Stälin, Wirtembergische Geschichte Bd. 1, S. 304, handelt es sich um die Stadt Kirchheim/Teck, Kr. Esslingen, nicht um das südwestlich von Heilbronn gelegene Kirchheim, Kr. Ludwigsburg. Aufschluß darüber, wie lange das ottonische und frühsalische Königtum auf diesen Ort hat Einfluß ausüben können, gewinnt man eventuell aus der allerdings zweifelhaften Urkunde Heinrichs IV. von 1059 (D HIV 78), in der dem Grafen Eberhard in Kirchheim im Neckargau das Münzrecht verliehen wird. Weiterhin dürfte die Frage interessant sein, wie Konrad von Burgund in den Besitz von Kirchheim/Teck gelangt ist. Bei den in D OI 224/225 als sein Eigentum bezeichneten Orten Neuershausen im Breisgau und Dinglingen in der Ortenau vermutet die Forschung (W. Erben, Selz, S. 4; H. Keller, Kloster Einsiedeln, S. 104, Anm. 51), Konrad habe diesen Besitz von seiner Mutter Berta, einer Tochter Herzog Burchards I. und Reginlinds, geerbt. Läßt sich für den Raum Kirchheim-Weilheim auch burchardingischer Einfluß nachweisen? s. unten, S. 65 ff.

131 RI II/1 298 f. Die von Chur erworbenen Besitztitel umfaßten einige Einzelpositionen (Bochingen bei Oberndorf nördlich von Rottweil, Kuppingen bei Herrenberg nordwestlich von Tübingen) und größere Gebiete in der Gegend um Münsingen, Riedlingen und Ehingen. In diesem Zusammenhang werden Orte um Ehingen und Moosheim bei Saulgau als entfremdeter Besitz des Klosters Schwarzach bezeichnet. (Die Ortsidentifizierungen nach dem Bündner UB 1, 1955, Nr. 121, S. 101 f., und Stälin, Wirtembergische Geschich-

Weise gelangte Rudolfs Besitz im Elsaß noch unter Otto I. an das Kloster Peterlingen [132].

Ein Querschnitt durch die breisgauischen Besitzverhältnisse in den sechziger Jahren des 10. Jahrhunderts ergibt folgendes Bild: Neben den alten Besitzträgern St. Gallen, Reichenau, Lorsch vermochten allen voran das Kloster Einsiedeln, daneben das Bistum Konstanz und das Kloster Schwarzach im Breisgau eine Position zu erlangen [133]. An diesem Zustand änderte sich bis in das letzte Jahrzehnt des 10. Jahrhunderts fast nichts. Um zu ermessen, was rein quantitativ Otto I. an Aktivität im Breisgau und in dem davon nicht zu trennenden Elsaß entfaltet hat, seien die Proportionen dieses Vorgehens verdeutlicht.

Vom Anfang seiner Regierungszeit bis 952, also in etwa 15 Jahren, stellte Otto I. bei einer Gesamtzahl von etwa 150 Urkunden 15, also ein Zehntel, für alemannische Empfänger und Gebiete aus [134]. Davon entfielen zwei auf die Reichenau [135], zwei auf St. Gallen [136], drei auf Kempten [137], eine auf Pfäfers [138]. Außerdem wurden Einsiedeln durch drei [139], Chur durch zwei [140] Urkunden und Abt Hartbert durch eine

te Bd. 1, S. 597). Damit berührte sich aufs engste der Besitzkomplex des Klosters Reichenau um Riedlingen und Altheim, Güter, die nach D Ludw. Dt. 17 Ludwig d. Fr. an den Abt von St. Gallen und Erzkanzler Grimald geschenkt hat, der sie an die Reichenau weitergab. F. Beyerle, Die Grundherrschaft, S. 464; zu Grimald: G. Tellenbach, Königtum und Stämme, S. 28, und J. Fleckenstein, Die Hofkapelle Bd. 1, Registerposition Grimald.

132 So eindeutig der Wortlaut von D OII 51. Zu den elsässischen Titeln hatte Otto I. noch einen *mansus* in Bohlsbach in der Ortenau nördlich von Offenburg hinzugefügt. Damit berührte das Burgundkloster Peterlingen den Besitzraum von Schwarzach, dessen einflußreicher Sachwalter in den sechziger Jahren des 10. Jhs. der *comes* Chuonradus war. Vgl. D OI 224 f.; dazu s. unten, S. 118.

133 Zu erwähnen ist, daß Einsiedeln einige seiner Besitztitel gegen näher gelegene Güter abgegeben hat. Es handelte sich dabei um Randorte wie Riedlingen, Unterbirken, Tutschfelden, aber auch Kenzingen und Oberbergen waren betroffen (P. Kläui, Gütergeschichte, S. 93 mit Anm. 75).

134 D OI 22, 25 f., 54, 83, 90, 94, 99, 106–108, 116, 119 f., 139.

135 D OI 83, 116.

136 D OI 25, 90, 119.

137 D OI 22, 54, 106.

138 D OI 120.

139 D OI 94, 107 f. In D OI 107 erhielt der in Einsiedeln Mönch gewordene Adam konfiszierten Besitz zurück, der dadurch an das Kloster fiel. H. Keller, Kloster Einsiedeln, S. 98.

140 D OI 26, 139.

Urkunde[141] begünstigt. Einsiedeln und Chur, dessen Bischof Hartbert (949–966/970?)[142] bereits seit Heinrich I. gefördert worden ist, sind die Kräfte in Alemannien, auf die Otto I. seine Politik der fünfziger und sechziger Jahre hauptsächlich stützte. Sie treten dementsprechend in den Diplomen dieser Zeit am häufigsten entgegen. Zwischen 952 und 962, also etwa zwischen dem ersten und zweiten Italienzug Ottos I.[143], betreffen von 90 Urkunden 23 alemannische Empfänger und Gebiete[144]. An diesem Befund fällt, abgesehen von den quantitativen Proportionen im Vergleich zum Zeitraum von 936 bis 952, auf, daß nur drei Urkunden (für Disentis, Pfäfers, Ellwangen) nicht den oberrheinischen Raum und die in ihm wirksamen Kräfte begünstigten[145]. Jedoch gehören auch diese Diplome im weiteren Sinn in den beschriebenen Rahmen: Die Abtei

141 Auf welches Kloster sich der hier faßbare Abbatiat Hartberts bezieht, ist in der Forschung strittig. Festzuhalten ist, daß Otto I. die Güter in Nenzing und Rankweil in Rätien (D OI 99) nicht ausdrücklich für St. Florin im Engadin, sondern für Hartbert persönlich bestimmt; vgl. I. Müller, Zur Raetia Curiensis im Frühmittelalter, in: Schweiz. Zt. f. Gesch. 19, 1969, S. 281 ff., hier S. 313, und O. P. Clavadetscher, Das Schicksal von Reichsgut und Reichsrechten in Rätien, in: VSWG 54, 1967, S. 46 ff., hier S. 51 f., der dies am nachprüfbaren Schicksal des Nenzinger Gutes erörtert. H. Keller, Kloster Einsiedeln, S. 20, und K. Schmid, Die Thronfolge Ottos des Großen, S. 116, Anm. 137 (S. 456, Anm. 142), nehmen an, daß 930 (D HI 22) Hartbert aus der Zürcher Kongregation ausgeschieden ist und es sich in Florin um eine Art klösterliche Niederlassung angesichts der reichen und gezielten Ausstattung handelt. Andererseits liegt die Geschichte der Äbte von Ellwangen um diese Zeit völlig im Dunkel (K. Fik, Geschichte der Leitung der Abtei, in: Ellwangen 764–1964, hg. v. V. Burr, Bd. 1, 1964, S. 107–153, hier S. 120 f.). Erst 961 (D OI 233) erscheint Hartbert als Abt von Ellwangen in einer Königsurkunde. Prüft man die Urkunde Heinrichs I. für den *presbyter* Hartbert (D HI 22), ergibt sich, daß die *ecclesia* von St. Florin bereits zuvor nach königlicher Übertragung der *presbyter* Reginward, Hartberts Onkel, besessen hat. Wenn Hartbert hier *presbyter*, in D OI 99 (wie auch wohl in D OI 85) *abbas* genannt wird, spricht dies doch sehr dafür, daß Hartbert 948 in verändertem Status erscheint. Da sich keine Indizien für einen Abbatiat Hartberts in Remüs (St. Florin) finden lassen, steht nichts im Weg, D OI 85 und 99 bereits für seinen Abbatiat in Ellwangen zu verwenden (so auch die Vermutung von H. Keller, Kloster Einsiedeln, S. 20, Anm. 44, und mit Nachdruck I. Müller, Raetia Curiensis, S. 314).

142 J. G. Mayer, Geschichte des Bistums Chur Bd. 1, S. 139 f.

143 R. Köpke–E. Dümmler, Kaiser Otto der Große, S. 201 ff., 325 ff.

144 Dabei sind auch Urkunden an Empfänger mitgerechnet, die selbst außerhalb Alemanniens standen, aber hierher intensive Beziehungen besaßen. D OI 146–148, 155, 157, 162 f., 175–177, 182, 188 f., 191, 199, 201, 208 f., 218, 233, 236.

145 D OI 188 für Pfäfers, 208 für Disentis, 233 für Ellwangen.

Disentis[146] in Graubünden, am Lukmanierpaß gelegen, war für Ottos Italienpolitik von großer Bedeutung[147] und erhielt 960 auf dem Reichstag von Clofheim[148] zusammen mit Chur Vergünstigungen. Ebenso durchsichtig wird Ottos Politik an der Behandlung der Abtei Pfäfers, die, seit 920 beim Bistum Chur[149], 950 Wahlrecht und Immunität[150] bekam und 957 erneut eine Urkunde empfing[151]. Über Ellwangens Verbindung zum Churer Bistum aufgrund des Abbatiats Bischof Hartberts ist bereits gesprochen worden[152].

Die übrigen Urkunden des Zeitraums von 952 bis 962 für das Oberrheingebiet verteilen sich auf folgende Weise: Chur erhielt sieben[153], Einsiedeln drei[154], Lorsch drei[155], Zürich zwei[156] Urkunden, Straßburg[157], Konstanz[158], Schwarzach[159], Lure[160] und Rudolf von Burgund[161] je eine. Nimmt man die große Breisgauschenkung Ottos I. an Einsiedeln hinzu, die in dem untersuchten Zeitraum aller Wahrscheinlichkeit nach stattgefunden hat[162], dann erhellt aus dieser Aktivität des Königs, wie hoch er Alemannien und dabei fast ausschließlich den oberrheinischen Raum und die in ihm wirkenden Personen und Institutionen einschätzte, die er jeweils in ihrem ursprünglichen und eigentlichen Standort ebenfalls begünstigte.

146 F. PLIETH, Bündner Geschichte, 1945, S. 47 f.
147 RI II/1 367b Rückkehr aus Italien 965 *per Luggmaniam*.
148 RI II/1 277a–280.
149 J. G. MAYER, Bistum Chur, S. 123; Bündner UB 1, Nr. 96, S. 78 ff.
150 D OI 120. Die Bedeutung Pfäfers' zu dieser Zeit erhellt aus dem von H. KELLER, Kloster Einsiedeln, S. 40 ff., dargestellten Aufenthalt Liudolfs, Hermanns, Reginlinds und Itas daselbst 949.
151 D OI 188. RI II/1 255. Die Verbindung Disentis-Pfäfers wird an der Verklammerung des Besitzes beider Klöster im Vorderrheintal zwischen Disentis und Chur deutlich (F. PERRET, Aus der Frühzeit der Abtei Pfäfers, 1958, S. 10).
152 S. oben, S. 33, Anm. 141.
153 D OI 148, 157, 163, 175, 182, 191, 209.
154 D OI 155, 189, 218.
155 D OI 166, 176 f.
156 D OI 146 f.
157 D OI 162.
158 D OI 236.
159 D OI 224/25.
160 D OI 199.
161 D OI 201.
162 Die aus den Urkunden ersichtliche Dotation Einsiedelns mit konfisziertem Guntrambesitz reichte von 952 (D OI 155) bis 958 (D OI 189). Konstanz erhielt davon 962 eine Zuweisung (D OI 236).

3. Die Bedeutung des Breisgaus in der alemannischen Politik Ottos d. Gr.

Ein Blick auf die Empfänger dieser zahlreichen Gunstbezeugungen läßt mühelos erkennen, daß Otto I., von Straßburg und Schwarzach abgesehen, sonst nur außerhalb des Oberrheingebiets ansässige Stützen der königlichen Herrschaft förderte[163]. Das wirft ein Licht auf das Problem des Breisgaus und der mit ihm zusammenhängenden Räume als einer Randzone und auf die Frage, mit welchen Mitteln sich das Königtum ein solches Gebiet, wenn es in seinen unmittelbaren Interessenzusammenhang fiel, zugänglich machte und sicherte. Nicht die zuständige Bischofskirche Straßburg und die mit ihr verbundene Abtei St. Thomas, die im Unterelsaß reichlich begütert waren[164], erlangten die intensive Förderung Ottos I., sondern das im südalemannisch-rätischen Raum verwurzelte Churer Bistum, in einem Raum, in dem das Königtum im Zusammenwirken mit den alemannischen Herzögen, die seit Entstehung des »jüngeren Stammesherzogtums« in Rätien eine feste Stellung innehatten, Fuß fassen konnte. Die Hunfridinger bis zu Burchard I. besaßen die churrätische Grafschaft[165]; ebenso sind in Unterrätien die Herzöge Hermann I., Liudolf, Burchard II.(?) und Otto als Grafen nachweisbar[166].

H. Keller hat darauf hingewiesen, daß die ersten königlichen Schenkungen an Einsiedeln immer in der Grafschaft des jeweiligen Herzogs lagen[167]. Dieses Zusammenwirken von König, Herzog, dessen Graf-

163 Dabei handelt es sich in D OI 162 für Straßburg um Zollbefreiung; erst mit Otto II. setzte eine intensive, auch mit Dotation verbundene Begünstigung ein.

164 Straßburger UB 1, Nr. 52, S. 43 ff.

165 Bündner UB 1, S. 500; G. Tellenbach, Königtum und Stämme, S. 51 f.

166 R. Kloss, Grafschaftsgerüst, S. 135; Bündner UB 1, S. 500; auf jeden Fall erscheint Burchard II. als Graf im Thurgau (D OI 189).

167 H. Keller, Kloster Einsiedeln, S. 104: 949 in Rätien (Hermann), 952 im Breisgau (Liudolf), 958 im Thurgau (Burchard II.). W. Stülpnagel, Der Breisgau, S. 15, warnt vor dem unbedingten Schluß, daß die Inhaber eines Grafenamts im 10. Jh. in ihrem Comitat eine starke Besitzgrundlage gehabt hätten. Das andere Extrem, daß Besitz eher gegen die Grafschaftswürde in dieser Gegend spricht, scheint in der von Stülpnagel angenommenen Weise allerdings ähnlich fragwürdig. Wenn er ibd. von der allgemeinen Schwäche der Breisgaugrafschaft in dieser Zeit spricht, so trifft dies angesichts der Linie der miteinander verwandten Grafen Birchtilo–Diethelm–Birchtilo (dazu s. unten, S. 179) und des politisch zu verstehenden Comitats von Liudolf nicht ganz zu. Die Frage, ob Liudolf erst 952 Graf im Breisgau geworden ist, wird von Stülpnagel mit dem Hinweis, eine erste Nennung bedeute nicht unbedingt den Beginn des Amtsantritts, berührt. Trotz diesem berechtigten

schaft wohl als sein engeres Aktionsfeld zu betrachten ist, und Kloster berührte in den fünfziger Jahren auch den Breisgau. Die Tatsache, daß der Königssohn Liudolf Graf im Breisgau war, erinnert an den breisgauischen Comitat Karls, des Sohnes Ludwigs d. Dt.[168]. Mit dieser Maßnahme versuchte Otto I. offenkundig, den Breisgau, der zuvor unter dem starken Einfluß Guntrams gestanden hatte, für seine Herrschaft zu sichern, während ein derartiger Eingriff in den beiden elsässischen Grafschaften nicht stattfand[169].

Als zweite Maßnahme zur Sicherung des Breisgaus, zu seinem Anschluß an den damaligen Kernraum des alemannischen Herzogtums, kann die dortige Dotation des Klosters Einsiedeln gelten. Wenn man die Besitzlandschaft der Abtei betrachtet, fällt auf, daß der Breisgau die einzige Fernzone darstellt, die das Kloster im 10. Jahrhundert vom Königtum erhalten hat[170]. Gerade im Zusammenhang mit Einsiedeln erscheint in Urkunden der zweiten Hälfte des 10. Jahrhunderts der Breisgau mit dem *ducatus Alamanniae* verbunden[171].

Die Bedeutung Alemanniens in der Zeit von 952 bis 962 läßt sich auch am königlichen Itinerar klar erkennen: Bis 952 hatte Otto I. den Kernraum des Herzogtums nicht betreten[172], abgesehen von dem militärischen Vorstoß ins Elsaß und besonders gegen Breisach 939[173]. Von Italien zurückkehrend, gastete er im März 952 außer in Chur in Zürich und Erstein; hier stellte er wichtige Urkunden für St. Felix und Regula und die Bischofskirche von Chur aus[174]. Seit Ludwig d. K. 906 in Erstein (im nördlich gelegenen Nordhausen) für Worms geurkundet hatte[175], ist dort kein Königsaufenthalt bis 952 belegt; jetzt fungierte es

Einwand wird man aber die allgemeine Situation im Herzogtum nicht verkennen dürfen: Liudolf war zunächst Graf in Rätien 951 (D OI 139), also dem Kernraum seines Schwiegervaters, Herzog Hermanns I.; seine Breisgaugrafschaft muß somit als Zusatz oder Ersatz angesehen werden. Dies wiederum paßte gut zu den Veränderungen im Oberrheingebiet 952.

168 S. oben, S. 15.

169 Hier weiterhin Angehörige der »Liutfride« und »Eberharde« nachweisbar; R. Kloss, Grafschaftsgerüst, S. 124 f.

170 P. Kläui, Gütergeschichte, S. 87 ff.

171 S. oben, S. 13.

172 Auf seinem ersten Zug nach Italien im Sommer 951 über den Brenner (RI II/1 196b) streifte Otto mit seinem wahrscheinlichen Weg über Augsburg Alemannien am Rand.

173 Dazu R. Köpke–E. Dümmler, Kaiser Otto der Große, S. 88 ff., und RI II/1 78a+b.

174 RI II/1 207–210.

175 RI I 2040.

bereits im folgenden Jahr von neuem als Station des Königs und dieses Mal sogar als Ort eines *colloquium* [176]. Otto war hierzu von Frankfurt gekommen und kehrte von Erstein nach Ingelheim zurück. Die Abtei Erstein, von Kaiserin Irmgard auf einer Schenkung Ludwigs d. Fr. 850 errichtet [177], tradierte Otto I. im gleichen Jahr 953 an Berta, die Mutter Adelheids, und stellte auf diese Weise den »Lieblingsaufenthalt der Ottonen im Elsaß« [178] unter den Einfluß seiner burgundischen Verwandten, deren Position im Elsaß bereits behandelt wurde [179].

Wie Otto I. 953 Erstein aufsuchte, ohne auf dem Wege von oder nach Italien zu sein, so kam er auch schon im August 952 eigens nach Augsburg, um hier einen wichtigen Reichstag abzuhalten [180]. Mit dem Gegenstand dieses *conventus* (italienische Angelegenheiten und Guntrams Bestrafung) erhielt Augsburg eine weit über die Durchgangsstation auf dem Italienweg hinausgehende Funktion [181]. Während an der Synode

176 RI II/1 225a–227.
177 J. M. Clauss, Historisch-Topographisches Wörterbuch, S. 331: H. Büttner, Geschichte des Elsaß Bd. 1, Registerposition Erstein; R. Friedel, Geschichte des Fleckens Erstein, 1927.
178 H. Büttner, Geschichte des Elsaß Bd. 1, S. 216.
179 Vgl. oben, S. 30; über Erstein als Pfalz C. Brühl, Fodrum, S. 32, Anm. 111, und S. 121 f., mit weiteren Literaturangaben (s. auch oben, Anm. 177); bei Brühl Bemerkungen über das Zusammenwirken von Königsgut und Klostergut; dazu differenzierter Ders., Die wirtschaftliche Bedeutung der Pfalzen, S. 507 f. Aufgrund der Belege *palatium* und *castrum* (RI II/3 1309a; H. Heimpel, Königspfalzen, S. 478) kann das Bestehen einer vom Kloster räumlich unabhängigen Pfalz als gesichert gelten (zu *palatium* vgl. allerdings die einschränkenden Bemerkungen von A. Gauert, Zur Struktur und Topographie der Königspfalzen, in: Deutsche Königspfalzen Bd. 2, hg. v. H. Heimpel, 1965, S. 1–60). Doch scheint m. E. die rein formale Kategorie des Zusammenwirkens von Kloster (bzw. Bischofskirche) und Königsgut, wie sie Brühl verwendet, der Problemlage nicht hinreichend gerecht zu werden. Im Fall Ersteins wird man die gezielte Politik Ottos d. Gr., nämlich die Übertragung der Abtei an seine Schwiegermutter Berta als Indiz für den hohen Einfluß des Klosters auf die Realisierung der Königsaufenthalte, ebenso wie die weitere Förderung der Abtei durch Otto II. (Dotierung mit dem Gut Ebersheim RI II/2 660; in dieser Urkunde [D OII 79a] der Einfluß von Bertas Tochter Adelheid auf Erstein faßbar) nicht außer acht lassen dürfen. Zum Kloster Erstein auch P. Scheffer-Boichorst, Zur Geschichte der Reichsabtei Erstein, in: ZGO 43 NF 4, 1889, S. 283–299, wieder in: Ders., Untersuchungen zur Geschichte des XII. und XIII. Jahrhunderts, Historische Studien 8, 1897, S. 354–370.
180 RI II/1 217–218; M. Lintzel, Die Beschlüsse der deutschen Hoftage von 911 bis 1056, Historische Studien 161, 1924, S. 103.
181 R. Köpke–E. Dümmler, Kaiser Otto der Große, S. 204 ff.

von Ingelheim 948 von den alemannischen Bischöfen nur Konrad von Konstanz und Ulrich von Augsburg, nicht aber Waldo von Chur und Ruthard von Straßburg teilnahmen [182], erschienen 952 in Augsburg neben den beiden erstgenannten auch Hartbert von Chur und Uto von Straßburg [183]. 961 lag Augsburg wieder auf Ottos Weg nach Italien [184].

Vergleicht man die Tätigkeit Ottos I. in Alemannien von 952 bis 962, wie sie sich in Urkunden und Itinerar niederschlug, mit dem Verhalten in der Zeit bis 973, ist zunächst zu berücksichtigen, daß sich der Kaiser von diesen 12 Jahren nur drei, also ein Viertel, in Deutschland aufgehalten hat [185]. So wird man nachdrücklich festhalten können, daß der königliche Zug 965 auf der Rückkehr von Italien Chur, St. Gallen und die Reichenau berührt hat [186]. Im selben Jahr war, wie bereits 953, Erstein von neuem das besondere Ziel Ottos, das er von Frankfurt aus erreichte. Von Erstein kehrte er nach Ingelheim zurück [187]. Von 966 bis 972 dauerte die dritte Fahrt nach Italien, wohin der Kaiser, von Speyer kommend, über Straßburg, Rufach südlich von Colmar und Chur gelangte [188]. 972 schließlich ist Otto mit seinem Gefolge, vorab seinem Sohn und Mitkaiser Otto und Theophanu, nach Verlassen Italiens in St. Gallen, auf der Reichenau und in Konstanz nachweisbar [189].

Mißt man die Aktivität Ottos I. für Alemannien, wie sie sich in den Urkunden ausdrückt, an der Gesamtzahl der Diplome aus den Jahren von 962 bis 973, dann kommt man wieder auf ein Zehntel, ein Ergebnis,

182 MGH Const. 1, Nr. 6, S. 13.
183 Ibd. Nr. 9, S. 18.
184 RI II/1 307. Es sei auch erwähnt, daß 955 Otto im Zusammenhang mit der Lechfeldschlacht Ulm und Augsburg berührte (RI II/1 240e und 240h).
185 G. Tellenbach, Otto der Große, in: Die großen Deutschen 1, 1956, S. 35–51, hier S. 50.
186 RI II/1 368c, 369a, 370 f.
187 RI II/1 382–84.
188 RI II/1 433, 435–37, 437a; zu Rufach Clauss, Historisch-Topographisches Wörterbuch, S. 929. Bereits im 7. Jh. war der dortige Königshof an das Bistum Straßburg gekommen. Es ist anzunehmen, daß aufgrund dieser Beziehungen, die nach Clauss (vgl. auch Straßburger UB 1, Nr. 139, S. 114 f.; Nr. 166, S. 131; Nr. 273, S. 210) bis ins Spätmittelalter bestanden, Rufach als Station in Frage kam. Rieckenberg, Königsstraße, erwähnt den Ort ohne Kommentar nur in der Tabelle Nr. 24, S. 152 (121).
189 RI II/1 549b, 550–553a. Die Frage des Aufenthalts Ottos I. auf der Reichenau ist in den RI II/1 550 offengelassen. Da aber die Urkunden D OII 24–26 in unmittelbarem zeitlichem Zusammenhang mit D OI 418 stehen, liegt ein gemeinsames Handeln beider Ottonen nahe (R. Köpke-E. Dümmler, Kaiser Otto der Große, S. 489; K. Beyerle, Von der Gründung, S. 112/16).

das der Zeit bis 952 ähnelt [190]. Das Verhältnis ändert sich etwas zugunsten Alemanniens, wenn dessen Anteil an den zwischen dem dritten und vierten Italienzug (965–966) ausgestellten Urkunden berechnet wird [191]. An der Spitze der alemannischen Empfänger steht Einsiedeln mit vier Diplomen [192], Chur, Pfäfers und Lorsch bekamen drei [193], Kempten erhielt zwei [194]. Peterlingen, Disentis, St. Gallen, Reichenau, Rheinau und Adelheid wurden je einmal begünstigt [195]. Es ist offensichtlich: Die Politik der fünfziger Jahre wurde mit der Förderung der Klöster Einsiedeln, Pfäfers, Lorsch und Disentis, des Bistums Chur und des burgundischen Bereichs konsequent fortgesetzt; gleichzeitig bildeten sich aber auch neue Schwerpunkte der Politik, die an die Zeit vor 952 anknüpfte: Kempten, bereits unter Heinrich I. 926, 927 und 929 [196] und unter Otto I. 948 [197] im Blickfeld der königlichen Politik, danach im Hintergrund, erhielt um 963 eine Privilegienbestätigung und 972 eine Zollbefreiung. Die Förderung wird ohne weiteres in Anbetracht der Stellung verständlich, die Bischof Ulrich von Augsburg als Kommendatarabt in Kempten

190 Insgesamt etwa 200 Urkunden; davon 17 Ottos I. (D OI 250, 252, 255, 275–77, 283–85, 326, 343, 368, 411, 418 f., 420, 425) und vier Ottos II. in diesem Zeitraum (D OII 23–26), die aufgrund der Umstände ihrer Ausstellung mitzuzählen sind.

191 Von 58 Urkunden (D OI 275–333) betreffen sieben, also etwa ein Achtel, alemannische Empfänger (D OI 275–77, 283–85, 326).

192 D OI 275 f.; D OII 24 f.

193 Chur: D OI 326, 343, 419; Pfäfers: D OI 250, 411; D OII 23; Lorsch: D OI 252, 283, 425. Lorsch ist hier wieder unter den alemannischen Empfängern mitgezählt, weil es wichtige Positionen im Elsaß seit den fünfziger Jahren besaß.

194 D OI 255, 420.

195 In der Reihenfolge ihrer Nennung: D OI 284, 285, D OII 26, D OI 277, 418, 368.

196 D HI 10, 15, 19. Dabei ist auf die Intervention Arnulfs in den beiden ersten Urkunden hinzuweisen. In D HI 19 fehlt ein Intervenient. In D OI 22 erscheint Herzog Hermann. Sollte dieser sich erst allmählich in dem östlichen Bereich seines Herzogtums durchgesetzt haben? Im Fall des Engadins und Vintschgaus (D HI 22, 28) hat ja wohl Heinrich I. im Zusammenhang mit 926 das alemannische Herzogtum zugunsten Bayerns (Arnulfs Bruder Berthold als Graf nachweisbar) verkleinert (E. Meyer-Marthaler, Rätien, S. 24 ff.). Jedoch hat hier das Bistum Chur Positionen auch in späterer Zeit erwerben können (D OI 343), so daß alemannischer Einfluß erhalten blieb. Was den Raum Kempten betrifft, so ist anzunehmen, daß sich nach dem Tod Herzog Arnulfs (R. Köpke–E. Dümmler, Kaiser Otto der Große, S. 68 ff.) der bayerische Einfluß zugunsten des alemannischen verringerte. Zu den Vorgängen in Bayern: K. Reindel, Bayern unter den Liutpoldingern, in: Handbuch der bayerischen Geschichte Bd. 1, hg. v. M. Spindler, 1967, S. 216 ff.

197 D OI 106.

innehatte[198]. Ulrich und seine Familie hatten im liudolfingischen Aufstand, in dem sie und vielleicht Bischof Hartbert von Chur als einzige fest auf seiten des Königs standen[199], und in der Lechfeldschlacht[200] Otto I. unterstützt; eine ausdrückliche Gunstbezeugung ließ ihnen der König in den fünfziger Jahren allerdings nicht zukommen; vielmehr konzentrierte er sich auf das Gebiet am Oberrhein, das seines Eingriffs stärker bedurfte.

Eine ähnliche »Neuförderung« erfuhren die Reichsklöster St. Gallen und Reichenau. Dies zeigte sich bereits bei der Behandlung des Itinerars deutlich. Es soll noch durch das urkundliche Material ergänzt werden. Doch zuvor ist noch einmal daran zu erinnern, daß ein Aufenthalt Ottos I. in den beiden Klöstern weder auf dem Hin- und Rückweg seines ersten noch auf dem Hinweg seines zweiten Italienzugs belegt ist. Auch der Kontext des Itinerars spricht gegen einen Besuch[201]. 965, unmittelbar nachdem sich Otto in St. Gallen und auf der Reichenau Ende Januar[202] aufgehalten hat, wo er für Einsiedeln geurkundet hatte, bestätigt er von Worms aus der Reichenau Ende Februar Immunität und Wahlrecht[203]. St. Gallen empfing 972 während des Besuches der beiden Ottonen ein Immunitätsprivileg[204].

Auf die Frage, ob sich andere Quellenindizien finden lassen, die das aus dem Urkundenmaterial und Itinerarbefund gewonnene Bild vom Zurück- und Hervortreten der Abteien St. Gallen und Reichenau in der alemannischen Politik Ottos I. in den fünfziger und sechziger Jahren ergänzen, sei zunächst daran erinnert, daß die beiden alten Reichsklöster an der Neuordnung des Breisgaus und des Elsaß keinen Anteil hatten.

198 L. SPRANDEL-KRAFFT, Ulrich von Augsburg, S. 102 ff.; F. ZOEPFL, Das Bistum Augsburg und seine Bischöfe im Mittelalter, 1955, S. 70; W. Volkert–F. Zoepfl, Die Regesten der Bischöfe und des Domkapitels von Augsburg I/1, 1955, Nr. 117; zur Stellung Ulrichs und seiner Familie im östlichen Schwaben auch H. SCHWARZMAIER, Königtum, Adel und Klöster im Gebiet zwischen oberer Iller und Lech, 1961, S. 48 ff.

199 Vita Udalrici c. 10 (MG SS 4, 399); R. KÖPKE–E. DÜMMLER, Kaiser Otto der Große, S. 225.

200 RI II/1 240e–h.

201 RI II/1 196b, 207a, 307 mit a+b. Auf der Rückkehr von Italien 952 scheint der Weg aus Zeitnot von Chur direkt nach Zürich geführt zu haben. Auf der Rieckenbergs Arbeit über Königsstraßen angefügten Karte mit dem Reiseweg der Ottonen ist keine Verbindung Chur–Zürich eingetragen. Ob Otto I. 966 von Rufach aus über Zürich oder am Bodensee entlang nach Chur zog, ist nicht zu ermitteln; RI II/1 437 mit a, b, c.

202 RI II/1 369a, 370, 371.

203 D OI 277.

204 D OII 26; zum Aufenthalt: K. BEYERLE, Von der Gründung, S. 112/16 f.

Das größere politische Gewicht schien Otto der Abtei Einsiedeln mit ihren zahlreichen Verflechtungen zu und in Alemannien beizumessen. Diese Tatsache gewinnt an Tragweite, wenn man sich dazu vergegenwärtigt, daß Otto I. noch als zweiten Abt für das Magdeburger Mauritiuskloster und damit als Nachfolger des aus St. Maximin in Trier stammenden Anno 945 den Reichenauer Mönch Otwin holte [205] und ihn 954 zum Bischof von Hildesheim promovierte [206]. Die hohe Bedeutung der Reichenau und St. Gallens in der Alemannienpolitik Heinrichs I. drückt sich auch in den dortigen Gedenkbucheinträgen der königlichen Familie [207] und in dem wohl von Adaldag initiierten Reichenauer »Mischeintrag« aus, dem gesellschaftliche und politische Bedeutung [208] zukam.

Um dies angemessen beurteilen zu können, muß noch das Problem der Schwerpunktsverlagerung der königlichen Interessen von den Abteien zu den Bischofskirchen im 10. Jahrhundert kurz berührt werden. Diese Veränderung, die sich in den Promotionen von Kapellänen zu Bischöfen niederschlug, setzte erst Mitte der sechziger Jahre systematisch ein [209], während Otto I. bis dahin Verwandte und Vertraute zu Bischöfen erhob und die mönchischen Kapelläne vor 965 wesentlich zahlreicher als danach waren [210].

Von St. Gallen wissen wir, daß sich das Kloster während der Unruhen des Jahres 953 im festen Zugriff des aufständischen Herzogs Liudolf befand [211]. Dieser hatte nämlich den königstreuen Abt Kraloh mit Zustimmung der Mönche durch den zum Abt erhobenen Anno ersetzt. Wie sich die Reichenau in der allgemeinen Auseinandersetzung verhielt, ist

205 R. KÖPKE–E. DÜMMLER, Kaiser Otto der Große, S. 243 mit Anm. 3; K. BEYERLE, Von der Gründung, S. 112/12 f.
206 J. FLECKENSTEIN, Königshof und Bischofsschule unter Otto d. Gr., in: Arch. f. Kulturgesch. 38, 1956, S. 38–62, hier S. 51 u. 57.
207 K. SCHMID, Neue Quellen zum Verständnis des Adels im 10. Jh.; in: ZGO 107 NF 69, 1960, S. 185–232, Teil I auch in: Königswahl, hg. v. E. Hlawitschka, 1971, S. 389–416.
208 K. SCHMID, Religiöses und sippengebundenes Gemeinschaftsbewußtsein in frühmittelalterlichen Gedenkbucheinträgen, in: DA 21, 1965, S. 18–81, zum politischen Hintergrund bes. S. 79 ff.
209 J. FLECKENSTEIN, Hofkapelle Bd. 2, S. 50 ff.
210 DERS., Hofkapelle Bd. 2, S. 52, Anm. 221, und der in Anm. 206 zitierte Aufsatz von J. Fleckenstein.
211 Annales Sangallenses maiores a. 953 in: MVG 19 NF 9, ed. C. Henking, 1884, S. 287 mit Anm. 218; Ekkeharti Casus s. Galli c. 71 und 72 in: MVG 15/16 NF 5/6, ed. G. Meyer von Knonau, 1877, S. 250 ff.; K. BEYERLE, Von der Gründung, S. 112/14 f.

nicht bekannt[212]. Es kann aber zumindest nicht ausgeschlossen werden, daß sie die Sache Liudolfs unterstützte.

Mit dem Jahr 965 begann eine Zeit stärkeren Einflusses und Zugriffs des ottonischen Königtums auf St. Gallen und auf die Reichenau. Zu den urkundlich faßbaren Förderungen und dem Itinerarbefund fügt sich das Eingreifen Ottos I. 972 in die inneren Verhältnisse des Inselklosters. Den Abt Ekkehart I. (958–972), den der Konvent wegen Verschleuderung des Kirchenguts angeklagt hatte, setzte er ab und übergab die Abtei dem Propst Ruodman[213]. Das gesteigerte Interesse des Königtums äußerte sich weiterhin in den Reformbemühungen Ottos I. in St. Gallen. Aus den widersprüchlichen Aussagen der Casus s. Galli und der Annales Sangallenses[214], die G. Meyer von Knonau in Übereinstimmung zu bringen versucht hat[215], läßt sich zumindest der doppelte Versuch Ottos I.

212 K. Beyerle, Von der Gründung, S. 112/15, glaubt eine königstreue Haltung der Reichenau daraus schließen zu können, daß Graf Adalbert »von Marchtal« aus der Verwandtschaft der Alaholfinger, die angeblich die Reichenauer Vogtei zu dieser Zeit besaßen, gegen Liudolf kämpfte. In Anbetracht der Offenheit der Reichenauer Vogteifrage (vgl. auch F. Beyerle, Die Grundherrschaft der Reichenau, in: Die Kultur der Abtei Reichenau Bd. 1, S. 490, und A. Heilmann, Die Klostervogtei im rechtsrheinischen Teil der Diözese Konstanz bis zur Mitte des 13. Jhs., 1908, S. 24) und im Hinblick auf das in Anm. 199 genannte Quellenzeugnis über die allgemeine Haltung Alemanniens im liudolfingischen Aufstand scheint m. E. die Option der Reichenau nicht unbedingt für das Königtum ausgefallen zu sein.

213 Herimannus Augiensis a. 972 (MG SS 5, 116); RI II/1 553a; K. Beyerle, Von der Gründung, S. 112/17.

214 Ekkeharti casus s. Galli c. 98 ff., S. 353 ff., und c. 137 ff., S. 434 ff.; Annales Sangall. mai. a. 966, S. 293 mit Anm. 228.

215 G. Meyer von Knonau, Exkurs III. Über die Anstrengungen Kaiser Ottos I. für die Reform des Klosters St. Gallen, in: MVG 15/16 NF 5/6, 1877, S. 474–480; gegen die hier vorgeschlagene Chronologie wenden sich K. Hallinger, Gorze-Kluny Bd. 1, 1950, S. 187 ff., und H. Keller, Ottobeuren und Einsiedeln im 11. Jh., in: ZGO 112, 1964, S. 373 ff., hier S. 393, Anm. 118, der das Zeugnis der Annalen zum Jahr 966 durch Hinweis auf eine päpstliche Urkunde für Abt Burchard von St. Gallen stützen zu können glaubt. (In ihr versucht der Abt, das Kloster gegen alle äußeren Eingriffe zu schützen. Vor allem der Passus *Nolumus, ut quasi sub cuiuslibet canonicae scripturae umbracula ab officio sacerdotali memorato monasterio quicquam praetendatur aucipii* scheint auf aktuellen Anlaß hinzudeuten; Wartmann 4, Anhang, Nr. 4, S. 954 f.). Die zeitliche Reihenfolge der Reformen muß entgegen der Argumentation von Meyer von Knonau im Sinn der Casus s. Galli angenommen werden. Daß die Kommission der Bischöfe und Äbte vor Sandrat wirkte, geht klar aus c. 139, S. 438, der Casus hervor: (Abt Notker zu Sandrat) ... *prudentiorem te episcopis et abbatibus opus est fore, qui nos mira caritatis discretione nuperrime in regulam sancti Benedicti stabilitos, ut volebant, reliquerant* ...

rekonstruieren, die inneren Zustände des Klosters zu verbessern, einmal durch eine Kommission von acht Bischöfen und Äbten[216], zum anderen durch den Mönch Sandrat aus St. Maximin im Anschluß an die Ingelheimer Synode im September 972[217] und im Zuge der Einsetzung Ruodmans zum Abt der Reichenau.

Auch Ekkeharts IV. Zeugnis, Ekkehart II. sei in die Hofkapelle Ottos II. berufen worden, ist hier zu berücksichtigen[218]. Mögen die Notizen der Casus s. Galli, Ekkehart II. sei *magister* Ottos II. gewesen[219], auch anfechtbar sein, auf jeden Fall kann der St. Galler Mönch als Kapellan gelten[220], für den nach Ekkeharts IV. Aussage der Abbatiat in Ellwangen und ein Bischofssitz vorgesehen waren[221] und der als Propst in Mainz nachweisbar ist[222]. Die Beziehnung zwischen Otto II. und St. Gallen drückt sich auch in der reichen Förderung aus, die der Kaiser 980, als er auf seinem Zug nach Italien am Bodensee entlang zog und dabei vielleicht im Kloster Station machte, in St. Johann-Höchst, am Südostende des Sees, St. Gallen zuteil werden ließ[223]. Die hier sichtbar werdende Klosterpolitik Ottos I. und Ottos II. muß in den allgemeinen Rahmen ihrer Klosterreformbemühungen eingeordnet werden, die zu einem Großteil mit den intensiven Beziehungen dieser beiden Kaiser zu Maiolus von Cluny zusammenhingen, dem nach cluniazensischer Überlieferung Otto I. die Leitung aller königlichen Klöster in Deutschland und Italien übertragen wollte[224]. Offensichtlich hat sich also Otto I. in den beiden letzten Jahren seiner Regierungszeit verstärkt um die beiden südwestalemannischen Reichsabteien bemüht, zu einer Zeit, da er die Beziehungen zwischen dem Hof und den Bischofskirchen zu intensivieren begonnen hatte[225].

216 Dazu ausführlich K. Hallinger, Gorze-Kluny Bd. 1, S. 192 ff.
217 RI II/1 553c, d, 554; R. Köpke–E. Dümmler, Kaiser Otto der Große, S. 491 f.
218 Casus s. Galli c. 98, S. 353 mit Anm. 1200.
219 Casus c. 128, S. 415.
220 J. Fleckenstein, Hofkapelle Bd. 2, S. 72.
221 Casus c. 98, S. 354 mit Anm. 1204.
222 J. Fleckenstein, Hofkapelle Bd. 2, S. 72, 76, Anm. 102.
223 D OII 236.
224 K. Hauck, Kirchengeschichte Deutschlands Bd. 3, 1954(8), S. 385 f. J. Wollasch, Kaiser Heinrich II. in Cluny, in: Frühmittelalterliche Studien 3, 1969, S. 327–342, hier S. 340; außer in St. Gallen und Reichenau griffen Otto I. in Weißenburg, Otto II. in Tegernsee ein (K. Hauck, Kirchengeschichte Bd. 3, S. 385 mit Anm. 10, S. 386 mit Anm. 6).
225 J. Fleckenstein, Hofkapelle Bd. 2, S. 50 ff.

4. *Die Besitzverhältnisse im Breisgau und das königliche Itinerar in Alemannien bis zum Ende des 10. Jahrhunderts*

Vom Anfang der sechziger Jahre bis zum letzten Jahrzehnt des 10. Jahrhunderts hat sich die Besitzlandschaft des Breisgaus und der mit ihm zusammenhängenden Gebiete wesentlich geringer als in der davor liegenden Zeit verändert. Aufgrund einer Bestätigung Ottos II. läßt sich die Abgabe breisgauischer Güter durch Einsiedeln an einen im Thurgau begüterten Eberhard feststellen[226], die zwischen 972 und 979 stattgefunden hat[227]. Daran, daß auch elsässischer und ortenauischer Besitz laut der Bestätigung des Tauschgeschäfts abgestoßen wurde, können die bestehenden Verbindungen des Gebietes am Oberrhein sichtbar werden, die auch Otto II. bewußt gestärkt hat, indem er dem Kloster Peterlingen anläßlich der Bestätigung seiner von Herzog Rudolf stammenden Güter weiteren Besitz in Bohlsbach in der Ortenau hinzufügte[228]. Das Schwergewicht der königlichen Aktivität im Oberrheingebiet scheint sich von 960 bis 990 auf die linksrheinischen Gaue konzentriert zu haben: Von den rund 280 erhaltenen Urkunden Ottos II. galten 23, also weniger als ein Zehntel, Empfängern, die in Alemannien ansässig waren oder hier durch Besitz Einfluß ausübten[229]. Davon entfallen acht auf elsässische und im Elsaß wirksame Kräfte[230], allein vier auf das Bistum Straßburg, die übrigen betreffen die bereits unter Otto I. in Alemannien

226 D OII 182.

227 Das ergibt sich daraus, daß in D OII 24 von 972 bestimmte Besitztitel noch genannt sind, die in späteren Bestätigungen für Einsiedeln fehlen (P. Kläui, Gütergeschichte, S. 93).

228 D OII 51. Daß hier Bohlsbach bei Offenburg gemeint ist, geht ohne Zweifel aus der Lokalisierung *in pago Mortanouua et in comitatu Chuonradi comitis* hervor, die allerdings erst bei der zweiten Nennung des Ortsnamens hinzugefügt ist. Dasselbe gilt für die zahlreichen Bestätigungen (D OIII 273; D HII 57, 69). Deshalb bedarf die Angabe von A. Eggers, Der königliche Grundbesitz, S. 21, die zwischen Badelsbach im Elsaß und Bohlsbach schwankt, einer Korrektur. Clauss, Historisch-topographisches Wörterbuch, führt keinen solchen elsässischen Ortsnamen auf. Daß die Schenkung von Bohlsbach auf Otto I. zurückgeht, ist nicht ganz auszuschließen (E. Sackur, Die Cluniacenser Bd. 1, S. 220 mit Anm. 4 und 5).

229 D OII 38, 45, 51, 63, 72 f., 79a, 109, 121–24, 129, 131, 155, 181 f., 211, 236 f., 267, 303, 317.

230 Straßburg: D OII 72 f., 129, 267; Peterlingen: D OII 51; Murbach: D OII 155; Erstein: D OII 79a; Adelheid: D OII 109.

geförderten Gewalten, allen voran Kloster Einsiedeln [231], darunter auch das gegen Ende von Ottos I. Regierungszeit stärker ins Blickfeld getretene St. Gallen. Erstmals in Urkunden des 10. Jahrhunderts wird unter Otto II. das Kloster Schuttern genannt [232], das 817 zu den vierzehn bedeutendsten Reichsabteien zählte [233].

Die intensive Förderung des Elsaß in der kaiserlichen Politik zeigt sich auch im Itinerar: Otto II. hielt sich dreimal im Südwesten des Reiches auf und berührte dabei in erster Linie das Oberrheingebiet. Von Sachsen kommend, feierte er 975 Weihnachten in Erstein [234], wo er mehrere Urkunden für Einsiedeln, Schuttern und Chur ausstellte und wo die Weihe des Bischofs Gaminolf von Konstanz durch Willigis von Mainz und Erchanbald von Straßburg stattfand [235].

Die Feier der Weihnacht in Erstein ist angesichts der Zahl von ottonischen Festorten (Ostern in Sachsen – Quedlinburg –, in Lothringen – Aachen – oder Franken – Ingelheim –; Weihnachten in Sachsen – Pöhlde, Derenburg? –, in Franken – Frankfurt – oder in Lothringen – Köln) [236] zu beachten, waren doch hierbei die beiden südlichen Herzogtümer fast völlig ausgeklammert [237]. Erstein machte hier eine beden-

231 Einsiedeln: D OII (24, 25), 121, 123, 181 f., 211; Chur: D OII 124, 237; St. Gallen: D OII (26), 236; Pfäfers: D OII (23), 63 (Reichenauer Mönch Alawich zum Abt bestellt); Disentis: D OII 131; Kempten: D OII 303; Lorsch D OII 38; Rheinau: D OII 45 (Rheinau eng mit Bischof von Konstanz verbunden; vgl. Regesta Episc. Const. 1, Nr. 402).

232 D OII 122a. Wie weit bereits Ottos II. unmittelbare Vorfahren das Kloster gefördert haben, geht aus dem Urkundentext nicht klar hervor; s. Vorbemerkung zu D OII 122a+b; RI II/2 704 f.

233 MG Capit. I Nr. 171; zu Schuttern: A. Krieger, Topographisches Wörterbuch Bd. 2, Sp. 918 ff.; L. Heizmann, Die Benediktinerabtei Schuttern in der Ortenau, 1915.

234 RI II/2 702c–706, 708.

235 Regesta Episc. Const. 1, Nr. 382, S. 48.

236 C. Brühl, Fodrum, S. 125 f. mit Anm. 42 f.; H. W. Klewitz, Die Festkrönungen der deutschen Könige, in: ZRG 59 KA 28, 1939, S. 48–96 (Neudruck Darmstadt 1966).

237 960 verbrachte Otto I. das Weihnachtsfest in Regensburg (RI II/1 289d). H. W. Klewitz, Festkrönungen, S. 83, begründet die Ausnahme mit der gleichzeitig stattfindenden Reichsversammlung. Klewitz, der dabei die beiden süddeutschen Herzogtümer bespricht, erwähnt jedoch Erstein nicht, aber im Anhang, S. 87 ff., ist es genannt. C. Brühl, Fodrum, S. 126, läßt Erstein bei den »Festpfalzen« unerwähnt. H. J. Rieckenberg, Königsstraße, S. 68 (37), nennt die dortigen Weihnachtsfeste. Ob allerdings mit dem Anlaß, sich bei der Mutter bzw. bei der Großmutter aufzuhalten (Anm. 4), das Faktum hinreichend gewürdigt ist, steht dahin. – Was die ottonischen Festorte betrifft, so ist auch auf die Weihnachtsfeier Heinrichs I. in Straßburg 929 (RI II/1 24a) hinzuweisen.

kenswerte Ausnahme, die dadurch weiteres Gewicht erhält, daß auch Otto III. 994 das Weihnachtsfest hier beging [238]. Im Januar 976 zog Otto II. von Erstein über Brumath, wo der Bischof Dietmar von Prag durch Willigis und Erchanbald geweiht wurde [239], nach Bruchsal und von dort nach Tribur und Ingelheim.

Ein zweites Mal stieß Otto II. im Januar 979 von Frankfurt aus in die Oberrheinebene bis Erstein und Brumath vor [240]. Auf seinem Italienzug Ende 980 benutzte er die von Bruchsal nach Konstanz führende Straße [241] und gelangte über St. Johann-Höchst, wo er für St. Gallen eine beträchtliche Schenkung beurkundete [242], und über die Bündner Pässe nach Pavia. Diese verhältnismäßig häufige Präsenz Ottos II. im Elsaß fügt sich ohne weiteres in das Bild einer kontinuierlichen Politik, die Otto I. begonnen hatte [243] und Otto III. mit der Gründung des Klosters Selz beschloß [244]. Sie läßt erkennen, welches Gewicht dem Elsaß mit dieser Klostergründung Adelheids auf ihrem Wittum und mit der reichen Dotation, die hauptsächlich wohl dem Fiskus Brumath entstammte, zufiel. Aber auch in diesem Fall kann man das Elsaß nicht isoliert sehen, sondern muß die rechtsrheinischen Gebiete in die Betrachtung einbeziehen, will man dem Faktum gerecht werden, daß Otto III. 987 dem Grafen Manegold [245] Eigengut in Baden-Baden im Ufgau schenkte [246] im selben Jahr, in dem Adelheid nach Odilo von Cluny den Plan einer Klostergründung im oberrheinischen Gebiet zusammen mit Manegold gefaßt hat [247]. Zu den Gütern des Klosters außerhalb

238 RI II/3 1128a–1132; M. Uhlirz, Jahrbücher Ottos III., 1954, S. 177.
239 RI II/2 708a, 709 f.
240 RI II/2 773 ff. Die weitere Nennung Brumaths in RI II/2 783 bezieht sich nicht auf einen Aufenthalt, sondern auf die Ausstellung der Urkunde, deren Inhalt RI II/2 774 betrifft; K. Uhlirz, Jahrbücher des deutschen Reiches unter Otto II., 1902, S. 119 mit Anm. 2.
241 Bruchsal: RI II/2 826–28; Konstanz: RI II/2 830.
242 RI II/2 831; s. oben, S. 43.
243 D OI 368, 369.
244 W. Erben, Selz, S. 1–37; H. Witte, Der heilige Forst und seine ältesten Besitzer, in: ZGO 51 NF 12, 1897, S. 193–244; H. Büttner, Geschichte des Elsaß Bd. 1, S. 214 f.; J. Wollasch, Das Grabkloster der Kaiserin Adelheid in Selz am Rhein, in: Frühmittelalterliche Studien 2, 1968, S. 135–143; H. Bannasch, Zur Gründung und älteren Geschichte des Benediktinerklosters Selz im Elsaß, in: ZGO 117 NF 78, 1969, S. 97–160.
245 Über ihn H. Keller, Kloster Einsiedeln, S. 22 f., 62 ff.
246 D OIII 39.
247 M. Uhlirz, Jahrbücher des deutschen Reiches unter Otto III., S. 149 mit Anm. 1.

seines engsten Umkreises zählte auch Besitz im Ufgau [248], der dadurch zweifellos zu den Ausstrahlungsgebieten von Selz gehören sollte.

Die Ausstattung und Förderung des Klosters Selz stellte nur einen, allerdings bedeutenden Eingriff in die Zustände am Oberrhein dar. Überblickt man die 48 Urkunden Ottos III. für Alemannien [249], so galten elf dem Kloster Selz [250], denen je eine für Adelheid und Manegold hinzuzurechnen ist [251], und etwa 20 dem oberrheinischen Interessenfeld [252]. Der deutlichen Konzentration der urkundlich faßbaren Aktivität entsprach das Itinerar: Zur Zeit der vormundschaftlichen Regierung hielt sich Otto III. mit seiner Mutter in Meersburg und Konstanz [253] auf; dort fand ein Hoftag wegen italienischer Angelegenheiten an Stelle des geplanten, aber aufgrund von Theophanus Erkrankung aufgeschobenen Italienzugs statt [254]. Von Lothringen aus besuchte Otto III. 991 ohne Begleitung Adelheids Straßburg [255] und traf, vermutlich über Selz ziehend [256], in Sachsen mit seiner Großmutter zusammen [257]. Zwei weitere Male berührte Otto III. den Oberrhein: Ende 994 begab er sich von Ingelheim über Baden-Baden oder Badenweiler [258] auf den Hohentwiel,

248 H. Witte, Heiliger Forst, S. 203.

249 Von insgesamt 425, also weniger als ein Zehntel; dabei ist es allerdings angebracht, die Italienaufenthalte gebührend zu berücksichtigen: D OIII 191–228, 263–343 und 374 bis 425 wurden in Italien und fast ausschließlich für italienische Empfänger ausgestellt. Von den 190 Urkunden bis zum ersten Italienfeldzug fielen 38, also ein Fünftel, auf Alemannien.

250 D OIII 77–80, 86–88, 130, 137, 159 f.

251 D OIII 36, 39.

252 Straßburg: D OIII 5; Lorsch: 6, 31, 166, 311, 372; Peterlingen: 27, 273; Murbach: 47; Worms: 63, Einsiedeln: 187; Sulzburg: 129; Schwarzach: 153; Waldkirch: 157 f., 161; Ebersheim: 125a; Eberhard: 325.

253 In Meersburg nur RI II/3 1004, da D OIII 47 vom 12. 10. 988 (= RI II/3 1005) in Konstanz ausgestellt ist; Korrektur bei H. Maurer, Fähre, Burg und Markt. Studien zum vorstädtischen Meersburg, in: Die Stadt in der europäischen Geschichte. Festschrift für Edith Ennen, 1972, S. 259–269, hier S. 262, Anm. 23.

254 Vielleicht hat sich Theophanu bei ihrer Rückkehr aus Italien 990 auf der Reichenau aufgehalten; vgl. RI II/3 1020d.

255 RI II/3 1093.

256 RI II/3 1093a.

257 M. Uhlirz, Otto III., S. 167 f.

258 Welcher der beiden Orte mit *Badon* in D OIII 153 gemeint ist, scheint fraglicher als in RI II/3 1123 ausgedrückt. Weder Baden-Baden noch Badenweiler begegnen sonst als königlicher Aufenthaltsort (Krieger, Topographisches Wörterbuch Bd. 1, Sp. 101 ff., 105 ff.). Vergabungen betreffen beide Orte (D OIII 39 und D KoII 133). Die Frage ist, wie ein königlicher Aufenthalt, wenn auch mit kleinem Gefolge (RI II/3 1122a), vorstellbar ist. Als Hinweis darauf sei erwähnt, daß das Kloster Weißenburg, das von Ludwig

von dort nach Bruchsal, Sasbach und Erstein, wo er Weihnachten feierte [259]. Etwa zwei Monate hielt sich Otto III. in diesem Raum auf. Welche wichtigen Angelegenheiten er hierbei erledigte, soll später dargestellt werden [260]. Von Ingelheim und Mainz aus berührte der Kaiser 996 wiederum Bruchsal und Selz [261], um sich dann nach Niederlothringen zu begeben. Auf seinem dritten Italienzug im Juni 1000 nahm er den Weg durch Alemannien über Bruchsal und den Hohentwiel, von wo aus er Chur und die Bündner Pässe erreichte [262].

Wenden wir den Blick auf die Verhältnisse im Breisgau zur gleichen Zeit, so läßt sich aus den Quellen eine größere Dynamik im letzten Jahrzehnt des 10. Jahrhunderts im Vergleich zu den vorausgegangenen 25 Jahren erkennen. 994, während des ausgedehnten Aufenthalts Ottos III. am Oberrhein, geriet der nördliche Breisgau in Bewegung: Das Kloster Waldkirch, von Burchard I. laut Überlieferung gestiftet und von Herzog Burchard II. und Hadwig dem Königtum tradiert, wurde von Otto III. in den Status eines Reichsklosters nach dem Vorbild von Corvey und der Reichenau erhoben [263] und mit Besitz am nördlichen Rand des Kaiserstuhls [264] und in der Ortenau [265] ausgestattet.

d. Dt. Besitz in Baden-Baden erhalten hatte (D Ludw. Dt. 76), von den Ottonen reformiert und gefördert worden ist (K. Hauck, Kirchengeschichte Bd. 3, S. 128 f., 385 mit Anm. 107) und gerade von Otto III. 993 in Straßburg eine Bestätigung aller seiner Besitzungen erhalten hat (D OIII 125). Vielleicht ist ein Aufenthalt Ottos von daher erklärbar. Zu Weißenburg A. Schäfer, Die Abtei Weißenburg und das karolingische Königtum, in: ZGO 114 NF 75, 1966, S. 1–54, hier S. 47 ff., 52. Was die Schwierigkeit der Ausstellungsdaten der DD 153–156 betrifft, hat W. Erben (Exkurse zu den Diplomen Ottos III., in: MIÖG 13, 1892, S. 537–586, hier S. 578) die Datierungsprobleme durch die Annahme zu lösen versucht, der König sei der Kanzlei vorausgeeilt. Im übrigen machten auch die Gesandten des Augsburger Domkapitels nach dem Tod Bischof Ulrichs 973 in Baden-Baden Station, als sie auf dem Weg zu Otto II. nach Erstein waren (Vita Udalrici c. 28 in: MG SS 4, 415). Die Beziehung zwischen Urkundeninhalt und Empfänger einerseits und dem Ausstellungsort andererseits läßt sich grundsätzlich zwar nicht systematisieren, doch sei auch noch der Hinweis auf den Empfänger von D OIII 153, Abt Wolfold von Schwarzach, und den Gegenstand der Urkunde, im Ort *Wallator* (südl. v. Rastatt) *in comitatu Cuononis,* also im Ufgau, einen Markt zu errichten, gestattet.

259 RI II/3 1124–1132.

260 S. unten, S. 145.

261 RI II/3 1211–1212, 1213b.

262 RI II/3 1376a, b, 1377–79, 1380.

263 Alle Angaben darüber s. unten, S. 140; D OIII 157.

264 D OIII 161 5 Hufen in Königschaffhausen und Wald bei Wyhl.

265 D OIII 158 Nußbach bei Appenweier.

Im südlichen Breisgau gründete um 993 ein Pyrtilo in Sulzburg ein Kloster [266] und übertrug ihm Güter in Badenweiler(?), *Rincka-Rinlea* [267] Rimsingen, Reute und Vörstetten bei Emmendingen sowie in Buggingen; der Klosterbesitz erstreckte sich demnach über weite Teile des Breisgaus. Otto III. fügte 993 dieser Stiftung der *ecclesia s. Cyriaci* auf Bitten des Grafen Birchtilo seine *proprietas* in Sulzburg hinzu [268]. Da die Gründungsgeschichte von St. Cyriak sowohl unter Otto III. als auch unter Heinrich II. ein wichtiges Element der breisgauischen Verhältnisse darstellt, soll noch auf sie eingegangen werden [269]. Hier nur so viel: Aus der Kombination der Privaturkunde des Pyrtilo und der Urkunde Ottos III. von 993 ergibt sich mit einiger Sicherheit, daß der Breisgaugraf, der von 990 bis 999 nachweisbar ist [270] und wahrscheinlich der Sohn des gleichnamigen Breisgaugrafen von 962 bis 968 [271] war, auf Eigengut [272] ein *monasterium* [273] gründete, reich dotierte und dabei die Unterstüt-

266 Monuments de l'histoire de l'ancien évêché de Bâle, hg. v. J. Trouillat, 1, 1852, Nr. 83, S. 137. Zur Gründung des Klosters und zu der in der Forschung umstrittenen Person des Birchtilo: H. Keller, Kloster Einsiedeln, S. 119 mit Anm. 163, S. 111 mit Anm. 110; K. List, Zur Frage der Stifter des Klosters Sulzburg im Breisgau, in: Schauinsland 84/85, 1966/67, S. 268–283; E. Heyck, Geschichte der Herzöge von Zähringen, 1891, S. 5 ff.

267 Oder Gallenweiler bei Staufen; Krieger, Topographisches Wörterbuch Bd. 1, Sp. 672, und H. Ott, Das Urbar als Quelle für die Wüstungsforschung, in: ZGO 116 NF 77, 1968, S. 1–19, hier S. 18.

268 D OIII 129.

269 S. unten, S. 179.

270 D OIII 63, 129, 157, 161, 187; Neugart 1, Nr. 796. Unsicherheit besteht darüber, ob der 1004 in D HII 78 genannte Breisgaugraf Berthold mit Birchtilo identisch ist; dazu die in Anm. 266 genannten Arbeiten von Keller und List.

271 D OI 236; Neugart 1, 759; Kloss, Grafschaftsgerüst, S. 127.

272 Die von E. Heyck, Zähringer, S. 6, und nach ihm von K. List, Sulzburg, S. 269, geäußerte Ansicht, Birchtilo sei in Sulzburg wohl nicht oder nur wenig begütert gewesen, da er Sulzburg selbst unter den Besitzungen nicht nenne und Otto III. gerade hier eine Schenkung mache, erscheint nicht stichhaltig. Der Gründungsakt in Sulzburg, wo nach dem Wortlaut der Privaturkunde eine Grablege entstehen sollte, deutet auf hinreichenden Besitz hin, der von Birchtilo durch entferntere Güter und von Otto III. durch seinen dortigen Besitz ergänzt wurde.

273 In Trouillat, Monuments 1, Nr. 83 (993) ist von *monasterium*, ibd., Nr. 93 (1008/10), von *abbatissa* die Rede. In D OIII 129 wird die *ecclesia s. Cyriaci*, in D HII 78 ein *clericus* Becelinus erwähnt. Hier wird man nicht eindeutig zwischen Kanonikerstift und Kloster scheiden können, wie es K. List, Sulzburg, S. 269 f., tut. Der neueste Druck der Urkunde von 1010 bei P. Rück, Die Urkunden der Bischöfe von Basel bis 1213, Bd. 1, 1966, S. 287 f.

zung des Königs fand. Diese Politik Ottos III. führte Heinrich II. fort, als er 1004 dem Kleriker Bezelin zur Förderung von St. Cyriak die Errichtung eines Marktes mit Zoll, Königsbann und öffentlichen Rechten, aber ohne Münze, erlaubte. Die Besitzlandschaft von St. Cyriak, wie sie aus der Gründungsurkunde ersichtlich wird, überschnitt sich mit den Einflußbereichen von Kloster Einsiedeln in Vörstetten und Reute, vom Bistum Konstanz in Buggingen. Das Zugeständnis Heinrichs II. an St. Cyriak, einen Markt in *Rincka* zu errichten, das als Ergebnis der kontinuierlich fortgesetzten Aktivität Ottos III. für Sulzburg gelten kann, gewinnt an Bedeutung angesichts der Tatsache, daß Heinrich II. in anderen Fällen Klöster mediatisierte, statt sie in ihrer Unabhängigkeit zu fördern [274]. Im Unterschied zu Heinrichs generellem Vorgehen ließ Otto III. den Markt zu einem wichtigen Element seiner Politik werden, wie sich an zahlreichen Beispielen im südwestdeutschen Raum ablesen läßt [275].

5. *Zusammenfassung*

Über die Stellung des Breisgaus im alemannischen Herzogtum läßt sich aufgrund der Ergebnisse, die aus der Beschäftigung mit der urkundlichen Terminologie, mit den Besitzverhältnissen und mit dem königlichen Itinerar zu gewinnen waren, folgendes aussagen: Der Breisgau galt zusammen mit dem Elsaß und der Ortenau in der ersten Hälfte des 10. Jahrhunderts durchweg als Randzone Alemanniens, die nicht ausdrücklich zum Herzogtum gerechnet wurde, wie der Thurgau, der Linzgau und inneralemannische Gebiete. Während dies für das Elsaß und die Ortenau auch über die Mitte des 10. Jahrhunderts hinaus weiter bestehen bleibt und einige Königsurkunden der beiden letzten Jahrzehnte

274 K. Hauck, Kirchengeschichte Bd. 3, S. 449 f.; Th. Schieffer, Heinrich II. und Konrad II. Die Umprägung des Geschichtsbildes durch die Kirchenreform des 11. Jhs., in: DA 8, 1951, S. 384–437, hier S. 393 ff.

275 D OIII 31 für Lorsch; D OIII 130 für Selz; D OIII 153 für Schwarzach; D OIII 166 für Lorsch; D OIII 280 für Reichenau; D OIII 311 für Berthold; D OIII 325 für Eberhard; D OIII 371, 372 für Lorsch. Hierzu H. Borchers, Untersuchungen zur Geschichte des Marktwesens im Bodenseeraum bis zum 12. Jh., in: ZGO 104 NF 65, 1956, S. 314–360, u. Dies., Untersuchungen zur Handels- und Verkehrsgeschichte am Mittel- und Oberrhein bis zum Ende des 12. Jhs., Diss. phil. Marburg, 1952.

das Elsaß sogar ausdrücklich neben Alemannien nennen [276], scheint der Breisgau in der zweiten Hälfte des 10. Jahrhunderts Bestandteil des *ducatus Alamanniae,* zumindest im zeitgenössischen Verständnis, geworden zu sein. Dies geschah offenbar parallel zu der Veränderung der Besitzverhältnisse, d. h. zu dem Vorgehen Ottos d. Gr. gegen die bislang bestehenden Positionen des elsässischen Grafenhauses auf rechtsrheinischem Gebiet [277] und zu dem in zahlreichen Besitztiteln sich äußernden Einfluß des Klosters Einsiedeln [278].

Zwei Merkmale sind für den Breisgau als Bestandteil des *ducatus Alamanniae* kennzeichnend: Einmal beschränkt sich der Terminus in auffälliger Weise auf den Zusammenhang mit Kloster Einsiedeln. Das wird an zwei den Ort *Scaleia/Scheleia* [279] im Breisgau betreffenden Urkunden hinreichend klar: Während in D OIII 63 (Übertragung des *predium Scaleia* an die Wormser Bischofskirche) der Zusatz fehlt, erscheint er in D OIII 187 (Bestätigung eines Tausches zwischen Bischof Hildibald von Worms und Abt Gregor von Einsiedeln, der das *predium Scheleia* betraf). Dieser terminologische Befund scheint das durch H. Keller gezeichnete Bild von Einsiedeln zu bestätigen: Das aus dem Zusammenwirken von Reginlind, der Witwe Herzog Burchards I., ihrem zweiten Mann Herzog Hermann I. und dem ottonischen Königshaus entstandene Kloster zählte zu den wesentlichen Stützen der königlichen Alemannienpolitik und pflegte zum schwäbischen Adel intensive Beziehungen [280].

Zum anderen wird der Breisgau zusammen mit dem *ducatus Alamannicus* ausschließlich in Königsurkunden genannt. Hierin zeigt sich, wie die Zentralgewalt den Geltungsbereich des Herzogtums aufgefaßt hat. Dieses Verständnis von *ducatus* wird dem gegenüberzustellen sein, was über die Wirksamkeit der Herzöge im Breisgau bekannt ist. Auf diese

276 Hz. Konrad in D OIII 47 für Murbach u. in D OIII 130 für Selz; Hz. Hermann II. in Ann. Sangall. mai. a. 1002, ed. Henking, S. 301; bei Thietmar, Chronicon V 3, ed. R. Holtzmann in MG SS NS 9, 1955, S. 222. In Urkunden kommt der Titel *dux Alamannorum et Alsaciorum* bei Hermann II. nicht vor. Mißverständlich H. Werle, Titelherzogtum, S. 231 mit Anm. 21, unter Berufung auf H. Büttner, Elsaß, der aber auf den S. 178, 183, 213 nichts davon erwähnt, und H. Keller, Kloster Einsiedeln, S. 102, Anm. 34. Jedoch kann mit Sicherheit die Titelführung Hermanns II. angenommen werden. Zu Hermann II. O. G. Oexle, in: NDB 8, 1969, S. 641.

277 F. Vollmer, Die Etichonen, und H. Büttner, Geschichte des Elsaß Bd. 1.

278 Breisgau und *ducatus Alamanniae* kommen nur in Urkunden für Einsiedeln vor. Vgl. oben, S. 15.

279 Wahrscheinlich Schelingen am Kaiserstuhl; s. unten, S. 163.

280 H. Keller, Kloster Einsiedeln, S. 21 ff., 45 f., 110 f.

Weise gelingt es vielleicht, zur Klärung des *ducatus*-Begriffs beizutragen [281].

Die Verbindung von *ducatus Alamanniae* mit dem Breisgau erscheint seit Beginn des 11. Jahrhunderts lediglich in Bestätigungen von Einsiedler Urkunden [282]. Aber auch bei der Nennung anderer Gebiete Alemanniens fehlt der Zusatz, ausgenommen in einer Besitzbestätigung Heinrichs III. für das Kloster Rheinau, die nach der Vorlage von D Ludw. Dt. 90 angefertigt worden ist [283]. Dieser terminologische Befund scheint eine Entwicklung der königlichen Politik gegenüber dem alemannischen Herzogtum widerzuspiegeln. Ihre Merkmale sind noch an anderer Stelle zu erörtern [284]. Hier ist festzuhalten, wie das Oberrheingebiet in der zweiten Hälfte des 10. Jahrhunderts systematisch durch Besitztraditionen und durch Aufenthalte der Herrscher aus einer Randzone in eine Kernlandschaft des *ducatus Alamanniae* im Verständnis des ottonischen Königtums umgewandelt wurde.

Es erscheint nützlich, an dieser Stelle das königliche Itinerar im Alemannien des 10. Jahrhunderts, das bereits erwähnt wurde, wenn von dem einzelnen Herrscher die Rede war, in einer zusammenfassenden Übersicht zu veranschaulichen [285].

281 H. Maurer, Rottweil, S. 71 f.

282 D HII 77, 378; D KoII 109; D HIII 36.

283 D HIII 240.

284 S. unten, S. 202 ff.

285 Die Belege für die Aufenthaltsorte der drei Ottonen in der Tabelle finden sich oben, S. 36, bei der Untersuchung von Besitzverhältnissen und königlichem Itinerar im Oberrheingebiet. Nicht erwähnt ist dort Ottos I. Aufenthalt im Kloster Disentis 965 auf der Rückkehr aus Italien, den C. Brühl, Fodrum, S. 121, Anm. 24, nach I. Müller, Disentiser Klostergeschichte Bd. 1, 1942, S. 72 f., anführt. Zu den vier oben, S. 36 ff., nicht genannten Itinerarstationen Heinrichs I.: Straßburg (RI II/1 24a), wo der König 929 Weihnachten feierte, St. Gallen, Reichenau und Zürich nach den Forschungen von K. Schmid, Thronfolge, hier Itinerarkarte im Neudruck (in: Königswahl, hg. v. E. Hlawitschka), S. 461. Während durch Familieneinträge in den Gedenkbüchern von St. Gallen und von der Reichenau ein Aufenthalt Heinrichs I. und seiner Familie in den beiden Klöstern als gesichert gelten kann, ist der Zürcher Besuch von K. Schmid selbst mit Fragezeichen versehen. Die Annahme stützt sich nur darauf, daß der *presbyter* Hartbert der Zürcher Kongregation seit 929 nachweislich nicht mehr angehörte und Anfang 930 von Heinrich eine in Frankfurt ausgestellte Schenkung erhielt, die vielleicht in Zürich erfolgt ist. K. Schmid (Neudruck), S. 449, Anm. 126, und S. 456, Anm. 142. – Die geklammerten Zahlen weisen auf erschlossene Aufenthalte hin. Die in der Tabelle Ottos III. mit Stern versehenen Zahlen bedeuten einen Aufenthalt der vormundschaftlichen Regierung.

	Heinrich I.	Otto I.	Otto II.	Otto III.	
Augsburg	–	4	–	(3)	4 (7)
Badon	–	–	–	1	1
Breisach	–	1	–	–	1
Brumath	–	–	2	–	2
Chur	–	3	(1)	1	4 (5)
Disentis	–	1	–	–	1
Erstein	–	3	2	1,1*	6
St. Gallen	1	2	1	–	4
Hohentwiel	–	–	–	2	2
St. Johann/Höchst	–	–	1	–	1
Konstanz	–	1	1	1*	3
Meersburg	–	–	–	1*	1
Reichenau	1	2	1	(1*)	4 (5)
Rufach	–	1	–	–	1
Sasbach	–	–	–	1	1
Selz	–	–	–	1	1
Straßburg	1	1	–	1	3
Ulm	–	(1)	–	–	(1)
Zürich	(1)	1	–	–	1 (2)
	3 (4)	21 (22)	8 (9)	11 (15)	

Wertete man bloß die Besuchsfrequenz aus, ergäbe sich für die einzelnen Orte folgende Rangordnung: Erstein, Chur, Reichenau, St. Gallen, Augsburg, Konstanz, Straßburg. Dabei käme allerdings der Faktor Zeit in der Entwicklung zu kurz, wie am Beispiel Augsburgs deutlich wird: Otto I. läßt sich dort viermal nachweisen, u. a. bei der Synode und beim Reichstag von 952 [286]. Otto II. hingegen war kein einziges Mal dort, was gesichert ist; für seinen Italienzug benützte er einen der Bündner Pässe [287]. Ein Besuch Ottos III. in Augsburg läßt sich ebenfalls nicht belegen; doch ergibt sich aus dem Kontext des Itinerars, daß er im März 996 [288], im Dezember 997 [289] und im Januar 1000 [290] den Brenner als Alpenübergang wählte und somit Augsburg mit Sicherheit

286 R. Köpke–E. Dümmler, Kaiser Otto d. Gr., S. 205 ff.
287 RI II/2 831a.
288 RI II/3 1164b, d.
289 RI II/3 1247g.
290 RI II/3 1339, 1340a. Zu dieser Straße H. J. Rieckenberg, Königsstraße, S. 62 f. (31 f.).

berührt haben dürfte[291]. Dieser Wandel im Verhältnis der Ottonen zu Augsburg hing zweifellos mit der jeweiligen Stärke und Eigenständigkeit des bayerischen Herzogtums zusammen, wie sie vor allem unter Heinrich dem Zänker bestanden, nach dessen Tod 995 Ostschwaben dem Königtum wieder zugänglich war[292]. Welchen Einfluß Heinrich d. Z. ebenso wie sein Vorgänger, Herzog Heinrich III. (982–985), hier ausgeübt haben, zeigen ihre Augsburger Münzen in aller Deutlichkeit[293]. Am Beispiel Augsburgs kann man ermessen, wie notwendig ein »dynamisches« Itinerar ist[294]. Ähnliche Aufschlüsse vermitteln die Zeitpunkte der Besuche auf dem Hohentwiel, in Sasbach oder Zürich.

Doch bereits eine bloße Zusammenstellung der alemannischen Orte mit der höchsten Besuchsfrequenz im 10. Jahrhundert zeigt die Struktur der königlichen Gastung seit Heinrich I.: Von dem bereits besprochenen Erstein[295] abgesehen, stehen mit Chur, Konstanz, Augsburg und Straßburg Bischofssitze, mit St. Gallen und der Reichenau Reichsklöster an erster Stelle. Die Besuche in den meisten dieser Orte verteilen sich auch ziemlich gleichmäßig auf die einzelnen Herrscher. Dieser Tatbestand macht auf einen Unterschied aufmerksam, wenn man die Aufenthaltsorte der späten Karolinger und Konrads I. daneben stellt[296]. Einerseits wurden die Bischofssitze Augsburg (Ludwig d. Dt., Arnulf, Ludwig d. K.), Straßburg (Ludwig d. Dt., Arnulf, Ludwig d. K., Konrad I.) und Konstanz (Arnulf, Konrad I.)[297] bereits Ende des 9. und Anfang des 10. Jahrhunderts von den Herrschern mit der auffälligen Ausnahme Karls III.[298]

291 Zweimal, August 996 (RI II/3 1208a) und Juni 1000 (RI II/3 1379–1380a), wählte er einen der Bündner Pässe, so daß Rieckenbergs Formulierung, der Brenner sei unter Otto III. der wichtigste Paß geworden (Königsstraße, S. 66 [35]), zu modifizieren ist.

292 H. J. Rieckenberg, Königsstraße, S. 66 (35); M. Uhlirz, Jahrbücher Ottos III., S. 187 ff.; G. Tellenbach, Augsburgs Stellung in Schwaben und im deutschen Reich während des Hochmittelalters, in: Augusta 955–1955, 1955, S. 61–69.

293 H. Dannenberg, Die deutschen Münzen der sächsischen und fränkischen Kaiserzeit Bd. 1, 1876, S. 389, Nr. 1041 (Heinrich III.), S. 390, Nr. 1042 (Heinrich d. Z.). Zu Heinrichs d. Z. Augsburger Münzen auch H. Keller, Kloster Einsiedeln, S. 121 mit Anm. 172.

294 H. J. Rieckenberg, Königsstraße, und in noch höherem Maße C. Brühl, Fodrum, verfahren häufig zu statisch bei der Untersuchung des Itinerars, z. T. wegen des größeren Arbeitsfeldes verständlich.

295 S. oben, S. 37.

296 S. unten, Tabelle S. 230.

297 Weihnachtsfest 911 (RI I 2071b).

besucht, ebenso die Reichenau (Karl III., Arnulf) und St. Gallen (Karl III., Konrad I.). Während sich jedoch die Besuche in den kirchlichen Orten im 10. Jahrhundert kontinuierlich fortsetzen, lassen sie sich andererseits mit dem Abbruch der Aufenthalte Konrads I. in Alemannien 913 in den *curtes regales* Bodman (Ludwig d. Dt., Karl III., Ludwig d. K., Konrad I.) [299], Waiblingen (Karl III., Ludwig d. K.) [300], Kirchen und Sasbach (Karl III., Arnulf) [301], Rottweil (Karl III., Ludwig d. K.) [302] und Ulm (Ludwig d. Dt., Karl III., Arnulf, Ludwig d. K., Konrad I.) [303] nicht mehr nachweisen. Daß diese Orte nicht mehr in den Quellen des 10. Jahrhunderts, und zwar gleichzeitig mit der Bildung des alemannischen Herzogtums durch Erchanger, Berthold und

298 U. SCHMITT, Ulm, S. 38, betont, daß Karl III. sich bis 887 auf Königsgut (Bodman, Sasbach, Waiblingen, Rottweil) und in Reichsklöstern und davon abhängigem Besitz (Reichenau, St. Gallen, Mindersdorf, Ulm) aufgehalten hat, 887 dann ausschließlich in Orten königlicher Grundherrschaft (Kirchen, Lustenau, Neudingen, Waiblingen). Zwar ist ihr darin zuzustimmen, daß sich in der Reihe der Aufenthaltsorte Ludwigs d. Dt., Karls III. und Arnulfs nur eine scheinbare Verschiebung zugunsten der Aufenthalte auf Königsgut ergibt und das Übergewicht der kirchlichen Orte durchgängig erhalten bleibt, aber die Möglichkeiten des Königtums in Alemannien, wie sie Karl III. nicht zuletzt wohl auch wegen seines breisgauischen Comitats entfalten konnte, werden dennoch während seiner Regierungszeit nachdrücklich spürbar.

299 Zu Bodman: TH. MAYER, Die Pfalz Bodman, in: Deutsche Königspfalzen Bd. 1, 1963, hg. v. H. Heimpel, S. 97–112.

300 K. STENZEL, Waiblingen in der deutschen Geschichte, 1938.

301 Zu Kirchen: J. SCHMIDT, Kirchen am Rhein. Eine karolingische Königspfalz, 1912.

302 Zu Rottweil: A. STEINHAUSER, Der fränkische Königshof bei Rottweil, in: ZWLG 6, 1942, S. 251–261; Württembergisches Städtebuch, hg. v. E. Keyser, 1962, S. 428 ff.; allgemein: H. MAURER, Rottweil; H. J. RIECKENBERG, Königsstraße, hat versehentlich Rottweil in den beigefügten Karten über den Reiseweg der Ottonen (1), Heinrichs II. (2) und der Salier (3) in 1 als besucht, in 2 u. 3 als nicht besucht eingetragen. Andererseits nennt er S. 50 (119) in Liste XIX den Ort im Itinerar Heinrichs III. zu 1040.

303 Zu Ulm: W. SCHLESINGER, Pfalz und Stadt Ulm bis zur Stauferzeit, in: Ulm und Oberschwaben 38, 1967, S. 9–30; U. SCHMITT, Ulm. Die Ergebnisse Schmitts, daß Ulm dem Königtum in seiner Eigenschaft als ein von der Reichenau getragenes Reichsklostergut und nicht als Pfalz mit königlicher Eigenwirtschaft gedient hat, können vielleicht durch den Hinweis ergänzt werden, daß Ulm im Unterschied zu den anderen genannten Orten, die bis zu Konrad I. als königliche Stationen nachweisbar sind, unter *allen* Herrschern von Ludwig d. Dt. an in den Quellen erscheint, d. h. daß hier offensichtlich die Kontinuität der Besuchsfrequenz durch die Kirche getragen war. Offen bleibt allerdings, warum Ulm aus den Quellen verschwindet, während die Reichenau über Konrad I. hinaus mit den Herrschern aus dem sächsischen Haus verbunden blieb.

Burchard, genannt werden und daß das eine vom anderen abhängt, hat bereits J. Fleckenstein betont [304].

Über die Realisierung der königlichen Besuche in den alemannischen Bischofssitzen wissen wir wenig. Während A. Eggers [305] trotz eigenen Bedenken aus der nachgewiesenen Existenz von *curtes/palatia* in Chur [306] und Augsburg [307] auf die gleiche Situation in Konstanz und Straßburg schloß, gibt sich die jüngere Forschung skeptischer [308]. H. Maurer [309] kommt für Konstanz zu dem Ergebnis, daß es keine Anhaltspunkte für ein eigenes königliches *palatium* gibt und daß erst im 12. Jahrhundert ein *palatium* als gemeinsam von Bischof und König benutzte Stätte bestand [310]. In Chur hatte nach dem Wortlaut von D OI 209 bis dahin ein *comes* Adalbertus (Graf von Oberrätien 958–976) [311] die *curtis regalis* zu Lehen; Otto I. tradierte sie 960 der dortigen bischöflichen Kirche. J. Clauss [312] erwähnt, daß es im Bischofssitz Straßburg selbst niemals einen Ort für die königliche Unterkunft gab;

304 J. Fleckenstein, Königspfalz und Bischofskirche, S. 56.

305 A. Eggers, Der königliche Grundbesitz, S. 10 ff.

306 D OI 209 *curtem nostram regalem.*

307 D OI 236 *in nostro palacio Augustburc*; Ann. Augustani a. 1084 (MG SS 3, 131); G. Waitz, Deutsche Verfassungsgeschichte Bd. 6, S. 308, Anm. 6 (hier Chur übrigens nicht genannt).

308 Br. Heusinger, Servitium regis; W. Schlesinger, Die Pfalzen im Rhein-Main-Gebiet, in: GWU 16, 1965, S. 487–504; H. Heimpel, Königspfalzen; H. Maurer, Palatium Constantiense. Bischofspfalz und Königspfalz im hochmittelalterlichen Konstanz, in: Adel und Kirche. Festschrift für G. Tellenbach, hg. v. J. Fleckenstein und K. Schmid, 1968, S. 374–388.

309 H. Maurer, Konstanz, S. 382, 385.

310 Zur Servitialpflicht der Bistümer Br. Heusinger, Servitium regis, S. 54 ff., 59, 73, und C. Brühl, Fodrum, S. 207 ff.; zu Konstanz auch H. Maurer, Der Bischofssitz Konstanz als Hauptstadt in Schwaben, in: Schrr. VG Bodensee 91, 1973, S. 1–15, und G. Möncke, Bischofsstadt und Reichsstadt. Ein Beitrag zur mittelalterlichen Stadtverfassung von Augsburg, Konstanz und Basel, Diss. phil. FU Berlin, 1971. Unter Heranziehung des in seiner Echtheit allerdings umstrittenen Diploms Friedrich Barbarossas für Konstanz von 1155 (Thurgauisches UB 2, Nr. 42, S. 139 ff.) schränkt Möncke (S. 36 ff.) die königlichen Rechte in Konstanz noch weiter als Maurer ein.

311 Bündner UB, hg. v. E. Meyer-Marthaler, 1, S. 500; zu Chur W. Metz, Zur Stellung und Bedeutung des karolingischen Reichsurbars aus Churrätien, in: DA 15, 1959, S. 194–241, hier S. 201, Anm. 43, und Ders., Zur Erforschung des karolingischen Reichsgutes (Erträge der Forschung Bd. 4), 1971, S. 31 f. mit weiterer Literatur.

312 J. Clauss, Historisch-topograph. Wörterbuch, S. 569 (s. v. Königshofen); Königsurkunden für Straßburg mit *actum palatio regio* Fälschungen des 12. Jhs. (D LoI 90; Straßburger UB 1, Nr. 19; RI I 1120; D Ludw. Dt. 180: Teile aus D 75 für Straßburg, in Frankfurt *palatio regio* ausgestellt!)

Königshofen, am Westrand Straßburgs gelegen, wo Lothar I. und Lothar II., Ludwig d. Dt. und Zwentibold gasteten, geriet im 10. Jahrhundert unter den Einfluß der Nordgaugrafen[313]. Wenn also die Existenz königlicher Pfalzen in den alemannischen Bischofssitzen fast durchweg fragwürdig ist, so ist um so mehr auf das jeweilige Verhältnis Bischof–König und auf die Art der wirtschaftlichen Versorgung des Reisezuges als Vorbedingungen eines Aufenthalts hinzuweisen[314].

Es bleibt noch zu untersuchen, welche Qualität den übrigen Itinerarstationen im 10. Jahrhundert zukommt: Wollte man die von der Besuchsfrequenz her sich anschließenden Orte folgen lassen, gewänne man, rein statistisch gesehen, ein disparates Bild: Wir finden Zürich, Hohentwiel und Brumath mit jeweils zwei Nachweisen. Doch unter Berücksichtigung der zeitlichen Entwicklung wird erkennbar, daß Zürich, falls es überhaupt von Heinrich I. aufgesucht worden ist[315], nur noch 952 auf dem Reiseweg Ottos I. lag. In den Königsurkunden wird es lediglich im Zusammenhang mit der Zollbefreiung Einsiedelns durch Otto II., die im Einverständnis Herzog Burchards II. geschah[316], und mit Bertholds Marktgründung in Villingen[317] erwähnt. Welche Bedeutung Zürich als »Herzogsvorort« im 10. Jahrhundert besaß, geht aus den privaturkundlichen Belegen[318] klar hervor, und sie ist in der Forschung genügend betont worden[319].

313 Vielleicht läßt sich ein später Reflex dieser Situation dem ersten Straßburger Stadtrecht (nach 1129) entnehmen, das alle Einwohner verpflichtete, bei der Ankunft des Herrschers für die Unterkunft der Pferde zu sorgen. Straßburger UB 1, Nr. 92, S. 473; dazu Br. Heusinger, Servitium regis, S. 59.
314 C. Brühl, Fodrum, S. 124 mit Anm. 35, und zusammenfassend W. Metz, Tafelgut, Königsstraße und Servitium regis in Deutschland vornehmlich im 10. und 11. Jh., in: HJb 91, 1971, S. 257 ff., hier S. 268 ff.
315 S. oben, S. 52.
316 D OII 25.
317 D OIII 311.
318 S. unten, S. 149 ff.
319 E. Heyck, Zähringer, 1891, S. 189 f.; H. Maurer, Rottweil, S. 72 mit Anm. 47 und mit weiterer Literatur. Die Datierung der Königspfalz in Zürich durch E. Vogt, Der Lindenhof in Zürich, 1948, S. 121 ff., bes. S. 128 ff., in das 10. Jahrhundert ist bereits von H. Keller (Der Gerichtsort in oberitalienischen und toskanischen Städten, in: QFIAB 49, 1969, S. 1–72, hier S. 65, Anm. 259) in Frage gestellt und in die Zeit Heinrichs III., wie bereits früher angenommen, gesetzt worden. Vogt gibt selbst zu (S. 134), daß »altertümliche« Bauformen über den ursprünglichen Zeitraum hinaus lange forbestehen können. Zur Architektur von Königspfalzen dieser Zeit jetzt W. Winkelmann, Die Königspfalz und die Bischofspfalz des 11. und 12. Jhs. in Paderborn, in: Frühmittelalterliche Studien 4, 1970, S. 398–415.

Die Probleme des Hohentwiel sollen erst noch erörtert werden [320]; hier nur so viel: Erst Otto III. urkundete zweimal auf dem Berg, der während des 10. Jahrhunderts, ähnlich wie Zürich, ein Zentrum der Herzogsmacht war und der dem Königtum erst nach Hadwigs Tod 994 zugänglich wurde [321]. So wird man auch diesen Ort, der ursprünglich sicher zum Fiskus Bodman gezählt hat, nicht ohne weiteres für das Königtum im 10. Jahrhundert beanspruchen können. Wie verhält es sich mit Brumath? Hier hat sich nur Otto II. zweimal aufgehalten [322]. Die *villa regia* Brumath, in der Karl d. Gr. und sein Bruder Karlmann gegastet hatten [323], schenkte Arnulf 889 an das Kloster Lorsch [324]. Welche Position das Kloster hier innehatte und nach der Mitte des 10. Jahrhunderts wieder innehaben sollte, erhellt aus der Urkunde Ottos d. Gr. von 953 [325], in der er Lorsch die Guntram entzogenen Güter in Brumath und in wohl zu diesem Fiskus gehörenden, nahe gelegenen Orten tradierte. Bereits Otto I. [326] und dann vor allem Otto III. [327] schenkten an Adelheid bzw. an das Kloster Selz umfangreichen Besitz, der sich z. T. mit den Lorscher Gütern verzahnte; so läßt sich annehmen, daß es sich bei den an Selz übertragenen Orten um Teile des Fiskus Brumath handelte [328]. In dem Maße, in dem das Kloster Selz an Bedeutung für Otto III. und seine Familie gewann, trat Brumath zurück, und die hier dargestellten Besitzverhältnisse können als Indiz dafür gelten.

320 S. unten, S. 165 ff.

321 Zum Hohentwiel einstweilen: TH. MAYER, Das schwäbische Herzogtum. A. EGGERS, Der königliche Grundbesitz, S. 11, rubriziert den Hohentwiel wegen der Nennung als Ausstellungsort als Sitz eines Königshofes und stellt ihn in eine Reihe(!) mit dem unter Otto II. und Otto III. je zweimal aufgesuchten Bruchsal im Kraichgau, das durch D HIII 370 als *curtis* ausgewiesen ist; hierzu H. BRESSLAU, Jahrbücher des deutschen Reiches unter Konrad II. Bd. 2, 1884 (1967), S. 158 f. mit Anm. 1.

322 RI II/2 708a, 774a.

323 Karlmann: *Brocmagad palatio publico* (RI I 125 f.); Karl d. Gr.: *Brocmagad palatio* (RI I 149).

324 D A 70; RI I 1338; zu Brumath J. CLAUSS, Historisch-topograph. Wörterbuch, S. 174.

325 D OI 166.

326 D OI 368.

327 D OIII 159a, b.

328 An Lorsch gelangten durch D OI 166 außer Brumath Mommenheim, Wahlenheim, Bernolsheim, Gries und Morschweiler; an Selz: Hochfelden, Sermersheim, Schweighausen, Morschweiler/Mertzweiler (H. BANNASCH, Selz, S. 105), Lupstein, Wittersheim, Reichshofen, Buchs, Kurzenhausen, Mutzenhausen. Vom strittigen Fall Morschweiler abgesehen, befindet sich Wittersheim zwischen Brumath und Morschweiler, Gries in unmittelbarer Nähe von Kurzenhausen.

Mit Brumath stellt sich, ähnlich wie bereits bei Erstein, das Problem des Verhältnisses von Kloster und Pfalz; im Fall Brumath liegt das Königsgut nicht in unmittelbarer Nähe des Klosters selbst, sondern es steht in Verbindung mit dessen entferntem Besitztum. Wir dürfen zwar weder die Eigenart des Elsaß mit seinen zahlreichen *curtes* und Reichsgutkomplexen unterschätzen noch Verhältnisse, wie sie für den Nordosten Alemanniens nachweislich gelten [329], hier unterstellen; trotzdem fällt die Ähnlichkeit mit der Beziehung Ulm–Reichenau auf. Das Nazarius-Patrozinium in Brumath weist ebenfalls auf die Abhängigkeit von Lorsch hin [330]. Die von C. Brühl im Rahmen seiner Überlegungen zum Verhältnis von Pfalz und Kloster mitgeteilte Bemerkung [331], die Abtei habe sicher »Zuschüsse« zur Versorgung des an sich von Eigengut lebenden Königs und seines Gefolges geliefert, wird bei genauerer Beobachtung den individuellen politischen Umständen der einzelnen Örtlichkeiten und der zeitlichen Situation nicht ganz gerecht. Wenn man bedenkt, wie systematisch und intensiv die Ottonen das Elsaß den ihnen nahestehenden Gewalten und Personen anvertrauten, dann scheint die Frage nach den Bedingungen des Reichsguts berechtigt und notwendig zu sein.

Die übrigen Orte, an denen Besuche der sächsischen Herrscher in Alemannien belegt sind, sollen noch kurz charakterisiert werden: Disentis und Selz fallen in die Rubrik der Klosteraufenthalte [332], St. Johann-Höchst, am östlichen Ende des Bodensees gelegen, wo Otto II. 980 auf dem Weg nach Italien St. Gallen Rechte daselbst, in Dornbirn, Dieterskirch, Parchdorf (abgeg.) und Schwarzensee beurkundete, lag bereits seit dem 9. Jahrhundert im Besitzbereich des Klosters [333]. Was Meersburg betrifft, das Theophanu und Otto III. im Wechsel mit Konstanz als Hofhalt diente, vermutet H. Maurer, daß es sich hier wie beim Hohentwiel um königlichen Besitz handelt [334]. Auch wenn dies zutrifft, bleibt

329 Für Ulm vgl. U. SCHMITT, Ulm, S. 13 ff.

330 J. CLAUSS, Historisch-topograph. Wörterbuch, S. 171, 175. Auch andere Lorscher Besitzungen außerhalb des Brumather Kreises scheinen an Kloster Selz gekommen zu sein: Aus dem Spätmittelalter ist in Wintersdorf bei Rastatt eine Nazarius-Kapelle als Filiale der Mutterkirche Selz bekannt; Wintersdorf erscheint in den Lorscher Hubenlisten (um 900); H. BANNASCH, Selz, S. 104; Cod. Laur. Nr. 3658.

331 C. BRÜHL, Fodrum, S. 124 mit Anm. 35. Die von ihm (S. 123 f.) genannten Beispiele Quedlinburg und Magdeburg überzeugen; doch stellt sich für Brühl nicht die Frage, wie weit sich lokal bedingte Zustände übertragen lassen.

332 C. BRÜHL, Fodrum, S. 121.

333 G. MEYER VON KNONAU, Besitz des Klosters St. Gallen, S. 94.

334 H. MAURER, Meersburg, S. 260 f., 262 f.; ferner K. H. ROTH VON SCHRECKENSTEIN, Zur Geschichte der Stadt Meersburg, in: ZGO 27, 1875, S. 1–35.

der einmalige Königsbesuch im 10. Jahrhundert auffällig, dem drei Aufenthalte im Bischofssitz Konstanz gegenüberstehen. Zu Rufach bei Colmar (Aufenthalt Ottos I. im Anschluß an Straßburg 966) ist bereits erwähnt worden [335], daß das Bistum Straßburg hier über Besitz verfügte [336]. Es bleiben noch das problematische *Badon* [337], Ulm und Sasbach. Für Ulm kann auf die Untersuchung von U. Schmitt [338] verwiesen werden: Dieses Reichsklostergut war in seiner Pfalzenfunktion von der Reichenau abhängig. Ottos III. Besuch in Sasbach 994 wird noch bei der Behandlung der Fragen um den Hohentwiel, das Kloster Waldkirch und Hadwigs Stellung in Alemannien zu erörtern sein [339].

Selbst wenn einige wenige königliche Aufenthaltsorte in Alemannien während des 10. Jahrhunderts Pfalzen oder *curtes* waren, wird man dennoch angesichts der überwiegenden Mehrzahl von kirchlichen Stätten nicht mit C. Brühl [340] sagen können, die Ottonen hätten die Gastungspolitik der Karolinger in vollem Umfang beibehalten, d. h. auch sie hätten vornehmlich in ihren Pfalzen gegastet und nur selten Bischofssitze und Klöster besucht. Zwar sieht Brühl einen mit dem Herrschaftsantritt der Liudolfinger verbundenen Wandel im Hinblick auf die Kernlandschaften des Königtums, aber die besonderen Bedingungen Alemanniens läßt er dabei außer acht.

Das tatsächliche Verhältnis zwischen der Häufigkeit der Besuche in Bischofssitzen und Klöstern und jener in Pfalzen und *curtes* in Alemannien wird nicht erkennbar, wenn man für die Statistik das Material des ganzen Reiches zugrundegelegt: Das starke Gewicht der sächsischen, fränkischen und lothringischen Orte königlicher Eigenwirtschaft gegenüber den kirchlichen Reisestationen verschiebt die Relationen [341].

335 S. oben, S. 38.

336 Die Bemerkung von H. J. Rieckenberg, Königsstraße, S. 65 (34), die ottonische Straße durch den elsässischen Teil der Oberrheinebene habe zwischen Boozheim und Sasbach den Rhein überquert, »da bis in die Gegend von Kolmar das Königreich Burgund hinaufreichte«, bedarf der Korrektur. Der Wasserweg hat hier ohnehin eine große Rolle gespielt.

337 S. oben, S. 47.

338 U. Schmitt, Ulm, passim.

339 S. unten, S. 140.

340 C. Brühl, Fodrum, S. 118.

341 Hier sei auf die Beobachtungen von J. Fleckenstein, Königspfalz und Bischofskirche, S. 52, 57, und die Bemerkungen von K. Schmid, Zur Problematik von Familie, Sippe und Geschlecht, Haus und Dynastie beim mittelalterlichen Adel, in: ZGO 105 NF 66, 1957, S. 1–62, hier S. 42, hingewiesen, in Alemannien hätten entweder die Kirche oder das Herzogtum die Kontinuität königlicher Orte garantiert.

II. DAS KRÄFTEFELD VON KÖNIGTUM UND HERZOGTUM IN BESITZ- UND VERFASSUNGSGESCHICHTLICHER HINSICHT

Im Vergleich zu den übrigen Herzogtümern im 10. Jahrhundert läßt sich die besondere Situation Alemanniens leicht erkennen[1]: Von 917 bis 1012 führten den Stamm acht Herzöge aus den drei verschiedenen Häusern[2] der Burchardinger, Konradiner und Liudolfinger. Dabei stellte bis in die achtziger Jahre hinein keines dieser Häuser zwei Herzöge hintereinander[3]. Welche Folgen sich aus dieser Diskontinuität für das Gefüge des Stammes und für die herzogliche Stellung ergaben, hat die Forschung schon hinreichend betont; hier soll versucht werden, die Schwerpunkte der burchardingischen und konradinischen Wirksamkeit in Alemannien, das Verhältnis der beiden Häuser zueinander, zu Königtum und Kirche näher zu bestimmen, damit von daher der Wechsel in der Herzogswürde neu beleuchtet wird und damit es möglich wird, die Herzöge aus dem liudolfingischen Königshaus in die Geschichte Alemanniens einzuordnen.

1. Die Herrschaftsgrundlagen der burchardingischen Herzöge

In den vielfältigen Auseinandersetzungen bei der Entstehung des alemannischen Herzogtums zu Beginn des 10. Jahrhunderts[4] vermochte sich, nachdem die Brüder Erchanger und Berthold im Kampf gegen das Bündnis von Königtum und Kirche, das seit Ludwig d. Dt. in Aleman-

1 G. Tellenbach, Vom karolingischen Reichsadel, S. 35 ff. (203 ff.), Tabellen; H. W. Klewitz, Das alemannische Herzogtum, passim.

2 Der Begriff »Haus« wird hier und im folgenden mit den Vorbehalten verwendet, die K. Schmid, Problematik, passim, für das 10. Jahrhundert fordert.

3 In Bayern z.B. waren nur zwei Geschlechter beteiligt (907–947 Liutpoldinger, 947–982 Liudolfinger, 983–985 Liutpoldinger, 985–1002 Liudolfinger), die, zumindest in den ersten acht Jahrzehnten, jeweils längere Zeit herrschten (35–40 Jahre).

4 Dazu E. Dümmler, Ostfränkisches Reich Bd. 3, S. 569 ff.; vom landesgeschichtlichen Standpunkt aus Chr. Fr. Stälin, Wirtembergische Geschichte Bd. 1, S. 266 ff., 427 ff.; G. Tellenbach, Königtum und Stämme, S. 84 f.; M. Lintzel, Heinrich I. und das Herzogtum Schwaben, in: Hist. Vjschr. 24, 1929, S. 1–17, wieder in: Ders., Ausgewählte Schriften Bd. 2, 1961, S. 73–84; eine kritisch zusammenfassende Darstellung der Vorgänge bei E. Meyer-Marthaler, Rätien, S. 87 ff., und E. Rosenstock, Herzogsgewalt und Friedensschutz, Deutsche Provinzialversammlungen des 9.–12. Jhs., 1910, S. 17 ff.

nien mit häufigem Erfolg praktiziert worden war [5], gescheitert waren, der aus Rätien stammende Burchard als erster Herzog Alemanniens durchzusetzen. Rätien [6] bildete dementsprechend auch die Ausgangsposition des Hunfridingers. Hier und im angrenzenden Thurgau, aber zeitweise auch in rechtsrheinischen Gebieten [7], hatten Burchard und seine Vorfahren die Grafenwürde inne. Zwar läßt sich wenig Sicheres über den Allodialbesitz der Hunfridinger sagen [8], aber die Beteiligung von Burchards I. Gattin Reginlind an der Gründung und Ausstattung des Klosters Einsiedeln im thurgauisch-rätischen Grenzbereich [9] kann als Indiz für Burchards dortige Machtposition gelten.

Dabei besteht die Schwierigkeit, daß die in Urkunden genannten Besitztitel vielfach als Königs- oder gräfliches Amtsgut anzusehen sind [10]. In der Tat weist die Dotation des von dem Grafen Hunfrid gegründeten Klosters Schänis mehrere Orte des Churrätischen Reichsurbars auf [11]. Andererseits läßt sich Klosterbesitz in dem entsprechenden geographischen Raum nicht mit dem Urbar in Zusammenhang bringen, so Schänis selbst, aber auch Kaltbrunn, Bez. Gaster. In diesem letztgenannten Ort machte Reginlind mit ihrem Sohn Burchard an Kloster Einsiedeln eine

5 G. TELLENBACH, Königtum und Stämme, S. 38 f.

6 E. MEYER-MARTHALER, Rätien im frühen Mittelalter, 1948, bes. S. 69 ff.; über die Familie der Hunfridinger G. TELLENBACH, Königtum und Stämme, S. 51 f., und TH. MAYER, Die Anfänge des Stadtstaates Schaffhausen, in: Schaffhauser Beiträge zur vaterländ. Gesch. 31, 1954, S. 7–55, hier S. 17 f.

7 Bündner UB 1, S. 500; weitere Belege bei E. MEYER-MARTHALER, Rätien, S. 76, 79. Weder dort noch bei H. JÄNICHEN, Baar und Huntari, ist erwähnt, daß 889 der »Sonderbezirk« Löffingen in der Westbaar einem *comes* Burghardus, Sohn eines Adalbertus *illustris*, unterstand. Dazu E. KRÜGER, Zur Herkunft der Zähringer, in: ZGO NF 6, 1891, S. 553–635, hier S. 591, Anm. 4.

8 Es kommen nur das von Graf Hunfrid vor 823 gegründete Nonnenkloster Schänis im thurgauisch-rätischen Grenzraum und dessen Besitzungen in Vorarlberg und im Zürichgau in Frage; K. HAUCK, Kirchengeschichte Bd. 2, S. 819; E. MEYER-MARTHALER, Rätien, S. 81 f.

9 H. KELLER, Kloster Einsiedeln, S. 20 ff.; zur Dotation Reginlinds und ihres Sohnes Burchard für Einsiedeln vgl. das Quellenwerk zur Entstehung der Schweiz. Eidgenossenschaft II/3, S. 369 mit Anm. 1 u. 2 u. S. 371 mit Anm. 15.

10 E. MEYER-MARTHALER, Rätien, S. 83.

11 Dotation faßbar in D HIIII 130 von 1045 (=Bündner UB 1, Nr. 185, S. 149 f.) und in der Urkunde Papst Alexanders III. von 1178 (Bündner UB 1, Nr. 400, S. 296 ff.; JL 13109); zu erwähnen sind die Orte Grabs, Rankweil, Zizers, und Schlins (vgl. die entsprechenden Positionen des Registers im Bündner UB 1, S. 399 ff.). Schlins gehörte übrigens auch zu den konfiszierten Gütern Adams (Bündner UB 1, Nr. 105, S. 86; D OI 107 – dazu H. KELLER, Kloster Einsiedeln, S. 98).

Schenkung [12]. Außer Kaltbrunn gehörten zu der Übertragung die Güter Stäfa, Männedorf und Esslingen am Ostrand des Zürcher Sees sowie Lindau zwischen Zürich und Winterthur [13]. Während die Forschung annahm, daß die von Reginlind und Burchard an Einsiedeln geschenkten Orte auf Reginlinds Eigenbesitz zurückgehen [14], scheint der Besitztitel Kaltbrunn eher auf burchardisch-hunfridingisches Eigengut zu deuten, in unmittelbarer Nähe des auf Allod gegründeten Klosters Schänis gelegen. Wie es sich damit auch verhält, jedenfalls kann man im thurgauisch-rätischen Grenzbereich Positionen Burchards I. und Reginlinds feststellen.

Hier ist weiter zu fragen, wo außerhalb des rätisch-thurgauischen Raumes [15] noch Einflußbereiche Burchards I. bestanden. Wie bereits darauf hingewiesen, hatten seine Vorfahren auch in rechtsrheinischen Gebieten Grafschaften inne: Herzog Burchards gleichnamiger Vater, der 911 bei seinem Streben nach der alemannischen Herzogswürde gescheitert war, läßt sich als Graf in der Baar nachweisen; sein Onkel Adalbert und sein Großvater Adalbert fungierten in der Grafschaft Scherra, der Onkel außerdem im Klettgau, der Großvater im Alpgau [16]. Ebenso sind die intensiven Beziehungen der Hunfridinger zu den beiden Reichsklöstern St. Gallen und Reichenau, deren Besitzungen weit in den inneralemannischen Raum hineinreichten, zu nennen; erst zu Beginn des 10. Jahrhunderts kam es wegen der Bildung des Herzogtums zu den bekannten Spannungen zwischen den Burcharden und St. Gallen [17].

12 QW II/3, S. 369 mit Anm. 2; Kaltbrunn erscheint übrigens bereits in D HIII 130.

13 QW II/3, S. 369 mit Anm. 1, S. 371 mit Anm. 15; vgl. auch die Wiedergabe des »Jahrzeitbuches« des Liber Heremi bei H. Keller, Kloster Einsiedeln, S. 154 ff., hier S. 161 mit Anm. 70; während P. Kläui im QW II/3, S. 369, *Lindowa* nicht identifiziert, schreibt er (Gütergeschichte, S. 90) von Lindau ohne nähere Angabe.

14 P. Kläui in QW II/3, S. 369, 371.

15 Für den nördlichen Bereich des Thurgaus vgl. Miracula s. Verenae c. 5 in MG SS 2, 457 (Herzog Burchard I. übergab *cuidam satelliti suo Thietpoldo nomine Zurzach possidendum*); zu Zurzach s. D KaIII 43 von 881; K. Schmid, Königtum, S. 225, 231. Zu Kloster Schänis E. Meyer-Marthaler, Zur Frühgeschichte der Frauenklöster im Bistum Chur, in: Festgabe H. Nabholz zum 70. Geb., 1944, S. 1 ff., hier S. 22 ff.

16 Bündner UB 1, S. 500; Chr. Fr. Stälin, Wirtembergische Geschichte Bd. 1, S. 308 f.; H. Jänichen, Baar und Huntari, S. 91; zur Alp- und Klettgaugrafschaft unten, S. 80.

17 E. Meyer-Marthaler, Rätien, S. 82, 86 f. (zur Rolle der Hunfridinger bei der *translatio sanguinis Domini* nach der Reichenau).

Ferner ist von Bedeutung, daß Burchard (gest. 911), Graf von Churrätien, auch die Vogtei über die schwäbischen Güter des Klosters Lorsch ausübte [18]. Diese massierten sich im Neckargau, als dessen Mittelpunkt die Orte Weilheim und Kirchheim unter Teck anzusprechen sind [19]. Gerade hierhin führt auch die oben, Anm. 18, zitierte Urkunde eines Ruotpertus, der mit dem Kloster Lorsch seine ihm von Kaiser Arnulf geschenkten Güter zu Riom in der Nähe von Chur gegen Besitzungen zu Weilheim, Bissingen und Jesingen tauschte [20].

Auf weiteren Besitz der Burchardinger im Neckargau weist eine Quelle von 960 hin: Otto I. gab der Churer Kirche u. a. den Königshof in Chur und erhielt dafür eine Besitzung zu Kirchheim *in ducatu Alamannie in comitatu Nechergeuue,* die nach dem Wortlaut der Urkunde König Konrad auf dem Reichstag Ottos d. Gr. in Clofheim an das Bistum Chur im Tausch gegen Churer Besitz im Elsaß tradiert hatte [21]. Damals waren, so lassen sich die Clofheimer Ereignisse von 960 rekonstruieren [22], auch ein Gut im Breisgau (Neuershausen) und eines in der Ortenau (Dinglingen) aus der Hand König Konrads in den Besitz der Churer Kirche gekommen. Während die beiden letztgenannten Übertragungen, die mit den Urkunden Ottos I. über den Tausch zwischen Chur und Schwarzach zusammenhängen [23], in der Forschung unstreitig auf König Konrad von Burgund, den Sohn Bertas und damit Enkel Burchards I., bezogen werden, findet sich für den Tradenten des Ortes Kirchheim trotz der unzweifelhaften Einheit der Vorgänge bisweilen in neuerer Literatur die Identifizierung mit König Konrad I. [24]. Gegen diese Deutung

18 Bündner UB 1, Nr. 86, S. 72 mit Anm. 2.

19 Zum (schwäbischen) Neckargau Chr. Fr. Stälin, Wirtembergische Geschichte Bd. 1, S. 303 f.; H. Jänichen, Der Neckargau und die Pleonungen, in: ZWLG 17, 1958, S. 219–240.

20 Weilheim und Bissingen begegnen sowohl unter den Neckargaugütern Lorschs (Codex Laureshamensis, Registerpositionen) als auch im Ausstattungsgut des Klosters Wiesensteig (WUB 1, Nr. 136, S. 159 ff.); dazu H. M. Schwarzmaier, Über die Anfänge des Klosters Wiesensteig, in: ZWLG 18, 1959, S. 217–232.

21 D OI 209; Bündner UB 1, Nr. 119, S. 98 ff.

22 RI II/1 277a–280.

23 D OI 224 f.; s. oben, S. 12 f.

24 Württembergisches Städtebuch, hg. v. E. Keyser, 1962, S. 129 u. W. Grube, Artikel Kirchheim unter Teck, in: Baden-Württemberg. Handbuch der historischen Stätten Deutschlands, hg. v. M. Miller, S. 338 ff. In der Beschreibung des Oberamts Kirchheim, 1842, Neuausgabe 1962, S. 112 ff., Kirchheim, ist auf S. 147 nur vom Tausch zwischen Otto I. und Chur die Rede, nicht aber von der Herkunft des Gutes. Zutreffend erwähnt W. Erben, Selz, S. 4,

braucht angesichts des eindeutigen Urkundenmaterials nicht Stellung genommen zu werden[25].

Die Forschung nimmt allgemein an[26], daß der breisgauische Ort Neuershausen und Dinglingen in der Ortenau von Herzog Burchard I. über seine Tochter Berta an das burgundische Königshaus gelangt sind. Tatsächlich gibt es hierfür auch Indizien: Der Besitz des von Burchard I. gegründeten St. Margaretenklosters in Waldkirch erstreckte sich nach der Urkunde Papst Alexanders III.[27] u. a. auf Denzlingen und Bötzingen, so daß Neuershausen ohne weiteres im Einflußbereich Burchards liegen konnte[28]. Auch in der Ortenau läßt sich burchardingischer Besitz feststellen: Otto III. schenkte 994 an Waldkirch ein ihm von Herzog Burchard II. und Hadwig tradiertes Gut in Nußbach bei Appenweier[29].

Die Herkunft des Churer, seit 960 königlichen Gutes Kirchheim unter Teck aus der Hand des burgundischen Königs Konrad ist bislang, soweit bekannt, nicht in ähnlicher Weise erforscht worden, wie es bei den breisgauischen und ortenauischen Besitztiteln geschehen ist. Gerade die Verteilung der drei Güter, die in einer einzigen Handlung an Chur übertragen wurden, auf so weit auseinanderliegende Räume, spricht für eine gemeinsame Herkunft; sie wurden im übrigen wenig später von Chur abgestoßen. Die Tatsache, daß Burchard (gest. 911) die Vogtei über die Lorscher Güter im Neckargau innehatte, die sich in reicher Zahl um Kirchheim herum befanden[30], weist auf burchardingischen Einfluß in diesem Raum hin.

Herzog Burchard I. hatte als Sohn des 911 getöteten Markgrafen Burchard von Rätien gemeinsam mit Erchanger und Berthold, die wahr-

Neckargau, Breisgau und Ortenau in einer Reihe als Gegenden von Besitztiteln König Konrads von Burgund. R. POUPARDIN, Le Royaume de Bourgogne (888–1038), 1907, S. 77, läßt Kirchheim bei der Besprechung des Clofheimer Tages unerwähnt.

25 Falsch ist die Identifizierung des Ortes im Bündner UB 1, S. 99, mit Kirchheim bei Heidelberg. Die topographische Angabe *in ducatu Alamannico in comitatu Nechergeuue* weist eindeutig auf Kirchheim unter Teck in Abgrenzung von Kirchheim bei Besigheim südwestlich von Heilbronn; CHR. FR. STÄLIN, Wirtembergische Geschichte Bd. 1, S. 304, 276.

26 S. oben, S. 31, Anm. 130.

27 Wiedergegeben bei L. WERKMANN, Waldkirch, S. 130, und bei TR. NEUGART, Episcopatus Constantiensis Alemannicus I, 2, 1862, S. 583 ff.

28 Näheres hierzu bei der Besprechung Waldkirchs, unten, S. 81 ff.

29 D OIII 158; zu Dinglingen: unten, S. 155, 192.

30 Codex Laureshamensis Nr. 2455, 2460, 3227 ff., 3287.

scheinlich zu den »Alaholfingern« gehörten[31], in Auseinandersetzung mit Königtum und Kirche nach der Herzogsherrschaft in Alemannien gestrebt[32]. Nachdem Erchanger, Berthold und ihr Neffe Liutfrid, alle durch die Heirat König Konrads I. mit Erchangers und Bertholds Schwester Kunigunde 913 Verwandte des Königs, zusammen mit Burchard auf der Synode von Hohenaltheim 916[33] zu lebenslänglicher Klosterhaft verurteilt worden waren, wurden alle Aufständischen außer Burchard 916 auf Befehl des Königs *dolose* getötet[34].

Die Rolle, die Burchard hierbei und in der gesamten Bewegung im Verhältnis zu Erchanger und Berthold gespielt hat, wird in der Literatur verschieden bewertet[35]; vor allem die Darstellung der Ereignisse durch Ekkehart IV.[36] hat mitunter zu der These geführt, Burchard habe mit König Konrad gegen die beiden Brüder zusammengearbeitet[37]. Doch geht aus den Hohenaltheimer Synodalbeschlüssen die Verurteilung Burchards wie Erchangers und Bertholds mit solcher Deutlichkeit hervor, daß sich ein gutes Einvernehmen nicht unterstellen läßt. Zudem notieren

31 F. L. Baumann, Über die Abstammung der sog. Kammerboten Erchanger und Berchthold. Zur schwäbischen Grafengeschichte, in: Württemb. Vierteljahrshefte f. Landesgesch. 1, 1878, S. 25–33; K. H. Roth von Schreckenstein, Der Untergang der alemannischen Grafen Erchanger und Berthold, in: Forschungen zur deutschen Geschichte 6, 1866, S. 131–146; G. Meyer von Knonau, Zur älteren alemannischen Geschlechterkunde, ibd. 13, 1873, S. 69–86; G. Tellenbach, Der großfränkische Adel und die Regierung Italiens in der Blütezeit des Karolingerreiches, in: Studien und Vorarbeiten, S. 40–70, hier S. 52 ff.; R. Wenskus, Die deutschen Stämme, S. 215; neuerdings E. Dobler, Ein Gedenkbucheintrag der Kammerboten und Markgraf Liutpolds von Bayern in St. Gallen, in: Hegau 27/28, 1970/71, S. 107–112, der den Eintrag MG Libri confrat. cod. sangall. col. 306 untersucht, dabei sich aber auf die Identifizierung der Personen beschränkt.

32 S. oben, S. 61, Anm. 4.

33 Die Synodalakten in MG LL IV Const. 1, Nr. 433, S. 618 ff.; M. Hellmann, Die Synode von Hohenaltheim (916), in: HJb. 73, 1953, S. 127–142, überarbeitet in: Die Entstehung des deutschen Reiches, hg. v. H. Kämpf, 1963(2), S. 289–312; H. Fuhrmann, Die pseudoisidorischen Fälschungen und die Synode von Hohenaltheim, in: ZBLG 20, 1957, S. 136–151, und M. Lintzel Heinrich I. und die fränkische Königssalbung, in: Berichte sächs. Akad. Wissensch., phil.-hist. Kl. 102, 3, 1955.

34 Annales Alamannici a. 916, S. 263. Annales Einsidlenses a. 916 (MG SS 3, 141); Chr. Fr. Stälin, Wirtembergische Geschichte Bd. 1, S. 271 mit Anm. 2.

35 Zusammenfassung bei E. Meyer-Marthaler, Rätien, S. 87 ff.

36 Casus s. Galli c. 20, S. 75 ff.; gegen die Darstellung E. Meyer-Marthaler, Rätien, S. 90, Anm. 229.

37 K. Beyerle, Von der Gründung, S. 112/8; M. Hellmann, Hohenaltheim, S. 137 (303).

die Annales Alamannici a. 916 nach dem Bericht der Tötung Erchangers und seiner Verwandten: *Et iterum Purachardus rebellavit* [38].

Nach dem Zeugnis Ekkeharts IV. [39] erhielt Burchard die konfiszierten Güter der Verurteilten als Lehen. Obgleich diese Aussage auf dem Hintergrund der zeitgenössischen Quellenberichte nur wenig Glaubwürdigkeit beanspruchen kann, mag daraus dennoch die – eigenständige – Besitznachfolge Burchards in einigen Teilen der »alaholfingischen« Einflußbereiche ablesbar sein. Hier ist zu fragen, inwieweit der Neckargau, im besonderen der Raum Kirchheim-Weilheim, mit einzubeziehen ist.

Herimannus Contractus berichtet a. 917: *Erchanger, qui ducatum Alamanniae invaserat, cum fratre Bertholdo regi Cuonrado rebellantes, eique tandem ad deditionem spe pactionis venientes, ipso iubente apud villam Adingam decollantur XII Kal. Febr.* [40]. Diesen Ort zu identifizieren, ist schwierig: Ist es wegen der Nähe zu Hohenaltheim Öttingen im Rieß, Hattingen im Hegau, eines der zwei württembergischen Aldingen Kr. Tuttlingen und Kr. Ludwigsburg oder Hödingen bei Überlingen [41]? Oder Ötlingen westlich von Kirchheim unter Teck [42]? Hierzu würde die Bezeichnung *Adininga marca* von 792 passen [43]. Was die

38 Ann. Al. a. 916, S. 263. Das durchgängig antikönigliche Verhalten Burchards betont auch G. Meyer von Knonau, Casus s. Galli, S. 77, Anm. 268.

39 Casus s. Galli c. 20 (S. 77): *Sueviae principum assensu statuitur Alemannis dux primus Purchardus, gentis illius nobilissimus et virtutum dote probatissimus. Cui et praedia damnatorum confiscata in beneficium sunt tradita.* H. M. Decker-Hauff, Ottonen, S. 239 f., bezeichnet mit der älteren Literatur diese Nachricht als widersinnig, setzt aber seinerseits die nicht weniger unwahrscheinliche Hypothese dagegen, über Kunigunde seien die Güter an ihren ersten Mann Markgraf Liutpold von Bayern und dessen Nachkommen vererbt worden. Dazu unten, S. 168. W. Metz, Heinrich »mit dem goldenen Wagen«, in: BldtLG 107, 1971, S. 136 ff., hier S. 155, gibt bei der Besprechung von D HI 2 Ekkehart falsch wieder, wenn er *praedia damnatorum* mit »königlichen Lehen der beiden ... Brüder Erchanger und Berthold« umschreibt.

40 MG SS 5, 112; dort Textvariante *Aldinga.*

41 Chr. Fr. Stälin, Wirtembergische Geschichte Bd. 1, S. 271, Anm. 1, für Öttingen im Rieß; E. Dümmler, Ostfränkisches Reich Bd. 3, S. 611 mit Anm. 1, für eines der beiden württembergischen Aldingen (vgl. MG SS 5, 112, Anm. 59) u. L. Schmid, Älteste Geschichte der Hohenzollern Bd. 1, 1884, S. 132 mit Anm. 109 (S. 313), für Hattingen im Hegau, beide gegen Öttingen, da ein enger zeitlicher Zusammenhang mit der Synode nicht bestanden habe.

42 K. Weller Württembergische Kirchengeschichte Bd. 1 1936, S. 91, Ders., Württembergische Geschichte, 1957 (4), S. 38; K. Schmid, Artikel Erchanger, in: NDB 4, 1959, S. 566 f.

43 Codex Laureshamensis Nr. 2414.

Lokalisierung von *Adinga/Aldinga* ebenso wie die von *Onfridinga*[44], wo 914 Erchanger durch König Konrad gefangengenommen und verbannt wurde, und die von *Thietpoldispurch*[45], wohin Erchanger den gefangengesetzten Bischof Salomo von Konstanz brachte, betrifft, so versuchten verschiedene ältere Arbeiten, alle drei Orte als in der Nähe des Hohentwiel bzw. von Hohenaltheim gelegen zu identifizieren. Jedoch braucht die Wirksamkeit der »Kammerboten« im Hegau (Hohentwiel) und im Thurgau (Stammheim) keineswegs ein Indiz für eine Verankerung dieser Adligen in den genannten Gebieten zu sein, so daß man sich etwa dadurch veranlaßt sehen müßte, die übrigen von ihnen bekannten Daten hier anzusetzen. Stammheim gilt vielmehr als altes Reichsgut[46]; der Hohentwiel gehörte mit Sicherheit zum Fiskus Bodman[47]. Die wohl zutreffende Einordnung von Erchanger und Berthold in die Verwandtschaft der »Alaholfinger«[48] führte vielmehr in den Raum zwischen oberer Donau und oberem Neckar[49]; in dieser Besitzlandschaft müßten wohl die genannten Orte zu finden sein.

Die Ereignisse um diese drei Orte vermitteln vielleicht einen Anhaltspunkt für die Zuweisung. Auf der Diepoldsburg hielt Erchanger Bischof Salomo gefangen; anzunehmen, daß dies in einer Kernlandschaft des Grafen geschah, liegt nahe[50]. Die Tötung der Kammerboten *apud Ad-*

44 Ann. Alam. a. 914, S. 263; CHR. FR. STÄLIN, Wirtembergische Geschichte Bd. 1, S. 270, Opferdingen am Randen; E. DÜMMLER, Ostfränkisches Reich Bd. 3, S. 595, Oferdingen am Neckar; FR. STEIN, Geschichte König Konrads I. Bd. 1, 1872, S. 237, Hohenfridingen im Hegau. Im gleichen Ort hat Konrad I. über den Streit zwischen St. Gallen und Chur um Pfäfers 914 entschieden (Bündner UB 1, Nr. 94, S. 78; Nr. 96, S. 79 – hier mit Opferdingen bei Bonndorf identifiziert. WARTMANN 3, Nr. 779, S. 1). Vgl. dazu RI I 2094b.

45 Casus s. Galli c. 18, S. 70; CHR. FR. STÄLIN, Wirtembergische Geschichte Bd. 1, S. 269, Schrotzburg zwischen Schienen und Bohlingen; E. DÜMMLER, Ostfränkisches Reich Bd. 3, S. 595, Diepoldsburg am Neckar; F. L. BAUMANN, Kammerboten, S. 33, ebenso.

46 K. SCHMID, Königtum, S. 310 mit Anm. 8.

47 TH. MAYER, Das schwäbische Herzogtum, S. 94 (331).

48 F. L. BAUMANN, Kammerboten, passim.

49 G. MEYER VON KNONAU, Geschlechterkunde, S. 69 ff.

50 Insofern ist die Ansicht von G. MEYER VON KNONAU, der Ort im Neckargau komme wegen der weiten Entfernung nicht in Frage (Casus s. Galli, S. 70, Anm. 243), zurückzuweisen. Laut Casus s. Galli c. 18 (S. 70) verwaltete damals Berta, Erchangers Frau, die Diepoldsburg. Zu erwähnen ist die ansprechende Vermutung von G. Wein, die Diepoltsburg habe ihren Namen vielleicht von Thietpold/Teutbald, der als alemannischer Herzog 746 von Karlmann bei Cannstatt beseitigt wurde: G. WEIN, Burgen des alemannischen Adels im frühen Mittelalter, Protokoll des Konstanzer Arbeitskreises für mittelalterliche Geschichte Nr. 155 vom 8. 11. 1969. Zu den Ereignissen CHR.

inga/Aldinga ist wohl darauf zurückzuführen, daß diese die über sie verhängte Strafe nicht antraten. Vermutlich hatten sie sich auf ihre Stützpunkte zurückgezogen.

Die Besitzkomplexe der Bertholde in der West- und Ostbaar [51] zeichnen sich durch eine große Geschlossenheit aus: Vom Westen (Seedorf nordwestlich von Rottweil, Wolterdingen westlich von Donaueschingen), der Bertholdsbaar, über die Grafschaft Scherra bis zu den östlichen Bezirken Appha, Swerzza und Eritgau (Marchtal) erstreckten sich die Besitzungen, wie sie aus den zahlreichen und reichhaltigen Schenkungen an St. Gallen und die Reichenau faßbar werden. An der Nordgrenze reichen die bezeugten Güter im Westen bis in die Gegend von Zillhausen und Tailfingen [52] östlich von Balingen, im Osten bis Ettenheim und Walenstetten [53] südlich von Münsingen. Dazwischen schieben sich die Hattenhuntare [54] und der Pfullichgau [55] und trennen so den Neckargau von den nachweisbaren Besitztümern der Bertholde. H. Jänichen hat deutlich gemacht, daß in den Huntarenbezirken fast keine Schenkungen dieses Familienkreises stattfanden [56].

Wenn dies auch eine Zuordnung der Bertholde zum Neckargau erschwert, so hat andererseits die Tatsache Gewicht, daß Kunigunde, die Schwester Erchangers und Bertholds und die Gemahlin Konrads I., ein Gut in Gingen an der Fils, Kr. Göppingen, in dem sich an den Neckargau nordöstlich anschließenden Filsgau, das mit Sicherheit als Allodialbesitz anzusprechen ist, an das Kloster Lorsch tradierte [57]. Die plausible Loka-

Fr. Stälin, Wirtembergische Geschichte Bd. 1, S. 183 ff. Zur Diepoldsburg und zu den alemannischen Burgen des 10. Jhs. allgemein H.-M. Maurer, Zur Entstehung der hochmittelalterlichen Adelsburg in Süddeutschland, in: ZGO 117, 1969, S. 295 ff.

51 Übersicht bei E. Krüger, Zähringer (2), in: ZGO NF 7, 1892, S. 478 ff., und bei H. Jänichen, Baar und Huntari, S. 101 ff.

52 Wartmann 1, Nr. 135, S. 126, Graf Berthold schenkte 793 an St. Gallen; vgl. Karten bei H. Jänichen, Baar und Huntari, S. 96, 112.

53 Die Chronik des Gallus Öhem, bearb. v. K. Brandi, Quellen und Forschungen zur Geschichte der Abtei Reichenau Bd. 2, 1893, S. 20, Schenkung von »Herzog« Berthold an Reichenau 973. Chr. Fr. Stälin, Wirtemb. Gesch. Bd. 1, S. 296; F. L. Baumann, Die Gaugrafschaften im württembergischen Schwaben, 1879, S. 126 ff.

55 Chr. Fr. Stälin, Wirtemb. Gesch. Bd. 1, S. 306; F. L. Baumann, Gaugrafschaften, S. 119 ff.

56 H. Jänichen, Baar und Huntari, S. 131.

57 D KoI 25; Codex Lauresham. Nr. 63; F. L. Baumann, Kammerboten, S. 33; E. Krüger, Zähringer, 1892, S. 491; Chr. Fr. Stälin, Wirtemb. Gesch. Bd. 1, S. 345, Anm. 1. Ob *Onfridinga*/Oferdingen als »alaholfingisches« Gut anzusprechen ist, wie E. Krüger, Zähringer, 1892, S. 491, – fälschlich

lisierung der Diepoldsburg bei Owen unter Teck, die wahrscheinliche Identifizierung von *Adinga/Aldinga* mit Ötlingen bei Kirchheim und die Tatsache, daß Streubesitz der »Berthold« auch in anderen Gegenden, nämlich im Breisgau und im Elsaß, nachweisbar ist[58], könnten ein Hinweis auf Positionen Bertholds und Erchangers im Neckargau sein, die Burchard I. nach 916 übernommen hätte.

Wie wenig scharf sich im übrigen die von H. Jänichen[59] gezogenen Trennungslinien zwischen Baaren und Huntaren bisweilen darstellen, zeigt der sicher auf die Konfiskationen des fränkischen Grafen Ruthard zurückgehende Schwarzacher Besitz[60] nach D OI 225: Diese Güterkomplexe berührten z. T. die östlichen Huntaren, z. T. die Folcholtsbaar. Wenn an mehreren Orten (Möhringen, Altheim, Parchdorf (abgeg.), Zell, Kr. Biberach, Reutlingendorf, Alb-Donau-Kreis) Besitz der bertholdischen Verwandtschaft[61] greifbar ist und darüber hinaus in Langenenslingen[62] bei Riedlingen welfischer Besitz, der wohl auf Ruthard zurückgegangen ist[63], unmittelbar neben Schwarzacher Gütern in Altheim und neben bertholdischen in Andelfingen[64] bestanden hat, so zeigt dies alles nur

Ofterdingen geschrieben, aber richtig nördlich von Reutlingen lokalisiert – es tut, scheint äußerst fraglich. Die Gefangennahme Erchangers und Bertholds und Konrads I. Gerichtstag an diesem Ort (Bündner UB 1, Nr. 96; Wartmann 3, Nr. 779, S. 1: *Et hec ipsa paccio et tua forcia venit ante regem Chunradum loco Honfridinga et iudicatum fuit ab omni populo, qui tunc aderant ...)* im Jahr 914, als Bischof Salomo in Gefangenschaft geriet, sprechen eher dagegen.

58 Wartmann 1, Nr. 135, S. 126 f.: Schenkung Bertholds 793 *et Prisigauia Heburinga vel quicquid in illa marca visus fuerit habere* (Ebringen bei Freiburg); vielleicht auch Ettingen bei Lörrach (Chronik des Gallus Öhem, S. 19, »Herzog« Berthold an Reichenau vor 973); sicher Rosheim im Elsaß (ibd., S. 19); E. Krüger, Zähringer, 1892, S. 491.

59 H. Jänichen, Baar und Huntari, S. 131 f.

60 H. Dannenbauer, Bevölkerung und Besiedlung Alemanniens in fränkischer Zeit, in: ZWLG 13, 1954, S. 12–37, hier S. 23; J. Fleckenstein, Über die Herkunft der Welfen und ihre Anfänge in Süddeutschland, in: Studien und Vorarbeiten, FOLG Bd. 4, S. 71–136 hier S. 91 f., 98, Anm. 152, 124, Anm. 286.

61 Nachweise bei H. Jänichen, Baar und Huntari, S. 109.

62 Historia Welforum, hg. v. E. König, Schwäbische Chroniken der Stauferzeit Bd. 1, 1958, c. 5, S. 10.

63 J. Fleckenstein, Welfen, S. 91 f., für Bochingen, Kr. Rottweil, und Andelfingen bei Zürich.

64 Chronik des Gallus Öhem, S. 20.

die vielfältige Verzahnung der Besitzstruktur als Folge der Konfiskationen; sie läßt nur bedingt Rückschlüsse zu[65].

Im 9. Jahrhundert begegnet in den Quellen der Neckargau bei der Gründung des Klosters Wiesensteig. Hier übertrugen 861 ein Ruodolf und sein Sohn Erich Güter in zahlreichen Orten, an denen auch das Kloster Lorsch Besitz erhalten hatte[66]. Die Identifizierung Ruodolfs mit dem Pfalzgrafen Ruadolt und dessen Zuordnung zur Verwandtschaft der Alaholfinger ist zu problematisch, als daß für diese Untersuchung daraus etwas zu gewinnen wäre[67]. Als aufschlußreich erweist sich vielleicht die Tatsache, daß das Kloster Wiesensteig mit seinen Besitzungen in Weilheim, Neidlingen, Bissingen und Nabern im Neckargau im 10. Jahrhundert in der Verfügungsgewalt Bischof Ulrichs von Augsburg erscheint, obwohl es laut Gründungsurkunde zum Konstanzer Bistum zählte. Wie Schwarzmaier zeigte[68], wurde Wiesensteig bereits einige Jahre nach seiner Entstehung Königskloster. Wann dieses dem Augsburger Bischof unterstellt wurde, ist in der Forschung strittig[69]. Falls sich dieser Übergang noch am Ende des 9. oder zu Beginn des 10. Jahrhunderts voll-

65 Vgl. die Kritik von J. Fleckenstein an den Versuchen von H. Jänichen und H. M. Decker-Hauff, aus der Verzahnung von Schwarzacher und Buchauer Besitz auf die Verwandtschaft Ruthard – Warin zu schließen (Fleckenstein, Welfen, S. 98, Anm. 152, S. 124, Anm. 286). Der welfische Besitz in Langenenslingen (Anm. 62) kann aufgrund seiner Nachbarschaft zu Altheim wohl ähnlich wie Bochingen (WUB 4, Anhang S. VI u. IX) auf Ruthard zurückgeführt werden; vgl. auch zu diesem Fragenkomplex von späterer Warte aus J. Kerkhoff, Die Grafen von Altshausen-Veringen. Die Ausbildung der Familie zum Adelsgeschlecht und der Aufbau ihrer Herrschaft im 11. und 12. Jh., in: Hohenzollerische Jahreshefte 24, 1964, S. 1–130, hier S. 17 ff., der die Überschneidungen von Schwarzacher und Altshausener Besitz betont und eine gemeinsame Herkunft von Ruthard vermutet.

66 WUB 1, Nr. 136, S. 159 ff.; H. Schwarzmaier, Wiesensteig, S. 217–232; Beschreibung des Oberamts Kirchheim, S. 98 f.

67 K. Weller, Württembergische Kirchengeschichte Bd. 1, S. 86 f.; K. Schmid, Königtum, S. 284; H. Schwarzmaier, Wiesensteig, S. 228.

68 H. Schwarzmaier, Wiesensteig, S. 232.

69 Ders., S. 232, hält die Zeit Ulrichs für wahrscheinlich, da Otto I. ihm Ottobeuren und Kempten übertragen hatte und da ihm die Aufgabe zukam, zerrüttete klösterliche Verhältnisse zu ordnen. L. Sprandel-Krafft, Ulrich von Augsburg, S. 98 ff., bes. S. 99, Anm. 112 (S. 177), kritisiert die Argumente von Schwarzmaier und neigt zu einem Zeitpunkt vor Beginn der Ottonenherrschaft. Sie kann für die Klöster Füssen und Staffelsee eine Übertragung an die Augsburger Bischofskirche im 9. Jh. geltend machen. Zwischen Ottobeuren und Augsburg scheinen auch bereits im 9. Jh. Beziehungen bestanden zu haben (Schwarzmaier, Wiesensteig, S. 33 f.). So bliebe also nur Kempten, das erst von Otto I. an Bischof Ulrich kam.

zogen haben sollte[70], hätte Ulrich bei seinem Amtsantritt 923 Wiesensteig in der Abhängigkeit vom Augsburger Bistum vorgefunden[71]. Mit Ulrich von Augsburg aber war Herzog Burchard I. nach dem Zeugnis der Vita Udalrici verwandt[72]. So spannen sich Beziehungen Burchards zum Neckargau vielleicht über Bischof Ulrich.

Mit der gebotenen Vorsicht läßt sich in Kirchheim unter Teck, das als Besitz König Konrads von Burgund begegnet, und im Neckargau eine inneralemannische Position Burchards I. vermuten. Wurde bislang diese Frage aus der Sicht einer früheren Zeit behandelt, und zwar an Hand der bertholdischen Beziehungen zum Neckargau und bei der Betrachtung einer eventuellen Nachfolge des Hunfridingers in voller Eigenständigkeit[73], so läßt sich zum Problem auch aus der Sicht einer späteren Zeit ein Zugang gewinnen, nämlich über die Stellung der Nellenburger im Neckargau. Eine Verwandtschaft zwischen den Burchardingern und Nellenburgern ist aufgrund des ähnlichen Namensgutes und häufiger Besitzüberschneidungen in der älteren und jüngeren Literatur immer wieder angenommen worden[74].

Hier ist nur das Verhältnis der Nellenburger zum Neckargau zu behandeln: 1059 verlieh König Heinrich IV. die Münze in Kirchheim im Neckargau dem Grafen Eberhard, der aufgrund mehrerer Indizien als der Stifter des Klosters Allerheiligen gelten kann[75]. Nach einer Einsied-

70 Zur Königsnähe der beiden Augsburger Bischöfe Witgar (861–887) und Adalbero (887–909) J. FLECKENSTEIN, Hofkapelle Bd. 1, Registerpositionen Adalbero und Witgar.

71 L. SPRANDEL-KRAFFT, Ulrich von Augsburg, S. 61 f., 99.

72 Gerhardi Vita Udalrici c. 1 (MG SS 4, 387).

73 Das muß noch einmal gegen Ekkeharts Zeugnis nachdrücklich betont werden. Burchards I. Stellung in Alemannien nach seiner Herzogserhebung war so stark, daß sich auch jetzt König Konrad in diesem Raum nicht aufhielt und auch für keine alemannischen Empfänger urkundete. Widukinds Bericht über Herzog Burchards Unterwerfung unter König Heinrich I. (Widukind, Sachsengeschichte I 27, S. 39 f.) zeigt dies ebenso deutlich wie Burchards Einfluß auf die alemannische Kirche, wie ihn M. LINTZEL, Heinrich I. und das Herzogtum Schwaben, passim, dargestellt hat. Selbst wenn man nach Ekkehart an eine Überlassung der konfiszierten Güter an Burchard durch Konrad I. denken wollte, könnte man schwerlich eine Vasallitätsbindung annehmen.

74 E. KRÜGER, Zähringer, 1891, S. 582 ff.; L. SCHMID, Hohenzollern Bd. 1, S. 206 ff.; TH. MAYER, Schaffhausen, S. 55; H. KELLER, Kloster Einsiedeln, S. 21 ff.; H. MAURER, Randen, S. 125 ff.; K. HILS, Die Grafen von Nellenburg im 11. Jh., FOLG Bd. 19, 1967, S. 26 ff.

75 D HIV 60; Quellen zur Schweizer Geschichte Bd. III, 1883, Teil 1: Kloster Allerheiligen, Nr. 5, S. 12; dazu zuletzt K. HILS, Nellenburger, S. 48 f.

ler Notiz hat Graf Eberhard von Nellenburg Besitz in Billizhausen, bei Betzgenried im Filsgau gelegen, von Einsiedeln, das den Ort aus der Hand Ottos III. erhalten hatte, für Volketswil bei Zürich und für Stetten bei Baden eingetauscht [76]. Das scheint auf bereits vorhandenen Besitz hinzuweisen [77]. Graf Burchard von Nellenburg tradierte in der Nähe von Esslingen Güter in Berkheim und Reichenbach an das Kloster Allerheiligen [78]. Schließlich läßt sich Nellenburger Besitz auch in Nabern zwischen Kirchheim und Weilheim nachweisen, wo das Kloster Wiesensteig begütert war [79].

Von den beiden Anhaltspunkten her, die für den Neckargau eine Wirksamkeit der Bertholde wahrscheinlich machen und Positionen der Nellenburger einschließlich einer kurzfristigen Funktion in der dortigen Grafschaft [80] nachweisen konnten, gewinnt die These, Kirchheim unter Teck sei als Erbe Burchards I. über Berta an König Konrad von Burgund, an das Bistum von Chur und schließlich an das ottonische Königtum gelangt, erhebliches Gewicht. Neben dem Einfluß Burchards I. auf Inneralemannien erscheint auch das Verhältnis und Interesse des Königtums

76 QW II/3, S. 373. In Stetten bei Baden hatte auch das von Hunfrid gegründete Kloster Schänis Besitz (Bündner UB 1, Nr. 400, S. 296 ff.). Weiterhin schenkte Ita, die Tochter Herzog Hermanns I., an Einsiedeln ein Gut in Stetten (QW II/3, S. 374), das auf Burchard I. zurückgehen dürfte. So könnte sich auch hier ein weiterer, bisher m. W. übersehener Schnittpunkt burchardingischen und nellenburgischen Besitzes ergeben.

77 So F. L. Baumann in: Quellen zur Schweizer Geschichte III/1, S. 12, Anm. 1.

78 Quellen zur Schweiz. Gesch. III/1, S. 128, Güterbeschrieb. Es ist nicht verständlich, wie H. M. Decker-Hauff, Ottonen, S. 371, nach einem Hinweis von H. Jänichen den im Güterbeschrieb erwähnten Schenker Burchardus *comes*, dessen Frau Hadewich im gleichen Zusammenhang genannt wird, mit Herzog Burchard II. und Herzogin Hadwig identifizieren konnte, die zwischen 954 und 973 Güter in Reichenbach und Bergheim an Schaffhausen übertragen hätten. Da Allerheiligen an den von Baumann bei Esslingen/Plochingen gesuchten Orten nie begütert gewesen sei, kämen zwei abgegangene Siedlungen bei Truchtelfingen östlich von Balingen in Frage. Da in dieser Gegend bereits Hadwigs Erbe nachweisbar sei, fügten sich die genannten Orte gut ein. So weit Decker-Hauff. Abgesehen von der Verwechslung der beiden Burchard-Hadwig-Paare läßt sich im Raum Truchtelfingen weder Besitz von Allerheiligen noch ein solcher der Nellenburger feststellen, die indes im Neckargebiet Fuß gefaßt hatten. Jänichen, Der Landkreis Balingen Bd. 2, 1961, S. 820, läßt einen Grafen Burchard von Nellenburg zwischen 954 und 973(!) die besagte Schenkung vollziehen.

79 H. Flamm, Ein neues Blatt des Rotulus San Petrinus aus dem Freiburger Stadtarchiv, in: ZGO NF 28, 1913, S. 72–84, hier S. 82 f.

80 1046 hatte ein Graf Werner den Neckargau in Verwaltung (D HIII 169).

diesem Raum gegenüber bedenkenswert: *ob commodam sibi utilitatem* habe Chur diesen Ort an Otto I. abgetreten, heißt es in D OI 209; die Gegenleistung des Königs, die *curtis regalis* in Chur, das Tal Bergell mit bis dahin der Grafschaft Rätien zugehörigen Gerechtsamen in Graubünden, macht die Bedeutung des Tausches offenkundig.

Die Forschung hat oft und genügend betont, daß die Positionen des Herzogs in Alemannien im 10. Jahrhundert auf Reichsgut gründeten, und sie hat dies im Hinblick auf die Burchardinger im außerrätischen Raum an dem Fiskus Schleitheim, den Burchard II. an die Reichenau schenkte [81], und an der Gegend um Epfendorf-Oberndorf, in der Hadwig an das Kloster Petershausen Besitz übertrug, was von Otto III. nach ihrem Tod wiederholt wurde [82], zeigen können. Dies gilt in gleicher Weise für den Hohentwiel und den ihn umgebenden Klosterbesitz [83], der aus Burchards II. und Hadwigs Hand stammte, und wohl auch für das Kloster Waldkirch und seine Besitzlandschaft [84]. In die Überlegungen wurde als dritte Komponente das altalemannische Herzogsgut einbezogen, das sich an Stellen römischen Fiskalguts befand. Dieses gelangte nach 746 zum größten Teil durch Konfiskationen an das fränkische Königtum, wurde also Reichsgut. Das Königtum übertrug es an kirchliche Institutionen; teilweise aber wurde es auch entfremdet, weil die früheren, nicht gänzlich ausgeschalteten Adelskräfte sich seiner bemächtigten [85] oder weil Zwischengewalten ihren Einfluß in »königsfernen« Gebieten durchsetzten [86]. Angesichts dieser faßbaren Beziehung zwischen Königsgut und Herzogsgut ist es von Bedeutung, zu erfahren, wie sich das Verhältnis im einzelnen gestaltete, weil nur so das Kräftefeld zu bestimmen ist.

81 K. Hils, Nellenburger, S. 28; H. Wanner, Die reichenauische Herrschaft Schleitheim, Diss. phil. Basel, 1935; Quelle: Purchardi Carmen de gestis Witigonis abbatis, MG SS 4, 626 v. 198 ff.; Gallus Öhem, S. 19.

82 Th. Mayer, Das schwäbische Herzogtum, S. 98 f. (334 f.); H. Jänichen, »Dorf« und »Zimmern« am oberen Neckar, in: Alemannisches Jahrbuch 1954, S. 145–166, hier S. 148.

83 Th. Mayer, Das schwäbische Herzogtum, passim, und Ders., Schaffhausen, S. 12 f.

84 H. Roth, St. Peter und St. Martin bei Waldkirch, 1953; hierzu W. Stülpnagel, Gundelfingen und Waldkirch, Bemerkungen zu H. Roth, in: ZGO 104 NF 65, 1956, S. 508–511; H. Büttner, Die frühmittelalterliche Besiedlung des Breisgaus, in: Schauinsland 65/66, 1938/39, 122–132.

85 Dazu die in den vorigen Anmerkungen genannte Literatur und H. Jänichen, Baar und Huntari, S. 146 ff.

86 Etwa die Etichonen im Elsaß und Breisgau; F. Vollmer, Die Etichonen; H. Büttner, Breisgau und Elsaß.

Im Fall Kirchheims und des Neckargaus läßt sich die Überschneidungszone königlicher und herzoglicher Positionen und Interessen in ihrer Dynamik deutlich erkennen: Hier besaß das fränkische Königtum im 8. Jahrhundert Einfluß, der auf der Zusammenarbeit mit der dort ansässigen Pleonungsippe beruht haben dürfte [87]. Wie aus dem Testament Fulrads von St. Denis bekannt ist [88], war Esslingen am Neckar eine Zellengründung Fulrads aufgrund der Schenkung eines Hafti, die zusammen mit Herbrechtingen und der *Adalungocella* (Hoppetenzell nördlich von Stockach) als Besitz von St. Denis durch Ludwig d. Dt. 866 bestätigt wurde [89]. Auch den von Karl d. Gr. errichteten Markt in Esslingen nahm der Kaiser in derselben Urkunde in seinen Schutz. Im nordöstlich vom Neckargau gelegenen Filsgau schenkte Ludwig d. Dt. dem Diakon Liutprand das Kloster Faurndau bei Göppingen 875 auf Lebenszeit; Arnulf macht die Tradition 888 endgültig [90]. Man wird an Waiblingen, den Aufenthaltsort Karls III., etwas nördlich vom Neckargau, und an den Besuch Konrads I. in Oferdingen am Neckar denken und schließlich auf das Eingreifen Heinrichs IV. in Kirchheim unter Teck verweisen, um das Vorgehen Ottos d. Gr. 960 entsprechend einordnen zu können [91].

Kehren wir zum Ausgangspunkt zurück: Burchard, Markgraf von Rätien, auch Graf in der Baar [92], verwaltete als Vogt die Lorscher Güter im Neckargau. Er tritt 904 bei der Übertragung der Orte Weilheim, Bissingen und Jesingen durch das Kloster Lorsch an einen Ruotpert im Tausch gegen dessen von Kaiser Arnulf herrührenden Besitz zu Riom [93]

87 J. Fleckenstein, Fulrad, S. 35, H. Jänichen, Neckargau, S. 238 ff.

88 Hg. v. M. Tangl in: NA 32, 1906, S. 167–217; zum folgenden vgl. die in Anm. 87 genannte Arbeit von J. Fleckenstein.

89 D Ludw. Dt. 119; WUB 1, Nr. 141, S. 166. Nach D Karol. 1, Nr. 83 schenkte Karl d. Gr. an die im Besitz von St. Denis befindliche Zelle in Herbrechtingen den Fiskus Herbrechtingen.

90 D Ludw. Dt. 163 f.; D A 15; K. Weller, Württemb. Kirchengesch. Bd. 1, S. 87 f.; zum Diakon und Kapellan J. Fleckenstein, Hofkapelle Bd. 1, Registerposition Liutprand.

91 Nürtingen, das Heinrich III. an Speyer schenkte (D HIII 169), kann hier nicht einbezogen werden, weil erst Konrad II. dieses Gut in einem Tausch mit einem Grafen Uto (von Katlenburg) und seiner Frau Beatrix erworben hat, deren beider Verwandtschaft mit Heinrich d. L. den Anlaß zu einer Urkunde Friedrichs Barbarossas von 1158 gegeben hat (WUB 2, Nr. 314, S. 177; H. Bresslau, Jahrbücher des Deutschen Reiches unter Konrad II. Bd. 2, 1884 (1967), S. 510 f.). Beatrix, die als Inhaberin des *praedium* genannt wird, war schwäbischer Herkunft (Annalista Saxo a. 1056 MG SS 6, 691); H. Bresslau, Konrad II., S. 360, 512.

92 Bündner UB 1, S. 502.

93 Riom wird auch im Churrätischen Reichsurbar genannt. Bündner UB 1, S. 396.

bei Chur als Vogt des Lorscher Abtes Hatto auf. Es fragt sich, ob dieser Ruotpert nicht auch zum hunfridingischen Verwandtschaftskreis gerechnet werden kann. Ein Vasall Kaiser Ludwigs d. Fr., Ruotpert, der nach dem Bericht der Translatio sanguinis domini [94] den Hunfridsohn Adalbert daran gehindert hat, sein Erbe in der Grafschaft Rätien anzutreten, wurde von der älteren Forschung in die Verwandtschaft der Ulriche eingeordnet [95], die wegen ihrer persönlichen Nähe zu Karl d. Gr. eine bedeutende Position im Bodenseeraum besaßen, diese aber seit den dreißiger Jahren des 9. Jahrhunderts infolge der Auseinandersetzungen zwischen Ludwig d. Fr. und seinen Söhnen an die Welfen abtreten mußten [96]. Der im Kampf unterlegene Ruotpert wurde von Adalbert in dem Kloster Lindau bestattet, das der Hunfridinger gegründet haben soll [97]. Andererseits hat auch Graf Ulrich (von Bregenz), der Vater Bischof Gebhards von Konstanz, das Frauenkloster reich beschenkt, und er ist dort begraben worden [98]. Bereits Th. Mayer vermutete, daß Ruotpert und Adalbert aufgrund der Beziehungen der Ulriche und Hunfridinger zu Lindau miteinander verwandt waren und daß im Anspruch des Udalrichingers auf Rätien sich sehr wohl ein Streit um gemeinsames Erbe ausgedrückt haben kann [99].

Wenn Anfang des 10. Jahrhunderts ein Ruotpertus sein ihm von Kaiser Arnulf geschenktes Gut in der Nähe von Chur gegen Lorscher Besitz im Neckargau tauschte, wo Graf Burchard als Vogt waltete, so kann man daraus auf ein Interesse Ruotperts am inneralemannischen Raum schließen, in dem der vielleicht mit ihm verwandte Burchard wirkte [100].

94 Translatio sanguinis domini c. 15 ff. in: MG SS 4, 448 f.

95 G. Meyer von Knonau, Ratperti casus s. Galli (Exkurs III), in: Mittheilungen z. vaterländ. Gesch. 13 NF 3, 1872, S. 230 f., und Ders., Geschlechterkunde, S. 73; E. Meyer-Marthaler, Rätien, S. 77, Anm. 196; G. Tellenbach, Der großfränkische Adel, S. 55; zu den Ulrichen E. Knapp, Die Ulriche, ein frühmittelalterliches Grafengeschlecht am Bodensee, in: Schrr. VG Bodensee 36, 1907, S. 11–30.

96 J. Fleckenstein, Welfen, S. 119 f.; K. Schmid, Königtum, S. 308.

97 RI I 992; J. Lechner, Schwäbische Urkundenfälschungen des 10. u. 12. Jhs., in: MIÖG 21, 1900, S. 28–106, hier S. 60 ff.

98 Casus monasterii Petrishusensis I 4, hg. v. O. Feger, Schwäbische Chroniken der Stauferzeit Bd. 3, 1956, S. 42.

99 Th. Mayer, Schaffhausen, S. 14 ff.

100 In den Baarenraum weist die Aktivität jenes Ruatpert, der unter Karl III. im *comitatus Asinheim*(?) – so E. Krüger, Zähringer, 1891, S. 591 – als *vicarius* und *missus imperatoris in vicem comitis* nachweisbar ist (Wartmann 2, Nr. 620, S. 275; Nr. 657, S. 261) und der unter Kaiser Arnulf von Burchard, dem Sohn Adalberts, abgelöst wurde (Wartmann 2, Nr. 673, S. 275). Auch der *ministerialis, presbyter* und *custos capellae* Ruotpert sei

Einen Hinweis auf mögliche Beziehungen zwischen Trägern des Namens Ruotpert/Ruatpert und den Hunfridingern bieten Gedenkbucheinträge. Drei Beispiele aus der Verwandtschaft der Hunfridinger (1) und der des Bischofs Ulrich von Augsburg (2 und 3) seien genannt:

Adalbertus comes, Odelricus, Manegoldus, Adalbertus, Ropertus, *Albericus, Burchardus, Adelinda,* Rodlinda, *Rumilda,* Rodlinda [101].

Hupold, Thietpric, Ruodpert, *Hupold, Peppo, Perehtgart, Managold, Odalrih, Thietpold, Thietpold* [102].

Irmingart, Thiotpric, Perehtilt, Plidrud, Irmingart, Plidrud, Thiotpric, Liutkart, Thieza, Ruadpret, *Manegolt, Thietpold, Huppold, Ruochere, Adalpret,* Ruadpret [103].

Wie in beiden Familienkreisen *Ruodpert* vorkommt, so kann auch der Name Ulrich als verbindendes Element gelten [104]. Andererseits können

erwähnt, dem Karl III. 880 Besitz in Ippingen auf der Baar westlich von Tuttlingen schenkte (D KaIII 19) und 881 eine Kirche in Klengen nördl. von Donaueschingen auf Lebenszeit zu eigen machte (D KaIII 38), was ihm Arnulf (D A 11) 888 bestätigte; zu Ruotpert vgl. J. FLECKENSTEIN, Hofkapelle Bd. 1, S. 192 ff., 199. Es liegt nahe, den Ruotpertus *missus imperatoris* mit dem *presbyter* zu identifizieren (so R. SPRANDEL, St. Gallen, S. 120).

101 Codice Necrologico-Liturgico del Monastero di S. Salvatore o. S. Giulia in Brescia, ed. A. Valentini, 1887, S. 62 (zit. nach H. KELLER, Kloster Einsiedeln, S. 22). Nach freundlicher Mitteilung von Herrn Dr. Keller findet sich bereits vor *Adalbertus comes* eine möglicherweise dazuzurechnende Gruppe mit *Ruodhere, Ropertus.*

102 MG Libri confrat. cod. aug. col. 179b; außerdem cod. sangall. col. 329 f., 170b.

103 Cod. sang. col. 305 *Ruochere* erinnert an den Grafen Rocharius im Argengau (WARTMANN 1, Nr. 276, S. 260) a. 824, in dem die Forschung einen Angehörigen der Ulriche vermutete (E. KNAPP, Die älteste Buchhorner Urkunde, in: Württemb. Vierteljahrshefte f. Landesgesch. NF 19, 1910, S. 155–265, hier S. 205 ff., 220 ff.); K. SCHMID, Hirsau, S. 106 f., 134 f. Da für die Beurteilung der Gleichheit von Namensgut auch Wortbestandteile eine Rolle spielen, sei auf den Namen der Frau und Tochter Adalberts des Erlauchten, *Ruodlind,* hingewiesen: MG cod. sangall. col. 57 *Eburhart comes, Unroch, Cysala, Adalpertus comes, Ruadlind, Oudalricus;* cod. fab. col. 89/90 *Rochere, Rothilint, Adalbrect ...* (zit. nach H. KELLER, Kloster Einsiedeln, S. 25 mit Anm. 76). *Rochere* erinnert wieder an Graf Ruochar; zur Methode: J. FLECKENSTEIN, Welfen, S. 100 ff.; zu *Ruatpert* vgl. auch MG cod. sangall. col. 23 *Ruadpreht, Hunfridus comes, Adalbertus, Oadalrih, Hunfrid, Hitta, Purucca.*

104 Vgl. Stammbaum der Hunfridinger im Bündner UB 1, S. 502. Ein Sohn Adalberts I., des Grafen in Rätien und im Thurgau, hieß Odalrich und begründete eine hunfridingische Seitenlinie. Herzog Burchards I. Bruder, der bei dem Aufstand des Vaters 911 ums Leben kam, trug diesen Namen. Noch

Privaturkunden Aufschluß über die Stellung des Namens Ruotpert zwischen den Ulrichen und den Hunfridingern geben: 886 tradierte eine Engilbiric Besitz in Hettlingen nördlich von Winterthur und in Hochfelden, der von ihrem Bruder Ruodpert stammte [105], an das Kloster Aadorf, das von Ulrich, dem Grafen vom Argengau und Linzgau, so reichlichen Besitz im Thurgau erhalten hatte, daß die Herausgeber des Zürcher Urkundenbuches ihn zum Grafen im Thurgau machten [106]. Immerhin weist die Urkunde Ulrich als eine im Thurgau einflußreiche Persönlichkeit aus; in dem von ihm gegründeten Kloster Aadorf (bei Frauenfeld) waren Ulrichs Töchter Irmintrud und Perehtrud Äbtissinnen [107]. Wenige Jahre später tauschte ein Ruadpret Eigenbesitz zu Hettlingen gegen St. Galler Güter [108]; er kann wohl mit dem Ruodpert des Jahres 886 gleichgesetzt werden [109]. In einen hunfridingisch-burchardingischen Zusammenhang weist möglicherweise auch die Urkunde eines Ruotpert von 933, in der dieser Besitz in Männedorf am Ostrand des Zürcher

einmal sei auf den Verwandten Burchards I., Ulrich von Augsburg, hingewiesen; zum Verwandtschaftskreis des Bischofs: L. SPRANDEL-KRAFFT, Ulrich von Augsburg, S. 55 ff.; dort auch weitere Gedenkbucheinträge; neueste Zusammenfassung zu Ulrich von Augsburg bei M. WEITLAUF, Der heilige Bischof Udalrich von Augsburg (890–4. Juli 973), in: Bischof Ulrich von Augsburg und seine Verehrung. Festgabe zur 1000. Wiederkehr des Todestages, Jahrbuch des Vereins für Augsburger Bistumsgeschichte Bd. 7, 1973, S. 1–48; zu den Problemen um den Namen Ulrich G. TELLENBACH, Der großfränkische Adel, S. 56 mit Anm. 89.

105 Thurgauisches UB, hg. v. Fr. Schaltegger, 1, 1924, Nr. 130, S. 153 f.; WARTMANN 2, Nr. 655, S. 259.

106 Urkundenbuch der Stadt und Landschaft Zürich, hg. v. J. Escher – P. Schweizer, 1, 1888, Nr. 150, S. 64, Anm. 1; richtig Thurgauisches UB 1, Nr. 140, S. 164 f.; E. MEYER-MARTHALER, Zur Geschichte der Propstei Aadorf, in: Zt. f. Schweiz. Kirchengesch. 63, 1969, S. 209–220.

107 Das Verwandtschaftsverhältnis zwischen Engilpiric/Ruodpert und der Familie des Grafen Ulrich stellt sich nach der Urkunde so dar: Engilpiric, die Schwester Ruodperts, ist mit einem Gerold verheiratet, der mit Sicherheit als Kerold unter den Zeugen wiedererscheint. Dieser figuriert als Bruder der beiden Äbtissinnen, also als Sohn Ulrichs. Ausführlich beschränkt die Urkunde die *licentia redimere* nur auf Erben aus der Ehe Gerolds und Engilpirics und schließt Erben aus einer eventuellen zweiten Ehe nach dem Tod des Partners aus. Aus dem Text erhellt übrigens die Bedeutung von *senior* und *dominus* als Ehemann, was Wartmann in anderen vergleichbaren Fällen nicht bedacht hat (vgl. Registerpositionen).

108 WARTMANN 2, Nr. 713, S. 315 f. von 897.

109 909 vertauschte Abt Salomon Besitz in Hettlingen weiter (WARTMANN 2, Nr. 757, S. 358). Unter den Zeugen befindet sich zweimal der Name Ruadpreht; vgl. aber R. SPRANDEL, St. Gallen, Registerposition Ruadpert.

Sees an St. Gallen überträgt. Hier haben Reginlind und ihr Sohn Burchard an Einsiedeln geschenkt [110].

Aufgrund des Befundes der Gedenkbucheinträge und der Beobachtungen aus Urkunden kann man, wenn auch mit Vorsicht, eine Beziehung von Trägern des Namens Ruotpert – unter Berücksichtigung der wegen der Häufigkeit des Namens gegebenen Schwierigkeiten – zu den Ulrichen einerseits und zu den Hunfridingern andererseits annehmen [111].

Die Beschäftigung mit dem Neckargau führte von verschiedenen Seiten auf die Spur der Hunfridinger und verdeutlicht, wie bereits vor der Bildung des Herzogtums das in Rätien verwurzelte Geschlecht [112] zum Neckargau und zu anderen rechtsrheinischen alemannischen Gebieten Beziehungen geknüpft hatte, welche möglichen Folgen die Ausschaltung der Mitbewerber um das Herzogtum für Burchard I. zeitigte und welche Rückschlüsse die späteren nellenburgischen Besitzungen im Neckargau vielleicht zulassen.

Es wurde bereits [113] auf die übrigen erkennbaren Schwerpunkte der Burchardinger in Alemannien hingewiesen: auf die Gegend Oberndorf–Epfendorf, wie sie im Güterverzeichnis der gefälschten Urkunde Heinrichs II. für Kloster Stein am Rhein begegnet [114], auf den Hohentwiel und seine nähere Umgebung und auf den nördlichen Breisgau. Nun ist noch das Verhältnis Herzog Burchards I. zu diesem Raum eingehend zu behandeln, da es die Spannungen Breisgau – Alemannien berührt.

Die bisherige Untersuchung hat gezeigt, wie der Breisgau mit dem Ende der Karolingerzeit und der Regierung Konrads I. stetig aus dem Aktionsfeld des ostfränkischen und konradinischen Königtums ausgeschieden ist und wie stark er unter den Einfluß von lokalen Adelskräften, voran unter jenen der im Elsaß ansässigen Etichonen, geraten war. Im folgenden wird nach der Bedeutung des burchardingischen Ausgriffs in den Breisgau zu fragen sein. In einer Zeit, da Heinrich I. nachweislich

110 Wartmann 3, Nr. 792, S. 12 f.; Nebis Kinder waren Rotbert (Graf am Bodensee 770–785) und Imma, aus deren Ehe mit dem fränkischen Graf Gerold Hildegard, eine Frau Karls d. Gr., stammte. Ein Bruder Hildegards, Ulrich, hatte einen Sohn Roadbert (Anfang des 9. Jhs.); H. Jänichen, Baar und Huntari, Tafel I nach S. 148; G. Meyer von Knonau, Geschlechterkunde, S. 70 ff.; I. Dienemann-Dietrich, Der fränkische Adel, S. 182 ff.

111 QW II/3, S. 369, 371.

112 Auch hier sei im Anschluß an K. Schmid, Problematik, auf die Fragwürdigkeit dieses Begriffs für diese Zeit hingewiesen; vgl. Ders., Über die Struktur des Adels im früheren Mittelalter, in: Jb. f. fränk. Landesforschung 19, 1959, S. 1 ff.

113 S. oben, S. 74.

114 D HII 511; H. M. Decker-Hauff, Die Ottonen, S. 236 ff.

keinerlei Beziehungen zum Südwesten unterhielt, gründete der Alemannenherzog nach guter Überlieferung das Margaretenkloster in Waldkirch[115]. Bisher ließ sich feststellen, daß alle Wirkungsbereiche Burchards und seiner Nachkommen entweder Reichsgutkomplexe betrafen, an eine bertholdische Tradition anknüpften oder mit einer hunfridingischen Grafschaft zusammenhingen. Dabei lassen sich die drei Komponenten keineswegs immer scharf voneinander trennen. So müssen z. B. für den Bereich des oberen Neckar die Grafschaft in der Baar in Händen Burchards (gest. 911), die Basis des Reichsguts (Fiskus Rottweil, Oberndorf) und die Stellung der Bertholde (Schenkung Bertholds an die Reichenau vor 973) zusammengesehen werden. Zum Hohentwiel gewann Burchard I. offenkundig durch die Zusammenarbeit mit Erchanger und Berthold Zugang, in deren Verwaltung als »Kammerboten« der Berg stand[116]. Daß der Fiskus Schleitheim, den Burchard II. an die Reichenau schenkte, bereits in der Verfügungsgewalt Burchards I. war, liegt nahe. Im Klettgau nämlich hatte ein Adalbert Anfang des 10. Jahrhunderts[117] die Grafschaft inne[118], der als Sohn des Hunfridingers Adalbert, des Grafen des Thurgaus, Zürichgaus und Scherragaus (860–894), anzusprechen ist. Diesem unterstand auch die Grafschaft Alpgau; er verfügte in Gurtweil über Besitz, den er mit dem Kloster Rheinau für oberitalienische Güter tauschte. Er wird als *consobrinus* des Laienabts Gozpert bezeichnet[119].

Dieser Überblick über vor-herzogliche Beziehungen der Hunfridinger zu alemannischen Gebieten, die mit den späteren Aktions- und Besitz-

115 Die Literatur über Waldkirch oben, S. 26, Anm. 102; unten, S. 81, Anm. 121.

116 Für den Herzogsvorort Zürich gilt auch die Prämisse des Reichsguts sowie die Eigengut-Basis im thurgauisch-rätischen Grenzraum; vgl. oben, S. 62, Anm. 8, und die Thurgaugrafschaft Adalberts d. E. und seines Sohnes (dieser auch Zürichgaugraf).

117 Nach der Neudatierung der Urkunde über einen Tausch zwischen Rinloz und Rheinau (Zürcher UB 1, Nr. 57, S. 16; Quellen zur Schweiz. Gesch. III, 2: Rheinauer Cartular Nr. 2, S. 6) durch K. Schmid, Königtum, Adel, S. 269 ff.: Da unter dem Grafen Gozpert der Gozbertus *comes atque abba* vom Ende des 9. und Anfang des 10. Jhs. zu verstehen ist, muß der König dieser Urkunde nicht mit Ludwig d. Dt., sondern mit Ludwig d. K. identifiziert werden, und wegen der Regierungszeitangabe ist die Urkunde auf 901/02 zu datieren. Allerdings wäre dann nicht der genannte Papst Sergius II. (844–847), sondern Sergius III. zu konjizieren; dieser übernahm sein Amt indes erst 904 (Lex. f. Theol. u. Kirche 9, 1964, S. 688).

118 H. Maurer, Randen, S. 42 ff.

119 Zum Gesamtkomplex K. Schmid, Königtum, Adel, S. 252 ff.; zu den italienischen Beziehungen Adalberts G. Tellenbach, Der großfränkische Adel, S. 55 ff.; zu Adalbert als *consobrinus:* Zürcher UB 1, Nr. 156, S. 67 f.

zentren der burchardingischen Herzöge übereinstimmten, läßt Burchards I. Wirksamkeit im Breisgau in klaren Konturen erscheinen. Zu diesem hatten nach den hier bisher vorgelegten Beobachtungen seine Vorfahren keine Verbindungen; keine Breisgaugrafschaft ist für sie nachweisbar, wie etwa für Udalrich im Linzgau und Argengau (um 800), der außerdem die Comitate Hegau, Thurgau und Breisgau verwaltete und sich dadurch infolge der Nähe zu seinem Schwager Karl d. Gr., und von diesem protegiert, als Stütze des fränkischen Königtums erweist[120]. Vor diesem Hintergrund ist die Gründung und Ausstattung des Klosters Waldkirch zu beurteilen.

Das Margaretenkloster in Waldkirch kann als Stiftung Herzog Burchards I. und Reginlinds betrachtet werden[121]. In der Gründungstradition begegnen allerdings die *ducissae* Reginlind, Gisila und Hadwig; dabei will man in Gisila eine Tochter Burchards I. erkennen[122]. Von

120 Ulrich Graf im Breisgau: WARTMANN 1, Nr. 110, S. 104 (1786); 1, Nr. 126, S. 118 f. (790); 3, Anhang Nr. 2, S. 684 (804); 1, Nr. 179, S. 169 (804); 1, Nr. 196, S. 186 f. (807); 1, Nr. 203, S. 193 f. (809); weitere Belege bei W. SCHULTZE, Gaugrafschaften, S. 45.

121 Außer der oben, S. 26, Anm. 102, genannten Literatur ist zu nennen: M. WETZEL, Waldkirch im Elztal. Stift, Stadt und Amtsbezirk, 1. Teil, 1912; H. BÜTTNER, Waldkirch und Glottertal. Zur politischen Erfassung des Raumes zwischen Kaiserstuhl und Kandel im Mittelalter, 1941, Erstdruck jetzt in: Schwaben und Schweiz im frühen Mittelalter. Gesammelte Aufsätze von H. BÜTTNER, hg. v. H. Patze, Vorträge und Forschungen Bd. XV, 1972, S. 87–115; H. ROTH, Geschichte des Frauenklosters und Chorherrenstifts St. Margareta in Waldkirch im Breisgau, 1944 (Univ.-Bibl. Freiburg, masch. Ms. H 1089); DERS., St. Peter und St. Martin bei Waldkirch. Ein Beitrag zur Frühgeschichte der St. Peters- und St. Martinskirchen im Breisgau, 1953. Was die Patrozinien betrifft, die in der Urkunde Papst Alexanders III. von 1178 begegnen (unten, S. 83, Anm. 128, u. S. 84, Anm. 136), so fällt die Nennung der hl. Walburg auf. Ihre Verehrung in Waldkirch läßt sich vielleicht mit dem Interesse erklären, das die Hunfridinger dieser Heiligen entgegenbrachten. In den Miracula s. Waldburgis Wolfhardo auctore heißt es im 12. Kapitel des ersten Buches: *Hoc igitur patrato miraculo Adalpertus Alamanniae comes illustris illo usque devotus* (sc. an das Grab der Walburg) *advenit* (MG SS 15, 1, 542). Hiermit ist, wie auch der Herausgeber der Miracula, O. Holder-Egger, notierte, zweifellos Adalbert der Erlauchte, der Großvater Herzog Burchards I., gemeint.

122 Überlieferung in den Meß- und Psalterbüchern: *XV Kalend. Septembr. obiit* Reinlindis *ducissa fundatrix monasterii huius. Pridie Kalend. Septembr. obiit* Hadewiga *ducissa fundatrix. VII Kalend. Novembr. obiit* Gisila *ducissa, fundatrix. Panegyricon in Gisilae sanctae clarissimaeque Suevorum ducissae coenobiticae hujus monasterii vitae inchoatricis primae laudem* (L. WERKMANN, Waldkirch, S. 123; J. BADER, Waldkirch im Elztal, in: Badenia 2, 1862, S. 590). Gisela hieß die Mutter Reginlinds (Ann. Alam. a. 911, S. 260). Entweder

diesem ist lediglich in einer gefälschten Privaturkunde die Rede, die in die Zeit vor 926 datiert wird und die einen Streit zwischen den Klöstern Ettenheim und Waldkirch zum Gegenstand hat [123]; hierin erscheint der Herzog als Eigenklosterherr Waldkirchs: In einem Teil der aus verschiedenen Schichten bestehenden Urkunde steht, Burchard habe als *terrestris dominus* des Margaretenklosters, dessen *familiae* sich einen Übergriff auf Ettenheimer Gebiet hatten zuschulden kommen lassen, den ihm vorgetragenen Zwist in der Weise geschlichtet, daß er an das Kloster Waldkirch zwei *coloniae* in *Wilo* und in *Gifido* übertrug. Dieses Vorgehen Burchards I. hatte die Forschung als Güterbereinigung verstanden: Ettenheim verfügte über Streubesitz im Kaiserstuhlgebiet [124]. Denn nach einer anderen gefälschten, aber im Kern als echt erachteten Urkunde hat Bischof Heddo von Straßburg 762 an Ettenheim breisgauischen Besitz in Forchheim, Bahlingen, Oberrotweil, Wöllingen (abgeg. bei Endingen) und Riegel übertragen. Außerdem schenkte er mit Zustimmung König Pippins und der Leute im Bistum vom Gut der Straßburger Marienkirche das *oppidum* Endingen mit dem bischöflichen Fiskus, Burkheim und Grüningen [125].

Die Identifizierung der beiden von Burchard I. an Waldkirch tradierten Orte *Wilo* und *Gifido* bereitet Schwierigkeiten. Neugart [126] denkt

sie oder eine gleichnamige Tochter Burchards I. begegnet in einem Eintrag im Reichenauer Verbrüderungsbuch (MG libri Confrat. cod. aug. col. 154 *Purchart, Reginlind, Liutcart, Kisila, Perhta, Rualind* ... Die neben dem Namen Kisila stehende *Berta* kann als Burchards I. Tochter Berta, Gattin König Rudolfs von Burgund, angesehen werden. Vgl. auch H. KELLER, Kloster Einsiedeln, S. 22 mit Anm. 57.

123 NEUGART, 1, Nr. 714, S. 580, und vollständig in Regesta Badensia, hg. v. C. G. Dümgé, 1836, S. 6 (vgl. oben, S. 20, Anm. 72). Zur Kritik an der Urkunde vgl. die grundlegende Arbeit von H. BLOCH-W. WITTICH, Iura curiae, S. 393 ff. Positiver urteilt E. ROSENSTOCK, Herzogsgewalt, S. 40 ff.

124 DIES., S. 396; H. ROTH, Gründer, S. 64, spricht davon, daß Ettenheim vielleicht über Streubesitz in diesem Raum verfügte. Er erwähnt nicht die Heddo-Urkunde (s. nächste Anm.).

125 Regesten der Bischöfe von Straßburg 1, hg. v. P. Wentzcke, 1908, Nr. 46, S. 224 f.; A. Bruckner, Regesta Alsatiae 1, Nr. 193, S. 116 ff., schreibt Nudingen, doch bereits J. D. SCHÖPFLIN, Alsatia diplomatica, 1772, 1, Nr. 34, S. 37 f., hat die Konjektur Endingen; anders A. Futterer, der nach Mitteilung von J. A. KRAUS, Zur Geschichte von Riegel, Endingen, Burkheim und Liel, in: FDA 82/83, 1962/63, S. 540–549, den Namen Nudingen auf einen abgegangenen Ort Nidingen zwischen Riegel und Kenzingen bezieht. Zu Nidingen vgl. weiter A. FUTTERER, Das Dorf Riegel vor und nach seinem Ausbau im 12. Jh., in: Alem. Jb. 1953, S. 90–106, hier S. 92 u. 96 f. Zur Besitzübertragung vgl. auch W. STÜLPNAGEL, Breisgau, S. 11.

126 NEUGART 1, S. 580, Anm. d und e. Mit Weil ist vermutlich Wyhl gemeint.

an Weil am Rhein bei der Limburg und hält *Gifido* für einen abgegangenen Ort in der Ortenau. Krieger [127] nennt *Wilo* unter den Belegen für Ettenheimweiler. Zu einer Klärung trägt vielleicht die Bulle Alexanders III. von 1178 bei, in der er dem Kloster Waldkirch seine Besitzungen bestätigte [128]. Dazu gehörten außer der unmittelbaren Umgebung des Klosters im Elztal St. Georgen mit Wendlingen, Denzlingen, Gündlingen, Ihringen, *Wilo,* Bötzingen, *Wellingheim* (Wöllingen), Königschaffhausen, Tutschfelden und *ecclesia cum villa iuxta Scutterum.* Das in dieser Urkunde erwähnte *Wilo* wurde von Krieger, Neugart und Werkmann [129] als Wyhl nördlich Sasbach am Kaiserstuhl identifiziert. Es liegt nahe, in dem *Wilo* von 926 und dem *Wilo* von 1178 denselben Ort zu sehen, da in der Papsturkunde mit Sicherheit die ursprüngliche Dotation zu fassen ist. Von Königschaffhausen berichtet allerdings erst die Schenkungsurkunde Ottos III. (D 161); vielleicht aber hatte das Kloster hier bereits früheren Besitz [130], den der König abrundete. Diese Vermutung wird dadurch gestützt, daß sich in Wyhl eine Ergänzung nachweisen läßt: Zusammen mit den fünf Hufen *in Scafhuson in pago Brisiggouue* übertrug Otto III. auch einen Wald *inter villam Uuila et Scafhuson* an das Kloster [131]. Da im Vorgang von 926 eine Besitzbereinigung zu sehen ist, durch die an das Margaretenkloster breisgauischer Streubesitz von Ettenheim kam [132], ist das *Wilo* von 926 offensichtlich identisch mit dem gleichnamigen Ort in dem Papstprivileg [133].

127 A. KRIEGER, Topograph. Wörterbuch Bd. 1, Sp. 551.
128 JL 2, 1888, Nr. 13087; Druck bei TR. NEUGART, Episcopatus Constantiensis Bd. I/2, 1862, S. 583, und bei L. WERKMANN, Waldkirch, S. 130 f.
129 A. KRIEGER, Topograph. Wörterbuch Bd. 2, Sp. 1522.
130 Gegenüber G. STEGMAIER, Vom Werden des Dorfes Gündlingen, in: Beiträge zur Geschichte des Dorfes Gündlingen, 1964, S. 18–29, hier S. 29 (Anm. 56) ist dies festzuhalten. Daß Nußbach (D OIII 158) unerwähnt bleibt, erklärt sich aus der Übertragung des Ortes durch Heinrich II. an Bamberg (D HII 156). Die Unvollständigkeit der Liste geht wohl auch aus dem Fehlen von *Gifido* hervor. Das *Wilo* von 1178 kann sich genau genommen nicht auf D OIII 161 beziehen, da dort von einem Wald zwischen Wyhl und Schaffhausen die Rede ist.
131 Die Identifizierung von *Uuila* und *Scafhuson* mit Wyhl nördl. von Eglisau und Schaffhausen (RI II/3 1132) ist abwegig, da diese Orte nicht im Breisgau, sondern im Alpgau liegen.
132 In Wöllingen nördl. von Wyhl war Ettenheim begütert.
133 Die übrigen Belege bei A. KRIEGER, Topograph. Wörterbuch Bd. 2, Sp. 551, für Ettenheimweiler können die Einordnung des *Wilo* von 926 nicht stützen. In gleichem Sinn äußerte sich bereits E. ROSENSTOCK, Herzogsgewalt, S. 44, Anm. 1.

Die Frage der Identifizierung führt bereits mitten in die Problematik der Gründung und Ausstattung Waldkirchs. Was läßt sich über die Herkunft des Klostergrundes und der Dotationsgüter aussagen? H. Büttner und W. Stülpnagel dachten an altalemannisches Herzogsgut und fränkisches Reichsgut [134]. Daß in Waldkirch vor dem Eingreifen Burchards I. bereits eine Siedlung fränkischen Ursprungs bestanden haben soll, liegt wegen des Ortsnamens und des Martin-Patroziniums nahe [135]. Jedoch besagt dies wenig für die Rechtsqualität des Bodens zum Zeitpunkt der Klostergründung, da fränkisches Reichsgut in Alemannien zum großen Teil auf Konfiskationen im 8. Jahrhundert zurückging und da andererseits häufig mit Entfremdung von öffentlichem Besitz zu rechnen ist.

An der Güterliste des päpstlichen Privilegs für Waldkirch fallen die Überschneidungen mit Guntrams Besitz im Breisgau ebenso wie jene mit Ettenheimer Positionen auf, die aus der Heddo-Urkunde bekannt sind: Neben Orten im Elztal werden Waldkirch Güter in Denzlingen, Wöllingen, Ihringen und Tutschfelden bestätigt, für die sich Guntrams Präsenz z. T. nachweislich, z. T. mit Sicherheit aus den Übertragungen an Einsiedeln ergibt [136]. Andererseits erhielt Ettenheimmünster im 8. Jahrhundert von Bischof Heddo Besitz u. a. in Bahlingen, Oberrotweil, Wöllingen, Riegel, Endingen und Burkheim, in Orten also, an denen Guntram begütert war [137]. Tutschfelden erscheint sowohl in der Urkunde

134 H. Büttner, Waldkirch, S. 98, Anm. 66; W. Stülpnagel, Breisgau, S. 7.

135 H. Büttner, Die frühmittelalterliche Besiedlung des Breisgaus, in: Schauinsland 65/66, 1938/39, S. 122–132, hier S. 129; Ders., Franken und Alemannen, S. 353 ff.; H. Roth, St. Peter, S. 11 ff.

136 Die Waldkircher Besitzungen nach der Bestätigung von 1178 sind: *Waltchilka cum pertinentiis suis (ecclesiam S. Walburgis in eodem loco consistentem cum S. Michaelis et S. Nicolai capellis, capellam etiam S. Benedicti)* – *Waldchilka S. Petri* – *Waldchilka S. Martini* – *Plidach* (Bleibach) – *Wineden superius et inferius* (Ober- und Niederwinden) – *Sigmanswald* (Simonswald) – *Eltavelt* (Elzach) – *Bregen* (Prechtal) – *Turrcheim* – *Hartchilka cum Wendlinga* (St. Georgen und Wendlingen) – *Tenzelingen* (Denzlingen) – *Cundelingen* (Gündlingen) – *Urengen* (Ihringen) – *Wilo* (Whyl) – *Scafhusen* (Königschaffhausen) – *Tusfelt* (Tutschfelden) – *et ecclesiam cum villa iuxta Scutterum* (Hugsweier). Identifizierungen nach L. Werkmann, Waldkirch, S. 130 f. H. Büttner, Waldkirch, S. 92 ff., konnte weiteren Besitz in Schlierberg, Adelhausen, Vörstetten, Gundelfingen, Heuweiler und Gottenheim erschließen. (Vgl. Liber taxationis ecclesiarum et beneficiorum in dioecesi Constantiensi de anno 1353, hg. v. W. Haid, in: FDA 5, 1870, S. 89, 91; M. Wetzel, Waldkirch, S. 40; A. Krieger, Topograph. Wörterbuch Bd. 1, Sp. 961 ff.) Zur Besitzverteilung vgl. Karte Nr. 1 im Anhang.

137 H. Büttner, Breisgau und Elsaß, S. 25.

Innozenz' II. von 1139 für Gengenbach [138] als auch im Bestätigungsdiplom Honorius' III. von 1225 für Ettenheimmünster [139].

Welche Aussagen lassen sich daraus für das Kloster Waldkirch gewinnen? Deutlich berühren sich sein Besitz und Guntrams Positionen im nördlichen Breisgau. Deutlich lassen sich aber die Orte, an denen Ettenheimmünster und Guntram nachweisbar sind, auch als Reichsgut erkennen: Bahlingen, Riegel und Endingen schenkte Ludwig d. Dt. 862 seinem Sohn Karl; Riegel wird in der Bestätigungsurkunde Heinrichs II. für Einsiedeln von 1004 als *curtis regii quondam iuris* bezeichnet, die Guntram *in sua investitura* gehabt habe [140]. So dürfte auch Waldkirchs Ausstattung auf Reichsgut erfolgt sein, das jedoch Anfang des 10. Jahrhunderts unter dem starken Einfluß des elsässischen Grafenhauses gestanden hat.

Diese Verbindung läßt sich am Beispiel Hugsweiers noch klarer erkennen: Hier verfügte das Kloster Waldkirch über eine *ecclesia cum villa* [141]. Besitz in *Huguesuuilare* und in zwei Orten im Elsaß (*Caroldesbach*/Carsbach bei Altkirch [142] und *Sunthoven*/Sundhofen bei Colmar) kaufte Bischof Richwin von Straßburg (913–933), um damit das Stift St. Thomas auszustatten, von einem Hunfrid *de Italia*, einem Neffen des Hugo *de Tettenuuilare*, der dem etichonischen Verwandtschaftskreis angehörte [143]. Der gemeinsame Besitz Waldkirchs und der elsässischen Grafen zu Hugsweier legt nahe anzunehmen, daß zwischen den Etich o-

138 WUB 2, Nr. 310, S. 7 ff.

139 St. A. Würdtwein, Nova subsidia diplomatica Bd. 13, 1789, Nr. 70, S. 282–285.

140 D Ludw. Dt. 108; D HII 78.

141 Die Identifizierung der *ecclesia cum villa iuxta Scutterum* mit Hugsweier ist gesichert durch das Margaretenpatrozinium und die spätere Waldkircher Überlieferung; L. Werkmann, Waldkirch, S. 133, 135; D. Kauss, Die mittelalterliche Pfarrorganisation in der Ortenau, 1970, S. 198; J. A. Kraus, Zur Geschichte von Hugsweier (bei Lahr) und Umgegend, in: FDA 84, 1964, S. 401–406; F. Langenbeck, Siedlungsnamen, in: Geroldsecker Land 4, 1961/62, S. 149–156, hier S. 153.

142 J. Clauss, Historisch-Topograph. Wörterbuch, S. 193.

143 Der Nachfolger Richwins, Bischof Ruthard, entzog dem Stift den von Hugo von Dettweiler übertragenen Hof Kork und die von Hunfrid *de Italia* verkauften Orte *Huguesuuilare* und *Caroldesbahc* und belehnte den *miles* Guntram damit, der die Transaktion wohl angefochten hatte; vgl. Regesten Straßburg 1, Nr. 129 f., 138; UB Straßburg 1, Nr. 52, S. 44; H. Keller, Kloster Einsiedeln, S. 15 f. In Sundhofen vergabten Liutfrid, Hunfrid und Hugo 902 den Zehnten an St. Trudpert, ebenso in Ichenheim und Kippenheim in der Ortenau; M. Beck, St. Trudpert, S. 73; J. Bastian, Güterbesitz, S. 170 f.

nen und den Hunfridingern, besonders Burchard I., der zusammen mit Reginlind das Kloster gründete, Beziehungen bestanden; diese könnten sich auch in den Besitzüberschneidungen Guntrams und Waldkirchs im nördlichen Breisgau zeigen [144].

Gibt es andere Indizien für die vermuteten Zusammenhänge? An der Gründung des Klosters Einsiedeln war außer Herzog Hermann I. und Reginlind ein Eberhard beteiligt, der später als erster Abt wirkte. Dieser Eberhard läßt sich mit Sicherheit dem etichonischen Verwandtschaftskreis zuordnen [145]. Er erscheint bei Herimannus Contractus als *Argentinensis praepositus* [146]; nach der Straßburger Überlieferung schenkte ebenso wie der Etichone Graf Eberhard ein Eburharttus *clericus et heremita* an St. Thomas Besitz in Illkirch [147]. Auch der Metzer Bischof Benno, der vor und nach seinem Episkopat bei der Meinradszelle als Einsiedler gelebt haben soll, stand in Verbindung mit Straßburg: *ex ordinariis Strazburgensibus* kennzeichnet ihn der Continuator Reginonis; in einer späteren Überlieferung begegnet er als Verwandter sowohl Eberhards als auch der Herzogsfamilie [148].

Nimmt man diese Tatbestände zusammen, so weist die Gründung Einsiedelns, an der Reginlind, die Witwe Burchards I., wohl erheblich stärker als ihr zweiter Gemahl, Hermann I., beteiligt war, nach Straßburg; hier wirkte zu jener Zeit der wahrscheinlich den Etichonen zuzurechnende Bischof Richwin [149]. So fällt auch ein Licht auf die Gründung Waldkirchs im Breisgau, in einem Raum, zu dem sich sonst keine hunfridingischen Beziehungen nachweisen lassen und der zu Beginn des 10. Jahrhunderts zum Einflußbereich des elsässischen Adels zählte. Wie sich im einzelnen die Zusammenhänge zwischen Hunfridingern und Etichonen gestalteten, ist nicht zu ermitteln. Es sei hier etwa auf den Hunfridus *de Italia* hingeweisen, den G. Tellenbach in den hunfridingischen Verwandtschaftskreis einordnete, ohne seinen genauen Standort bestimmen

144 Auch die Erwähnung eines Grafen Guntram in der Zeugenliste der Urkunde von 926 weist in dieselbe Richtung. Grundsätzlich ist denkbar, daß Otto I. dem Kloster anläßlich seiner Tradition durch Burchard II. an das Königtum Besitz schenkte, der aus den konfiszierten Gütern Guntrams stammte; auch so fände die Besitzüberschneidung eine Erklärung. Doch findet sich in der klösterlichen Überlieferung kein Hinweis auf eine Schenkung Ottos I., der mit der Einsiedler Tradition vergleichbar wäre.

145 H. Keller, Einsiedeln, S. 13 ff.

146 Herimannus Contractus a. 958 (MG SS 5, 115).

147 Straßburger UB 1, Nr. 52, S. 44; Regesten Straßburg 1, Nr. 130.

148 Continuator Reginonis a. 925 (MG SS rer. Germ. i. u. sch., hg. von F. Kurze); H. Keller, Kloster Einsiedeln, S. 18, 20.

149 H. Keller, Kloster Einsiedeln, S. 15, 21.

zu können[150]. Auch das Namensgut von Gedenkbucheinträgen beider Verwandtschaftskreise ist aufschlußreich. Im Nekrolog von Brescia ist der Hunfridinger Adalbert der Erlauchte mit seiner Familie aufgenommen: *Adalbertus comes, Odelricus, Manegoldus, Adalbertus, Ropertus, Albericus, Burchardus, Adelinda, Rodlinda, Rumilda, Rotlinda*[151]. *Adelinda* hieß die Gattin des elsässischen Grafen Eberhard (III.) am Ende des 9. Jahrhunderts[152]. Die Namen Manegolt und Burchard erscheinen hinwieder in einem Eintrag des *nobilissimus nobilior* Guntarm in Remiremont aus derselben Zeit[153].

Wie bereits erwähnt, ließ sich Besitz des Klosters Waldkirch auch in Hugsweier feststellen, wo die Etichonen wohl mit Allodialbesitz begütert waren. Bei einigen der Orte im nördlichen Breisgau sind für das 9. Jahrhundert Reichsrechte nachweisbar; für die davor liegende Zeit ist keine sichere Aussage möglich. Geht man von der Urkunde Bischof Heddos von Straßburg aus, so fällt die Erwähnung eines *dux* Ernnust auf, von dem der Bischof Teile der breisgauischen Güter erworben haben will[154]. In der Forschung wird dieser ursprüngliche Besitzer der Ettenheimer Güter zumeist ausgeklammert[155]. W. Stülpnagel weist ihn den elsässischen Herzögen zu, wenn er schreibt, die betreffenden Güter stammten von Herzog Ernst, wobei auffalle, daß die gleichen Orte später Guntram besessen habe; dies hänge vielleicht damit zusammen, daß es sich um Güter der früheren elsässischen Herzöge handele, mit denen

150 S. oben, S. 85; G. TELLENBACH, Der großfränkische Adel, S. 85; E. HLAWITSCHKA, Franken, Alemannen, Bayern und Burgunder in Oberitalien (774–962). Zum Verständnis der fränkischen Königsherrschaft in Italien, FOLG Bd. 8, 1960, S. 63, 65, 207.

151 S. oben, S. 77, Anm. 101; auch Adelais, die Tochter Liutfrids (II.), sei erwähnt. F. VOLLMER, Die Etichonen, S. 174, 183.

152 F. VOLLMER, Die Etichonen, S. 178; ibd., S. 174 f., über Liutfrids (II.) Sohn Hunfrid, der an der Restauration von St. Trudpert beteiligt war.

153 MG libri memor. Romar. I 7r, 2. Auch in den Einträgen Burchards und Reginlinds und Reginlinds allein in den Verbrüderungsbüchern der Reichenau und St. Gallens (MG libri confrat. cod. aug. col. 154; cod. sangall. col. 366) begegnet Namensgut, das wir aus etichonischen Einträgen kennen (dazu unten, S. 233), so daß die Waldkircher Stiftsüberlieferung, in der der Name Herzog Burchards I. fehlt, vielleicht aus den engen Verbindungen Reginlinds zum Elsaß erklärbar würde.

154 S. oben, S. 82, Anm. 125; *Dedimus etiam ad ipsum monasterium, cum consensu gloriosi regis Pippini atque fratrum sive civium nostrorum in episcopatu degentium, in stipendium ipsorum monachorum, quidquid de Ernnusto duce conquisivimus loca denominata in pago Brisgavense ...*

155 L. HEIZMANN, Das Benediktinerkloster Ettenheimmünster, 1932, S. 8 ff., und H. BÜTTNER, Geschichte des Elsaß Bd. 1, Registerposition Ettenheimmünster, lassen den *dux* Ernnustus unerwähnt. H. M. PILLIN, Die rechtsrheinischen

Guntram wahrscheinlich verwandt gewesen sei [156]. Nun ist aber weder im Elsaß noch in Alemannien ein Herzog Ernst aus der Mitte des 8. Jahrhunderts nachweisbar [157]. So vermutete Tr. Neugart in ihm einen fränkischen Adligen, dem in der Überlieferung ähnlich wie Ruthard der *dux*-Titel beigelegt worden ist [158]. Dies mag angesichts der Beziehung Heddos von Straßburg zum fränkischen Königtum und zu dessen Verwalter Ruthard [159] eine annehmbare Deutung sein; doch das Problem der ursprünglichen Herkunft verschiebt sich damit nur [160]. Auch die Vorgänge der Gründung und Ausstattung von Ettenheimmünster bleiben im Dunkel [161]. Da sowohl das »Testament« Heddos als auch die Urkunde über den Streit Ettenheimmünster–Waldkirch Fälschungen vom Anfang des 12. Jahrhunderts sind, die zudem wegen der Ansprüche Ettenheims gegenüber dem Bistum Straßburg wohl untereinander zusammenhängen [162], ist auch die Nennung Ruthards in beiden Quellen mit Vorsicht zu verwenden [163].

Herrschaftsgebiete des Hochstifts Straßburg im Spätmittelalter, Diss. phil. Freiburg i. B., 1966, S. 39, nennt die Quellen ohne Kommentar. D. KAUSS, Pfarrorganisation, S. 94, behandelt die Urkunde unter anderen Gesichtspunkten. Doch begegnet die Formulierung »Alemannenherzog Ernst« bei DERS., Drei Feldkirchen in der südlichen Ortenau als Zeichen frühen Christentums, in: Röm. Quartalschrift f. christl. Altertumskunde 68, 1973, S. 78 ff., hier S. 79.

156 W. STÜLPNAGEL, Breisgau, S. 11; ebenso sieht A. KÜRZEL, Benediktiner-Abtei Ettenheim-Münster, 1870, S. 17, in Ernst einen Vetter Heddos, der Herzog im Breisgau war.

157 J. D. SCHOEPFLIN, Alsatia illustrata Bd. 1, 1751; CHR. FR. STÄLIN, Wirtembergische Geschichte Bd. 1, S. 169–185; H. BÜTTNER, Geschichte des Elsaß Bd. 1, S. 60 ff.; A. M. BURG, Das elsässische Herzogtum. Ein Überblick, in: ZGO 117 NF 78, 1969, S. 83–95.

158 NEUGART 1, Nr. 39, S. 41 ff.; für Schuttern: Necrologium Schutterense in: F. J. Mone, Quellensammlung der badischen Landesgeschichte Bd. 3, 1863, S. 45: *illustris dux Ruthardus*; für Gengenbach: D KaIII 192 *a quodam Ruthardo duce.*

159 Über Heddo von Straßburg: Regesten Straßburg 1, Nr. 38–53; K. BEYERLE, Von der Gründung, S. 58; J. FLECKENSTEIN, Fulrad, S. 20, 39. Für die Reichsgutqualität der (konfiszierten?) Güter, die an Ettenheim fielen, spricht vielleicht der Konsens Pippins.

160 Wenn Ernst ein fränkischer Sachwalter war, wissen wir nicht, woher er die Güter erworben hatte.

161 D. KAUSS, Pfarrorganisation, S. 94.

162 H. BLOCH–W. WITTLICH, Iura curiae; Regesten Straßburg 2, Nr. 46.

163 Doch ist vielleicht von der vergleichenden Besitzgeschichte her ein Zugang zu gewinnen: Gengenbach, wie Schwarzach von Ruthard – der Überlieferung nach – mit konfiszierten Gütern ausgestattet (K. HITZFELD, Die wirtschaftlichen Grundlagen der Abtei Gengenbach, in: Die Ortenau 38, 1958, S. 50–69; I. DIENEMANN-DIETRICH, Der fränkische Adel, S. 156 f.), verfügte nach der ältesten Besitzbestätigung von 1139 (Urkunde Innozenz' II.

Die Probleme um die Gründungsdotation des Margaretenklosters in Waldkirch führten über die Papsturkunde von 1178 auf die Spuren der elsässischen Grafenfamilie. Im Hinblick auf die Besitzüberschneidung in Hugsweier ist ein Zusammenhang sehr wahrscheinlich, aber auch die Präsenz Waldkirchs und der Etichonen an mehreren Orten im nördlichen Breisgau läßt etwas von den Bedingungen und Umständen spüren, die den Gründungsvorgang in Waldkirch begleiteten. Hier vermochte Herzog Burchard I. einen westlichen Vorposten im alemannischen Herzogtum zu einer Zeit aufzubauen, da dem Königtum dieser Raum noch verschlossen war [164]. Burchard und Reginlind gelang dies offensichtlich wegen ihrer (verwandtschaftlichen?) Beziehungen zum elsässischen Adel, dem zu jener Zeit zweifellos stärksten Machtfaktor am Oberrhein.

2. *Die konradinischen Herzöge und ihre inneralemannischen Machtgrundlagen*

Die Vorgänge des Jahres 926, der Tod Burchards I. während eines italienischen Feldzugs seines Schwiegersohns, König Rudolfs II. von Burgund, und die Einsetzung des Konradiners Hermann als Herzog durch Heinrich I., sind bereits Gegenstand vieler Forschungen gewesen, so daß hier nur kurz darauf eingegangen werden soll [165].

in: WUB 2, Nr. 310, S. 7 ff.) über Güter in folgenden Landschaften: in der Ortenau (darunter Schopfheim, das im Testament B Fulrads von Saint-Denis genannt wird – vgl. J. FLECKENSTEIN, Fulrad, S. 13, und D. KAUSS, Pfarrorganisation, S. 217), im Breisgau (Neuershausen), in *Suevia* (Raum Oberndorf-Rottweil). Gerade hier, in Bochingen, hatte auch Schwarzach Besitz, der nach Meinung der Forschung (J. FLECKENSTEIN, Welfen, S. 98) auf Ruthards Konfiskationen zurückgeht. Anders K. HITZFELD, Gengenbach, S. 52, der die schwäbischen Grundherrschaften Gengenbachs auf den bayerischen Herzog Odilo zurückführt; dazu D. KAUSS, Pfarrorganisation, S. 95. Zum ortenauischen Besitz Gengenbachs gehörte auch Tutschfelden, wo Ettenheimmünster ebenfalls begütert war. Sollte es hier eine Beziehung über Ruthard geben?

164 Die Gründung wird teils (H. ROTH, Die Gründer, S. 70) in die Zeit Konrads I., teils (H. BÜTTNER, Waldkirch, S. 90) in die Zeit Heinrichs I. datiert.

165 Zu den Ereignissen CHR. FR. STÄLIN, Wirtemb. Gesch. Bd. 1, S. 434 ff., und G. WAITZ, Jahrbücher des deutschen Reiches unter Heinrich I., 1963 (4), S. 84 ff.; zur Frage des Wechsels in der Form des Herzogtums G. TELLENBACH, Königtum, S. 84 ff.; M. LINTZEL, Heinrich I. und das Herzogtum Schwaben, S. 1 ff. (auch in: DERS., Ausgewählte Schriften Bd. 2, 1961, S. 73 ff.); E. MEYER-MARTHALER, Rätien, S. 92 ff.; H. BÜTTNER, Heinrichs I. Südwest- und Westpolitik, 1964; M. HELLMANN, Der deutsche Südwesten in der Reichspolitik der Ottonen, in: ZWLG 18, 1959, S. 193–216; G. WARNKE-ZOLLER, König und Herzog, S. 3 ff.

In der Diskussion darüber, ob 926 ein Amtsherzogtum eingerichtet wurde oder ob die Geblütsbindung eine Rolle spielte, trugen die Vertreter beider Standpunkte gewichtige Argumente vor, so daß ein übereinstimmendes Gesamtbild vor dem Hintergrund dieser Fragestellung nur schwer zu erreichen ist [166]. Unzweifelhaft gelang es Heinrich I., das Verfügungsrecht über die alemannischen Kirchen wiederzugewinnen, das er wohl weitgehend an Burchard I. als Preis dafür abgetreten hatte, daß dieser sein Königtum anerkannte [167]. Wir können Herzog Burchard als Vorsitzenden eines öffentlichen Gerichts erkennen, das 920 über die Klage St. Gallens gegen Waldo von Chur wegen Pfäfers entschied [168], und sehen ihn 924 in Zürich für die Fraumünsterabtei Einkünfte aus Reichsgut *cum licentia regis* bestimmen [169]. Unter den Zeugen dieser Urkunde erscheinen die Bischöfe Noting von Konstanz und Waldo von Chur. Welche Position Burchard I. gegenüber dem alemannischen Episkopat innehatte, zeigt seine Mitwirkung an der Erhebung Ulrichs, seines Verwandten, zum Bischof von Augsburg [170].

166 Symptomatisch etwa die Ausführungen von G. WARNKE-ZOLLER, König und Herzog, S. 16 ff., 32 ff.
167 M. LINTZEL, Heinrich I., passim.
168 Bündner UB 1, Nr. 96, S. 78 ff.
169 Zürcher UB 1, Nr. 188, S. 79 f.
170 Gerhardi Vita Udalrici c. 1 (MG SS 4, 387): *Post quindecim vero annos defuncto Hiltine episcopo* (923/24) *machinatione nepotis sui Burchardi ducis et aliorum propinquorum suorum Heinrico regi praesentatus (est).* An dieser Stelle sei auf eine Unklarheit in der das Verwandtschaftsverhältnis Ulrichs zu Burchard beschreibenden Literatur hingewiesen: Nach der Vita war Burchard Ulrichs *nepos*. In den Regesten der Bischöfe von Augsburg I/1, 1955, hg. v. W. Volkert und F. Zoepfl, Nr. 104, bei F. ZOEPFL, Udalrich, Bischof von Augsburg, in: Lebensbilder aus dem Bayerischen Schwaben 1, 1952, S. 30–56, hier S. 33, und DERS., Das Bistum Ausburg und seine Bischöfe Bd. 1, 1955, S. 63, figuriert Ulrich als Neffe Burchards. L. SPRANDEL-KRAFFT, Untersuchungen, S. 56, beschreibt das Verhältnis nach der Vita, beruft sich aber in Anm. 12 (S. 153) auf die Angabe der Regesten. H. KELLER, Kloster Einsiedeln, S. 21, läßt *nepos* unübersetzt, M. WEITLAUFF, Udalrich, S. 13, 18, spricht von verwandtschaftlicher Beziehung. Der Begriff *nepos* ist vielschichtig (vgl. Exkurs II u. S. 221): Er kann außer Enkel, Neffe und Vetter auch bisweilen allgemein einen Verwandten bezeichnen; doch wird man stets die übrigen *nepos*-Stellen eines Textes berücksichtigen müssen. In diesem Fall scheint das Verhältnis der Todesdaten (Burchard 926, Ulrich 973) den Ausschlag für die Zuordnung gegeben zu haben, wie bereits in der »Alemannischen Geschichte« von Heinrich Bullinger (hg. v. J. König, in: FDA 12, 1878, S. 203–228, hier

Gegenüber St. Gallen und der Reichenau, deren Eigenkloster Zurzach der herzogliche Vasall Thietpold empfing, scheint Burchard I. seine Macht entschieden durchgesetzt zu haben, wie es sich im Bericht Hermanns von der Reichenau a. 922 ausdrückt: *Liuthardus a Burghardo duce oppresso Heriberto Augiae praepositus et fratres in exilium missi sunt* [171].

Andererseits vermochte Heinrich I. trotzdem, mit alemannischen Bischöfen während der Regierungszeit Burchards Verbindung aufzunehmen: An dem Bonner Vertrag von 921 zwischen Heinrich I. und Karl dem Einfältigen nahm Noting von Konstanz [172], an der Synode in Koblenz 922 Richwin von Straßburg [173] teil. Insofern wird man nicht davon sprechen können, daß erst 926 in Worms die Beziehungen zwischen Heinrich I. und den alemannischen Bischöfen initiiert wurden [174]. Abgesehen von Bischof Hiltine von Augsburg, der nur in den ersten Regierungsjahren König Konrads I. bei Rechtshandlungen mit den Klöstern Pfäfers und Murbach in den Quellen entgegentritt [175], können

S. 221) Bischof Ulrich als Burchards Enkel bezeichnet wird. In der Vita Udalrici kommt *nepos* im Singular öfters und dabei stets in der Bedeutung Neffe vor (c. 23, 408, 409; c. 25, 410; c. 26, 411; c. 27, 413; c. 28, 417). Der pluralische Gebrauch in c. 28, 416, ist wegen der beigefügten Namen ebenfalls so zu verstehen. Die *nepotes* in c. 28, 416, sind wohl allgemein als Verwandte zu übersetzen: Die Synode von Ingelheim 972 warnt vor dem Einfluß der *nepotes* auf die Besetzung von Bischofsstühlen (Regesten Augsburg I/1, Nr. 150, S. 84 f.). Wir dürfen vom Kontext des singularischen Gebrauchs her unterstellen, daß auch Burchard I. als *nepos* im Sinn von Neffe bezeichnet wird, und sehen keinen Anlaß, die Angabe der Vita in umgekehrter Beziehung zu verstehen. – K. Schmid, Problematik, S. 20, 60, wies darauf hin, daß der Name Liutgard wohl das Bindeglied zwischen beiden Familien darstellt: Er kommt in dem Reichenauer Eintrag Burchards und Reginlinds vor (MG Libri confrat. cod. aug. col. 154) und bezieht sich vielleicht auf Burchards Mutter; eine Schwester Ulrichs hieß Liutgard (Regesten Augsburg I/1, Nr. 102, S. 62 ff.). Doch läßt sich nichts Sicheres über die Beziehungen sagen.

171 Herimannus Augiensis a. 922 (MG SS 5, 112); zu den Ereignissen K. Beyerle, Von der Gründung, S. 112/9 f. mit Anm. 99 o; zum Bild der Kirchenpolitik Burchards in den literarischen Quellen der Zeit neuerdings E. Irblich, Die Vitae sanctae Wiboradae, ein Heiligen-Leben des 10. Jhs. als Zeitbild, in: Schrr. VG Bodensee 88, 1970, S. 1–208, hier S. 134 ff., 190 ff.

172 MG LL 1, 568; Regesten Konstanz 1, Nr. 343, S. 43.

173 MG Const. 1, Nr. 434, S. 627 ff.; G. Waitz, Heinrich I., S. 64 f.

174 So M. Lintzel, Heinrich I., S. 15; E. Meyer-Marthaler, Rätien, S. 92, Anm. 231.

175 F. Zoepfl, Das Bistum Augsburg Bd. 1, S. 60.

wir nur bei Waldo von Chur eine ausdrückliche Königsferne bis 926 beobachten. Das liegt auch nahe, wenn man die rätische Ausgangsbasis des Herzogs bedenkt; gerade Bischof Waldo erhielt in Worms 926 eine königliche Schenkung, die den Anfang der überaus reichen Förderung Churs durch die Ottonen darstellt [176].

Auf diesem Reichstag in Worms setzte Heinrich I. den Konradiner Hermann als Herzog in Alemannien ein [177]. Die Gründe und Umstände, die Heinrich veranlaßten, den Konradiner und nicht den Schwiegersohn Burchards I., König Rudolf II. von Burgund, mit der Herzogswürde zu betrauen, und die damit zusammenhängende Frage der kompensatorischen Gebietsabtretung an Rudolf sind in der Literatur häufig genug behandelt worden [178]. Für unsere Frage nach den Herrschaftsgrundlagen

176 D HI 11; Bündner UB 1, Nr. 99, S. 80 f.

177 Die Versammlung fand außerhalb Alemanniens statt; erst 1048 erhob Heinrich III. Herzog Otto von Schweinfurt auf schwäbischem Boden in Ulm (Herimannus Aug. a. 1048 – MG SS 5, 127). Dieses Faktum deutet wohl an, daß Heinrich I. zum Kernraum Alemanniens noch keinen Zugang hatte. Worms stellte für die Knüpfung der alemannisch-fränkischen Beziehungen eine Art Brückenkopf dar. Auch Liudolf, der mit Hermanns Tochter Ita verheiratet war, erhielt 949 in Worms die Herzogswürde. Burchards II. Nachfolge wurde auf dem Reichstag von Arnstadt 954 geregelt; Otto und Hermann II. wurden ebenfalls außerhalb Alemanniens, Konrad 983 auf dem Reichstag von Verona erhoben.

178 M. Lintzel, Heinrich I., S. 14 f.; G. Tellenbach, Königtum, S. 87 ff.; H. W. Klewitz, Das alemannische Herzogtum, S. 81 f.; G. Warnke-Zoller, König und Herzog, S. 20 ff.; in der zuletzt genannten Arbeit kann das Prinzip der »negativen Auswahl« allerdings nicht sehr überzeugen, da es zu formal bleibt; zur zahlreichen Literatur über die mit Worms wohl zusammenhängenden Fragen der »heiligen Lanze« vgl. die kritische Zusammenfassung bei H. Büttner, Heinrichs I. Südwestpolitik, S. 50 f. Im übrigen wäre zu überlegen, wie weit die Ansprüche König Rudolfs (über ihn R. Poupardin, Le Royaume de Bourgogne, 1907, S. 29 ff.; L. Boehm, Geschichte Burgunds, 1971, S. 109 ff.) auf Alemannien bzw. auf die südlich des Hochrheins gelegenen Gebiete nicht mit den Grafschaften eines Rudolf in Rätien 891 (*dux*: Bündner UB 1, Nr. 82, S. 69) und im Zürichgau 877–885 (Bündner UB 1, S. 502) zusammenhingen. Diesen hat G. Tellenbach, Exkurs über die ältesten Welfen im West- und Ostfrankreich, in: Studien u. Vorarbeiten, S. 335 ff., durch die Auswertung von Gedenkbucheinträgen mit hoher Wahrscheinlichkeit in die welfische Verwandtschaft eingeordnet. Nach dem ergänzten Stammbaum (S. 339) könnte der Graf Rudolf als Vetter Konrads von Auxerre, des Vaters Rudolfs I. von Burgund, angesehen werden. Über die seit 888 bestehenden Auseinandersetzungen zwischen den Alemannen und den burgundischen Welfen E. Dümmler, Geschichte des ostfränk. Reiches Bd. 3, S. 323, 388, 581; R. Poupardin, Bourgogne, S. 1 ff.; G. Tellenbach, Königtum, S. 89. Die Tragweite der Ansprüche Rudolfs II. kann man daran ermessen, daß er Burchards

der Konradiner in Alemannien ist vor allem festzuhalten, daß Hermann Reginlind, die Witwe Burchards I., zur Frau nahm. Durch sie vermochte er in die Bahnen seines Vorgängers einzutreten, wie sein Comitat in Unterrätien [179] und seine Position in Zürich [180] verdeutlichen. Die Mittlerrolle Hartberts, des späteren Bischofs von Chur, zwischen den Königen Heinrich I. und Otto I. einerseits und Herzog Hermann I. andererseits – er intervenierte öfters für Hartbert und dessen Vorgänger Waldo [181] – und Hermanns Beteiligung an der Gründung des Klosters Einsiedeln [182] zeigen die Verankerung des konradinischen Herzogs in diesem Raum.

Unter diesem Aspekt erscheint der Wechsel in der Führung Alemanniens 926 weniger abrupt, als die Vertreter der These vom Amtsherzogtum unterstellen. Man darf auch nicht übersehen, daß Heinrich I. erst 929 Zugang zu Alemannien selbst gewann: Das Weihnachtsfest feierte er in Straßburg und stattete nach den Forschungen von K. Schmid mit seiner Familie den Reichsabteien Reichenau und St. Gallen einen Besuch ab [183]. In diesem Zug durch Alemannien wird man die Ergänzung der Vorgänge von 926 sehen müssen.

Vom Ende der zwanziger Jahre her läßt sich noch eine weitere Perspektive gewinnen, um die Entwicklung des alemannischen Herzogtums zu bewerten: Heinrich I. zog 929/30 außer nach Schwaben auch nach Bayern und Lothringen. Der bayerische Herzog Arnulf, der sich 919 nach dem Zeugnis Widukinds [184] wie Burchard I. dem König unterworfen

Tochter Berta zur Frau erhielt; hierin ist ein ähnlicher Interessenausgleich wie in der Heirat Hermann – Reginlind zu sehen. Ein Zürcher Urkundenauszug von 914/15 ist nach dem Regierungsjahr König Rudolfs II. datiert (Zürcher UB 1, Nr. 185, S. 78). Weiterhin kann eine Zürcher Münze mit der Aufschrift RUODOLFUS RE diesem Herrscher zugewiesen werden; H. Dannenberg, Die deutschen Münzen Bd. 1, S. 345. Daraus erhellt hinlänglich die Gravitation Rudolfs in den alemannischen Raum.

179 Vgl. Bündner UB 1, S. 500; D OI 99 u. 108; Oberrätien hatten seit der Teilung Rätiens die Udalrichinger inne. E. Meyer-Marthaler, Rätien, S. 94 ff.

180 Zürcher UB 1, Nr. 192, S. 83; zu Zürich als Vorort G. Tellenbach, Königtum, S. 95 f., und H. Büttner, Die Anfänge der Stadt Zürich, in: Schweiz. Zeitschr. f. Gesch. 1, 1951, S. 529–544.

181 D OI 26, 29; zur Funktion Hartberts H. Keller, Kloster Einsiedeln, Registerposition Hartbert; K. Schmid, Thronfolge, S. 116 f. mit Anm. 137 (S. 456 mit Anm. 142).

182 S. unten, S. 108.

183 K. Schmid, Thronfolge, S. 114 f. (454 f.), 121 (461) – Itinerar 929/30; D HI 21.

184 Widukind, Sachsengeschichte I 27, S. 39 f.

hatte, dabei aber eine noch größere Eigenständigkeit hatte bewahren können, änderte 927 offenkundig seine Politik, schloß mit den Ungarn wie Heinrich I. einen Vertrag, suchte den König in Ingelheim und Mainz auf [185], beteiligte sich am Feldzug Heinrichs gegen Böhmen und weilte 930 am Königshof in Frankfurt [186]. Im selben Jahr nahm der Frankenherzog Eberhard zusammen mit Grafen und Bischöfen den König in seinem Herzogtum ehrenvoll auf [187]. Angesichts dieser Tatbestände darf man den Wandel in Alemannien nicht isoliert sehen. Vielmehr ist zu berücksichtigen, daß sich auch die übrigen Herzogtümer zur gleichen Zeit stärker auf das Königtum hin orientierten. Gerade das Verhalten Arnulfs, des »Stammesherzogs« katexochen, läßt dies erkennen.

Einen zusätzlichen Beweggrund wird man in der von K. Schmid betonten Machtsteigerung des Königtums sehen können: Zwar ist nicht zu verkennen, daß Heinrichs Eingriff im Südwesten zur Stärkung seiner Position beitrug, aber man beurteilte bislang das alemannische Herzogtum zu einseitig am Vorgang von 926 und stellte vergleichend die Unterschiede der Verhältnisse vor und nach dieser Zäsur fest; dabei übersah man, daß in dem Zeitraum von 919 bis 930, in dem Alemannien in größere Abhängigkeit von der Zentralgewalt gelangte, das liudolfingische Königtum durch Heinrich I. auf breiter Basis von der schwierigen Situation des Neueinsatzes zu einer ersten Konsolidierung geführt wurde, die sich theoretisch im Programm der Nachfolgeordnung ausdrückte. Auch dieser Zusammenhang relativiert die Bewertung der Entwicklung im alemannischen Herzogtum.

Um Klarheit über die Position Hermanns I. als Herzog zu gewinnen, bleibt im folgenden zu untersuchen, in welchen außerrätischen Gebieten Alemanniens er nachweisbar ist bzw. wo sich Besitzungen von ihm feststellen lassen. In einer Urkunde Ottos I. von 950 steht: *nos quasdam res proprietatis nostre a Liutolfo nostro dilecto filio eiusque nobilisma coniuge Ita videlicet nomine traditas pro remedio anime nostre vel etiam dilecti ducis nostri beate memorie Herimanni ad ecclesiam que est in insula Sintliezesova in honore beate Marie dei genetricis constructa.. hoc nostre auctoritatis precepto perpetualiter in proprium concessimus*

185 Zu diesen Zusammenhängen K. SCHMID, Thronfolge, S. 119 ff. (458 ff.); Aufenthalt Arnulfs in Ingelheim: Annales Iuvav. max. a. 928 (MG SS 30, 2, 743), in Mainz: D HI 15; zu Arnulf K. REINDEL, Herzog Arnulf und das Regnum Bavariae, in: ZBLG 17, 1954, S. 187–252, wieder in: Die Entstehung des deutschen Reiches, S. 213–288, hier S. 246 ff., 281 f.

186 Zum Kriegszug nach Böhmen: RI II/1 23e; Arnulf in Frankfurt: D HI 22.

187 Continuator Reginonis a. 931 (930), S. 158 f.

id est qiucquid in villa Truhtolfinga habere videbamur ... et tale predium quale in villa Drossinga habuimus, iam ad locum Nidinga pertinens ... De cetero vero dedimus ... ecclesiam unam cum decimis in loco Burg dicto constructam[188]. Danach hat Otto I. etwas von seinem Besitz, der von Liudolf und Ita tradiert worden war, in Truchtelfingen südlich von Tailfingen und in Trossingen südlich von Rottweil an das Kloster Reichenau geschenkt und noch eine Kirche in Burg mit Zehntrechten hinzugefügt[189].

Die in dieser Urkunde dargestellten Vorgänge sind in der Literatur unterschiedlich gedeutet worden. G. Tellenbach[190] gab den Inhalt der Urkunde so wieder: »Im Jahre 950 schenkte Otto I. an Reichenau die schon von Liudolf und Ida tradierten Besitzungen in Truchtelfingen und Trossingen.« Die Formulierung drückt aus, daß die beiden Orte zweimal an das Kloster tradiert wurden, das eine Mal durch Liudolf und seine Frau, das andere Mal durch König Otto. Anders deutet Th. Mayer[191] den Text: »Liudolf und Ita haben demnach Güter an den königlichen Vater tradiert, die dadurch *proprietas* des Königs wurden; diese *proprietas* hat der König dem Kloster Reichenau geschenkt.«

Vor einer Stellungnahme zu diesen unterschiedlichen Interpretationen ist noch auf den Versuch von H. M. Decker-Hauff[192] einzugehen, die in D OI 116 aufgeführten Orte als ottonisches Allod in Alemannien zu verstehen. Auch er spricht wie Tellenbach, der auf ihn repliziert, davon, daß bereits Liudolf und Ita die Güter an das Kloster tradiert hätten. Nach seiner Vorstellung stifteten kurz nach Herzog Hermanns Tod die beiden ein Seelgerät nach der Reichenau, und Otto vergabte dann selbst als Mitschenker dieselben Güter. Decker-Hauff weist wegen

188 D OI 116.

189 Die Identifizierung von Burg ist umstritten. Während H. M. Decker-Hauff, Ottonen, S. 287 ff., 294, das von ihm als Straßberg bei Ebingen gedeutete *Burgh* von D HII 511 (Besitzliste von Kloster Stein a. Rh.) auch in dem in D OI 116 genannten Burg sieht, hat G. Tellenbach, Kritische Studien, S. 182, darauf verwiesen, daß Gallus Öhem Eschenz unter den von Otto I. an die Reichenau geschenkten Gütern nennt und somit Burg gegenüber Stein/Eschenz gemeint sein kann (Verweis auf F. Beyerle, Die Grundherrschaft, S. 479). H. Jänichen, Der Besitz des Klosters Stein am Rhein, in: Jahrbücher für Statistik u. Landeskunde von Baden-Württemberg 4, 1958/59, S. 76–86, hier S. 77, äußert sich anläßlich der Besprechung von *Burgh* (D HII 511) dazu nicht.

190 G. Tellenbach, Kritische Studien, S. 170, im Anschluß an die älteren Regestenwerke (RI II/1 180, St. 181 und Regesta Badensia, S. 7).

191 Th. Mayer, Das schwäbische Herzogtum, S. 94 f. (331 f.).

192 H. M. Decker-Hauff, Die Ottonen, S. 233 ff.

der Mitwirkung Ottos die Möglichkeit, daß es sich um Itas Erbe handelte, zurück; gleichermaßen bestreitet er, daß der Besitz ausschließlich in Ottos Verfügung stand; trotz dem damals noch ungetrübten Verhältnis zwischen Vater und Sohn hätte Liudolf nicht derart verfahren können. Aufgrund der gemeinsamen Mitwirkung Ottos und Liudolfs müsse es sich um Allodialbesitz des sächsischen Hauses gehandelt haben, das Liudolf zur Nutznießung übergeben worden sei.

Der letzten Folgerung hat G. Tellenbach widersprochen: Er wies die von Decker-Hauff vertretene Ansicht, *proprietas* bedeute vorrangig *hereditas* an Hand derselben St. Galler Urkunde zurück, die die Grundlage dieser These gebildet hatte [193]. Das für den sächsischen Eigenbesitz herangezogene Urkundenmaterial erwies sich als nicht stichhaltig, da Decker-Hauff sowohl in D OI 116 den passus *iam ad locum Nidinga pertinens,* der auf den fränkischen Königshof Neudingen hinweist, ignoriert hatte als auch bei der Schenkung Ottos an St. Gallen in D OI 119 ottonisches Allod unterstellte, obwohl nach der Vorurkunde D KoI 5 Abt Salomo diese Güter von Karl III., Arnulf und Ludwig d. K. empfangen hatte [194]. Th. Mayer deutete die Urkunde wie bereits erwähnt und wies, ohne ausdrücklich auf Decker-Hauff einzugehen, die Möglichkeit zurück, aus der Tradition an den König(!) [195] und aus der Schenkung der *proprietas* auf Allod des königlichen Hauses zu schließen.

Angesichts der bestehenden Divergenz in der Deutung der *traditio* ist das Problem von D OI 116 von neuem zu untersuchen und damit der Bedeutung dieser Urkunde für die Landes- und Reichsgeschichte Rechnung zu tragen, die Decker-Hauff in ganz anderem, nämlich in seinem Sinne, betont hatte [196].

193 Wartmann 2, Nr. 386, S. 6 ff.

194 Zur Stützung seiner These *(proprietas = hereditas)* führt Decker-Hauff, Die Ottonen, S. 235, Anm. 10, übrigens Gallus Ohem an, der die Urkunde übersetzt hat (Die Chronik des Gallus Ohem, hg. v. K. Brandi, in: Quellen und Forschungen zur Geschichte der Abtei Reichenau Bd. 2, S. 72 f.): Küng Otto haut durch siner ouch sines allerliebsten hertzog Hermanns selenhail ettliche Gütter sines aigenthum und erbgutt in die Ow zu ewiger besitzung gegeben, die er vormals sinem lieben sun Liutolffo und der edlosten frow Ytan Liutolffis gemachel ouch gegeben haut. Weder Decker-Hauff noch K. Brandi haben die vom lateinischen Text abweichende Übersetzung des *traditio*-Passus registriert.

195 Th. Mayer, Das schwäbische Herzogtum, S. 95 (332). An dieser Stelle wendet er sich offenkundig gegen Decker-Hauff, gibt allerdings dessen Deutungsvorschlag falsch wieder: Decker-Hauff hatte von der *traditio* an die Reichenau gesprochen.

196 H. M. Decker-Hauff, Die Ottonen, S. 233, Anm. 4a.

Th. Mayer schreibt, es lasse sich aus vielen Urkunden nachweisen, daß Güter an den König übertragen werden, die dann als dessen *proprietas* mit besserer Sicherung an den eigentlichen Empfänger gelangen können. Dafür hat A. Eggers[197] zahlreiche Belege zusammengestellt, und es wird sich als nützlich erweisen, diese Urkunden auf ihre Aussage und Form hin genau zu prüfen. In den häufigsten dieser Fälle handelt es sich um Eigengut der privaten Schenker, das durch den König dem Empfänger übereignet wird (so z. B. in D OII 100), oder das betreffende Gut war als Reichsgut in der Verfügung dessen, der an den König tradiert[198] (D HII 218).

Es ist zu fragen, ob sich die Terminologie dieser beiden Formen von *traditio* unterscheidet. Dazu sind die Belege im einzelnen zu mustern. Einige der in Frage kommenden Urkunden enthalten den Zusatz *ex iure nostro/proprietate nostra in proprium donavimus*. Ist hierin ein Merkmal für Königsgut zu sehen? Unter den von Eggers angeführten Belegen weist zunächst D OI 260 dieses auf[199]: Otto schenkt dem Bischof Wido von Modena *ex nostro iure* alles, was Wido und Konrad, die Söhne Berengars II., in den Grafschaften Modena, Bologna und Reggio erworben hatten. Von einer *traditio* ist nicht die Rede, vielmehr deuten die Umstände (Ottos Belagerung von S. Leo, der Feste der Familie Berengars II. 963[200]) auf eine Konfiskation hin, und die Formel *ex nostro iure* könnte dies ausdrücken. In D OII 37 schenkt Otto der Dietrat einen ihm von dem Freigelassenen Warmunt zu Eigen überlassenen Besitz; auch hier scheint es sich um Reichsgut zu handeln. Sicheren Boden gewinnen wir mit den nächsten Belegen: In D OII 96 übereignet Otto II. der bischöflichen Kirche in Minden den ihm von dem *presbyter* Nandrad

197 A. Eggers, Der königliche Grundbesitz, S. 14. Zur leichteren Nachprüfung der hier vorgetragenen Ansicht seien die Belege zitiert: D OI 91, 116, 199, 206, 260 (nicht, wie angegeben, 262), 381, 383; D OII 37, 96, 100, 117, 215, 280; D OIII 32, 157, 158, 262; D HII 104, 106, 111, 121, 157, (174), 218, 230, 262–265, 328, 332 f., 341, 343, 359, 368, 374, 385, 389, 417, 420, 428, 438, 447 f., 452–454, 506(?).

198 Beide Möglichkeiten werden von Th. Mayer, Das schwäbische Herzogtum, S. 94 (331), allerdings ohne Angabe von Belegen, dargestellt. Bei der Durchsicht der 46 von Eggers genannten Urkunden erwies sich der Anteil der Stellen, an denen eine Reichsguttradition vorliegt, als verschwindend gering.

199 Es sei noch einmal darauf hingewiesen, daß die von Eggers genannte Urkunde D OI 262 nichts von einer *traditio* enthält und daß wohl ein Versehen vorliegt.

200 Zu den Ereignissen R. Köpke-E. Dümmler, Otto der Große, S. 345 ff.

lege zugefallenen Besitz[201]; im Text fehlt der betreffende Zusatz *ex nostro iure,* es ist aber auf die Formulierung mit *lege* zu achten. Beide Begriffe begegnen nämlich in den folgenden Urkunden zusammen: In D HII 218 schenkt Heinrich II. an Bamberg einen ihm von dem Markgrafen Bernhard tradierten Besitz[202], in D HII 263 erhält Hildesheim vom Kaiser eine ihm von Gottfried, dem Sohn des Grafen Bodo, übereignete Besitzung[203]. Hier ist der Zusammenhang von *legalis traditio* und *ex nostro iure* unverkennbar; hier darf wohl Reichsgut unterstellt und mit einiger Sicherheit auch mit der Formel *ex nostro iure* in Zusammenhang gebracht werden. Dieser Ansicht scheint nun die Beobachtung von A. Eggers[204] zu widersprechen, daß auch bei den vielen Bestätigungen von privaten Schenkungen durch den König mitunter der Passus *de nostro iure transfundimus* vorkommt. Die Prüfung der Belege ergab jedoch, daß die in Frage kommenden Urkunden D OIII 86, 87 und 152 die von Eggers vertretene Meinung nicht bestätigen: In D OIII 86 und 87 schenkt Otto III. an das Kloster Selz Güter, die nach dem Tod Manegolds an die Kaiserin Adelheid gefallen waren. Diese Güter (Sermersheim und Steinweiler) sind eindeutig königlicher Herkunft[205].

201 *... quod lege in nostrum ius ac ditionem imperatorium rediit ...*

202 *tale predium quale Bernhardus marchio nobis legali traditione dedit concessimus atque tradidimus et de nostro iure ac dominio in eius ius ac dominium omnino transfudimus.*

203 *predium quoddam dedimus ..., quicquid ibidem a Godefrido milite nostro Bardonis comitis filio donante legitima tradicione accepimus, ... ex nostra proprietate eidem ecclesiae stabili iure concessimus.*

204 A. Eggers, Der königliche Grundbesitz, S. 15; auch hierfür seien die Belege genannt: D KoI 5, 25, 33, (37); D HI 19; D OI 82, 92, 106, 151, 156, 170, 202 f., 291, 326, 328, 397; D OII 133, 158, 279, 293–296; D OIII 59, 60, 80, 87, 91, 152, 238, 274.

205 *quoddam predium Saramaresheim dictum ... a nobis antea Manegoldo comiti ... datum;* dazu D OI 368 f., wo Otto I. die betreffenden Orte an Adelheid überträgt. Eggers, S. 20, 30, führt die Besitztitel unter der Rubrik Reichsgut an. I. Miscoll-Reckert, Petershausen, S. 54 f. gibt diese Zusammenhänge nicht genau wieder, wenn sie annimmt, Otto III. habe ähnlich wie im Fall Epfendorf die Rechtsqualität des elsässischen Besitzes der Kaiserin Adelheid überprüft, jenes Besitzes, den ihr Otto I. bereits zu freiem Eigen übergeben habe. Nicht, wie angegeben, D OIII 77, 78, sondern D OIII 86, 87, nehmen teilweise den Inhalt von D OI 368 auf, jedoch nicht aus Gründen der Überprüfung. Vielmehr hat, wie sich aus der ausführlichen Narratio der beiden Urkunden ergibt, Otto III. einen Teil des Adelheidschen Wittums ausgeschert und dem Grafen Manegold zum Zweck einer Klosterstiftung übergeben. Dieser habe, so berichten die Urkunden, die Güter vor seinem Tod wieder an Adelheid überantwortet, nun schenke Otto III. sie auf Petition seiner Großmutter und anderer Intervenienten hin an das Kloster Selz, das

Den Inhalt von D OIII 152, die eigenartige Verbindung der Bestätigung einer Schenkung Hadwigs an Petershausen und der Neuschenkung desselben Gutes durch den König, hat Th. Mayer [206] untersucht, so daß hier nur sein Ergebnis bekanntzugeben ist: Die Herzoginwitwe scheint allzu großzügig mit Reichsgut umgegangen zu sein; Otto III. hat die Übertragung von Epfendorf an das Kloster Petershausen nicht als rechtsgültig angesehen und von sich aus die Schenkung vollzogen [207]. Epfendorf kann mit Sicherheit als Reichsgut angesehen werden; es gehört in den Bereich der -dorf und -zimmern-Orte am oberen Neckar, über die H. Jänichen [208] gehandelt hat. Die Urkunde selbst wird noch weiter unten besprochen werden; hier ist festzuhalten, daß die von A. Eggers beigebrachten Belege D OIII 86, 87 und 152 aus der Reihe der Urkunden auszuscheiden haben, in denen vom Königtum private Schenkungen bestätigt werden; die Beispiele widersprechen nicht der Beobachtung, daß die Formel *ex iure nostro* als Bezeichnung für Reichsgut gelten kann [209].

Diese ausführlichen Beobachtungen schienen notwendig, um die von A. Eggers und Th. Mayer geäußerten Ansichten über *traditio* zu modifizieren. So wird man Mayers allgemein gehaltene Unterscheidung – einerseits *traditio* von Eigengut zum Zweck der Schenkungssicherung, andererseits *traditio* von Reichsgut, das bis dahin in der Verfügung des Tradenten stand – terminologisch präzisieren können, und man wird einigen der Belege von A. Eggers den Charakter einer *traditio* absprechen müssen (z.B. D OI 260, D OII 96) [210]. Auch ließ sich ein gesicherter Hintergrund für die Ausgangsfrage gewinnen, wovon in D OI 116 die Rede ist. Denn in allen anderen Beispielen für *traditio* ist unmißverständlich von einer Übergabe an den König die Rede: *proprietatem a Diote-*

Adelheid *a novo* errichtet habe. Der Grund dafür, daß dieselben Güter in Urkunden sowohl Ottos d. Gr. als auch Ottos III. begegnen, dürfte also nicht wie bei Epfendorf Revision sein, sondern in der vorausgegangenen Umadressierung des Besitzes an Manegold liegen.

206 Th. Mayer, Das schwäbische Herzogtum, S. 98 f. (334 f.).

207 Ders., S. 96 (335), weist übrigens auch auf die Formel *ex integro de nostro iure* als Bezeichnung für Besitz hin, die nicht für eine Traditionsbestätigung paßt; er unterläßt aber eine Auseinandersetzung mit A. Eggers.

208 H. Jänichen, »Dorf« und »Zimmern« am oberen Neckar, S. 148.

209 Zur Gesamtproblematik von *ius* und *proprietas* G. Waitz, Deutsche Verfassungsgesch. Bd. 8, S. 242 ff.; Th. Mayer, Fürsten und Staat, 1950, S. 215 ff., und Ders., Das schwäbische Herzogtum, S. 104 ff. (340 ff.).

210 Da der *traditio*-Begriff hier bereits mehrfach verwendet wurde, sei auf den Aufsatz von J. Semmler, Traditio und Köngisschutz, in: ZRG KA 45, 1959, S. 1–33, verwiesen, in dem jedoch der Begriff auf die Klosterübertragung verengt ist.

rico nobis datam (D OI 91); *locum quem accepimus* (D OI 199); *quoddam predium quod Guntramnus fidelis noster ex suo sueque coniugis proprio ... nobis tradidit* (D OI 383); die Belege ließen sich beliebig fortsetzen. Dieser eindeutige terminologische Befund läßt es nun äußerst zweifelhaft erscheinen, in D OI 116 ebenfalls eine *traditio* der Orte Truchtelfingen und Trossingen an Otto I. mit dem Ziel der Weitervergabung an die Reichenau zu sehen [211].

Das andere, von Decker-Hauff und auch Tellenbach zugrundegelegte Verständnis (*traditio* der Güter durch Liudolf und Ita an die Reichenau) fand offenkundig wegen der Anfechtbarkeit der Gesamtthese Decker-Hauffs, hier lasse sich sächsisches Allod feststellen, keine Beachtung [212].

Wenn es sich ergeben hat, daß in D OI 116 Liudolf und Ita nicht an den König, sondern an das Kloster Reichenau eine Tradition vollzogen, die Otto in kurzem zeitlichem Abstand wiederholte [213], so ist nach den daraus resultierenden Konsequenzen und nach eventuellen Parallelen zu fragen. Auf der Suche nach vergleichbaren Urkundentexten wird man mit der gebotenen Vorsicht die Urkunde Ottos III. für Epfendorf (D OIII 152) heranziehen können. Wie bereits dargestellt, hat Th. Mayer herausgearbeitet, daß zwei voneinander unabhängige Schenkungsakte der Herzogin Hadwig und Ottos III. vorliegen. Der König sah sich offensichtlich veranlaßt, die Schenkung überprüfen zu lassen (*ut relatu nostrorum didicimus fidelium*) und, da es sich um Reichsgut und damit um herzogliches »Amtsgut«, kein Allod, handelte, den Besitz selbst zu übertragen. In Anbetracht der selbständigen Position, welche die Herzogin zwanzig Jahre über den Tod ihres Gatten, Herzog Burchards II., hinaus in Alemannien innehatte [214], ermißt man die Bedeutung dieses Vorgangs.

Wenn im folgenden D OIII 152 zum Verständnis von D OI 116 als Vergleichsmaterial herangezogen wird, dann geschieht dies unter der Kontrolle des historischen Kontextes, der eine einfache Parallelisierung

211 Die Übersetzung der Urkunde durch Gallus Öhem (vgl. oben, Anm. 194) kann in keiner Weise zur Argumentation herangezogen werden, da der Text an der hier interessierenden Stelle falsch wiedergegeben ist. Auch in St. 181 und bei R. Köpke-E. Dümmler, Otto d. Gr., S. 178, ist von einer Schenkung Liudolfs und Itas die Rede.

212 Vgl. oben, S. 96, Anm. 195.

213 Herzog Hermann I. war am 10. 12. 949 gestorben; die Einweisung Liudolfs in das Herzogtum folgte im Februar 950; die Angaben von Chr. Fr. Stälin, Wirt. Gesch. Bd. 1, S. 444 f., wurden von R. Köpke-E. Dümmler, Otto d. Gr., S. 176, korrigiert; vgl. auch RI II/1 179a. Die Urkunde D OI 116 datiert vom 1. 1. 950 nach Korrektur (vgl. unten, Anm. 226).

214 Darüber wird unten, S. 156 ff., noch ausführlich die Rede sein.

nicht zuließe. Doch vergleichen wir zunächst die Urkunden: In beiden Texten ist von Besitz die Rede, der z. T. nachweislich Reichsgut ist, z. T. mit Sicherheit so klassifiziert werden kann [215]. Nach beiden Texten haben Personen, die mit dem alemannischen Herzogtum in Verbindung standen, solches Gut, über das sie verfügten, an ein Kloster, hier an eine Reichsabtei, dort an ein bischöfliches Eigenkloster [216], tradiert. Beide Urkunden lassen einen zweiten, durch den König vollzogenen Akt der Legitimierung erkennen.

In drei Merkmalen lassen sich Ähnlichkeiten zwischen beiden Vorgängen feststellen; gibt es strukturelle Unterschiede? Sie sind sicher darin zu sehen, daß in D OI 116 die zwei Schichten weniger klar voneinander getrennt erscheinen; das gab auch den Anlaß für das andere Textverständnis. Im übrigen könnte man die historische Gesamtsituation zur Beurteilung heranziehen: Hadwig war die Gattin Herzog Burchards II., der als Sohn Burchards I. an »hunfridingische« Traditionen anknüpfen konnte [217], der in Zürich [218] und auf dem Hohentwiel [219], im Breisgau und in Inneralemannien gewichtige Positionen besaß. Herzog Hermann I. war als »Stammesfremder« nach Alemannien gekommen [220]; er stand in den Auseinandersetzungen von 939 fest auf seiten des Königtums [221] und gilt in der Literatur als einer der treuesten Anhänger Ottos I. [222]. Läßt sich die Urkunde von 950 damit verbinden? Gehen wir noch einmal von dem Ansatz Th. Mayers aus, nachdem wir das Textverständnis zu klären versucht haben. Der Annahme, daß die Güter durch Liudolfs und Itas Tradition *proprietas* des Königs wurden, steht der Wortlaut der Urkunde entgegen: Es handelt sich um eine von der Tradition selbst unabhängige *proprietas* Ottos I. Diesem Tatbestand, der aus Trossingens

215 Die Angabe *res proprietatis nostrae*, die bei Traditionen über den König mitunter vorkommt und dabei keineswegs einen Hinweis auf Reichsgut geben muß (vgl. D HII 420; aber D HII 265, wo *legitima traditione* im Zusammenhang mit dem Bischof von Bremen erscheint und wo von einer *curtis proprietatis nostrae* die Rede ist), kann in D OI 116 sicher als Indiz für Reichsgut verstanden werden (D OI 119, 161) und fügt sich zu dem anderen Kriterium *(Nidinga)*.

216 Zu Petershausen I. Miscoll-Reckert, Kloster Petershausen, S. 47 f.

217 H. W. Klewitz, Das alemannische Herzogtum, S. 81 f.

218 Zürcher UB 1, Nr. 212, S. 102 ff.

219 Th. Mayer, Das schwäbische Herzogtum, S. 95 f. (332), und Fr. Beyerle, Das Burgkloster auf dem Hohen Twiel, in: Hohentwiel, hg. v. H. Berner, 1957, S. 125–134.

220 K. Weller, Geschichte des schwäbischen Stammes, 1944, S. 162.

221 R. Köpke-E. Dümmler, Otto d. Gr., S. 88, 99 ff.

222 Für viele Chr. Fr. Stälin, Wirt. Gesch. Bd. 1, S. 435 ff.

Zugehörigkeit zum *locus Nidinga* erhellt, versuchte Th. Mayer durch die Behauptung gerecht zu werden, es sei hierbei an zugewiesenes Amtsgut zu denken, wie andere Beispiele zeigten. Die Nachprüfung dieser Fälle ergab indes eine besondere Terminologie (*lege, legali traditione*). Treffend weist Th. Mayer auf die Erwähnung Hermanns hin und bringt die Güter mit ihm in Verbindung. Die Frage ist nur, welcher Art der bestehende Zusammenhang war. Die Annahme vom überlassenen Amtsgut bringt mit sich, an eine Ausstattung des Konradiners Hermann mit Reichsgut zu denken, wohl im Anschluß an seine Einsetzung durch Heinrich I. Im Fall von Hadwigs Schenkung des Epfendorfer Gutes ist von allzu großzügiger Vergabung von Reichsgut die Rede gewesen, die einer nachträglichen Beurkundung durch den König bedurfte. Wenn man weniger interpretierend lediglich den doppelten Akt der Reichsguttradition festhält, so trifft es in dieser allgemeinen Form auch auf das Verhalten Liudolfs und Itas zu [223]. Da die beiden ein Seelgerät für den verstorbenen Herzog Hermann I. stifteten, liegt es nahe, aus Ottos Verhalten auf Hermanns Position in Truchtelfingen und Trossingen, also auf im Scherragau gelegenes Reichsgut, zu schließen. Daß dieser Besitz als »Ausstattungsgut« nach 926 an ihn durch die Hand Heinrichs I. gelangt ist, scheint fraglich, wenn man bedenkt, daß Heinrich I. zu diesem Gebiet nachweislich überhaupt keinen Zugang hatte [224] und Otto I. erst 950, also ebenfalls nach dem Tod Herzog Hermanns I., im inneralemannischen Raum, nämlich in Oberndorf nördlich Epfendorf und Rottweil *in pago Para*, in Schwaningen, Kr. Waldshut, im Alpgau [225] und in Weiern im Thurgau [226] an St. Gallen schenkte [227]. Diese Urkunde für

223 Ob Liudolf und Ita Otto I. um Legitimierung gebeten haben, muß dabei offen bleiben; immerhin erscheinen sie in der Urkunde nicht als Petenten. Abgesehen davon ist es wichtiger, hieran das Verhältnis von Königtum und Herzogtum zum Reichsgut zu beobachten als die persönlichen Beziehungen.

224 Auch wenn man ganz allgemein eine Überlassung dieser Güter seitens des Königs annimmt, so besagt dies nichts für die Einflußmöglichkeit der Zentralgewalt.

225 H. Maurer, Randen, S. 51.

226 Die Datierung der Urkunde D OI 119 bereitet Schwierigkeiten. Ihre Daten (7. Februar; 948; 7. Indiktion; 15. Regierungsjahr; Worms) haben J. Böhmer in der MGH-Ausgabe im Anschluß an Th. Sickel veranlaßt, den 7. Februar 950 anzunehmen (vgl. D OI 120). 948 kommt wegen des Itinerars nicht in Frage (vgl. RI II/1 158 ff.; H. Keller, Kloster Einsiedeln, S. 38 ff.). Die Berufung in RI II/1 183 und von H. M. Decker-Hauff, Die Ottonen, S. 236, Anm. 11, auf St. 155 für die Datierung 949 ist unzulässig (dort Einordnung ins Jahr 948). Das Itinerar 949 stünde nicht im Weg: Am 2. Februar urkundete Otto I. in Frankfurt; erst am 22. April ist er in Aachen

St. Gallen ist auf dem Hintergrund des Wormser Hoftags im Februar 950 zu sehen [228]. Nach dem Zeugnis des Continuator Reginonis [229] begab sich der König nach der Feier von Mariä Lichtmeß in Frankfurt nach Worms. Hier traf er mit Reginlind und Liudolf zusammen, dem er das alemannische Herzogtum übertrug. Gerade die Klöster St. Gallen und Pfäfers, für die Otto I. hier urkundete, hatten Liudolf und sein Schwiegervater Herzog Hermann I. 948 im Anschluß an die Hochzeit

nachweisbar. Doch spricht wohl die Angabe des Regierungsjahrs, die in dieser Zeit weitaus häufiger konstant und richtig ist als die absolute Jahresangabe, für 950. – Was D OI 116 betrifft, so hat die Datierung von Hermanns Tod auszugehen. Für die Entscheidung zwischen 948 (Herimannus Aug.) und 949 (Annales Sangall. mai., Colon., Altah., Contin. Reginonis) haben sich R. Köpke – E. Dümmler, Otto d. Gr., S. 176, Anm. 1, auf die 950 datierte Urkunde für die Reichenau gestützt. Wesentlich sichereren Boden für die Datierung von Hermanns Tod auf 949 (10. oder 13. Dez.) stellt seine Intervention für Einsiedeln vom 24. 1. 949 (D OI 108) dar. Außerdem kann der 1. 1. 949 nicht mit dem Ausstellungsort Dahlum verbunden werden, da Otto zu dieser Zeit nachweislich in Frankfurt weilte (RI II 1 170a–174).

227 Dabei erwähnt Otto I. nicht, wie in ähnlichen Fällen üblich, die denselben Akt bezeugende Vorurkunde Konrads I. (D KoI 5). Das veranlaßte wohl H. M. Decker-Hauff, an ottonisches Allod zu denken und Böhmers Hinweis auf die Urkunde Konrads für überprüfenswert zu halten. Als Hintergrund für die Besonderheit von D OI 119, keinen Hinweis auf die – bekannte – Vorurkunde mit ihren weiteren Rückverweisen zu geben, diene die folgende Übersicht. Es wurden alle Urkunden von Konrad I. bis Heinrich II. für die genannten Empfänger gesichtet; nicht erwähnt sind eindeutige Erstschenkungen oder Erstprivilegierungen: für die *Reichenau:* D OI 83, 277; D OIII 61, 83, 279; D HII 354, 526 (unecht); für *St. Gallen:* D KoI 2, 5; D HI 12; D OI 25; D OII 26; D OIII 145; D HII 76; für *Pfäfers:* D OI 120, 188, 250, 411; D OII 23, 63; für *Murbach:* D KOI 17 (s. u.); D OII 155; D OIII 47; D HII 497; für *Straßburg:* D OI 162; D OII 73, 267; D OIII 5, 49; für *Chur:* D OI 157, 163; D OII 124; D OIII 48. Die einzige Urkunde dieser Liste, in der nicht auf eine Vorurkunde verwiesen wird, ist, abgesehen von D OI 119, D KoI 17 für Murbach (Bestätigung von Besitz, Immunität und Wahlrecht). Der Fall liegt aber besonders, da in früheren Urkunden (D KaIII 3 mit Verweisen) Murbach nur eine Wahlrechtsbestätigung erhalten hatte. Nachweisliche Besitzbestätigungen, die nicht als solche gekennzeichnet sind, ließen sich jedenfalls als Parallele zu D OI 119 für den angegebenen Zeitraum und für Alemannien nicht finden. Was die Orte der Urkunde betrifft, so liegt Schwaningen in unmittelbarer Nähe des Fiskus Schleitheim, den wir in der Verfügungsgewalt des alemannischen Herzogs wissen. Im Klettgau hatte noch Konrad I. in Münchingen (abgeg. auf Gem. Grießen, Kr. Waldhut) 912 an St. Gallen geschenkt. (D KoI 2; dazu H. Maurer, Randen, S. 50 u. Karte S. 53.)

228 RI II/1 182b–184.

229 Continuator Reginonis a. 949 (950), S. 164.

besucht [230]. So liegt es nahe, daß Liudolf beim König für sie intervenierte. Von diesem urkundlichen Befund ausgehend, läßt sich folgender Überblick über die königliche Wirksamkeit in Alemannien zur Zeit Hermanns I. geben: Heinrich I. urkundete nach 926 für Kempten 927 und 929 auf Intervention des Bayernherzogs Arnulf hin [231]. 930 beschenkte er den *presbyter* Hartbert mit Besitz im Engadin; dabei intervenierte Graf Berthold, der Sohn Arnulfs [232]. 937 gab Otto I. dem *presbyter* Hartbert Fischereirechte im Pfullichgau *in comitatu Herimanni comitis* [233]. 939 erhielt Kempten auf Intervention Herzog Hermanns – seine erste sichere Intervention – eine Bestätigung seines Wahlprivilegs, 943 eine königliche Schenkung auf Bitten Brunos und Herzog Heinrichs, der Brüder Ottos I. [234]. 940 verwendete sich Herzog Hermann für St. Gallen wegen einer Privilegienbestätigung und für Waldo von Chur wegen einer Schenkung [235]. Herzog Heinrich von Bayern intervenierte zusammen mit einem Grafen Konrad 946 für die Reichenau [236].

Mit dem Jahr 947 beginnt eine stattliche Reihe urkundlicher Förderungen: D OI 90 (947) Marktrecht und Münze für St. Gallen in Rorschach *per interventum fidelis nostri Herimanni ducis Suevorum*; D OI 94 (947) auf Bitten Hermanns Privilegierung Einsiedelns; D OI 99 (948) Schenkung an Abt Hartbert durch Intervention Itas und des Grafen Hermann; D OI 106 (948) Besitzbestätigung für Kempten auf Bitten Brunos; D OI 107 (949) Restitution von Adams Besitz in Rätien; D OI

230 Annales Sangallenses mai. a. 948, S. 285; MGH Libri confrat. cod. fab. col. 109 f.; dazu H. Keller, Kloster Einsiedeln, S. 40 ff.; der Eintrag in Pfäfers, die Urkunde Ottos I. für Pfäfers und der Wormser Hoftag werden auch von H. M. Decker-Hauff, Die Ottonen, S. 250 f., in einen Zusammenhang gebracht. Dabei bleibt aber die Nachricht der Ann. Sangall. unerwähnt; der Deutung von H. Keller ist wohl der Vorzug zu geben. Zur Kritik an Decker-Hauff vgl. G. Tellenbach, Kritische Studien, S. 174.

231 D HI 15, 19; erst in D OI 22 (939) interveniert Hermann für Kempten.

232 Dazu E. Meyer-Marthaler, Rätien, S. 94 f.

233 D OI 8. Ob der Graf Hermann mit Herzog Hermann zu identifizieren ist, scheint fraglich angesichts der Auswertung des oben in Anm. 230 erwähnten Eintrags durch H. Keller und dessen Äußerung zu dem in D OI 99 genannten *comes* Hermann (S. 38, Anm. 160); jedoch W. Schwarz, Die Ottonen und Schwaben. Kritische Anmerkungen zum Aufsatz von Decker-Hauff in ZWLG XIV (1955), in: ZWLG 15, 1956, S. 281–284, hier S. 283 f., der sich gegen die Identifizierung des *comes* Herimannus mit einem Grafen Hermann von Pfullingen wendet und die Argumente für die Gleichsetzung mit Herzog Hermann I. zusammenstellt; neuerdings ebenso W. Kienast, Der Herzogstitel in Frankreich und Deutschland (9. bis 12. Jh.), 1968, S. 318.

234 D OI 22, 54.

235 D OI 25 f.

236 D OI 83.

108 (949) Schenkung an Einsiedeln *admonitione ac suggestione filii nostri Liutolfi ac Herimanni ducis.*

Ohne Schwierigkeit kann man die Schwerpunkte der königlichen Wirksamkeit gegenüber Alemannien erkennen: Es sind die Klöster Kempten, St. Gallen, Reichenau und Einsiedeln, die Churer Kirche und Hartbert. Dabei begegnet Herzog Hermann I. wohl erst 939 im Zusammenhang mit Kempten; die Schenkung an die Reichenau geschah ohne seine nachweisliche Mitwirkung. Der Raum Alemanniens nördlich des Bodensees bleibt, abgesehen vom Pfullichgau, außerhalb der königlichen Reichweite; erst 950, im unmittelbaren Anschluß an Herzog Hermanns Tod, stellte Otto Urkunden aus, die diesen Bereich (Scherra, Baar, Alpgau) betreffen.

Versuchen wir noch, die Zeugnisse über das Verhältnis zwischen Hermann I. und den beiden ersten Ottonen kurz darzustellen. Unter Heinrich I. tritt Hermann nach der Einsetzung 926 nicht mehr im Zusammenhang mit dem König entgegen. Es fällt auf, daß in den nächsten entscheidenden Jahren des Erfolges für Heinrich I., in denen die Herzöge Arnulf von Bayern, Eberhard von Franken und Giselbert von Lothringen häufig in der Umgebung des Königs nachweisbar sind, der Alemannenherzog nicht in gleicher Weise begegnet [237]. Nach Hermanns Beteiligung an den Krönungsfeierlichkeiten von 936, die als ein außerordentliches Ereignis hier nur am Rand erwähnt zu werden brauchen [238], treffen wir Herzog Hermann I. erst 938/39 während der Unruhen an, die die fränkisch-sächsischen Spannungen und der innersächsische Widerstand gegen den Grundsatz der Individualsukzession ausgelöst hatten [239].

Wie verhielt sich Hermann I. als Konradiner in dieser problemreichen Lage? Wir wissen aus Liutprands Darstellung [240], daß die drei Verwandten, die Brüder Udo, der Graf von der Wetterau und vom Rheingau, und Herzog Hermann zusammen mit ihrem Vetter Konrad Kurz-

237 Die Zusammenstellung der Ereignisse bei K. SCHMID, Die Thronfolge, S. 115 ff. (452 ff.), wo gerade auf die Beziehungen König – Herzöge Wert gelegt wird. Es ist hierbei auf Hartbert, den von Heinrich I. geförderten ehemaligen *presbyter* Hermanns, hinzuweisen, bei dem aber noch manche Fragen offen sind (K. SCHMID, Die Thronfolge, S. 116 f., Anm. 137, (S. 456, Anm. 142)).

238 Auch hierzu K. SCHMID, Die Thronfolge, S. 85 ff. (422 ff.).

239 Offen bleibt die Erwähnung des *comes* Herimannus in D OI 8 von 937. Aber selbst wenn damit Herzog Hermann gemeint ist, würde es die gewonnene Beobachtung nicht erheblich verändern; zu den Ereignissen 937–939 R. KÖPKE-E. DÜMMLER, Otto d. Gr., S. 71 ff., 81 ff.

240 Liutprand, Antapodosis IV 23, hg. v. J. Becker, in: MGH SS rer. Germ. i. u. sch., 1915, S. 116.

pold, trotz ihrer Bindung an Eberhard von Franken durch ihre *affinitas* sich für die Sache des *rex iustus* entschieden haben. Dieses vom Standpunkt des ottonischen Königshauses aus geschriebene Zeugnis [241] wirft ein Licht auf das Dilemma, in dem sich die Konradiner damals befanden. Liutprands indirekter Hinweis mag es rechtfertigen, mit gebotener Vorsicht den Bericht Ekkeharts IV. heranzuziehen [242], Giselbert und Eberhard hätten dem Schwabenherzog und Bayernherzog aufrührerische Briefe gesandt, welche die beiden zum Einverständnis bewogen hätten. Mag auch Herzog Hermann geschwankt haben, so erfocht er doch bei Andernach zusammen mit Udo und Konrad den entscheidenden Sieg über Eberhard und Giselbert [243].

Von diesem Zeitpunkt an läßt sich Herzog Hermann bei zahlreichen Anlässen am Hof nachweisen [244]. Vor allem im Zusammenhang mit Lothringen erscheint er in königlicher Nähe; hier ist darauf zu verweisen, daß er in der Nachfolge Herzog Giselberts seit 939 dem Kloster Echternach als Laienabt vorstand [245] und somit neben dem alemannischen Wirkungsbereich auch den angestammten konradinischen Räumen um Mosel und Mittelrhein verbunden blieb; dies drückte sich auch darin aus, daß er durch Hartbert wohl um 940 das Florinuspatrozinium auf die Marienkirche in Koblenz übertragen ließ [246] und das dort von ihm sicher auf eigenkirchenrechtlicher Basis errichtete Stift mit Besitz in Montabaur ausstattete [247].

241 M. Lintzel, Studien zu Liutprand von Cremona, 1933.

242 Ekkeharti Casus s. Galli c. 50, S. 184 f. mit Anm. 643.

243 Während Widukind Hermann nennt, berichten Liutprand, Continuator Reginonis, Hrothsvith, Annales Quedlinburgenses und Ekkehart IV. wechselnd von Udo und Konrad (Chr. Fr. Stälin, Wirt. Gesch. Bd. 1, S. 441, Anm. 2).

244 Er erschien mit dem flüchtigen Berengar von Ivrea vor Otto 941/42; er beriet den König 941 wegen der Bestrafung von Attentätern. 944 zog Hermann mit einem Heer für den König nach Lothringen; R. Köpke-E. Dümmler, Otto d. Gr., Registerposition Hermann, Herzog von Schwaben; speziell für die Vorgänge 947/48 H. Keller, Kloster Einsiedeln, S. 38 ff.

245 I. Dietrich, Konradiner, S. 278 ff.; MG SS 13, 739 ff.

246 Dies., S. 267 ff.; zuletzt A. Diederich, Das Stift St. Florin zu Koblenz, Veröffentlichungen des Max-Planck-Instituts für Geschichte Bd. 16 (= Studien zur Germania sacra Bd. 6), 1967, S. 22 ff.

247 Mittelrheinisches UB 1, hg. v. H. Beyer, Nr. 257. Reginlind, Hermanns Gattin, überließ Otto I. 958 Besitz in Wirges bei Montabaur (D OI 193). In dem hier genannten Graf Waltbraht sah man einen Treuhänder der konradinischen Linie, die, voran Hermann I., aufgrund ihrer zahlreichen Beziehungen zu diesem Raum als Inhaber der Grafschaft Engersgau angesehen wurde. I. Dietrich, Konradiner, S. 146 f.; A. Diederich, St. Florin, S. 25. Auch der Lahngau läßt sich wohl als Grafschaft Hermanns ansprechen; dort trat er die Nachfolge Eberhards 939 an; I. Dietrich, Konradiner, S. 81.

Für den alemannischen Raum ragen zwei Ereignisse heraus: die Heirat der Herzogstochter Ita und des Königssohns Liudolf und die Erhebung Einsiedelns zum Königskloster [248]. Darauf soll hier unter einem für die vorliegende Fragestellung wichtigen Aspekt eingegangen werden. Zunächst mag die Reihenfolge der beiden Ereignisse verwundern: Die Heirat fand 948, die Privilegierung 947 statt. Indes datiert die Übereinkunft Ottos und Hermanns wegen der Ehe ihrer Kinder nach Liutprands Zeugnis aus dem Jahr 940 [249]: Hermann soll im Anschluß an den Tod Eberhards und Giselberts den König gebeten haben, ihm, der über keinen männlichen Erben verfüge, Liudolf als Gatten für seine Tochter zu geben, damit dieser einst das reiche Erbe antreten könne; Otto habe dem gerne stattgegeben [250].

Will man Liutprand Glauben schenken, so drückt sich in Hermanns Verhalten das Bestreben aus, sein Erbe durch die Bindung an das Königtum zu sichern; darunter können aber nicht allein die Allodialgüter verstanden werden, sondern Hermanns Initiative, die Königsnähe auf verwandtschaftlichem Weg zu gewinnen [251], wird erst verständlich, wenn man bedenkt, daß so die alemannische Herzogswürde seiner Familie im weitesten Sinn als Anspruch erhalten blieb, während dieser bei einer Heirat Itas mit einem anderen Adligen nichtköniglichen Blutes [252] verlorengegangen wäre. Es fügt sich in dieses Bild, und es kann als Ergebnis der von Hermann initiierten Politik angesehen werden, daß sich in der Herzogsherrschaft Ottos, des Sohnes von Liudolf und Ita, konradinische und ottonische Elemente verbinden.

Die verwandtschaftliche Verbindung einer herzoglichen Familie mit dem Königtum, die dem Ziel diente, die Kontinuität des herzoglichen Anspruchs zu sichern, könnte, wenn wir Liutprand richtig gedeutet haben, mit der *traditio* eines Adelsklosters an das Königtum verglichen

Ebenso hatte er im Hessengau (Alsfeld) Grafschaftsrechte inne; DIES., S. 143 f.; Codex diplomaticus Fuldensis, 1850, hg. v. E. F. J. Dronke, Nr. 666. In Rhöda südlich Kassel verfügte Ita, Hermanns Tochter, über Besitz (D OIII 59; I. DIETRICH, Konradiner, S. 59 f.), der wohl Grafengut war.

248 Über diese Ereignisse H. KELLER, Kloster Einsiedeln, S. 13–47.

249 Liutprand, Antapodosis V 1, S. 130 f.; die Glaubwürdigkeit dieser Nachricht wurde von R. KÖPKE-E. DÜMMLER, Otto d. Gr., S. 100, Anm. 4, betont.

250 Es ist dies der einzige ausführliche Bericht über den Heiratsplan. Alle anderen Quellen sprechen nur summarisch davon.

251 Zu diesem Begriff vgl. am Beispiel der Welfen K. SCHMID, Welfisches Selbstverständnis, in: Adel und Kirche. Festschrift f. G. Tellenbach, hg. v. J. Fleckenstein und K. Schmid, 1968, S. 389–416.

252 Zur Frage des »königlichen« und »nichtköniglichen« Blutes G. WARNKE-ZOLLER, König und Herzog, S. 53 ff.

werden, wie sie in zahlreichen Beispielen seit der Mitte des 9. Jahrhunderts begegnet [253]. Das Königtum, im Unterschied zu den oft wegen Erbstreitigkeiten geschwächten Stifterfamilien als Element der Stabilität empfunden, bot dem Kloster hinreichenden Schutz und existentiellen Fortbestand, den Angehörigen der Stifterfamilie durch Überlassung der Vogtei oft genügend Einflußmöglichkeit [254].

Dieser zur Diskussion gestellte Vergleich kann dadurch gestützt werden, daß auch Herzog Hermann I. ein Kloster vom König mit Wahlrecht und Immunität ausstatten ließ. Dies aber wirft ein Licht auf die Fragen der Gründung von Einsiedeln [255]. Die Beziehung des Königtums zu diesem Kloster wird erst 940 nachweislich faßbar, also etwa gleichzeitig mit Hermanns eindeutiger Option für Otto I. 939 und dem Heiratsplan [256]. Das würde wiederum bedeuten, daß das Kloster zunächst von Herzog Hermann und Reginlind als Kristallisationspunkt ihrer Anfang der dreißiger Jahre wohl gefestigten Herzogsherrschaft in Alemannien angesehen werden kann [257].

253 Beispielhaft Kloster Rheinau; hierzu K. SCHMID, Königtum, Adel, S. 252 ff.; allgemein J. SEMMLER, Traditio, S. 25 ff.

254 Dazu K. SCHMID, Adel und Reform in Schwaben, in: Investiturstreit und Reichsverfassung, hg. v. J. Fleckenstein, Vorträge und Forschungen Bd. XVII, 1973, S. 295 ff., hier S. 307, über die dem Kloster durch das Königtum gewährleistete *perpetua libertas*.

255 Ihnen hat sich H. KELLER, Kloster Einsiedeln, S. 13 ff., eindringlich gewidmet.

256 Zwar hat Heinrich I. 927 den Schwaben Benno als Bischof von Metz eingesetzt, der nach seiner Blendung wieder zur Meinradszelle zurückkehrte, aber ob der König dann Einfluß auf die Gründung des Klosters durch die mit Benno wohl verwandte Herzogsfamilie ausübte, stellt H. Keller (S. 25) selbst als fraglich hin. Auch die Ausstattung Einsiedelns mit Mauritius-Reliquien, die Ulrich von Augsburg aus der burgundischen Königsabtei S. Maurice d'Agaune holte und deren politische Bedeutung im Reich Ottos d. Gr. bekannt ist, datiert Keller in die Zeit um 940 (S. 16). Der Eintrag im Einsiedler Jahrzeitbuch zum 8. Mai *Otto primus imperator obiit, fundator huius loci* braucht keineswegs im wörtlichen Sinn genommen zu werden, sondern Ottos I. unbestreitbare Bedeutung für Einsiedeln kann aus der späteren Überlieferung mit der Gründung in Zusammenhang gebracht worden sein. Nur mit dieser Einschränkung wird man H. Keller zustimmen können, wenn er schreibt (S. 47): »Der Abt und ›Einsiedler‹, der Herzog und der König waren die Gründer der Abtei. Sie haben den Grund gelegt für die Bedeutung des Klosters.«

257 Es fragt sich, ob H. Keller die Gründungsmotive erschöpfend beschreibt, wenn er einerseits wegen der Wahl des abgelegenen Ortes das monastische Ideal allein hervorhebt und ein politisches Interesse des Herzogs in den Hintergrund rückt (S. 16) und andererseits in der Einsiedelei Bennos, der mit der Herzogsfamilie verwandt gewesen zu sein scheint, den Anstoß zur Gründung

Werfen wir noch einen Blick auf die Heirat Liudolfs und Itas. Es ist unverkennbar und kommt auch bei Liutprand zum Ausdruck, daß Otto I. ein großes Interesse an dieser Verbindung hatte, gewann er doch damit die Möglichkeit, unmittelbaren Einfluß auf das Herzogtum auszuüben, als dessen präsumptiver Träger Liudolf nun in Frage kam. Die weitergehende Wirkung dürfte sich auch darin ausdrücken, daß das bei Herzogserhebungen im 10. Jahrhundert auf Geblütsansprüche Rücksicht nehmende Königtum [258] sich hiermit eine Legitimationsbasis für die Einsetzung von Angehörigen des eigenen Hauses verschaffte [259].

Angesichts dieser Übereinstimmung von königlichen und herzoglichen Interessen muß man sich auch vergegenwärtigen, daß Liudolf 947 bis 949 noch als Nachfolger Ottos I. in der Königsherrschaft vorgesehen war [260], daß mithin nicht nur eine Verbindung des alemannischen Herzogtums mit einem Mitglied des Königshauses, sondern mit dem zukünftigen Herrscher selbst gestiftet wurde. Darauf deutet auch Hrotsvith hin, wenn sie aus Anlaß der Hochzeit schreibt, Ita sei *vice reginae* mit höchsten Ehren bedacht worden [261].

Wenn wir nun, nachdem Herzog Hermanns I. Stellung in Alemannien und sein Verhältnis zum Königtum untersucht worden sind, die beiden Urkunden von 950 für die Reichenau und St. Gallen bewerten, so dürfte zumindest zutreffen, daß wir hieran beobachten können, wie das seit Konrad I. dem Königtum unzugängliche Reichsgut in Alemannien wieder

sieht (S. 20). S. 17 f. spricht er indes von dem größer angelegten Plan, der aus der Weite des durch den Straßburger Propst, den alemannischen Herzog und den Augsburger Bischof gekennzeichneten Raum erhellt. – Auch die Dotation Einsiedelns durch Hermann und Reginlind (QW II/3, S. 371) braucht nicht in zeitlichem Zusammenhang mit der königlichen Schenkung von Grabs 949 (D OI 108) zu stehen, wie H. KELLER, S. 98, vermutet, vielmehr können wir es als Ausstattungsgut aus der Zeit der Gründung verstehen. Das von Hermann und Reginlind geschenkte Gams begegnet übrigens nicht im Churrätischen Reichsurbar, kann also wohl als hunfridingisches Allod angesehen werden (Bündner UB 1, Registerposition Gams).

258 H. W. KLEWITZ, Das alemannische Herzogtum, S. 81 f.; G. TELLENBACH, Vom karolingischen Reichsadel, S. 47 f. (216 f.).

259 Hiermit soll nicht der Methode von E. KIMPEN, Zur Königsgenealogie der Karolinger- bis Stauferzeit, in: ZGO 103 NF 64, 1955, S. 33–115, der entfernte Verwandtschaft als Anspruch zugrundegelegt, das Wort geredet werden; bei Kimpen spielt sogar drei-, vier- und fünfgradige Verwandtschaft eine Rolle.

260 R. KÖPKE-E. DÜMMLER, Otto d. Gr., S. 212 ff.; Widukind, Sachsengeschichte III 1, S. 104.

261 Hrotswithae Gesta Ottonis v. 459, in: Hrotsvithae opera, hg. v. P. von Winterfeld, MG SS rer. Germ. i. u. sch., 1902 (1965), S. 217; zu Liudolfs Ansprüchen Continuator a. 952, S. 165.

faßbar wurde. Ob weitergehende Konsequenzen aus D OI 116, aus der *traditio* Liudolfs und Itas zum Seelenheil Herzog Hermanns und aus Ottos Legitimierung dieser Schenkung, gezogen werden können, steht dahin. Hier sollte nur deutlich werden, daß Herzog Hermanns Stellung in Alemannien, oft vom Ereignis des Jahres 926 her als Amtsherzogtum charakterisiert, wesentlich von der burchardingischen Tradition geprägt war, in die Hermann durch seine Ehe mit Reginlind hineinwuchs, und die sich in dieser neuen Konstellation einen sinnfälligen Ausdruck durch die gemeinsame Gründung Einsiedelns schuf.

Auf dem Hintergrund dieser Position Hermanns aber gewinnt die Kontinuität herzoglicher Verfügung über Reichsgut, ohne daß diese vom König eigens übertragen worden sein muß, an Wahrscheinlichkeit. Hierfür können vielleicht die Urkunden D OI 116 und 119 als Indizien herangezogen werden. Sie betreffen beide Reichsgut, zum überwiegenden Teil im inneralemannischen Raum, sie datieren beide aus der Zeit unmittelbar nach Hermanns I. Tod, auf den D OI 116 sogar direkten Bezug nimmt. Beide Urkunden haben aufgrund ihres Textes zu Mißverständnissen geführt: In D OI 119 wurde auf ottonisches Allod geschlossen, da der sonst übliche Hinweis auf die Vorurkunden fehlt[262], D OI 116 wurde im Hinblick auf die Art und Zielrichtung der *traditio* unterschiedlich gedeutet. Die zwei Zeugnisse vermitteln, zusammengesehen und in den skizzierten Rahmen gestellt, ein Bild vom Problem des Verhältnisses zwischen König und Herzog am Beispiel von Reichsgut. Zwar sind die vorhandenen Quellen spärlich genug, aber sie vermögen mitunter überraschenden Aufschluß zu geben, der mit aller Vorsicht formuliert werden kann.

Die strukturellen Ähnlichkeiten zwischen D OI 116 und D OIII 152 dürfen nicht ohne weiteres zu einer Parallelisierung der Vorgänge veranlassen: Immerhin besaß Hadwig 20 Jahre über den Tod ihres Mannes hinaus eine quasi-herzogliche Stellung in Alemannien, während zur gleichen Zeit Otto und Konrad die Herzogswürde bekleideten[263]. Die hieraus ablesbare Konstellation zwischen Hadwig und den beiden Herzögen wie auch dem Königtum auf die Zeit Hermanns I. übertragen zu wollen, wäre angesichts der seit den vierziger Jahren zu beobachtenden Zusammenarbeit zwischen Otto I. und Hermann I. unzulässig. Nur scheinen persönliche Beziehungen und Herrschaftsgrundlagen keineswegs derselben Bezugsebene anzugehören, und es bedarf zumindest des Versuchs, die Eigenständigkeit und Zuordnung beider Elemente unter Berücksichtigung der jeweiligen Bedingungen zu beobachten.

262 S. oben, S. 103, Anm. 227.
263 Darüber ausführlich unten, S. 156 ff.

III. DIE BEDEUTUNG DES OBERRHEINGEBIETS FÜR KÖNIGTUM UND HERZOGTUM IN DER ZWEITEN HÄLFTE DES 10. JAHRHUNDERTS

1. Das Problem des ducatus Alsatiae *und die Konradiner am Oberrhein*

Im vorausgegangenen Kapitel war davon die Rede, an welchen Schwerpunkten in Alemannien Hermann I. nachweislich oder mit hoher Wahrscheinlichkeit wirksam war und über Besitzpositionen verfügte. Dabei ließ sich eine Kontinuität von den burchardingischen zu den konradinischen Aktionsräumen mit einiger Sicherheit ermitteln [1]. Der Breisgau bzw. das Oberrheingebiet wurde dabei noch nicht erwähnt. Wenn man bedenkt, welche Bedeutung dem Kloster Waldkirch in der Entstehung des alemannischen Herzogtums unter Burchard I. zukam, müßte es erstaunen, Hermann in diesem Raum nicht nachweisen zu können. Dies gelingt durch Münzfunde: Vier Münzen aus Breisach lassen sich Hermann I. zuweisen; sie tragen die Aufschrift HERMANN (DUX) und OTTO (PIUS REX) [2]. Die Frage nach einer Datierung oder zumindest nach eingrenzenden zeitlichen Termini wurde von der Forschung dahingehend beantwortet, daß sie wohl in die Zeit nach 939, also nach dem ersten gegen Otto d. Gr. gerichteten Widerstand fallen [3]. Diese Annahme hat viel für sich; denn im Zusammenhang mit der Einnahme Breisachs durch den König nach dem Sieg bei Andernach [4] wird der Berg zum ersten Mal in mittelalterlichen Quellen erwähnt; seine frühere Besitzqualität bleibt im dunkeln [5].

Nach dem Bericht Widukinds [6] wurde Hermann *ad coercendam igitur ducum presumptionem* ausgesandt – zu ergänzen ist: vom König.

1 Truchtelfingen (D OI 116), das mit Hermann I. zusammengebracht werden kann, liegt in der Nähe von *Burgh*/Straßberg, das zum Ausstattungsgut des nach Stein a. Rh. verlegten Hohentwielklosters gehörte, der Gründung Burchards II. und Hadwigs; dazu H. M. DECKER-HAUFF, Die Ottonen, S. 236, Anm. 19, und H. JÄNICHEN, Stein a. Rh., S. 77.

2 H. DANNENBERG, Die deutschen Münzen Bd. 1, S. 340 f.

3 G. HASELIER, Geschichte der Stadt Breisach am Rhein Bd. 1, 1969, S. 60.

4 Continuator Reginonis a. 939, S. 160 f.; R. KÖPKE-E. DÜMMLER, Otto d. Gr., S. 89 ff.

5 H. BÜTTNER, Geschichte des Elsaß Bd. 1, S. 180 ff., u. DERS., Franken und Alemannen, S. 350, der Breisach zu den Besitzungen zählt, die dem neuerstandenen alemannischen Herzogtum Burchards I. als ehemaliges Fiskalgut zufielen.

6 Widukind, Sachsengeschichte II 26, S. 88.

Dieser stand vor Breisach; es ist wahrscheinlich, daß sich der alemannische Herzog in seiner Umgebung befand.

Wenn man die enge Verbindung zwischen Breisgau und Elsaß berücksichtigt, fragt sich, ob Hermann I. hierher Beziehungen hatte. Bei der Gründung Einsiedelns wirkten die mit Straßburg verbundenen Persönlichkeiten Benno und Eberhard mit, die untereinander und mit der Herzogsfamilie, d. h. wohl mit Reginlind, verwandt waren [7]. Insofern scheinen auch hier die Verbindungen Burchards I. zum Elsaß fortbestanden zu haben, die sich an der Ausstattung von Kloster Waldkirch mit hoher Wahrscheinlichkeit feststellen ließen. Die in der Forschung mitunter erwähnte Zaberner(?) Münze, die ein gewichtiges Dokument für Herrschaftsrechte wäre, kann nicht für Hermann I. beansprucht werden [8]. Auch der Titel *dux Alamanniae et Alsatiae* ist für ihn nicht nachweisbar [9]. Dennoch wird man für die Zeit nach 940 den skizzierten Beziehungen Hermanns zu Straßburg und seinen Breisacher Münzen Gewicht beimessen; zu dieser Zeit vermochte das französische Königtum nicht mehr den Einfluß auf das Elsaß geltend zu machen, der sich etwa in der Besetzung des Straßburger Bistums mit Richwin zeigte [10] und in den Auseinandersetzungen von 939 einen Höhepunkt fand [11].

Mit Breisach berühren wir die Frage der herzoglichen Vororte in Alemannien [12]. Bedenkt man die räumliche Verteilung der drei bekannten Vororte des 10. Jahrhunderts, Zürich, Hohentwiel und Breisach, innerhalb des alemannischen Herzogtums, so ist festzuhalten, daß neben den landschaftlichen Schwerpunkten des thurgauisch-rätischen Raumes und des Bodenseegebiets, von denen aus Burchard I. seine Herrschaft begrün-

7 H. Keller, Kloster Einsiedeln, S. 21 ff.

8 Angeführt von H. Büttner, Geschichte des Elsaß Bd. 1, S. 178, Anm. 60, S. 183, Anm. 85; hier Verweis auf J. Cahn, Elsaß-Lothringisches Jb. 1, 1922, S. 15, der aber nichts davon erwähnt; vgl. auch H. Dannenberg, Die deutschen Münzen Bd. 1, S. 345, wo die *Tabernia*-Münze als unzuweisbar besprochen wird.

9 W. Stülpnagel, Breisgau, S. 7; allgemein eine Verfügung über das Elsaß nehmen an: R. Köpke-E. Dümmler, Otto d. Gr., S. 89, und O. G. Oexle, Artikel Hermann I., in: NDB 8, 1969, S. 641.

10 Regesten Straßburg 1, Nr. 121, S. 243; L. G. Glöckler, Geschichte des Bistums Straßburg Bd. 1, 1879, S. 125 ff., und H. Büttner, Geschichte des Elsaß Bd. 1, S. 175.

11 H. Büttner, Geschichte des Elsaß Bd. 1, S. 179 ff. Bischof Ruthard von Straßburg (933–950) hat nach H. Büttner, Geschichte des Elsaß Bd. 1, S. 178, die Verbindung des Elsaß mit Alemannien gefördert; über ihn unten, S. 130 f.

12 Darüber zuletzt H. Maurer, Rottweil; zu Breisach: G. Haselier, Geschichte der Stadt Breisach Bd. 1, 1969.

dete, auch der Oberrhein mit einbezogen war. Indem Hermann in Breisach Münzen schlagen ließ, knüpfte er mit Sicherheit an die Positionen Burchards I. im nördlichen Breisgau an. Dabei ist es wichtig, das Verhältnis Breisachs zum Breisgau und zum Elsaß zu streifen.

Nach Ekkehard von Aura [13] leitet der Breisgau seinen Namen von dem *castellum* Breisach her, das von demselben Autor *in confinio Alsaciae* lokalisiert wird; zahlreiche Belege weisen die Namensform *Brisachgouue* auf [14]. Mit dem Elsaß bringen auch andere Autoren Breisach in Verbindung [15]. Demnach scheint Breisach nicht zuletzt wegen seiner geographischen Lage sowohl mit dem Breisgau als auch mit dem Elsaß zusammengehangen zu haben. Wenn wir in Alemannien nach Parallelen für die Benennung eines Gaues nach einem Vorort suchen, liegt das Beispiel des Zürichgaus nahe. In welchem Verhältnis dieser Gau zum größeren Thurgau stand, ist nicht genau zu ermitteln [16]. Aber so viel scheint

13 Ekkehardi Chronicon universale (MG SS 6, 185) *Est in confinio Alsaciae castellum vocabulo Brisahc, de quo omnis adiacens pagus appellatur Brisahgowe.* Dazu auch W. Stülpnagel, Breisgau, S. 4.

14 Belege bei A. Krieger, Topograph. Wörterbuch Bd. 1, Sp. 273 f., und W. Schultze, Die Gaugrafschaften des alamannischen Badens, 1896, S. 41 ff.

15 Liutprand, Antapodosis IV 27, S. 122: *Est in Alsaciae partibus castellum Brisicau patrio vocabulo nuncupatum, quod et Rhenus in nodum insulae cingens et naturalis ipsa loci asperitas munit;* von einem *oppidum Alsatie* sprechen die Continuatio gestorum abbatum Trudonensium III a. 958 (MG SS 10, 377) und Sigiberti Chronicon a. 943 (MG SS 4, 348).

16 A. Largiader, Geschichte von Stadt und Landschaft Zürich Bd. 1, 1945, S. 21, meint, im 9. Jh. habe sich der Zürichgau als besondere Grafschaft vom Thurgau abgetrennt. Während der Name Zürichgau bereits in Privaturkunden aus der Mitte des 8. Jhs. begegnet (Wartmann 1, Nr. 10, S. 11 f.; Nr. 11, S. 13), läßt sich eine dortige Grafschaft erst 875 nachweisen: D LDt 158 *quasdam res ... quas postea inde iniuste abstulit Geroldus comes et potestati Zurigaugensis comitatus violenter coniunxit.* Bereits unter Ludwig d. Fr. war St. Gallen Besitz aus derselben Schenkung der Beata (und des Landpreht) entzogen und dem Fiskus Zürich zugeschlagen worden; Uznach Wartmann 1, Nr. 263, S. 249 f. Der dort als Leiter der Inquisition erwähnte *fidelis noster* Geroldus muß wohl von dem in D LDt 158 genannten *comes* Geroldus ferngehalten werden. Für einen Zürichgau-Comitat ist die Urkunde Ludwigs d. Dt. jedenfalls das erste Zeugnis. In früheren Urkunden von ihm (D LDt 67 –853– und 91 –859– für St. Felix und Regula) wird Zürich in *pago Durgaugense* ohne Angabe der Grafschaft lokalisiert. Thurgaugrafen werden bereits im 8. Jh. genannt (Thurgauisches UB 1, Ortsregisterposition Thurgau), darunter um 800 der bekannte Ulrich, Graf im Argengau und Linzgau (Thurgauisches UB 1, Nr. 15 ff.). So scheint der *comitatus* Zürichgau im Zuge der Privilegierung und Dotation des Felix und Regula-Klosters mit der *curtis Turegum* mit allen Pertinenzen und mit dem Forst Albis durch Ludwig d. Dt. eingerichtet worden zu sein.

sicher: Dieser Gau, seit der ersten Hälfte des 9. Jahrhunderts auch als *comitatus* nachweisbar, trug seinen Namen von dem ausgedehnten Fiskalbezirk Zürich, der seinen Ursprung in spätrömischer Zeit hatte[17]. Da die Bedeutung des *mons Brisiacus* seit dem 3. Jahrhundert bekannt ist[18], ergibt sich aus dem Vergleich mit den Verhältnissen im Thurgau und im Zürichgau ein hohes Maß an Wahrscheinlichkeit für die namengebende Funktion Breisachs für den Breisgau und damit für die Richtigkeit des mittelalterlichen Zeugnisses. Die Errichtung eines fränkischen Comitats im Breisgau mit einem Fiskalzentrum unmittelbar nach 750 entspräche der Einführung einer besonderen Verwaltungsorganisation im Zürichgau im Rahmen des neu geförderten Stützpunktes Zürich[19]. Wie aber ist die Zuordnung Breisachs zum Elsaß zu verstehen? Eine Erklärung bietet sich in der Tatsache an, daß das Elsaß im Südwesten des ostfränkischen Reiches als Brückenkopf der Zentralgewalt fungierte und dabei Breisach als Fiskalbezirk mit Sicherheit eine bedeutende Rolle spielte[20].

Mit den herzoglichen Positionen Waldkirch und Breisach, das auch zum Elsaß hin orientiert war, in der ersten Hälfte des 10. Jahrhunderts ist zu konfrontieren, was sich über den terminologischen Wandel in Königsurkunden für den Breisgau nach 960 beobachten ließ: Daß für die frühen Ottonen der Breisgau wie das Elsaß erst nach 950 zugänglich wurden, steht außer Zweifel. Daß andererseits Hermann I. in der Nachfolge Burchards I. sowohl zum Breisgau wie zum Elsaß Beziehungen hatte und daß seine Breisacher Münzen für die Ausübung von Herrschaftsrechten gelten können, ist für die Relativität des *ducatus*-Begriffes aufschlußreich[21]. Was Breisach selbst betrifft, so lassen sich aus der Besetzung des *castrum* durch Eberhard von Franken 939 keine Folgerungen ziehen; Widukinds Bericht, Breisach und andere Orte hätten unter Eberhards

17 Dazu K. Schmid, Königtum, Adel, S. 310 f. mit Anm. 9.

18 G. Haselier, Geschichte Breisachs Bd. 1, S. 24 ff., bes. S. 28 ff.

19 Welche Bedeutung der Zürichgau bereits für die fränkische Durchdringung Alemanniens im 8. Jh. hatte, zeigt die Übertragung der Orte Andelfingen und Uznach durch Bischof Sidonius von Konstanz an den Grafen Ruthard; dazu J. Fleckenstein, Welfen, S. 91 f. mit Anm. 118.

20 Zum Breisgau als Vorfeld des Elsaß auch W. Stülpnagel, Breisgau, S. 4.

21 Problematisch ist, wieweit die Nennung des königlichen Namens auf Herzogsmünzen auf die Stellung des Königs hinweist. Immerhin kann man beobachten, daß bei Breisacher Münzen in überwiegenden Fällen der Name des Königs mitgenannt ist, während es in Zürich außer Königsmünzen nur Herzogsmünzen ohne Beziehung auf den König gibt. Doch drückt sich allgemein in der Nennung des königlichen Namens wohl die Herkunft des Münzrechts aus. G. Waitz, Deutsche Verfassungsgesch. Bd. 4, S. 317 ff.

Gewalt gestanden [22], wurde bereits von der älteren Forschung mit Hilfe Liutprands dahingehend gedeutet, daß es sich nur um eine kurzfristige Besetzung, nicht um Besitz handelte [23].

Nachdem die Stellung Breisachs zwischen dem Breisgau und dem Elsaß kurz untersucht worden ist, ist nunmehr nach dem Elsaß, nach einem elsässischen Herzogtum im 10. Jahrhundert, zu fragen. Die Antwort der Forschung hierauf ist gespalten: Während W. Erben [24] einen elsässischen Dukat, von Otto I. für Rudolf, den Bruder der Adelheid, eingerichtet, angenommen hatte, wies H. Büttner [25] diese Möglichkeit strikt zurück. Um dieses Problem zu klären, ist es wichtig zu fragen, wie der *dux*-Titel Rudolfs, der in D OI 249 und D OII 51 erscheint, verstanden werden muß. Wenn er nicht auf das Elsaß zu beziehen ist, in dem Rudolf reichliche Schenkungen von Otto I. 959 aus den konfiszierten Gütern Guntrams erhalten hatte und zu dem er über seinen Anteil an der Vogtei des im Elsaß begüterten burgundischen Klosters Lure Beziehungen hatte [26], so wird man in Anbetracht des offiziellen Charakters von Urkunden auf die Herkunft dieses Titels aus dem Königreich Burgund verwiesen. Eine Nachprüfung der vorliegenden Urkunden König Konrads ergab, daß *dux* einige Male vorkommt [27]. Während in der überwiegenden Zahl der Fälle von *comites* und *barones* die Rede ist, erwähnen die Urkunden für das Kloster S. Rambert-l'île-Barbe dép. Rhône [28] und für das Marcelluskloster von Die [29] auch *duces*. Diese Beispiele sind deswegen wichtig, weil der von der Forschung bereits beachtete *dux*-Titel Rudolfs in der gefälschten Urkunde Bertas für Peterlingen [30] von 962 und die Erwähnung von *duces* in der Urkunde König Konrads für Münstergranfelden von 962 (967?) [31] nahelegen könnten, den *dux*-Titel dem Umstand zuzuschreiben, daß das deutsche Königtum zu Peterlingen

22 Widukind, Sachsengeschichte II 24, S. 87.

23 R. Köpke-E. Dümmler, Otto d. Gr., S. 89, Anm. 1.

24 W. Erben, Sclz, S. 5.

25 H. Büttner, Geschichte des Elsaß Bd. 1, S. 195, Anm. 155; dagegen wieder H. Keller, Einsiedeln, S. 101, Anm. 34.

26 Zur Stellung der burgundischen Welfen im Elsaß außer den Arbeiten von H. Büttner auch H. E. Mayer, Die Peterlinger Urkundenfälschungen und die Anfänge von Kloster und Stadt Peterlingen, in: DA 19, 1963, S. 30–129, hier S. 40 ff.

27 Recueil des Historiens de la Gaule, hg. v. M. Bouquet, Bd. 9, S. 695 ff.

28 Recueil Bd. 9, Nr. XII, S. 702 f. (Immunitätserneuerung).

29 Ibd., Bd. 9, Nr. XIV, S. 704 f. (Immunitätsverleihung).

30 Ibd. Bd. 9, Nr. VI, S. 667 f.

31 J. Trouillat, Monuments 1, Nr. 81, S. 134; Solothurner UB 1, 1952, Nr. 5, S. 9.

Beziehungen hatte [32] und daß sich Otto I. an der Restauration von Münstergranfelden [33] beteiligte. Gleich welchen rechtlichen Status der burgundische Herzogstitel wiedergibt, sein Vorkommen im innerburgundischen Bereich erschwert doch den Bezug auf das Elsaß [34] erheblich.

Wenn hier dem Rudolfus *dux* die Qualität eines elsässischen Herzogs abgesprochen wird, so bedeutet das nicht, daß die bereits genannten Positionen Rudolfs und des gesamten burgundischen Königshauses im Elsaß in ihrer Bedeutung für die Möglichkeit des Königs, hier seinen Einfluß auszuüben, gering geachtet würden. Diese Politik, die sich in zahlreichen Urkunden und elsässischen Aufenthalten ausdrückt, findet am Ende des 10. Jahrhunderts ihre Entsprechung in dem bei den Herzögen Konrad und Hermann II. begegnenden Titel *dux Alamannorum et Alsaciorum*. Es fragt sich, welche Brücke zwischen den Ereignissen um die Mitte des Jahrhunderts und diesem Tatbestand geschlagen werden kann.

Die Annahme, Otto I. habe für Rudolf einen elsässischen Dukat errichtet, läßt sich nicht begründen [35]. Andererseits nennt der Indiculus

32 Dazu E. E. Stengel, Regnum und imperium. Engeres und weiteres Staatsgebiet im alten Reich, in: Ders., Abhandlungen und Untersuchungen zur Geschichte des Kaisergedankens im Mittelalter, 1965, S. 171–206 II. Das römische Imperium: Deutschland – Italien – Burgund, S. 178 ff. mit Verweis auf D OI 99 für Lure *(sub mundiburdio regum Francorum)* u. S. 180, Anm. 6, Literatur über die Kontroverse zum rechtlichen Charakter der Beziehung Reich–Burgund; J. Y. Mariotte, Le Royaume de Bourgogne et les souverains allemands du haut moyen âge 888–1032, in: Mémoires de la société pour l'histoire du droit des anciens pays bourguignons 23, 1962, S. 163–183; zusammenfassend P. E. Schramm, Wahl, Krönung und Staatssymbolik in den Burgundischen Königreichen (von 879 bzw. 888 an), in: Ders., Kaiser, Könige und Päpste Bd. 2, 1968, S. 249–286.

33 H. Büttner, Geschichte des Elsaß Bd. 1, S. 198 ff., und Ders., Studien zur Geschichte von Moutier-Grandval und St. Ursanne, in: Zt. f. Schweiz. Kirchengesch. 58, 1964, S. 9–34; wie groß übrigens die Tragweite des Einflusses von seiten des deutschen Königtums war, geht aus der Verbotsformel in der Urkunde für Münstergranfelden hervor: *ut nullus successorum nostrorum, nec rex nec imperator, nec dux nec episcopus neque comes . . .;* ebenso in einer Schenkungsurkunde König Konrads für Peterlingen, Recueil, Bd. 9, Nr. VII, S. 699, von 962: *absque alicujus contradictione Regis aut Imperatoris seu Principis.* Hier erscheint Rudolf, Konrads Bruder, ohne *dux*-Titel. Eine Klärung aller Fragen wird erst möglich sein, wenn die Urkunden der burgundischen Könige in der MGH-Ausgabe von Th. Schieffer vorliegen.

34 R. Poupardin, Bourgogne, bezeichnet Rudolf auf der angefügten Stammtafel als »duc en Alémannie«, doch geht er im Text nicht näher darauf ein.

35 Auch der von H. Keller, Kloster Einsiedeln, S. 101, Anm. 34, herangezogene Eintrag *Rodulfus dux obiit* (zum 26. 7.) im Merseburger Nekrolog (hg. v. E. Dümmler, in: Neue Mittheilungen aus dem Gebiet historisch-antiquari-

loricatorum von 981 [36] einen *ducatus Alsaciensis*. Wenn wir davon ausgehen, daß die Herzöge Konrad und Hermann II. nach Quellenzeugnissen das Elsaß mitverwalteten [37], ist zu fragen, ob schon vor der Erhebung Konrads 983 ein elsässischer Dukat, gleich welche rechtliche Qualität er besaß, mit den Konradinern in Zusammenhang gebracht werden kann.

Um einer Klärung näher zu kommen, wird es angebracht sein, die Zeugnisse über die in Alemannien wirkenden Personen, die sicher oder mit Vorbehalten dem konradinischen Verwandtschaftskreis zugerechnet werden können, zu überprüfen [38]. Dabei geht es in erster Linie um den Zeitraum zwischen dem Tod Herzog Hermanns I. 949 und der Erhebung Konrads auf dem Reichstag von Verona 983; vielleicht gelingt auf diese Weise die Einbindung von Konrads Herzogswürde in eine konradinische Tradition in Alemannien.

Beginnen wir mit der durch die Verwandtschaftstafel Ottos von Hammerstein [39] gesicherten Filiation Gebehard–Cuno–Cuno; die Reihenfolge der Ufgau-/Ortenau-Grafen Gebhard und Konrad (wohl auf zwei Personen zu verteilen) weist eine so große Parallele auf, daß eine Identifizierung erlaubt ist [40]. Welche Ereignisse lassen sich mit diesen Grafen

scher Forschungen 11, 1867, S. 238) bietet keinen eindeutigen Hinweis. Zwar kann trotz der Unbekanntheit des Todesdatums die Identität des eingetragenen Rudolfs mit dem burgundischen Welfen als sicher gelten, aber dieser war für den Ottonenhof eine viel zu wichtige Persönlichkeit, als daß nur die Inhaberschaft eines Dukats auf Reichsboden den Eintrag motiviert hätte. Alle anderen Argumente von H. Keller sind für den Nachweis der Existenz eines elsässischen Dukats vor 983 wichtig, vermögen aber keine Beziehung zu Rudolf herzustellen.

36 MG Const. 1, S. 632 f.; dazu K. Uhlirz, Jahrbücher Ottos II., Exkurs VIII Das Aufgebot des Kaisers vom Jahr 981, S. 247–253; K. F. Werner, Heeresorganisation und Kriegsführung im deutschen Königreich des 10. und 11. Jhs., in: Ordinamenti militari in occidente nell'alto medioevo II, 1968, Settimane di Spoleto Bd. 15, 2, S. 791–843, hier S. 805 ff.; für eine Umdatierung auf Frühjahr 983 M. Uhlirz, Der Fürstentag zu Mainz im Februar–März 983, in: MIÖG 58, 1950, S. 267–284, Exkurs: Das Aufgebot Kaiser Ottos II., S. 283 f.

37 S. oben, S. 51.

38 Dazu kann als Materialgrundlage die Zusammenstellung bei K. Schmid, Kuno von Öhningen, S. 88, dienen.

39 MG Const. 1, S. 639; dazu G. Schenk zu Schweinsberg, Genealogische Studien zur Reichsgeschichte, in: Archiv f. hess. Gesch. u. Altertumskunde NF 3 Heft 1, 1900, S. 349–377, hier S. 351 ff.

40 Ders., ibd., S. 373; H. Keller, Kloster Einsiedeln, S. 77; H. Jakobs, Der Adel in der Klosterreform von St. Blasien, Kölner historische Abhandlungen Bd. 16, 1968, S. 173 f.

in Verbindung bringen? Mit Sicherheit erkennen wir in Cono und dessen gleichnamigem Vater, die das Aufgebot Ottos II. nennt, die beiden Ufgaugrafen mit Namen Konrad wieder; der im ersten Teil des Indiculus streckenweise genau verfolgbare landschaftliche Zusammenhang spricht eindeutig dafür [41].

In der älteren wie neueren Forschung findet sich die Annahme, daß Cuonradus, der Sohn eines Gebhard, der nach dem Zeugnis des Continuator Reginonis [42] auf dem Wormser Hoftag 950 einen peinlichen Zwischenfall verursachte, mit dem Ufgaugrafen identisch ist; dasselbe gilt für den Grafen Konrad, der 961 anläßlich des Tausches zwischen Chur und Schwarzach als *procurator* des Klosters begegnet [43]. Doch muß man sich vergegenwärtigen, daß sichere Anhaltspunkte für die Gleichsetzung all dieser Personen fehlen [44]. Das gilt in besonderem Maße für den Grafen Konrad, der zusammen mit seiner Gattin Liutgart und seinem Bruder Bernhard in die Einsiedler Überlieferung eingegangen ist; infolge eines günstigen Quellenzusammenhangs kennen wir seinen Todestag: Er wurde am 24. November 994 getötet [45]. Doch erweisen sich die übrigen von ihm bekannten Daten nicht als tragfähige Basis für die Identifizierung mit einem der gleichnamigen Grafen, die um dieselbe Zeit im ortenauisch-mittelrheinischen Raum begegnen. Das gleiche Problem stellt sich bei Kuno »von Öhningen«, jenem Grafen, den die spätere Tradition des 12. Jahrhunderts zeitlich in die 2. Hälfte des 10. Jahrhunderts weist und räumlich mit der Landschaft am Ausfluß des Bodensees verbindet. Nach-

41 Dazu unten, S. 136 f.

42 A. 950, S. 164; danach Thietmar, Chronicon II 39, S. 86 ff. Er rühmte sich, mit einer *neptis* Ottos I. in – unerlaubter – Beziehung gestanden zu haben. Dabei ist auf den regionalen Zusammenhang Worms – Ufgau und auf den Gegenstand des Hoftags, die Einweisung Liudolfs in das Herzogtum, an der mit Sicherheit alemannische Grafen teilnahmen, zu achten; vgl. auch die Vermutung von H. Jakobs, St. Blasien, S. 174, Konrad habe als Verwandter Herzog Hermanns I. (allerdings keinesfalls sein Vetter, höchstens Neffe 2. Grades!) Ansprüche seiner Familie gegen Liudolf auf das Herzogtum auf diese Weise bekräftigen wollen.

43 So H. Keller, Kloster Einsiedeln, S. 77, 102, Anm. 39; anders J. Fleckenstein, Welfen, S. 100, Anm. 160, der ihn als burgundischen Welfen in Fortführung der welfischen Kontinuität anspricht. Hierzu äußert sich neuerdings H. Schwarzmaier, Die Klöster der Ortenau und ihre Konvente in karolingischer Zeit, in: ZGO 119 NF 80, 1971, S. 1–31, hier S. 27.

44 Vgl. die skeptischen Bemerkungen von E. Hlawitschka, Die Anfänge des Hauses Habsburg-Lothringen. Genealogische Untersuchungen zur Geschichte Lothringens und des Reiches im 9., 10. und 11. Jh., 1969, S. 50, Anm. 13.

45 H. Keller, Kloster Einsiedeln, S. 77, 162 f., der noch weitere Belege für alemannische Grafen namens Konrad anführt.

dem es K. Schmid gelungen ist, für diese Zeit einen Cuonradus *comes* in einem Reichenauer Gedenkbucheintrag ausfindig zu machen und ihn aufgrund des Namensgutes seiner Umgebung mit Kuno von Öhningen, dessen Verwandtschaft wir aus der welfischen Überlieferung kennen, gleichzusetzen, besteht für die Antwort auf die Frage, wer dieser Kuno gewesen ist, eine sichere Grundlage. Da sich in dem erwähnten Eintrag charakteristische Konradiner-Namen finden, ist die Frage in diese Richtung hin zu präzisieren [46].

In dem aus Einsiedeln bekannten Grafen Konrad (gest. 994) und in dem Grafen Kuno von Öhningen lassen sich zwei Persönlichkeiten aus der zweiten Hälfte des 10. Jahrhunderts fassen, die beide in Alemannien im Raum Thurgau/Klettgau/Hegau wirkten und die in der Literatur beide mit dem Ufgaugrafen Konrad in Zusammenhang gebracht, ja gleichgesetzt wurden; die daraus resultierenden Konsequenzen, ihre Identität, geben zu denken und gleichzeitig Anlaß, die Frage zunächst aus der rein genealogischen Sicht zu lösen und zu versuchen, längsschnitthaft den Wirkungsraum der beiden Grafen namens Konrad zu beobachten. Hier hat K. Schmid bereits den Weg geebnet, so daß für die Geschichte um Öhningen vor und nach der Zeit Kunos nur wenig noch anzufügen ist [47].

An der regionalen Verteilung der Besitztitel, die Kuno an seine Stiftung Öhningen übertrug und die wir von der späteren klösterlichen(?) Tradition her bestätigen und teilweise ergänzen können, fiel der Forschung bereits auf, daß der Raum des Hohentwiel ausgespart bleibt; eine ähnliche Beobachtung läßt sich für das Gebiet des Fiskus Schleitheim machen, den Herzog Burchard II. mit seinen Pertinenzen an die Reichenau schenkte [48]. Während sich der Besitz dieses Klosters nicht mit

46 MG Libri Confrat. cod. aug. col. 567 f.; dazu K. SCHMID, Kuno von Öhningen, S. 82 ff. Bereits die ältere Forschung hat Kuno den Konradinern zugeordnet, ohne indes alle Fragen befriedigend lösen zu können. Was den Zusammenhang Kunos mit den Welfen betrifft, so kann davon ausgegangen werden, daß der Welfe Rudolf (wohl Neffe Bischof Konrads von Konstanz) eine Tochter Kunos namens Ita geheiratet hat und so Eingang in die welfische Überlieferung fand. Doch bestand allgemein eine Affinität zwischen Welfen und Konradinern, wie J. FLECKENSTEIN, Welfen, S. 95 ff., herausgearbeitet und H. SCHWARZMAIER, Ortenau, S. 26 f., für das Oberrheingebiet präzisiert hat.

47 Neben seinem speziellen Beitrag zu Kuno von Öhningen ist zu nennen: K. SCHMID, Königtum, Adel, S. 312 ff.

48 Die Chronik des Gallus Öhem, S. 19; Pertinenzen: Grimeltshofen, Beggingen, Schlatter- u. Talerhof bei Füezen; dazu H. MAURER, Randen, S. 51 f.

Öhninger Titeln überschneidet[49], ist dies hingegen im Hinblick auf St. Gallen festzustellen. Dessen Güter im Alpgau und Klettgau gehen zum großen Teil auf Schenker aus jenem Verwandtschaftskreis des ausgehenden 8. und beginnenden 9. Jahrhunderts zurück, der durch die Namen Cozpert, Liutolt und Beringer gekennzeichnet ist[50]. In Ühlingen, Mettingen, Jestetten, Lottstetten, Rafz und Berslingen können wir Überschneidungen von Besitz der »Cozperte« und Titeln der Öhninger Dotation beobachten; in Öhningen selbst hat 788 ein vermutlich mit jenen verwandter Iring an St. Gallen geschenkt[51]. So ist bereits vermutet worden, daß Graf Kuno von Öhningen mit diesem Schenkerkreis verwandt war[52].

Andererseits gelang der Nachweis einer Verbindung zwischen dem Grafen Kuno des 10. Jahrhunderts und jenem Schenkerkreis aus dem Ende des 11. Jahrhunderts, der das *praedium Slocse* (Schluchsee) an das Kloster St. Blasien tradierte[53]. Zu ihm zählte an erster Stelle Herzog

49 Bei A. Krieger, Topograph. Wörterbuch Bd. 1, Sp. 735, ist *Gumuttingen* (ad ca. 973) (Die Chronik des Gallus Öhem, S. 19) fälschlich unter Gottmadingen Kr. Konstanz eingereiht; es handelt sich vielmehr um Gutmadingen bei Donaueschingen (so auch K. Brandi). Wenn wir auch Eggingen an der Wutach zum Besitz Kunos rechnen dürfen (vgl. Text mit Anm. 54 ff.), dann deckt sich an diesem Ort Kunos Position mit reichenauischen Gütern: Hier hatte Karl III. an die Abtei geschenkt (Gallus Öhem, S. 18).

50 K. Schmid, Königtum, Adel, S. 265 ff.

51 Wartmann 1, Nr. 115, S. 108 f.; dazu K. Schmid, Königtum, Adel, S. 243, 327 f.

52 Ders., ibd., S. 313 ff., und H. Maurer, Randen, S. 56.

53 Fürstenbergisches UB 5, Nr. 87, S. 53; K. Schmid, Königtum, Adel, S. 316 ff. Diese Ergebnisse hat H. Naumann, Die Schenkung des Gutes Schluchsee an St. Blasien. Ein Beitrag zur Geschichte des Investiturstreites, in: DA 23, 1967, S. 358–404, zu widerlegen versucht: Nicht ein gemeinsames Erbe, sondern die politische Konstellation der Tradenten (Gregorianer) erkläre die Schenkung; das *praedium* Schluchsee habe sich aus disparaten Teilen (Reichsgut, Herzogsgut, nellenburgisches Allod) zusammengesetzt; die Mitschenkerin Ita *de Saxonia et de Birctorf* sei nicht mit Ita von Elsdorf, sondern mit einer Tochter des sächsischen Grafen Bernhard zu identifizieren, die als Gattin Heinrichs von Lauffen mit den Nellenburgern verwandt war. – Naumann sah sich veranlaßt, das neuerdings durch K. Schmid erhärtete Erklärungsmodell für die Schenkung des *praedium* Schluchsee umzustoßen, ohne ein anderes an seine Stelle zu setzen. Den von K. Schmid quellenkritisch ermittelten Zusammenhang zwischen der Nachricht der Welfenüberlieferung zu Kuno von Öhningen und der Bestätigung der Schenkung von 1125 ignoriert Naumann gänzlich. Der Anlaß für die neue These (Inkongruenz von zeitlichen Daten zu Ita von Elsdorf und Ita von Birkendorf, deren Identität bislang unterstellt wurde) reicht indes wohl nicht aus: Die eine Nachricht ist spätmittelalterlich/frühneuzeitlich; die andere (Stader Annalen) ist auf mögliche Ten-

Rudolf von Rheinfelden; er hatte knapp zehn Jahre vorher über Heinrich IV. Besitz an dasselbe Kloster in *Ekkingon* (Ober- oder Unteregingen, Kr. Waldshut) geschenkt [54]. Wegen der Nähe dieses Ortes zu Mettingen, Ühlingen, Siblingen und Osterfingen nahm H. Maurer auch hier öhningisches Erbe an [55]. Als weiteres Argument können wir geltend machen, daß in demselben Eggingen 888 ein Cozpret an St. Gallen Güter übertragen hat [56]. So darf man wohl Eggingen zu den bereits bekannten sechs Titeln hinzurechnen, an denen sich der Cozpert-Verwandtschaftskreis und »öhningische« Erben nachweisen lassen.

Wenn um 950 in Eschenz, einer Besitzung Öhningens, die dem Propsteiort auf der anderen Seite des Bodenseeausflusses gegenüberliegt, der elsässische Graf Guntram über eine Position verfügte, dann fragt es sich,

denzen erst noch zu prüfen (skeptisch auch H. Jakobs, St. Blasien, S. 196, Anm. 34). Andererseits ist Naumanns Hinweis auf die Position der Nellenburger im Raum Schluchsee-Alpgau wichtig, doch ist die Schenkung Grafenhausens an Allerheiligen durch Ita von Birkendorf kein zwingendes Indiz für Naumanns Identifizierung; auch Ita von Elsdorf, *nobilis femina de Suevia nata*, kann mit den Nellenburgern in Verbindung gestanden haben (zum Verhältnis »Öhninger Erben« – Nellenburger vgl. K. Hils, Nellenburger, S. 26 ff. u. bes. S. 36 ff., der die Möglichkeit diskutiert, in Ita von Birkendorf die Gattin Eberhards des Seligen zu sehen. Schmids Beiträge klammern die Nellenburger-Frage aus). Naumanns Erklärungsversuch für die Zusammensetzung des Schenkerkreises überzeugt wenig. Daß zur Zeit des Investiturstreites eine politische Prägung des Vorgangs zu unterstellen ist, trifft zu; doch steht das nicht in ausschließlichem Gegensatz zu einer besitzgeschichtlichen Deutung. Naumanns Versuch, Adelheid von Turin zur verwandtschaftlichen Schlüsselfigur zu machen (S. 372 f.), und sein Vorschlag, statt *Otto* und *Friedrich* in der Urkunde von 1125 *Otto* und *Sigefridus* zu konjizieren, um so die Northeimer als Parteigänger Rudolfs im Schenkerkreis erkennen zu können (S. 386 f.), tragen nichts zu einer Lösung der noch nicht gesicherten Herkunft der beiden Grafen bei (vgl. H. Jakobs, St. Blasien, S. 208 ff.). Zur Schenkung Rudolfs von Rheinfelden an St. Blasien vgl. Anm. 54.

54 D HIV 240 (1071); H. Naumann, Schluchsee, S. 391 f., will unter Berufung auf H. Ott, Das Immunitätsprivileg Heinrichs IV. für St. Blasien vom Jahr 1065, in: ZGO 112 NF 73, 1964, S. 413–430, hier S. 422 mit Anm. 34, wegen der eigenartigen Rechtsformen diese Urkunde nicht als Beleg für rechtsrheinischen Besitz der Rheinfeldener verstanden wissen. Doch geht es Ott um die Besonderheit der Immunität in D HIV 154; die Form von *traditio* eines adligen Eigenguts an den König mit dem Ziel der Weitervergabung wurde oben, S. 97, mit Verweis auf die ältere Literatur behandelt. Der Wortlaut von D HIV 240 *Hos* (sc. *mansos*) *ergo a duce Rodolfo, cum nostri non essent, nobis traditos* ist eindeutig.

55 H. Maurer, Randen, S. 73, 129 f.

56 Wartmann 2, Nr. 665, S. 268 f.; das wurde bislang übersehen. Auch in der Liste des Alpgaubesitzes von St. Gallen bei H. Maurer, Randen, S. 61, fehlt Eggingen.

ob er nicht zusammen mit Eschenz auch andere Güter besessen hat, die später als Öhninger Dotation faßbar sind. Unter den Pertinenzen von Eschenz, die Otto I. 958 an Einsiedeln übertrug (D OI 189), versteht die neuere Forschung die Höfe Bleuelhausen, Bornhausen und Windhausen [57]; in Bleuelhausen verfügte auch Kloster Wagenhausen über Besitz, dessen Stifter Tuto zum Schluchsee-Schenkerkreis gehörte [58]. Vielleicht erklärt sich auch der frühhabsburgische Außenposten in Hallau im Klettgau, der schon als burchardingisches Erbe angesprochen wurde [59], durch die Verbindung mit Guntram [60].

Ferner lassen die Quellen erkennen, daß Ita von Elsdorf, mit deren Geschichte die Forschung die Nachrichten der welfischen Überlieferung zu Kuno »von Öhningen« in Verbindung brachte, aus dem Südwesten des Reiches stammte und eine Nichte Kaiser Heinrichs III. und Papst Leos IX. war. Als Stütze für ihre Gleichsetzung mit jener Ita von Sachsen und Birkendorf, die sich an der Schluchsee-Schenkung beteiligt hat, konnte neuerdings eine ebenfalls ins Elsaß weisende besitzgeschichtliche Beobachtung beigesteuert werden [61].

Was die Besitznachfolge Cozpert–Guntram betrifft, so ist keine Aussage darüber möglich, wie Guntram zu der Stellung in Eschenz gelangt

57 P. Kläui, Gütergeschichte, S. 99, hier allerdings verkehrte Wiedergabe des Tausches Eschenz–Schlatt.

58 K. Schmid, Königtum, Adel, S. 325, Anm. 58; zu Tuto: Br. Meyer, Touto und sein Kloster Wagenhausen, in: Thurgauische Beiträge zur vaterländ. Gesch. 101, 1964.

59 H. Maurer, Randen, S. 126.

60 1064 bestätigte Heinrich IV. die von Rudolf und Kunigunde an ihre Gründung Ottmarsheim übertragenen Güter (D HIV 126); zur Literatur über die Habsburger H. Büttner, Geschichte des Elsaß Bd. 1, S. 185, Anm. 102a, und die dort nicht erwähnte Arbeit von A. Schulte, Studien zur ältesten und älteren Geschichte der Habsburger und ihrer Besitzungen, vor allem im Elsaß, I. Das Kloster Ottmarsheim und die Habsburger im Elsaß bis c. 1120, in: MIÖG 7, 1886, S. 1–20, hier S. 15 zu Hallau. – Was Guntrams Stellung im Raum Eschenz/Schaffhausen betrifft, so sei die alte Namensform von Guntmadingen, Kt. Schaffhausen, nämlich *Guntrammingen*, zur Diskussion gestellt; Quellen zur Schweiz. Gesch. III, 1, S. 127 (Güterbeschrieb des Klosters Allerheiligen von c. 1150): *Item Eberhardus comes* (der Selige, Stifter des Klosters) *tradidit in villa, que dicitur Guntrammingen, V mansos.*

61 H. Maurer, in: ZGO 115 NF 76, 1967, S. 435 ff., wies darauf hin, daß die Kirche in Birkendorf mit ihren Pertinenzen dem Habsburger Hauskloster Ottmarsheim gehörte; zu der Angabe der Annales Stadenses auctore Alberto a. 1112 (MG SS 16, 319) H. Jakobs, St. Blasien, S. 184 ff., und E. Hlawitschka, Habsburg-Lothringen, S. 102 ff.; zu Ita von Elsdorf auch K. Schmid, Öhningen, S. 52, 74 ff.

ist, ob durch königliche Verfügung oder auf dem Erbweg[62]. Die zweite Möglichkeit ist indes wahrscheinlicher: Eschenz gehört bis zur Mitte des 10. Jahrhunderts zum Wirkungsbereich der Grafen Cozpert und Ruthard[63]. Erst durch eine zeitlich nicht einzugrenzende Nachricht des Gallus Öhem[64] und die Konfiskation des Guntrambesitzes erfahren wir von einem königlichen Zugriff. Es ist ferner darauf zu verweisen, daß die »Cozperte« außer im Thurgau auch im Breisgau beachtenswerte Positionen innehatten, in der Gegend des Rheinknies, zwischen Müllheim und Bad Krozingen und im nördlichen Breisgau im Zartener Becken: Eine Hildeburg tauschte 820 Güter im Breisgau mit St. Gallen und gab dabei Besitz in Buggingen, Zizingen und Laufen ab; ihr Name findet sich im Verwandtschaftskreis der »Cozperte« zusammen mit dem in der Urkunde ebenfalls genannten Waltherio[65]. Ein Gauzbertus erscheint auch unter den *liberi homines* im Breisgau, die nach der Verfügung der Kaiser Ludwig d. Fr. und Lothar I. von 828 den Fiskalzins an St. Gallen zu entrichten hatten. Die beiden Herrscher bestätigten eine Anordnung ihres Großvaters Pippin. Mehrere der hier vorkommenden Namen lassen sich in breisgauischen Zeugnissen, selten aus der Zeit Pippins, häufig hingegen aus dem 9. und beginnenden 10. Jahrhundert belegen[66]. Neben dem für die »Cozperte« konstitutiven Namen fällt auf, wie oft sich ein Wol-

62 K. Schmid, Königtum, Adel, S. 251.

63 I. Dienemann-Dietrich, Der fränkische Adel, S. 159 f.; J. Fleckenstein, Fulrad, S. 92, 113; K. Schmid, Königtum, Adel, S. 231 f., 251, 260 f., 310. 876 war der Sohn König Ludwigs d. Dt., der spätere Kaiser Karl III., an einem das Kloster Rheinau betreffenden Gütertausch beteiligt, der in Eschenz bezeugt wurde.

64 Die Chronik des Gallus Öhem, S. 21: Hier erscheint zwar Eschenz in Zusammenhang mit Truchtelfingen als Schenkung Ottos I., aber es besteht dennoch keine Sicherheit darüber, ob das Burg von D OI 116 mit Eschenz verbunden werden kann (s. oben, S. 95).

65 Wartmann 1, Nr. 257, S. 245 f. – dazu K. Schmid, Königtum, Adel, S. 265 ff., bes. S. 267, Anm. 71 – und Wartmann 1, Nr. 19, S. 23; Nr. 221, S. 211 f.

66 Wartmann 1, Nr. 312, S. 289 f.; *Willibarius* in Wartmann 1, Nr. 196, S. 186 f. (801/07), *Haimo* in 1, Nr. 110, S. 104 (786), und 1, Nr. 214, S. 203 f. (815), *Motharius* und *Griffo* in 1, Nr. 179, S. 169 f. (804), *Cozpertus* in 1, Nr. 38, S. 40 (763), 2, Nr. 574, S. 186 f. (873/74), – zweimal –, 2, Nr. 541, S. 154 f. (868), 2, Anhg. Nr. 7, S. 386 f. (861), Nr. 14, S. 392 (Undatiert), und Regesta Badensia, S. 6 (926), *Drasamundus* in Wartmann 1, Nr. 382, S. 357 (830/40), in welcher Urkunde auch der Name Haimo noch einmal begegnet, und in der Urkunde Graf Liutfrids für St. Trudpert von 902, deren Zeugenliste sicher auf eine echte Vorlage zurückgeht (Regesta Alsatiae 1, Nr. 662).

vene im Breisgau ausmachen läßt [67]. Ferner kann der Ortsname Wolfenweiler südlich von Freiburg als Indiz dafür gelten, daß der Name Wolvene im Breisgau verwurzelt war [68].

Hier, am südlichen Oberrhein, überschnitten sich also die Einflußbereiche der »Cozperte« und des elsässischen Adels [69]. Auch im Namensgut beider Verwandtschaftskreise lassen sich manche Überschneidungen feststellen [70].

67 Außer den oben, S. 25, Anm. 94, genannten Zeugnissen für den Breisgaugrafen Wolvene Ende des 9. Jhs. sind folgende den Breisgau betreffende St. Galler Urkunden zu nennen, in denen ein Wolvene teils als Aussteller, teils als Zeuge erscheint: WARTMANN 1, Nr. 214, S. 203 f. (815), 1, Nr. 312, S. 289 f. (828/Mitte 8. Jh.), 2, Nr. 534, S. 147 (868), 2, Nr. 541, S. 154 f. (868), 2, Nr. 777, S. 377 (890–920). Ferner können wir den Namen in der Zeugenliste der Ettenheimer Privaturkunde von 926 (Regesta Badensia, S. 6) und in einer Sulzburger Privaturkunde von 1010 (s. unten, S. 180, Anm. 336, und S. 186, Anm. 367) belegen.

68 W. SCHULTZE, Gaugrafschaften, S. 96, und die Belege bei A. KRIEGER, Topograph. Wörterbuch Bd. 2, Sp. 1499 f. Mit heranzuziehen ist eventuell auch die bei Krieger nicht erfaßte Namensform *Vulvilinchova* in WARTMANN 2, Nr. 654, S. 258 f.; dazu G. MEYER VON KNONAU, Besitz von St. Gallen, S. 162, Anm. 330. – Auf die Verbindung zwischen dem Breisgau und der Landschaft am Westende des Bodensees, wie sie in WARTMANN 1, Nr. 115, S. 108 f. – Besitzübertragung im Hegau, Ausstellungsort der Urkunde in der nordbreisgauischen Mark Buchheim – zum Ausdruck kommt, hat bereits K. SCHMID, Königtum, Adel, S. 243, hingewiesen. An derselben Stelle macht er auf die Zeugenschaft eines Iring, dessen Name mit dem des Ausstellers der eben genannten Urkunde übereinstimmt, in einer Breisgauurkunde des 8. Jhs. aufmerksam (WARTMANN 1, Nr. 38, S. 40, zusammen mit einem Cozpert und Walter). Dieser Name findet sich auch in einer Trudperter Privaturkunde von 968; vgl. unten, S. 185, Anm. 365.

69 Es fällt auf, daß in Buggingen, Zizingen, Laufen und Eggenen, wo die Hildeburg der Anm. 65 über Besitz verfügte, auch Kloster Trudpert begütert war, das Anfang des 10. Jhs. vom elsässischen Adel ausgestattet worden ist (vgl. unten, S. 186, u. die Besitzkarte von St. Trudpert in: Beiträge St. Trudpert, am Ende des Bandes); Buggingen ist aus der Geschichte Guntrams bekannt. Auch Zarten, wo ein Cozpert 816 Besitzrechte hatte (Beleg Anm. 65), erscheint wieder im Zusammenhang mit Guntram und Einsiedeln.

70 Zugrunde zu legen sind die Namen der Gedenkbucheinträge, die K. SCHMID, Königtum, Adel, S. 265 f., für die Verwandtschaft der Cozperte beanspruchen konnte: *Cozpret, Vuoluine, Hiltiburc, Liutolt, Folker, Ualtheri, Peringer, Irmbrig, Himildrud, Erchanbold, Ata, Thiaterih, Irmendrud.* Wir begegnen ihnen zum großen Teil in Einträgen des elsässisch-lothringischen Adels im Liber memorialis von Remiremont: Man vergleiche das Vorkommen der Namen Cozpret, Irmindrud, Yrimburc, Thieterih (6) in dem etichonisch geprägten Eintrag 53v, 12 in MG Lib. memor. Romar.; zu *Cozpert* s. ibd. 53v, 4 (zusammen mit *Theutericus* (3), *Liutolt* (2), und *Periger*); zu *Emeldrud* ibd. 6r, 2 (um 925 Familie des Grafen Hugo); zu *Irmindrud* u. *Ualteir*

Nachdem die Möglichkeit diskutiert worden ist, daß die Position Guntrams in Eschenz auf einer weitläufigen Verwandtschaft mit den »Cozperten«, die mit der Geschichte des Klosters Rheinau aufs engste verbunden waren, beruht hat, soll die Persönlichkeit des Grafen Konrad, der zu Einsiedeln in Beziehung stand, näher untersucht werden [71]. Wir wissen, daß er im Thurgau, in Wangen, Kt. Schwyz, und Ägeri, Kt. Zug, Besitz an Einsiedeln geschenkt hat, der wohl aus der Hand seiner Gemahlin Liutgart stammte [72], und daß sein Bruder Bernhard in Wittenheim im Sundgau Güter an dasselbe Kloster übertrug. In mehreren Gedenkbucheinträgen aus der Mitte des 10. Jahrhunderts finden sich die Namen Konrad und Bernhard, so daß wir in ihnen mit einiger Wahrscheinlichkeit die beiden Brüder erkennen dürfen [73]. Das Namensgut dieser Einträge weist nun einerseits auf die Etichonen, andererseits auf die frühen Habsburger [74]; hierzu fügt sich, daß Bernhard in Wittenheim

ibd. 6v, 8 (um 950 Familie des Hugo); *Hildeburg*, *Uualterius* u. *Ermentrudis* begegnen ibd. 57r, 4 (3. Viertel 10. Jh.), vgl. auch 56v, 2 (dieselbe Zeit). Die Namen Uuoluene, Theodericus, Uualther, Cozpert treten in den Murbacher Konventslisten aus dem 9. Jh. im Reichenauer Verbrüderungsbuch und Liber memorialis von Remiremont auf (MG Libri confrat. cod. aug. col. 167 ff.; Liber memor. Romar. 58v, 1 ff.; vgl. unten, S. 232 f.). In einer Urkunde des Rheinauer Abtes Cozpert von 892 (Das Cartular von Rheinau, hg. v. G. Meyer von Knonau, in: Quellen z. Schweiz. Gesch. III, 2, 1883, Nr. 23) findet sich die Zeugenliste: *S. Cozperti, Adalperti comitis. Liutolt. Theoterich.* Cozhelm. *Item Theoterich. Hartpret. Hugibret. Adalger. Item Theoterich. Otpret. Adalhelm. Hartpret. Altine. Meginbret. Madalger. Folchart. Immo.* Erchinbret. In der Rubrik *Nomina laicorum*, die an die ins Ende des 9. Jhs. datierte Murbacher Konventsliste in Remiremont angefügt ist, lesen wir hintereinander: *Erchinpret, Uualtheri, Gozhelm* (62v, 1); um 878 wirkte in Rheinau ein Vogt Liuto (Cartular, Nr. 20, S. 28); auch unter den Laien der Murbacher Konventsliste steht der Name Liuto. (Die aufschlußreichen Einträge sind im Anhang aufgeführt). Das hier vorgelegte Material reicht keineswegs aus, um eine enge Verwandtschaft zwischen den »Cozperten« und den Etichonen anzunehmen. Doch fügen sich die Beobachtungen am Namensgut zu den besitzgeschichtlichen Feststellungen und bieten vielleicht eine Erklärung dafür, daß wir gerade in Eschenz Guntram nachweisen können.

71 Über ihn H. Keller, Kloster Einsiedeln, S. 76 ff.

72 So die Annahme von H. Keller, ibd., S. 108.

73 MG Libri confrat. cod. sangall. col. 333; cod. aug. col. 75b; 192b/193b; 479; dazu H. Keller, Kloster Einsiedeln, S. 77 f. mit Anm. 195.

74 Vgl. die Namen *Liutfrid, Willa, Cundram, Hugo, Hildegart, Eberhard, Irminsind, Irmingard, Werner, Adalbero, Konrad* (MG Liber memor. Romar. 6r, 2; 7r, 2; 6v, 8; 42v, 16; 40v, 2; 38v, 1 – s. Anhang). Der von H. Keller, wie Anm. 73, zitierte Eintrag cod. aug. col. 192b/193b findet eine Parallele im Liber memor. Romar. 57r, 2 durch zahlreiche Überschneidungen, bes.: cod. aug. col. 192b *Hartrat, Hartman, Mahtsind, Mahtgund, Radeboto* – Romar. 57r, 2 *Harterat, Radeboto, Mahtgund, Hartman;* dieser ist auf die

im Elsaß begütert war, wo das Kloster Murbach Besitz hatte[75]. Auch die elsässischen Grafen mit Namen Bernhard am Ende des 9. und nach der Mitte des 10. Jahrhunderts sind zu erwähnen[76]; sie kommen im Wechsel mit eindeutig etichonischen Grafen vor.

Aus diesen Beobachtungen ergeben sich zwei Fragen, die selbst eng miteinander zusammenhängen: Sind wir erstens berechtigt, den Grafen Konrad (gest. 24. 11. 994) wegen seines Namens und deshalb, weil es der Vergleich mit den Grafenlisten dieser Zeit nahelegt, als Konradiner anzusprechen, und gibt es zweitens Anhaltspunkte für Verbindungen Kunos von Öhningen zum Elsaß? Mit der ersten Frage berühren wir den Problemkreis Verwandtschaft im 10. Jahrhundert; ihn vermochte K. Schmid so weit zu klären, daß wir für diese Zeit noch keine in sich geschlossenen Familien oder Geschlechter zugrunde legen können; durch die kognatische Verwandtschaft verzahnten sich die persönlichen Beziehungen weitläufig[77]. Insofern wird man aufgrund des Befundes, daß in etichonisch geprägten Gedenkbucheinträgen die Namen Konrad und Bernhard begegnen, nicht von vornherein ausschließen können, daß die aus anderen Quellen bekannten Personen gleichen Namens in weiterem Sinn der konradinischen Verwandtschaft zuzuordnen sind. Doch bedarf es für eine solche Zuordnung positiver Hinweise; sie sind wohl nicht in den »Grafenlisten« für jene Zeit zu suchen, wissen wir doch, daß sich manche *comites* beispielsweise im 10. Jahrhundert nicht einer bestimmten Grafschaft zuordnen lassen[78]. Da auch der Name Konrad

Zeit vor Mitte des 10. Jhs. datiert und trägt den Titel *Nomina defunctorum*. Er ist kürzer als der Reichenauer und weist nicht die Namen Konrad/Bernhard auf. Vielleicht ließ sich der Reichenauer Verwandtschaftskreis zusammen mit Namen gestorbener Vorfahren eintragen.

75 H. L. von Jan, Das Elsaß zur Karolingerzeit. Nachweise zur Ortskunde und Geschichte des Besitzes der reichsländischen Vorzeit, in: ZGO NF 7, 1892, S. 193–248, hier S. 239.

76 D Zwent. 6 (896); D OI 166 (953); H. Keller, Kloster Einsiedeln, S. 78, Anm. 197. In diesem Punkt ist H. Witte, Der heilige Forst, S. 199, Anm. 1, zu korrigieren, der die Ansicht vertritt, der Graf Bernhard von 953 sei keinesfalls Etichone gewesen.

77 K. Schmid, Zur Problematik, passim; Ders., Königtum, Adel, S. 313 f.; Ders., Hirsau, S. 93 ff., 105 ff.

78 Dies haben auch die Hersteller von Grafenlisten erkannt: R. Kloss, Grafschaftsgerüst, S. 136 (für Alemannien); so wenig dieses Argument von H. Keller für eine Identifizierung ausreicht, so fraglich ist auch der Hinweis auf die Namensgleichheit von Konrads Gemahlin (Liutgart) und der Frau Konrads des Roten, von der Thietmar (wie Anm. 42) die Geschichte vom Wormser Zwischenfall berichtet; vgl. die Kritik von K. Schmid, Kuno von Öhningen, S. 76, Anm. 153, und seine Stellungnahme zu den Entwicklungssta-

bei den Etichonen geläufig ist[79], besteht vorerst kein Anlaß, ihn aus dem Verwandtschaftskreis, den die Gedenkbucheinträge aufweisen, herauszulösen.

Versuchen wir nun, die zweite Frage, nämlich die nach Anhaltspunkten für Verbindungen Kunos zum Elsaß, zu beantworten. Was die Thesen der Forschung über Graf Kuno von Öhningen betrifft, so ist zunächst von der Untersuchung K. Schmids[80] auszugehen. Aus ihr wird die grundsätzliche Unsicherheit in der genealogischen Einordnung Kunos spürbar; dabei hat von allen Theorien die Ansicht von G. Schenk von Schweinsberg[81], Kuno sei mit dem Ufgaugrafen Konrad und dem Sohn des Grafen Gebhard, der auf dem Wormser Hoftag Aufsehen erregte, identisch, bis in jüngste Forschungen hinein am meisten Anklang gefunden[82]. Der konradinische Verwandtschaftszusammenhang, den K. Schmid in dem Reichenauer Eintrag eines Cuonradus *comes* feststellen konnte, hat ihn dennoch nicht zu einer Identifizierung im Sinn der älteren Thesen bewogen.

Bereits bei der Behandlung der Frage, wie wir von der später als öhningisch entgegentretenden Besitzlandschaft im Alpgau und Klettgau und von ihren hervorstechenden Personen, dem Verwandtenkreis um den Namen Cozpert, eine Brücke zu dem Etichonen Guntram schlagen können, waren wir über die Schluchsee-Erbengemeinschaft auf das Elsaß gewiesen worden. Da als Zwischenglied in dieser unterstellten Kontinuität Graf Kuno von Öhningen zweifellos eine bedeutende Rolle gespielt hat, darf ihm mit gebotener Vorsicht eine Beziehung zum elsässischen Adel unterstellt werden. An dem aus der welfischen Tradition bekannten und durch den Gedenkbucheintrag bestätigten Personenkreis um den Grafen Konrad/Kuno ist bereits beobachtet worden, daß zwei seiner Söhne, Liutold und Kuno/Konrad, an die Stifter des Klosters Zwiefalten er-

dien dieser »Skandalgeschichte«, ibd., S. 76 ff. Man wird Thietmars zeitliche Nähe zum Ereignis von 950 nicht unterschätzen dürfen und an seinem Zeugnis wohl nur die erste Veränderung von *neptis* (so noch der Continuator) zu Tochter Ottos I., aber noch nicht die zweite von illegitimer zu legitimer Beziehung beobachten können, wie sie sich vielleicht in der welfischen Tradition ausdrückt.

79 MG Liber memor. Romar. 6v, 8 (um 950) ... *Euerat, Hugo, Ugo, Guntram, Betta, Teudo, Meingot, Litart, Gotifrit, Riqin,* Gunrat, *Ualteir* ... u. 6r, 2 (um 925) *Hugo com., Hildesint* ... *Uuilla, Liutfridus, Uuito, Uuernerio,* Cuonradus, *Uodelrih, Eburhardus* ...

80 K. Schmid, Kuno von Öhningen, S. 53 ff.

81 G. Schenk von Schweinsberg, Genealogische Studien, S. 370 ff.

82 K. Schmid, Kuno von Öhningen, S. 85, mit Hinweis auf das Problem, ihn mit dem Wormser Konrad gleichzusetzen.

innern [83]. Man wollte in Liutold den *nobilissimus comes* Liutho erkennen, der mit einer Willibirg *de Mumpilgart seu de Wulvelingin* [84] verheiratet war und dessen Tochter Adelheid Rudolf, Eginos Bruder, zur Frau nahm; aus dieser Ehe gingen die Brüder Kuno, Liutold, Egino, Rudolf, Hunfrid, Beringer und Werner, der spätere Bischof von Straßburg, hervor. Hier ist nur darauf zu verweisen, daß es möglich wäre, mit plausiblen Gründen den in der Welfentradition und im Reichenauer Eintrag begegnenden Liutold, den Sohn Kunos von Öhningen, als Vorfahren der Stifter von Zwiefalten anzusehen, wenn wir eine verwandtschaftliche Nähe des Grafen Kuno zu den Etichonen unterstellen. Denn es sind beachtenswerte Argumente dafür geltend gemacht worden, daß die Achalmer über Adelheid mit den elsässischen Grafen verwandt waren [85].

Wenden wir uns noch einmal dem Gedenkbucheintrag des Cuonradus *comes* mit seiner Verwandtschaft zu: Die Beziehung des Grafen zu den

83 Ders., ibd., S. 50 mit Anm. 31 f., dort Verweis auf Literatur.

84 Die Zwiefalter Chroniken Ortliebs und Bertholds, hg. v. E. König u. K. O. Müller, Schwäbische Chroniken der Stauferzeit Bd. 2, 1941, S. 12; dabei ist wohl *de Mumpilgart* (Mömpelgard) auf Liutho und *de Wulvelingin* (Wülfingen bei Winterthur) auf Willibirg zu beziehen; zu ihr P. Kläui, Die Verwandtschaft des Kanzlers Hunfried mit Heinrich III., in: ZWLG 15, 1956, S. 284–287; dazu K. Schmid, Kuno von Öhningen, S. 50, und unten, Exkurs I, S. 211 ff.

85 Fr. Vollmer, Etichonen, S. 175 mit Anm. 290. Dort wird auch erwogen, ob ein weiterer Sohn von Lutoldus/Liutho, Wotto, mit dem Sundgaugrafen aus der ersten Hälfte des 11. Jhs. gleichzusetzen ist. Die Söhne Adelheids Liutold und Egino haben Besitz im – etichonischen – Ebersheim an Zwiefalten geschenkt (Zwiefalter Chroniken, S. 28). Auch die Namensgebung bei den Söhnen Rudolfs und Adelheids ist aufschlußreich: Wenn wir zunächst von dem erstgeborenen Kuno absehen, so dürfte Liutold seinen Namen von Adelheids Vater, Hunfrid von Adelheids Bruder her empfangen haben. Angesichts dieser deutlichen Bezüge gehen wir nicht fehl, auch Kunos Namen in der Vorfahrenschaft Rudolfs oder Adelheids zu suchen; vielleicht fand er sich im Umkreis Liuthos/Lutolds. Mit Hunfrid und Berenger berühren wir das Namensgut der »Liutfride«, der Sundgau-Grafen (Fr. Vollmer, Etichonen, S. 173 ff.); im Kloster Murbach fungierte um 977 ein Abt Beringer (dazu A. Gatrio, Murbach, S. 168 f., mit Erwähnung anderer gleichnamiger Personen, die z. T. mit der Geschichte Murbachs und des Sundgaus zusammenhängen; zu korrigieren ist die Datierung des sanktblasianischen Abtes Beringer(?) in die 2. Hälfte des 10. Jhs.; dazu s. unten, S. 129, Anm. 89). Bei Wipo, Gesta Chuonradi c. 16 (MG SS rer. Germ. i. u. sch., hg. v. H. Breßlau, 1915(3), S. 36 f.) begegnet im Zusammenhang mit der Kaiserkrönung 1027 ein *iuvenis nomine Berengarius, filius Liutoldi comitis de Alamannia, multum nobilis*. In ihm vermutete H. Breßlau einen Achalmer; er käme zeitlich als weiterer (wohl früh gestorbener) Sohn Liutolds in Frage, auf den der Name des sechsten Sohnes von Rudolf und Adelheid vielleicht zurückgeht.

Konradinern, die sich in den Namen Herimannus, Ita und Judita widerspiegelt, ist unbestreitbar [86]. Wenn wir die hier vorgetragene These von den elsässischen Beziehungen Kunos »von Öhningen« [87] zugrundelegen und uns gleichzeitig seine unzweifelhafte Nähe zum konradinischen Verwandtschaftskreis vergegenwärtigen, so ermessen wir daraus einmal mehr die Schwierigkeit einer genealogischen Einordnung, finden in dieser Doppelorientierung vielleicht auch die Erklärung dieser Schwierigkeit [88]. Es sprechen manche Kriterien dafür, daß der comes *Cuonradus* der Einsiedler Überlieferung (gest. 994) zu dem Grafen Kuno »von Öhningen« in Beziehung gesetzt, vielleicht sogar mit ihm identifiziert werden kann [89]. Doch ist dies hier nicht das vorrangige Problem. Wichtiger scheint die Beobachtung zu sein, daß wir in den beiden Grafen namens Konrad, die in der zweiten Hälfte des 10. Jahrhunderts im alemannischen Raum wirkten und die sich bislang einer eindeutigen verwandtschaftlichen Einordnung entzogen, Persönlichkeiten begegnen, die zwischen den Konradinern und dem elsässischen Adel eine verbindende Funktion ausübten. Es läßt sich vielleicht von daher auch Aufschluß über den Tatbestand gewinnen, daß sich die alemannischen Herzöge konradinischer Herkunft am Ende des 10. Jahrhunderts zusätzlich als *duces Alsaciorum* bezeichneten.

Fragen wir nach weiteren konradinischen Beziehungen zum Elsaß, fällt bei der Durchsicht des Einsiedler Jahrzeitbuches neben Bernhard, dem Bruder des 994 getöteten Grafen Konrad, Ita, die Gattin Herzog Liudolfs, als Schenkerin von elsässischem Besitz an Einsiedeln auf: *D. Ita dedit Sierenza, fuit uxor Liutolfi ducis Alamannorum* [90]. In Sierenz, südöstlich von Mülhausen gelegen, bestand eine fränkische *villa:* 835 hielt sich hier Ludwig d. Dt. auf; Karl III. schenkte 877 Besitz in Sierenz an eine Berehteida, wohl die Gemahlin des Grafen Ulrich vom Linzgau und Argengau [91]. Es ist nicht bekannt, worauf die Verfügungsgewalt

86 K. Schmid, Kuno von Öhningen, S. 85, hat nachdrücklich hingewiesen.
87 An einen Zusammenhang zwischen Guntram und Kuno von Öhningen dachte bereits O. Feger, Geschichte des Bodenseeraumes Bd. 1, 1956, S. 190 f (dazu K. Schmid, Kuno von Öhningen, S. 70). Doch streift er den Sachverhalt nur mit der Bemerkung, es lasse sich anders nicht erklären, wie ein derart hochadeliges Geschlecht (sc. die Welfen) nach Öhningen komme.
88 Bereits K. Schmid nahm die Divergenzen der Forschungsthesen zum Anlaß, die Überlieferung auf ihre Voraussetzungen hin zu überprüfen.
89 Dazu Exkurs I, unten, S. 218.
90 QW II/3, S. 367, 374.
91 RI I 1356; D KaIII 2; vgl. auch H. Büttner, Geschichte des Elsaß Bd. 1, Registerposition Sierenz, u. ibd., S. 154, zur Entfremdung von Reichsgut in der ersten Hälfte des 10. Jhs.

Itas zurückzuführen ist; doch fügt sich allein schon ihre nachweisliche Wirksamkeit im Elsaß zu dem, was wir an dem Eintrag des Grafen Konrad im Reichenauer Verbrüderungsbuch beobachteten, nämlich eine Verbindung der Konradiner zum Elsaß; die Erwähnung einer Ita in der Reichenauer Notiz, die wegen der Verbindung mit dem Namen Hermann, wenn nicht mit Liudolfs Gattin identifiziert, so doch zumindest in engsten Zusammenhang mit ihr gebracht werden kann, und die Einsiedler Überlieferung, nach der die Herzogin Ita Besitz im Elsaß an das Kloster schenkte, scheinen sich gegenseitig zu stützen [92].

Unser Interesse verdienen hier auch die beiden Straßburger Bischöfe Ruthard (933–950) und Uto III. (950–965). Ruthard, dessen Name bei den Konradinern begegnet [93], beteiligte sich am Aufstand von 939 auf der antiköniglichen Seite und floh zusammen mit Erzbischof Friedrich von Mainz aus dem Lager Ottos I. vor Breisach zu den Aufständischen nach Metz [94]. Wenn dieses Faktum allein auch nicht viel bedeutet, so bildet es doch zusammen mit dem Namen und der Tatsache, daß Ruthard nach dem Zeugnis der Versus Erchanbaldi auf fränkischem Bo-

92 Erwähnt sei auch die Übertragung von zwölf Hufen in (Nieder-)Steinbrunn an Einsiedeln durch Konrad II. und Gisela (D KoII 42–1025), die auch im Jahrzeitbuch vermerkt ist (QW II/3, S. 365, 368). Steinbrunn läßt sich als Besitzung der Etichonengründung Maasmünster ausmachen (H. L. von Jan, Elsaß, S. 226; H. Büttner, Geschichte des Elsaß Bd. 1, S. 84 f.; Fr. Vollmer, Etichonen, S. 144, 148). Diese Aktivität Konrads II. und Giselas im südlichen Elsaß ist vielleicht im Zusammenhang mit der Besitzrestitution für Murbach unmittelbar nach dem Tod Bischof Adalberos von Basel zu sehen (D KoII 39). Worauf die Steinbrunner Tradition zurückgeht, ob hier etwa an eine konradinische Position gedacht werden kann, muß offen bleiben.

93 Vgl. den Eintrag im Reichenauer Verbrüderungsbuch MG Libri confrat. cod. aug. col. 259 u. 265 (nach K. Schmid, Kuno von Öhningen, S. 89); zu dem fränkischen Grafen Ruthard und seinem Wirken im Elsaß und in der Ortenau J. Fleckenstein, Welfen, S. 97 ff., u. H. Büttner, Franken und Alemannen, S. 339 ff. H. Schwarzmaier, Ortenau, S. 28 f., hat die Adelskontinuität in diesem Raum von Ruthard/Heddo im 8. Jh. über Waldo und die Bischöfe Uto und Bernold zu den konradinischen Grafen des 10. Jhs. und zu dem Speyrer Domvogt Ruthard (dazu A. Doll, Vögte und Vogtei im Hochstift Speyer im Hochmittelalter, in: ZGO 117 NF 78, 1969, S. 245–273, hier S. 252) zwischen 960 und 972 dargestellt. Es ist zu überlegen, ob auch Bischof Ruthard von Straßburg in diese Kontinuität einzuordnen ist. Die von L. Pfleger, Kirchengeschichte Straßburgs, 1941, S. 25, behauptete Verwandtschaft Ruthards mit dem sächsischen Herzogsgeschlecht entbehrt jeder Grundlage. Die Angabe von G. Waitz, Jahrbücher Heinrichs I., S. 158, bezieht sich nur auf Bischof Amalung von Verden.

94 Regesten Straßburg 1, Nr. 135, S. 246; R Köpke-E. Dümmler, Otto d. Gr., S. 90.

den seine letzte Ruhestätte fand[95], einen Hinweis auf konradinische Verwandtschaft, wie wir sie bei Bischof Uto III. mit Sicherheit annehmen können[96]. In den zeitgenössischen Quellen begegnet dieser als *Uto magnus magnorum filius* und als *Udo filius Udonis comitis*[97]. Eine Identifizierung dieses *comes* Udo mit Udo, dem Bruder Herzog Hermanns I., oder anderen Trägern dieses Namens aus der Mitte des 10. Jahrhunderts ist bisher nicht gelungen[98]. Bischof Uto nahm 952 an dem Augsburger Reichstag teil und hielt sich ein Jahr später in Erstein bei Otto I. auf, von dem er eine Bestätigung des Straßburger Zollprivilegs erhielt; 962 begleitete er den König auf seiner Romfahrt[99]. Auffällig ist seine reichhaltige Schenkung von ortenauischen Gütern an die Straßburger Kirche[100]; zur gleichen Zeit verwaltete ein Konradiner als Graf den Ufgau.

Mit Ita und den Straßburger Bischöfen Ruthard und Uto können wir teils sicher, teils vermutungsweise eine konradinische Wirksamkeit im Elsaß in der Zeit zwischen den Herzögen Hermann I. und Konrad fassen. Nimmt man die kontinuierliche Linie der Ortenau-Ufgau-Grafen Gebhard-Cuno hinzu, so erweisen sich die konradinischen Positionen im Oberrheingebiet als beträchtlich. Auch die Brüder Graf Konrad und Bernhard und Kuno »von Öhningen« sind hier, abgesehen davon, wie sie zueinander standen, für das Elsaß und den an den Oberrhein sich anschließenden Raum des Alpgaus und Klettgaus zu nennen.

95 Regesten Straßburg 1, Nr. 133, S. 245; Nr. 139, S. 246: *Suevia quem docuit, Flens Argentina dolebit,/Francia rure tegit, Suevia quem docuit.* Die Formulierung von H. BÜTTNER, Geschichte des Elsaß Bd. 1, S. 178, Ruthard sei aus Schwaben gekommen, wird von ihm in Anm. 58 auf die in einem schwäbischen Kloster genossene Erziehung hin modifiziert, ohne daß dabei auf die *Francia*-Stelle eingegangen wird.

96 Zu den Straßburger Bischöfen namens Uto H. SCHWARZMAIER, Ortenau, S. 18, 26; Uto II. (1. Hälfte 9. Jh.) fungierte zugleich als Abt von Schwarzach.

97 Erchanbaldi Versus, hg. v. K. Strecker, in: MG Poet. lat. V, 2, 513; Regesten Straßburg 1, Nr. 140, S. 246 f.; Continuator Reginonis a. 950, S. 164.

98 Continuator Reginonis a. 964, S. 175; a. 966, S. 177; zur Frage der Identität: Regesten Straßburg 1, Nr. 140, S. 247. Man beachte die Häufigkeit des Namens Udo im Reichenauer Eintrag MG Libri confrat. cod. aug. col. 259: *Uto, Uoto, Heriman, Uto, Chonrat...*, in dem wir vielleicht die Brüder Udo und Hermann erkennen können.

99 R. KÖPKE-E. DÜMMLER, Otto d. Gr., Registerposition Udo (Uto), B. von Straßburg.

100 Regesten Straßburg 1, Nr. 145, S. 248. Die Urkunde wurde von H. BLOCH, Iura curiae, S. 140, als Fälschung des 12. Jhs. erkannt; die Beziehung Utos zur Ortenau ist jedoch durch einen Eintrag im Melker Seelbuch zum 26. 9. gesichert: *Oudo episcopus obiit de Badelesbach* (Bohlsbach bei Offenburg) *plenum servicium* (hg. v. W. Wiegand, in: ZGO NF 3, 1888, S. 195).

Was die alemannischen Herzöge in dieser Zeit betrifft, so darf nicht übersehen werden, daß Liudolf als Gatte der Ita und Otto als Sohn der beiden die von Hermann I. begonnene konradinische Tradition fortführten; ihre Zugehörigkeit zum ottonischen Königshaus gab in der Literatur zumeist den Ausschlag bei der Beurteilung [101]. Daß Liudolf zu Schwerpunkträumen der Konradiner Kontakt hatte und sein Sohn Otto diese Tradition fortsetzte, kann man an dem *beneficium* im Hessengau beobachten, das Liudolf und Otto innehatten [102] und das auf einen Wirkungskreis Hermanns I. hinweist [103]. Aufschluß gibt auch die Tatsache, daß Liudolf in St. Alban in Mainz bestattet wurde [104]. In dieser Kirche, der Otto I. auf Bitten Itas zum Seelenheil seines Sohnes Besitz im Lahngau zuwies [105], hatte bereits Liutgard, Tochter Ottos I. und Gattin Konrads des Roten, ihre letzte Ruhestätte gefunden [106]. Welche Beziehungen zwischen den Konradinern und Mainz bestanden, erhellt daraus, daß Ita Besitzrechte in Bürgel und Großkrotzenburg am unteren Main an das Mainzer Stift St. Peter übertrug [107] und daß die Kinder Liudolfs und Itas, Herzog Otto und Mathilde, das Stift St. Peter und Alexander in Aschaffenburg an St. Martin in Mainz schenkten [108]. Auch Ottos I. Vergabe von Königshufen im Königssundergau bei Wiesbaden an Gerung, einen Vasallen Liudolfs, weist in dieselbe Richtung [109].

101 So in den Darstellungen von CHR. FR. STÄLIN, Wirt. Gesch. Bd. 1, S. 445 ff., 461 ff., K. WELLER, Geschichte des schwäbischen Stammes, S. 166 ff., 178 ff.; auch die Tabelle der alemannischen Herzöge bei G. TELLENBACH, Reichsaristokratie, S. 39 f. (208 f.), ist zwar korrekt, aber verkürzt notwendig die Dimensionen, wenn Liudolf, aber vor allem Otto, einfach als Liudolfinger erscheinen.

102 D OII 188; UB der Reichsabtei Hersfeld, hg. v. W. Weirich, I, 1, 1936, Nr. 52.

103 S. oben, S. 106, Anm. 247.

104 CHR. FR. STÄLIN, Wirt. Gesch. Bd. 1, S. 452 mit Anm. 6; R. KÖPKE-E. DÜMMLER, Otto d. Gr., S. 290 mit Anm. 1.

105 D OI 192.

106 R. KÖPKE-E. DÜMMLER, Otto d. Gr., S. 228; Thietmar, Chronicon II 39, S. 88.

107 G. C. JOANNIS, Rerum Moguntiacarum tomus 2, 1722, S. 462; zitiert nach I. DIETRICH, Konradiner, S. 185, 202.

108 A. HOFMEISTER, Die älteste Überlieferung von Aschaffenburg, mit Beiträgen zur Geschichte des sächsischen Königshauses, in: MIÖG 35, 1914, S. 260–277; I. DIETRICH, Konradiner, S. 180. Was Liudolfs Bestattung in Mainz angeht, so wird man den dortigen Episkopat seines Halbbruders Wilhelm berücksichtigen müssen.

109 D OI 125; R. KLOSS, Grafschaftsgerüst, S. 85.

Die Fortsetzung konradinischer Tradition können wir ferner an der Wirksamkeit Herzog Ottos gerade im Vergleich mit seinem Vorgänger erkennen: Burchard II. intervenierte, öfters zusammen mit seiner Nichte, der Kaiserin Adelheid, außer für seine Mutter Reginlind und für das Kloster Einsiedeln, das von allen alemannischen Herzögen bis Konrad urkundlich gefördert worden ist [110], für die Reichenau, Disentis und Konstanz und ist im alemannischen Raum nur im Kloster Reichenau nachweisbar, in dem er wie Hermann I. bestattet wurde [111]. Im Mittelpunkt von Ottos Förderungen stand das Stift St. Peter und Alexander in Aschaffenburg, in dem er seine Grablege fand [112]. Außer dem ihm von seinem Vater überkommenen Lehen im Hessengau deutet auch seine Stellung in Koblenz auf eine enge Verbindung zu den Konradinern: Hier begegnet er als *dominus* Otto an erster Stelle unter den Zeugen einer Schenkungsurkunde für St. Maria in Koblenz und erweist sich somit als Nachfolger seines Großvaters, Herzog Hermanns I., der das Stift St. Florin gegründet hatte [113].

Auf alemannischem Boden lassen sich Aufenthalte Herzog Ottos in Erstein und Brumath in königlicher Umgebung feststellen [114]; außer in Urkunden für Bayern, dessen Herzogswürde er seit 976 bekleidete [115], und für Rheinfranken intervenierte er in Alemannien lediglich für Einsiedeln [116]. Aus dem Vergleich zwischen Burchard II. und Otto zeichnet

110 H. KELLER, Kloster Einsiedeln, S. 46. Hermann II. kennen wir als *benefactor* des Klosters aus dem Jahrzeitbuch. Zur Funktion und Bedeutung der Intervenienz die allerdings meist deskriptiv bleibende Arbeit von R. SCHETTER, Die Intervenienz der weltlichen und geistlichen Fürsten in den deutschen Königsurkunden von 911–1056, Diss. phil. Berlin, 1935, zu den Herzögen S. 72 ff.

111 D OI 193, 208, 218, 236, 275–77; D OII 25; zur Bestattung auf der Reichenau CHR. FR. STÄLIN, Wirt. Gesch. Bd. 1, S. 459.

112 D OII 84, 98, 117, 128, 188, 215, 245, 284; CHR. FR. STÄLIN, Wirt. Gesch. Bd. 1, S. 464; Ottos Rechte an Aschaffenburg führte I. DIETRICH, Konradiner, S. 179 ff., auf konradinischen Ursprung zurück und verwarf die Forschungsmeinung von der liudolfingischen Herkunft mit rechtlichen und politischen Argumenten.

113 Mittelrheinisches UB 1, Nr. 257, S. 314. Die Urkunde trägt kein Datum, doch erweist sich die Identität des Herzogs eindeutig aus *Signum domini Ottonis. Liutolfi filii.* In gleicher Weise läßt sich seine Schwester Mathilde mit Koblenz in Verbindung bringen: Sie überließ einen Hof Eschelbach (zwischen Wirges und Montabaur) dem Erzbischof Liudolf von Trier und erbat als Gegenleistung Zehntrechte für St. Florin (Mittelrheinisches UB 1, Nr. 277, S. 331 f.).

114 RI II/2 703, 706, 773, 783.

115 K. UHLIRZ, Jahrbücher Ottos II., S. 78 ff.

116 D OII 123.

sich der Beginn einer Schwerpunktverlagerung innerhalb des alemannischen Herzogtums ab: Der thurgauisch-rätische Raum rückte zugunsten des Oberrheingebiets in den Hintergrund. Wie Hermann I. und Liudolf hatte auch Herzog Otto noch die Grafschaftsrechte in Unterrätien inne[117]; doch seine Gravitation in den oberrheinisch-fränkischen Bereich fand ihre konsequente Fortsetzung darin, daß Herzog Konrad (983–997) im Rheingau in der Gegend um Bensheim als Graf fungierte[118], daß er aber, wie auch seine Nachfolger, in Rätien nicht mehr nachweisbar ist.

Mit dem Tod Herzog Ottos nach der Schlacht Kaiser Ottos II. gegen die Sarazenen 982 erreichen wir den Zeitraum, für den wir aus den Quellen einen *ducatus Alsaciensis* neben dem alemannischen Herzogtum kennen. Hier ist nach dem Hintergrund und den Beweggründen von

117 Burchard II. ist als Graf im Thurgau (D OI 189) und im Zürichgau (D OI 285), nicht aber in Unterrätien nachweisbar. Hier sei kurz auf die Gliederung Rätiens in zwei (mit Engadin/Vintschgau drei) Grafschaften eingegangen, wie sie E. Meyer-Marthaler, Rätien, S. 94 f., und im Bündner UB 1, S. 500, dargestellt hat. Wenn man als Quellenbezeichnungen für »Oberrätien« den *pagus Curiensis,* für »Unterrätien« den *pagus Raetiae Curiensis* zugrundelegt, so wird man schwerlich für das 10. Jh. mit E. Meyer-Marthaler die Grenze zwischen beiden Comitaten bei der Landquart und ihrer Einmündung in den Rhein nördl. von Chur annehmen können, wie sie durch 2 Urkunden Heinrichs III. (D HIII 251 f.) naheliegt (hier Angabe von Forstgrenzen). Denn in D OI 208 f. werden *Amades*/Ems südwestl. von Chur und Chur selbst *in Raetia Curiensi* lokalisiert. Wir können für die Mitte des 10. Jhs. keine gleichzeitige strikte Trennung erkennen wie in den Urkunden Heinrichs III. Bereits E. Meyer-Marthaler spricht von einer Vertretung des oberrätischen Adalbert 965 in Unterrätien (D OI 276, Schaan in Liechtenstein betreffend) oder von einer irrtümlichen Zuweisung (S. 95, Anm. 238). Dasselbe kann wohl für D OI 120 gelten, wo der oberrätische Graf Ulrich (vgl. D HI 11) für Pfäfers in Unterrätien erscheint; die Urkunde ist auf dem Wormser Hoftag von 950 ausgestellt, auf dem Liudolf das Herzogtum des Ende 949 gestorbenen Hermann I. übernahm: Eine Vertretung liegt nahe. Umgekehrt können wir in D OI 139 feststellen, daß Herzog Liudolf für den *comitatus Curiensis* zuständig ist, der wohl mit dem *pagus Curiensis* gleichzusetzen ist (Bündner UB 1, S. 410) und mithin zumindest auch oberrätisches Gebiet umfaßte (vgl. D HI 11, Almens, Kr. Domleschg am Hinterrhein, u. D OI 285, Disentis am oberen Teil des Vorderrheins). Es läßt sich also gerade für die fünfziger und sechziger Jahre des 10. Jhs. keine klare Trennungslinie ziehen; eine vorübergehende gemeinsame Verwaltung durch einen Grafen ist denkbar, so daß der ohnehin geklammerte Eintrag Herzog Burchards II. im Bündner UB 1, S. 500, wegfallen könnte; das beigefügte Datum 960 läßt sich nicht verifizieren.

118 D OIII 8, 166; R. Kloss, Grafschaftsgerüst, S. 91, mit der Korrektur der Umdatierung von D OIII 134 von 995 auf 993 und dem Nachtrag von D OIII 166.

Konrads Einsetzung auf dem Reichstag von Verona 983 zu fragen. Nach den vorausgegangenen Beobachtungen scheint der Anschluß an die konradinische Tradition in Alemannien nicht so überraschend, wie es eine auf Genealogie und Geblütsrechtsansprüche ausgerichtete Sicht nahelegt [119]. Es fragt sich, wie weit auf dem Veroneser Reichstag, dessen Prägung durch die Initiative der *principes* M. Lintzel [120] betont hat, über die bloße (entfernte) Verwandtschaft mit Herzog Hermann I. hinaus Konrad Ansprüche auf das alemannische Herzogtum geltend machen konnte, Ansprüche, die mit der konradinischen Position am Oberrhein zusammenhingen. Ein *ducatus Alsaciensis,* auf den Herzog Konrads urkundlich bezeugter Titel bezogen war, bestand bereits vor 983 [121]. Die Konrad vorangegangenen Herzöge standen in keiner nachweislichen ad-

119 Vgl. G. WARNKE-ZOLLER, König und Herzog, S. 66 mit Anm. 35 (S. 124), über die Einsetzung Konrads, die nicht mit dem Legitimationsbegriff von E. Kimpen erklärt werden könne, da Konrad nicht mit den Liudolfingern verwandt war, und vgl. auch die Formulierung von K. WELLER, Geschichte des schwäbischen Stammes, S. 180: »Kaiser Otto II. hatte das erledigte Herzogtum Schwaben 982 wieder einem Stammesfremden verliehen.«

120 M. LINTZEL, Der Reichstag von Verona im Jahre 983, Miszellen zur Geschichte des 10. Jhs. Teil VII, in: Berichte sächs. Akad. Wiss., phil.-hist. Kl. 100, 2, 1953, S. 108–116, wieder in: DERS., Ausgewählte Schriften Bd. 2, 1961, S. 291–296.

121 Darauf geht H. BÜTTNER, Geschichte des Elsaß Bd. 1, S. 195, Anm. 155, S. 213, nicht ein. An der alten Datierung des Indiculus loricatorum auf 981 durch K. UHLIRZ, Exkurs VIII in den Jahrbüchern Ottos II., S. 247–253, ist gegen den Versuch von M. Uhlirz, ihn in das Frühjahr 983 zu datieren, wohl festzuhalten. M. UHLIRZ, Der Fürstentag zu Mainz im Februar-März 983, in: MIÖG 58, 1950, S. 267–284, hier S. 283 f. (Exkurs: Das Aufgebot Kaiser Ottos II.), glaubte einen Zusammenhang zwischen einem von ihr angenommenen Aufenthalt des Kaisers in Deutschland Anfang 983 und dem Aufgebot feststellen zu können. Nachdem bereits R. WENSKUS, Über den Quellenwert des »Lobgedichts auf den hl. Adalbert« für die Vorgänge in Gnesen im Jahre 1000, in: Archiv f. Diplomatik 1, 1955, S. 250–256, hier S. 252, Anm. 361, S. 256, Anm. 383, die Quellenbasis für die Itineraränderung erschüttert hatte, verwies C. BRÜHL, Fodrum, S. 529 ff., darauf, daß auch bei Annahme eines bisher unbekannten Aufenthalts Ottos II. in Deutschland sich daraus keineswegs zwingend die Umdatierung des Aufgebots ergäbe. K. F. WERNER, Heeresorganisation und Kriegsführung im deutschen Königreich des 10. und 11. Jhs., in: Ordinamenti militari in occidente nell'alto medioevo, Settimane di Spoleto Bd. 15, 2, 1968, S. 791–844, hier S. 824 ff., und W. VOLKERT in: Regesten Augsburg I/2, S. 98, wandten sich ebenfalls gegen die Umdatierung; vgl. unten, S. 224 f. Doch selbst wenn man den Ansatz von M. Uhlirz gutheißt, fiele das Zeugnis für den *ducatus Alsaciensis* zeitlich vor die Erhebung Herzog Konrads.

äquaten Beziehung zum Elsaß [122], wenngleich Ottos Aktivität am Oberrhein und in Mainfranken auffällt.

Was die Erwähnung des *ducatus Alsaciensis* im Aufgebot Ottos II. betrifft, hat die neuere Forschung betont [123], daß die erste der drei voneinander geschiedenen Gruppen rheinisch-fränkisch geprägt ist: Mit Bischof Erchanbald von Straßburg und dem Abt von Murbach setzt die Aufzählung ein und verläuft den Rhein abwärts über Speyer, Worms, Weißenburg, Lorsch, Mainz bis Köln. Vom mainfränkischen Würzburg über Hersfeld und das (nachgetragene) Fulda gelangen wir über die Wetterau, den Gartachgau und Ladengau [124] zum Raum Ufgau/Ortenau, an den sich der *ducatus Alsaciensis* anschließt. Die Gruppe setzt sich wohl mit dem Moselgau fort [125].

122 Das läßt sich beispielsweise an dem Personenkreis der Intervenienten für das Kloster Murbach ablesen: In D OII 155 von 977 erscheinen Theophanu und Bischof Erchanbald, in D OIII 47 von 988 neben Theophanu, die in Konstanz einen Hoftag abhielt (RI II/3 1005a, 1007 ff.), und den Bischöfen Willigis von Mainz und Hildebald von Worms, die zur vormundschaftlichen Regierung gehörten, Herzog Konrad mit dem Doppeltitel.
123 K. F. Werner, Heeresorganisation, S. 805 ff. (gegen die Feudalisierungsthese von E. Klebel, Vom Herzogtum zum Territorium, in: Festschrift zum 70. Geb. von Th. Mayer, Bd. 1, 1954, S. 205–222).
124 Die dafür beanspruchte Stelle lautet: *Megingaus iuvante Burchard ducat XXX*. Grafen namens Megingaus fungierten um diese Zeit im Ladengau nördl. von Heidelberg (D OIII 31) und im Maingau um Aschaffenburg (D OII 215); vgl. auch R. Kloss, Grafschaftsgerüst, S. 90, 92. Da die Hilfeleistung eines Burchard es nahelegt, einen räumlichen Zusammenhang mit dem Wirkungsbereich des Megingaus anzunehmen, und sich damals in dem sich an den Ladengau südlich anschließenden Gartachgau ein Burchard nachweisen läßt (WUB 1, Nr. 183, S. 212 f.), können wir mit aller Wahrscheinlichkeit den Megingaus des Aufgebots mit dem Ladengaugrafen identifizieren; fernzuhalten ist dieser Graf von dem *nobilis vir nomine* Megingoz, der mit seiner Gemahlin Gerberga 987 das Kloster Vilich bei Bonn an Otto III. übertrug (RI II/3 989; zu Megingoz E. Hlawitschka, Habsburg-Lothringen, Registerposition Megingoz). Das drückt sich auch in der Spezifizierung des Laden/Lobdengaugrafen Megingaus als *filius Cunonis* in der Urkunde D OIII 31 aus, die unmittelbar vor D OIII 32 (4 Tage später) ausgestellt wurde, wo von dem Stifter von Vilich die Rede ist. Wir streifen hier das Problem der Personenidentität im frühen Mittelalter, dem K. Schmid neuerdings eine Studie gewidmet hat: Über das Verhältnis von Person und Gemeinschaft im früheren Mittelalter, in: Frühmittelalterl. Studien 1, 1967, S. 225–249. Seine Beobachtungen lassen sich dahin präzisieren, daß im 10. Jh. die Filiationsbezeichnung nicht nur literarisch, sondern auch urkundlich ein Mittel der Personenunterscheidung war, wie die Urkunde D OIII 31 und noch weitaus treffender der Indiculus loricatorum zeigen; dazu unten, S. 224 f.
125 *Bezolinus filius Arnusti duodecim ducat*. Er wurde von K. Uhlirz, Jahrbücher Ottos II., S. 252, vermutungsweise mit dem Grafen vom Moselgau und Meinefeld westl. von Koblenz identifiziert, der um 1000 in D OIII 298

Die doppelte Einbeziehung des Elsaß, einmal mit Straßburg und Murbach, zum anderen durch den Dukat, in den rheinisch-fränkisch orientierten Teil des Indiculus [126] hat die Forschung so verstanden, daß in der »Reichskriegsverfassung« das Elsaß von Schwaben gelöst und dem »reichsunmittelbaren« fränkischen Verband angeschlossen war [127]. Dies aber könnte als Hinweis darauf verstanden werden, daß bereits vor 983 auch von der verfassungsgeschichtlichen Seite her das Elsaß eine fränkische Prägung besaß, an die Herzog Konrad anknüpfte.

Mustert man die Reihe der um diese Zeit bekannten fränkisch-konradinischen Adligen, so fällt der *dux*-Titel eines Udo auf, den Thietmar von Merseburg, die Annales necrologici Fuldenses und die Annales Heremi überliefern [128]. Dieser Udo, der seit der älteren Forschung allgemein als Sohn des 949 gestorbenen Grafen Udo, des Bruders Herzog Her-

u. 364 begegnet. Mit einiger Sicherheit dürfte aber der bei Thietmar, Chronicon III 20, S. 123, unter den Gefallenen der Schlacht bei Cotrone erwähnte Bezelin mit dem Bezolinus des Aufgebots identisch sein. Diese Annahme wird dadurch gestützt, daß in D OII 280 vom 26. 9. 982, also nach Cotrone, ein Siegfried als Graf im Moselgau erscheint. Wir können indes für die davorliegende Zeit einen *comes* Berthold (Nebenform: Bezelinus) im Moselgau nachweisen: D OI 315 von 966 (dieses Zeugnis fehlt bei R. KLOSS, Grafschaftsgerüst, S. 111, zum Moselgau). In der Gefallenenliste der Annales necrologici Fuldenses (MG SS 13, 205) nennen die zwei Redaktionen folgende Reihen: 1) *Heinricus episcopus, Uto dux,* Benzelin comes, *Gebehart comes, Cunheri comes*... 2) *Heinricus episcopus, Uto dux,* Berethold, *Irmfrid, Gebehart, Gundheri*... Auch bei Thietmar und in den Einsiedler Annalen (s. unten, S. 137, Anm. 128) kommt ein Graf Berthold bei der Nennung der Gefallenen vor. In ihm den Breisgaugrafen Birchtilo zu sehen (zu 968 belegt; s. unten, S. 179), wie es E. HEYCK, Geschichte der Herzöge von Zähringen, 1891, S. 4 f., vermutet und R. KLOSS, Grafschaftsgerüst, S. 127, angibt, besteht kein Anlaß, der gegen die hier vorgetragene Vermutung spricht. Denn das Argument von E. HEYCK, S. 5, es liege die Identität mit dem Breisgaugrafen nahe, wenn sich die »sparsamen Annalen« von Einsiedeln um den in Kalabrien gefallenen Grafen Berthold kümmerten, verliert an Gewicht im Vergleich mit der Fuldaer und Merseburger Überlieferung.

126 Die alemannischen Bischöfe von Augsburg, Konstanz und Chur, die Äbte von der Reichenau, St. Gallen, Ellwangen und Kempten erscheinen in der dritten Gruppe.

127 K. F. WERNER, Heeresorganisation, S. 810 ff.

128 Thietmar, Chronicon III 20, S. 123; Annales necrologici Fuldenses a. 982 (MG SS 13, 205); Annales Heremi a. 982 (MG SS 3, 153). Es verdient Erwähnung, daß auch der in der ersten Redaktion der Ann. necr. Fuld. genannte Guntheri *comes* in den Einsiedler Annalen mit dem *dux*-Titel begegnet. Er gilt als der Markgraf von Meißen (965–982; R. KÖPKE-E. DÜMMLER, Otto d. Gr., S. 388 mit Anm. 2); der *dux*-Titel für Markgrafen ist nicht ungewöhnlich (G. WAITZ, Deutsche Verfassungsgeschichte Bd. 5, S. 46, Anm. 4 f., S. 48, Anm. 5; Bd. 7, S. 68 ff., 77 f.).

manns I., gilt[129], fiel in der Schlacht bei Cotrone gegen die Sarazenen 982; andererseits war der fränkisch orientierte *ducatus Alsaciensis* für Süditalien aufgeboten worden. Vielleicht stand dieser Udo mit dem elsässischen Herzogtum vor 983 in Verbindung[130]. Da es möglich ist[131], in ihm und nicht in Udo d. Ä. den Vater Herzog Konrads zu sehen, läßt sich unter Umständen die konradinische Tradition in Alemannien zwischen Hermann I. und Konrad auch an Udo *dux* feststellen und zugleich eine Basis gewinnen, um die Hintergründe von Konrads Erhebung aufzuhellen. Doch ist dies aufgrund der spärlichen Quellenzeugnisse nicht mehr als eine Vermutung.

Es bleibt noch die Wirksamkeit Herzog Konrads (983–997) kurz zu charakterisieren, der auf dem Reichstag von Verona erhoben wurde[132]. Er führte die bereits unter Herzog Otto beobachtete Gewichts-

129 FR. STEIN, Geschichte Königs Konrad I. von Franken und seines Hauses, 1872, S. 309 ff.

130 S. HIRSCH, Jahrbücher Heinrichs II. Bd. 2, S. 24, will den *dux*-Titel auf die herzogliche Würde der Konradiner und Babenberger in Ostfranken beziehen; doch hierzu die Kontroverse P. von Winterfeld – A. Karnbaum (wie unten, S. 159, Anm. 233). Über den *dux*-Titel bei fränkischen Adligen im 10. Jh. haben in neuerer Zeit G. TELLENBACH, Reichsadel, S. 52 f. (221 f.), und vor allem H. WERLE, Titelherzogtum, S. 229 ff., gehandelt. Beide betonen die Existenz von fränkischen Herzögen, ohne daß damit ein fränkisches Stammesherzogtum bestanden hätte. Für H. Werle stellt sich dabei die Frage, worauf in jedem einzelnen Fall der *dux*-Titel zu beziehen ist. Für Udo II. erwägt auch er die Möglichkeit einer Verbindung zum Elsaß, ordnet diese aber im Anschluß an E. E. STENGEL, Udo und Hermann, S. 44 ff., in die lothringische Tradition des Grafen Gebhard ein; dazu Exkurs II, unten, S. 227 f.

131 S. unten, Exkurs II, S. 225.

132 An dieser Stelle sei auf die Argumentation von M. LINTZEL, Reichstag von Verona, S. 108 ff. (291 ff.), eingegangen, der die Initiative der *principes* im Bericht Thietmars, III 24, S. 128, ausgedrückt findet und sie auf dem Hintergrund der Niederlage Ottos II. gegen die Sarazenen sieht. Er hält die Einsetzung des Liutpoldingers Heinrich in Bayern und des Konradiners Konrad in Alemannien als der Nachfolger des gestorbenen Herzogs beider *regna*, Ottos, für einen Erfolg der *principes* gegenüber der ottonischen Politik, die einheimischen Geschlechter zugunsten des Königshauses zu verdrängen. Mag dies für den seit 978 wegen eines Aufstands verbannten Liutpoldinger gelten (vgl. auch K. REINDEL, Bayern unter den Liutpoldingern, in: Handbuch der bayerischen Geschichte, hg. v. M. Spindler, Bd. 1, 1967, S. 225 mit Anm. 6), so zeigten die bisherigen Untersuchungen, daß im Fall des alemannischen Herzogtums nachweislich von Zurückdrängung der Konradiner 949 nicht die Rede sein kann, vielmehr Liudolf als nächster Anwärter in Frage kam; sein Widerstand gegen Otto I., der mit den die ganze Geschichte des ottonischen Hauses begleitenden Spannungen um die Thronfolge zusammenhing (vgl.

verlagerung innerhalb Alemanniens, die Schwerpunktbildung am Oberrhein, fort. Das sich auf wenige Zeugnisse stützende Bild ergibt immerhin, daß er statt in Rätien, wie Hermann I., Liudolf und noch Otto, nun im Rheingau zwischen Weinheim und Mainz als Graf amtierte, wo Udo d. Ä. (917 und 948) und ein Konrad, der als dessen Sohn gilt (um 950), nachweisbar sind [133]. Zwar erlaubt die Quellenlage nicht, aus positiven Zeugnissen die Wirksamkeit anderer Grafen in Rätien zu erkennen [134], doch spricht der Rheingaucomitat auch unabhängig davon deutlich genug für die Tradition, in der Konrad stand.

Auch am Rhein bei Bingen und an der Ahr lassen sich Besitzrechte Konrads nachweisen: Bei der Verleihung von Forstrechten erwähnt Otto III. den Konsens des Herzogs [135]. Für lothringische Empfänger intervenierte er wie Herzog Hermann I. auf den Hoftagen in Speyer und Andernach [136], in Frankfurt für Ellwangen und Einsiedeln, für das er sich weitere Male in Ingelheim und Bruchsal verwandte [137]. In königlicher Umgebung läßt er sich weiter in Mainz und Badenweiler/Baden-Baden nachweisen; die Klöster Reichenau und Schwarzach empfingen Privilegien mit seiner Intervention [138]. Den Titel *dux Alamannorum et Alsaciorum* trägt er in der Urkunde Ottos III. für Murbach 988 (D OIII 47), in Konstanz ausgestellt, und in D OIII 130 von 993 für Selz. Hiermit intervenierte Konrad als erster alemannischer Herzog im 10. Jahrhundert für elsässische Empfänger! Im Südwesten des Reiches kön-

hierzu den Sammelband Königswahl und Thronfolge in ottonisch-frühdeutscher Zeit, hg. v. E. Hlawitschka, 1971, und zu Liudolfs Erhebung H. Neumann, Rätsel des letzten Aufstandes gegen Otto I. (953–954), in: AKG 46, 1964, S. 133–184), führte zur Ablösung durch Burchard II., der alte Rechte geltend machen konnte. Nachdem dieser kinderlos gestorben war, setzte sich in Otto, Liudolfs und Itas Sohn, die Linie Hermanns I. gegen den bayerischen Widerstand fort. (Auch G. Warnke-Zoller, König und Herzog, S. 133 f., betont bei der Abwägung der Geblütsansprüche Ottos und Heinrichs d. Z. die Ausschlag gebende Tradition Hermanns I.). Konradinische Ansprüche konnten daran mit Berechtigung anknüpfen.

133 Udo d. Ä.: D KoI 32, 95; *Cunradus comes:* Codex Lauresham. I, S. 351; Fr. Stein, Konrad I., S. 312. Dieser Graf Konrad gilt seit der älteren Forschung als personengleich mit dem Schwabenherzog Konrad vom Ende des Jhs.

134 E. Meyer-Marthaler, Rätien, S. 96 f.

135 D OIII 93, 233.

136 D OIII 2 (984) für Toul; D OIII 32 (987) für Kloster Vilich; zu den Hoftagen M. Uhlirz, Jahrbücher Ottos III., S. 37 ff., 78; hierzu und zum folgenden R. Schetter, Intervenienz, S. 98 f.

137 D OIII 38 (987) für Ellwangen; D OIII 4 (984), 83 (992) und 231 (996).

138 D OIII 61 (990) und 153 (994).

nen wir ihn 994 nachweisen: Nach dem Tod der Herzoginwitwe Hadwig begleitete er Otto III. Ende des Jahres auf seinem Zug durch das Oberrheingebiet [139].

Von den damit zusammenhängenden Fragen soll in den nächsten Abschnitten die Rede sein ebenso wie von der Wirksamkeit Herzog Hermanns II., der Konrad in der Führung Alemanniens nachfolgte [140]; denn sie läßt sich adäquat auf dem Hintergrund des Thronstreits von 1002 beurteilen. Parallel zu der Gewichtsverschiebung innerhalb des alemannischen Herzogtums unter Otto und Konrad stand die Aktiviät Hadwigs, der Witwe Burchards II., die seit dem Tod ihres Gatten 973 etwa zwanzig Jahre lang eine einflußreiche Stellung im Herzogtum innehatte. Diese Stellung nachzuzeichnen und das Verhältnis von Hadwigs Aktivität gegenüber Otto und Konrad, die durch Hadwig wohl erleichterte Gravitation ihres Bruders, Heinrichs d. Z., nach dem Südwesten des Reiches und das Verhalten der Ottonen zu erörtern, ist Aufgabe des nächsten Abschnitts.

2. Hohentwiel und Waldkirch: Otto III. im Breisgau

Quapropter omnium fidelium nostrorum tam presentium quam et futurorum noverit sollers industria, quomodo nos cuidam monasterio Uualdkiricha vocitato in pago Brisiggoue dicto et in comitatu Birthilonis comitis sito ac in honore sanctissime dei genetricis Marie sancteque Margarete virginis constructo ac dedicato quod per traditionem Burghardi strenuissimi ducis Alemannorum una cum consensu et comprobatione contectalis sue Hadewige hereditario iure in noshtrum decidit ius, *talem donamus atque largimur libertatem qualem Augea, Corbeia aliaque monasteria habent nostri regni* [141]. Aus dieser in Sasbach [142] ausgestellten Urkunde Ottos III. geht hervor, daß Herzog Burchard II. und seine

139 M. Uhlirz, Jahrbücher Ottos III., S. 176 ff.; zu dem besonderen *dux*-Titel zusammenfassend W. Kienast, Herzogstitel, S. 320 mit Anm. 39.

140 Er gilt nach den Quellen teils als Sohn Konrads, teils als Sohn Udos d. J.; Chr. Fr. Stälin, Wirt. Gesch. Bd. 1, S. 467, Anm. 8, und Exkurs II, unten, S. 219 ff.

141 D OIII 157 (994).

142 Zur Entscheidung zwischen Sasbach am Kaiserstuhl und Sasbach bei Achern vgl. unten, S. 146, Anm. 166.

Gemahlin Hadwig vor 973 das von Burchard I. errichtete Kloster an Kaiser Otto I. oder Otto II. übertragen haben [143].

Das Motiv dieser *traditio* hat die Forschung bislang wenig erörtert, obgleich es sich hierbei zweifellos um einen wichtigen Aspekt handelt [144]. Aus der genauen Betrachtung des Textes von D OIII 157 und einem Vergleich mit anderen Urkunden dieses Zeitraums, in denen Adlige ihre Klosterstiftung dem Königtum tradieren, ergeben sich vielleicht Aufschlüsse für unsere Frage. Dabei ist es zweckdienlich, von der Regelung der Vogtei auszugehen: *advocatus enim nullus ibi constituatur, nisi quem ipsius monasterii abbatissa cum consilio totius congregationis sibi aptum et utilem elegerit et, si inscie et non satis caute sibi advocatum non bonum adquisierunt, re cognita eo abiecto potestatem habeant in alterum illis utiliorem transire* [141].

Die Verleihung des Vogtwahlrechts an bereits dem Königtum unterstehende Klöster, in erster Linie an Frauenklöster, ist für die Zeit seit Otto I., gegenüber Klöstern im Augenblick ihrer *traditio* seit Otto II. nichts Außergewöhnliches [145]. Doch läßt sich an der Privilegierung von

143 Gegenüber der unklaren Formulierung von M. UHLIRZ, Jahrbücher Ottos III., S. 177, ist festzuhalten, daß *hereditario iure* sich nicht auf den Übergang Waldkirchs von den Burchardingern auf Otto III., sondern auf Vererbung innerhalb des ottonischen Hauses bezieht; vgl. auch K. SCHMID, Königtum, Adel, S. 235, Anm. 49. I. MISCOLL-RECKERT, Petershausen, S. 56, spricht von Otto III. als dem »Erben« des Herzogspaares. – Der Zeitpunkt der *traditio* ist nicht genau bestimmbar: Burchard II. starb 6 Monate nach Otto I. am 11. oder 12. November 973 (CHR. FR. STÄLIN, Wirt. Gesch. Bd. 1, S. 459 mit Anm. 3). H. BÜTTNER, Waldkirch und Glottertal, S. 101, denkt an den Zeitraum 954 bis 960 im Zusammenhang mit den Guntram-Ereignissen und läßt Otto II. als Empfänger außer acht, da Burchard II. nach dem Zeugnis der Vita Udalrici c. 28 (MG SS 4, 415) in seiner letzten Lebenszeit schwerkrank gewesen sei. Doch sind das keine überzeugenden Argumente; vgl. die folgenden Anmerkungen.

144 Weder M. WETZEL, Waldkirch, S. 31 ff., noch H. ROTH, Gründer Waldkirchs, S. 55 ff., gehen darauf ein. H. BÜTTNER, Waldkirch (wie Anm. 143), erwähnt ohne nähere Präzisierung die Guntram-Ereignisse; hierin schließt sich ihm H. ROTH, Geschichte Waldkirchs, S. 26 f., an.

145 H. BÜTTNER, Geschichte des Elsaß Bd. 1, S. 212, Anm. 236; J. SEMMLER, Traditio, S. 31 f. mit Anm. 257. Die von ihm angeführten Belege sind nicht vollständig (ferner sind D OI 14 in 16, D OI 35 in 36 zu korrigieren) (vgl. TH. MAYER, Fürsten und Staat, 1950, S. 32 ff., 34, Anm. 2). Alle Belege für die Zeit Ottos I. beziehen sich auf bereits unter Königsschutz stehende Abteien: St. Moritz in Magdeburg (zu dessen Sonderstellung TH. MAYER, Fürsten und Staat, S. 35, Anm. 1 – zu Quedlinburg K. SCHMID, Thronfolge, S. 126 ff., 466 ff.). Erst unter Otto II. scheint die Verleihung des Vogtwahlrechts in den Zentralgebieten des Reiches allgemeine Verbreitung gefunden

tradierten Klöstern häufig beobachten, daß die Regelung der Vogtei mit dem Fortbestand der Stifterfamilie in Verbindung steht: Das Recht, den Vogt zu wählen, tritt nach den urkundlichen Texten erst in Geltung, wenn keine Angehörigen der Klostergründer mehr am Leben sind [146]. Dabei erwähnen die Diplome des öfteren die königlichen Befugnisse im Hinblick auf die Vogtseinsetzung, also die ausdrückliche Konzession der Vogtei an das Gründergeschlecht bis zu seinem Aussterben, seit Heinrich II. mit der *salva potestate*-Formel verbunden [147]. Diese Betonung des königlichen Einsetzungsrechts fehlt in der Urkunde Ottos III. für Waldkirch [148]; wir können aus diesen Indizien wohl das oder zumindest

zu haben (vgl. D OI 35 und D OII 75 für Schildesche, doch vgl. auch D HI 38 und D OI 36 für Neuenheerse – Nonnenklöster). Allgemein zur Vogtei: A. Heilmann, Klostervogtei, S. 37 ff., und Th. Mayer, Fürsten und Staat, Sachregisterposition Vogt, Vogtei.

146 D OIII 318 für Seeon: *Insuper etiam advocatum quemcumque utiliter comprobaverint, cum voluntate abbatis super eundem locum, ipso advocante Arbone* (Stifter Graf Arbo) *ac placitante usque in finem vite sue, constituendum habeant fas atque licentiam.* D OIII 256 für Helmwarshausen (verbesserter und vollständiger Druck bei P. Kehr in: NA 49, 1932, S. 102 ff.): *Insuper quoque iam dicti monasterii congregationi ... prenominatum comitem Eccardum* (Stifter Graf Ekkihard) *advocatum sancimus esse ponendum, et quicumque post eius obitum in ipsius progenie maior natu visus fuerit extitisse, eiusdem advocationis iure decrevimus preficiendum. Hiis autem de medio factis abbas eiusdem monasterii qui pro tempore fuerit, communi fratrum consilio eligat et congregationi utilem et competentem advocatum.* (Zu dem interessanten Besitzstreit um das Kloster nach dem Tod des Grafen Ekkihard K. Hauck, Kirchengeschichte Bd. 3, S. 450, Anm. 2); ähnliche Formulierungen in D OIII 363 für Ödingen, D OIII 32 für Vilich. Den Wandel von Stiftervogtei zum Vogtwahlrecht verdeutlicht Th. Mayer, Fürsten und Staat, S. 36 mit Anm. 2, an den Urkunden für Gesecke (D OI 158 u. D OIII 29).

147 D HII 428 für Göss: *quatenus post acceptam nostrae immunitatis cartam eiusdem loci abbatissa Cunigundis soror praefati Arbonis* (Capellan Aribo Stifter; über ihn J. Fleckenstein, Hofkapelle Bd. 2, S. 161 ff.) *eique eodem ordine successurae ius legitimum eligendi advocatos ... salva regia et imperatoria potestate obtineant; post obitum vero suum congregatio monasterii liberam habeant abbatissas ... substituendi;* zu den Problemen von Göss S. Hirsch, Jahrbücher Heinrichs II. Bd. 3, S. 165 ff.; vgl. auch D OIII 86 ff. für Selz: *advocatus quem ipse* (sc. *abbas*) *ad hoc opus a regia potestate constituendum elegerit,* und D OIII 111 für Metelen; zum Zusammenhang Th. Mayer, Fürsten und Staat, S. 36.

148 Dies gegen J. Semmler, Traditio, S. 32, Anm. 262. Im Zusammenhang mit den Vogteifragen sei eine Bemerkung zur Vorbereitung der erblichen Vogtei Mitte des 11. Jhs. und zur Vererbung auf den ältesten Sohn beigefügt; (diesen Problemkreis berührte ein Diskussionsvotum von R. Wenskus im Konstanzer Protokoll Nr. 153 »Investiturstreit und Reichsverfassung« von 1969, S. 62.) Die Frage nach den Zwischengliedern zwischen dem Vorbild

ein Motiv Burchards II. und Hadwigs für die *traditio* des Margaretenklosters an das Königtum in ihrer Kinderlosigkeit und dem daraus resultierenden Bestreben erschließen, ihrem Eigenkloster dadurch Schutz und Fortbestand zu sichern [149]. Diese Beobachtung fügt sich zum Zeugnis Ekkeharts IV. und der Chronik von Petershausen, daß Hadwig ohne Nachkommen gestorben sei [150].

Unter Herabstilisierung von Ekkeharts Aussage hat neuerdings K. A. Eckhardt versucht, in Hadwig, der Gattin Eppos von Nellenburg, eine Tochter Burchards II. und Hadwigs zu erkennen [151]. Seine Argumente [152] bilden jedoch nur einen gebündelten Hinweis auf die enge Verwandtschaft zwischen Burchardingern und Nellenburgern [153], können aber keine Personenidentität sichern. Einmal ist der Begriff *consobrinus* mehrschichtig, und die Annahme der »eigentlichen« Bedeutung (Vetternverhältnis) könnte nur als Stütze gelten, zum anderen nennt das Buch

der Quedlinburger Urkunde (D OI 1) und den Lösungsmodellen im 11. Jh. läßt sich vielleicht mit dem Hinweis auf die angeführten Urkunden klären, bes. D OIII 256 für Helmwarshausen und D OIII 68 für Vitzenburg: ... *post obitum eius* (sc. *Thietburg abbatissa*) *illa sancta monialis*, que in eodem monasterio ex genere prelibate Adilinde (Brun und Adilinda Stifter) provectioris aetatis inveniatur, *regimini ecclesiae*, quamdiu generatio eadem maneat, *constituatur, et Amalungus* (Erbe der Stifter) *quem superius iam dicta abbatissa et sanctimoniales sibi advocatum elegerunt, quamdiu vixerit, eiusdem ecclesiae advocationem teneat et* eius post mortem qui antiquior in materno suo genere inveniatur, *cum consensu abbatissae et sanctimonialium ...*, quamdiu generatio illa maneat, *ipsius advocationis regimen suscipiat*. Zur Vogtei des ältesten Sohnes im 11. Jh. K. SCHMID, Adel und Reform, S. 312, und Acta Murensia, in: Quellen zur Schweizer Geschichte Bd. III, 3, S. 36 (Graf Werner): *firmavit in conspectu omnium, ut, qui senior sit in filiis suis, advocatiam ab abbate accipiat ...*

149 Zur Bedeutung der Klostertradition J. SEMMLER, Traditio, S. 25 f.

150 Casus s. Galli c. 90, S. 325, und Casus monasterii Petrishus. I 43, S. 74.

151 K. A. ECKHARDT, Eschwege als Brennpunkt thüringisch-hessischer Geschichte, Beiträge zur hess. Geschichte 1, 1964, S. 89 f. Vgl. Annales Scafhusenses a. 1009, in: MG SS 5, 388, und in: Quellen z. Schweiz. Gesch. Bd. III, 1, S. 158: *Temporibus his Ebbo comes de Nellenburc consobrinam Heinrici regis, Hedewigam nomine, de curia regis duxit uxorem.*

152 1. Identität zeitlich möglich, 2. Hadwig in diesem Fall echte *consobrina* Heinrichs II., 3. Namensgleichheit, 4. ältester Sohn Burchard genannt wie Herzog Burchard II., damit ein bei den Nellenburgern bis dahin nicht nachgewiesener Name, 5. der Eintrag *Purchart, Heinribc mon., Hadewihc* im Reichenauer Verbrüderungsbuch unter Nellenburger-Namen; zur bisherigen Forschungsmeinung K. HILS, Nellenburger, S. 18 mit Anm. 49a, wo er K. A. Eckhardt zitiert, ohne auf seine These einzugehen.

153 Dazu schon E. KRÜGER, Zähringer, 1891, S. 582 ff., neuerdings H. MAURER, Randen, S. 124 ff.

der Stifter des Klosters Allerheiligen[154] Hedwig, Eppos Gemahlin, »des hohen Kaiser Hainrichs swester Tochter«[155]. Daß der Name von Eppos Sohn Burchard ein Indiz für die unmittelbare Verbindung zwischen Burchardingern und Nellenburgern, wie sie K. A. Eckhardt annimmt, darstellt, ist fraglich, wenn man bedenkt, daß der »Nellenburger-Name« Manegold bereits in hunfridingischem Zusammenhang erscheint und daß Manegold, der Vogt von Einsiedeln in der 2. Hälfte des 10. Jahrhunderts, als Vorfahr der Nellenburger gilt[156]. Auch der Vogt und Zürichgaugraf Burchard (Mitte des 10. Jahrhunderts) gehört vielleicht dazu[157]. In dem Reichenauer Eintrag Herzog Burchard und seine Gattin Hadwig zu sehen, ist keineswegs zweifelsfrei. Spricht schon die Reihenfolge der Namen nicht dafür, in Heinrich *mon.* einen Sohn des Herzogspaares zu sehen, wie es K. A. Eckhardt[158] tut, so brauchen, selbst wenn man diese These annimmt, die Nellenburger-Namen des Eintrags die vorgeschlagene Filiation nicht zwingend erscheinen zu lassen[159].

Nachdem der Anlaß zur *traditio* Waldkirchs beleuchtet worden ist, sind die Umstände und Konsequenzen dieses Vorgangs zu untersuchen. Die Forschung hat bereits beobachtet[160], daß Hadwig zwanzig Jahre über den Traditionsakt hinaus ihre Rechte an Waldkirch offenkundig geltend machte und daß erst 994, unmittelbar nach ihrem Tod, das ottonische Königtum seine Herrschaft dort realisieren konnte[161]. Die nähe-

154 Hg. v. K. Schib, Beilage zum Jahresbericht der Kantonsschule Schaffhausen für 1933/34, S. 2.

155 Dazu S. Hirsch, Exkurs XII: Eberhard von Nellenburg, ein Verwandter König Heinrichs II., in den Jahrbüchern Heinrichs II. Bd. 1, S. 539 ff., mit Verweis auf C. B. A. Fickler, der bereits die These von Hadwig als einer Tochter Burchards II. aufgestellt hat. Zur jüngsten These von W. Gisi (Hadwig Tochter des lothringischen Grafen Gerhard und Evas von Lützelburg) vgl. K. Hils, Nellenburger, S. 18, und E. Hlawitschka, Habsburg-Lothringen, S. 90.

156 H. Keller, Kloster Einsiedeln, S. 22, und K. Hils, Nellenburger, S. 19.

157 S. unten, S. 149 ff.

158 Unter Hinweis auf R. Holtzmann, Sächsische Kaiserzeit, S. 253; hier ist nichts davon zu finden, auch Fr. Beyerle, Burgkloster, S. 129, und H. Keller, Kloster Einsiedeln, S. 75 f., sind skeptisch.

159 Vgl. die von H. Keller, Kloster Einsiedeln, S. 75 f., erwogene Möglichkeit, in dem *Burkhardus pater Heinrici monachi*, der Einsiedeln mit Besitz in Gams um 1000 ausstattete, einen Verwandten der Herzogsfamilie zu sehen. Im übrigen zeigt ein Blick in das Register des Merseburger Totenbuchs, hg. v. E. Dümmler, S. 261, das häufige Vorkommen des Namens Hadwig.

160 Th. Mayer, Das schwäbische Herzogtum, S. 98 (336).

161 Nicht anzunehmen ist, daß Hadwig nur stiftervogteiliche Rechte beansprucht hat, wie sie in den behandelten Klostertraditionsurkunden vom König konzediert werden (so K. Uhlirz, Jahrbücher Ottos II., S. 40). D OIII

ren Umstände dieser Vorgänge geben Aufschluß: Otto III., im Juli desselben Jahres auf dem Reichstag zu Sohlingen selbständig geworden[162], wandte bald darauf den Klöstern Selz[163], Petershausen, Waldkirch und Hohentwiel[164] seine Aufmerksamkeit zu. Auf diesem Hintergrund gewinnt die Privilegierung des Margaretenklosters mit *libertas*, Immunität und Wahlrechten ihre Bedeutung: Mit den Klöstern Selz und Waldkirch standen zwei bedeutende Grundbesitzer des Oberrheingebiets unter königlichem Einfluß und vermochten die Basis für die Italienzüge über die Bündner Pässe erheblich zu stärken. Waldkirch fügte sich dabei aufgrund seiner Besitzlandschaft in Ottos I. Politik gegenüber Einsiedeln ein.

Der Rang der Waldkircher Vorgänge läßt sich weiterhin am Ausstellungsort für D OIII 157 f., Sasbach, ermessen. Nachdem Otto III. im

157 erweist sich als Erstprivilegierung, wie vielleicht der Vergleich mit der Geschichte des Klosters Gesecke veranschaulicht, zu der zwei Urkunden überliefert sind. In D OI 158 nimmt Otto I. das Nonnenkloster in seinen Schutz, das ihm der Stifter Hoholt übertragen hat. (Es trifft nicht zu, daß von der Kommendation nicht die Rede ist, wie TH. MAYER, Fürsten und Staat, S. 36, Anm. 2 schreibt: *qualiter nos ... ob interventum fidelium nostrorum, scilicet Hoholti ... quoddam monasterium ... ab illis noviter constructum, quia predictus Hoholt dedit ... locum simul cum monasterio edificiisque preparatis et omne ... solum et omnem terram ... et insuper hobas X possessas, in nostrum mundiburdium accepimus*. Das läßt sich nicht anders denn als Übergabe verstehen). Otto I. bestimmt genau, daß die Schwester Hoholts als Äbtissin fungieren wird und erst, wenn aus der Stiftersippe niemand mehr in Frage kommt, die Nonnen das Recht haben, eine Äbtissin zu wählen, mit dem Vorbehalt, daß ein späterer weiblicher Nachkomme des Hoholt wieder Anspruch auf den Abbatiat hat. In der 34 Jahre später ausgestellten Urkunde D OIII 29 (986) wird Hoholt, dem Otto I. die Vogtei zuerkannt hatte (und nach dessen Tod seinen Nachkommen), nicht mehr erwähnt, ebensowenig wie die einstige Übergabe an das Königtum; nun ist vom Vogtwahlrecht und vom Äbtissinwahlrecht des Konvents die Rede. Da wir mit Sicherheit das Aussterben der Stifterfamilie annehmen dürfen, läßt sich die zweifache Privilegierung von Kloster Gesecke heranziehen, um die urkundliche Überlieferung zur Geschichte Waldkirchs davon abzuheben.

162 M. UHLIRZ, Jahrbücher Ottos III., S. 174.

163 Selz, das bereits 992 von Otto III. gefördert wurde (D OIII 77–79), erhielt im Dezember 994 weitere Urkunden (D OIII 159 f.).

164 D OIII 152; für das Verhältnis Ottos III. zu Bischof Gebhard von Konstanz und Petershausen I. MISCOLL-RECKERT, Petershausen. Obwohl keine Urkunde Ottos für das Hohentwielkloster überliefert ist, können wir aus seinem Aufenthalt auf dem Berg schließen, daß er sich um das dortige Kloster kümmerte.

November 994 von Ingelheim am Oberrhein entlang zum Hohentwiel und von dort nach Bruchsal gezogen war[165], hielt er sich am 22. Dezember im nördlichen Breisgau in Sasbach auf[166]. Wir hatten dieses Sasbach bereits als Aufenthaltsort Karls III. kennengelernt[167] und festgehalten, daß diese Funktion für die Folgezeit entfiel. Der Name erscheint im 10. Jahrhundert in den Besitzbestätigungen für die Reichenau: *et nonam ex fisco cuius vocabulum est Sahsbahc et nonam partem tributi quae ex Prisagouue ad nostrum exigitur opus*[168]. Diese Rechte am Fiskus Sasbach hatte 839 Ludwig d. Fr. der Reichenau zuerkannt[169]. Wir gehen wohl nicht fehl, wenn wir in dieser Übertragung einen Vorgang sehen, der mit dem Verhältnis zwischen der Reichenau und der

165 RI II/3 1122–1126.

166 Die Entscheidung zwischen Sasbach bei Achern und dem gleichnamigen Ort am Kaiserstuhl muß wohl für diesen ausfallen. W. SCHULTZE, Die Gaugrafschaften des alamannischen Badens, 1896, S. 28, H. BÜTTNER, Geschichte des Elsaß Bd. 1, S. 216 (hier aber fehlerhafte Wiedergabe des Itinerars), DERS., Franken und Alemannen, S. 343, und zuletzt D. KAUSS, Pfarrorganisation, S. 244 f., (alle ohne Diskussion des Problems) unterstellen das ortenauische Sasbach als Aufenthaltsort Ottos III. In den drei Arbeiten fehlt jeder Hinweis auf Karl III. (s. oben, S. 16). (Das fällt besonders bei W. Schultze auf, der bei der Besprechung der breisgauischen Orte das Sasbach am Kaiserstuhl unerwähnt läßt (S. 52 ff.), für das ortenauische aber nur 994 angibt.) Für Sasbach bei Achern Königsgut nachzuweisen, abgesehen von dem Aufenthalt Ottos III., gelingt D. Kauss nicht. Bei der Behandlung des nahe gelegenen Ortes Großweier (S. 189 f.) versteht er das 1405 zum ersten Mal erwähnte Martinspatrozinium einerseits als Hinweis auf das Königsgut in Sasbach, andererseits sieht er selbst die Möglichkeit, daß es sich um das ritterliche Patrozinium einer hochmittelalterlichen Kirche handelte. Über die Ausdehnung des vielleicht königlichen Ulm bei Oberkirch und seiner Pertinenzen D. KAUSS, Pfarrorganisation, S. 260 f.; dieses Ulm ist von der *curia ad Ulmena* (RI I 1013) zu unterscheiden, wohin nach der gefälschten Urkunde Ludwigs d. Fr. das Kloster Arnulfsau verlegt wurde. (A. KRIEGER, Topograph. Wörterbuch Bd. 2, Sp. 1240 f., Ulm bei Bühl u. Ulm bei Oberkirch; insofern ist H. SCHWARZMAIER, Ortenauklöster, S. 28, Anm. 107, zu korrigieren, der die Arnulfsau/Schwarzach-Stelle als Beleg für das von D. Kauss behandelte Ulm (bei Oberkirch) ansieht). Mit A. KRIEGER Bd. 2, Sp. 796 f., H. J. RIECKENBERG, Königsstraße, S. 65 (34), Anm. 2, M. UHLIRZ, Jahrbücher Ottos III., S. 177, und neuerdings H. NAUMANN, Kaiserstuhl. Die Herkunft eines Bergnamens, in: Alem. Jb. 1962/63, S. 65–99, ist dem breisgauischen Sasbach der Vorzug zu geben. Auch das Itinerar spricht nicht dagegen: Von Bruchsal nach Erstein ziehend, mußte Otto III. in diesem Fall nur einen geringfügigen Umweg machen; die Unterbrechung in Sasbach mit dem Ziel, Waldkirch zu privilegieren, ist bei der Nähe des Kaiserstuhlortes zum Kloster motiviert.

167 S. oben, S. 16.

168 D OI 277 von 965 u. D OIII 61 von 990.

169 WUB 1, Nr. 102, S. 117 f.

villa regalis Ulm oder zwischen Lorsch und der *villa regalis* Brumath vergleichbar ist [170]. Wie im Nordosten Alemanniens erhielt das Reichskloster auch im nördlichen Breisgau eine Position auf Fiskalgut. Außerdem besaßen die Konstanzer Bischofskirche [171] und die Herzoginwitwe Hadwig [172] hier Rechte. Im Jahr 996/997 schenkte Otto III. in Sasbach, mit dem wohl ebenfalls jenes im nördlichen Breisgau gemeint ist, Besitz an Gerbert von Aurillac; diesem erwuchsen jedoch bei der Durchsetzung seiner Ansprüche Schwierigkeiten [173].

Die Beziehungen Hadwigs zu Waldkirch und zu Sasbach läßt Ottos III. Anwesenheit am Kaiserstuhl nach dem Tod der Herzoginwitwe in klaren Konturen erscheinen: Hier vermochte Otto III. offenkundig Herrschaftsansprüche durchzusetzen, die seit Karl III. infolge der lokalen Entwicklung des Breisgaus unter etichonischem und burchardingischem Einfluß in den Quellen keinen Niederschlag gefunden haben. Es

170 Zu Ulm U. SCHMITT, Villa regalis Ulm, S. 32 ff.; zu Brumath s. oben, S. 58 f.

171 1125 gestattete Heinrich V. Bischof Ulrich von Konstanz, das von Bischof Konrad errichtete und nun nach Kreuzlingen verlegte Stift u. a. mit dem Zehnten in Sasbach auszustatten (Thurgauisches UB 2, Nr. 19, S. 45; Regesten Konstanz 1, Nr. 729, S. 88; zur Lokalisierung vgl. den Liber Quartarum in dioecesi Constanciensi de anno 1324, hg. v. W. Haid, in: FDA 4, 1869, S. 1–62, hier S. 36: *item in eodem decanatu – sc. Bergen seu Bischoffingen – ecclesia Sahsbach est quartalis).*

172 Casus s. Galli c. 120, S. 392 ff.; Ekkehart berichtet, daß Hadwig ein *beneficium* in Sasbach innehatte, das sie nach Aufforderung durch König und Kirche an St. Gallen tradieren sollte.

173 Die Briefsammlung Gerberts von Reims, hg. v. Fr. Weigle, MGH Briefe der deutschen Kaiserzeit Bd. 2, 1966, Nr. 183, S. 215 ff.: *et quia, ut magnifices magnifice magnificum, Sasbach contulistis* (S. 217, Anm. 15, auf Sasbach am Rhein bezogen), und Nr. 185, S. 219 f.: *quod utique dedistis aut dare potuistis aut non potuistis* (S. 219, Anm. 6, mit Wahrscheinlichkeit auf Sasbach zu beziehen). Bereits in Nr. 183 wies Gerbert auf Schwierigkeiten hin: *Huic* (sc. Gerbert) *a vobis liberaliter collata, sed a quodam, nescio cur, ablata restitui sibi petiit vester G.* Gegen die Annahme von M. Uhlirz, mit dem ungenannten Gegner sei Erzbischof Willigis von Mainz gemeint, wendet sich FR. WEIGLE, S. 220, Anm. 7. Vielleicht ist in Anbetracht des Gesamtzusammenhangs des Briefes Nr. 185 an Herzog Heinrich von Bayern zu denken, der als Neffe der Hadwig Ansprüche im nördlichen Breisgau anmelden konnte. *Si autem* (sc. *dare) potuistis, quis ignotus et sine nomine imperator* (!) *imperatori nostro notissimo et per orbem terrarum famosissimo imperat?* Gerbert erwähnt hierauf seine Verdienste unter den Ottonen, seine persönlichen Unbilden und spielt auf die Gefangensetzung Ottos III. durch Heinrich d. Z. an (*inter tot tempestates extiti, ut mortem potius praeoptarem, quam filium cesaris tunc captivum imperantem non viderem*); zu den Beziehungen Heinrichs des Zänkers, Hadwigs Bruder, zu Alemannien und besonders zum Breisgau s. unten, S. 159.

verdient, festgehalten zu werden, daß Otto III. seit Arnulf von Kärnten als erster Herrscher wieder im Breisgau nachweisbar ist.

Für Ulm und die dortige königliche Gastung konnte neuerdings U. Schmitt herausarbeiten [174], daß die Beziehungen des Königtums zum Kloster Reichenau von ausschlaggebender Bedeutung dafür waren, ob das Reichsklostergut in Ulm als Pfalz fungierte. Es fragt sich, ob dies mit aller Vorsicht nicht auch für den Fiskus Sasbach unterstellt werden kann, an dem die Reichenau seit Ludwig d. Fr. Rechte besaß [175]. Die für Ulm geäußerte Vermutung, daß das Ausbleiben der dortigen Königsaufenthalte mit der Position des Herzogtums im 10. Jahrhundert zusammenhing, ließe sich auch auf Sasbach beziehen und gewänne durch die Nähe des herzoglichen Schwerpunkts um Waldkirch an Wahrscheinlichkeit. Verbindungen Burchards II. und Hadwigs zur Reichenau ergänzen diese These: In der Erasmuskapelle des Klosters wurde der Herzog beigesetzt; die klösterliche Überlieferung rühmt ihn als Schenker des *regalis fiscus* Schleitheim im Klettgau [176]; Hadwig behielt sich daran nach dem Tod Burchards II. zunächst Rechte vor [177]. Im alemannischen Raum können wir Burchard II. nur im Kloster Reichenau nachweisen [178], für das er bei Otto I. intervenierte [179]. Ende des 10. Jahrhunderts fun-

174 U. Schmitt, Villa regalis Ulm, S. 38 f.

175 Diese brachten ohne Zweifel eine dingliche Verwurzelung der Schuldpflicht mit sich; spätmittelalterliche Besitzungen in Oberrotweil sind bekannt (Fr. Beyerle, Die Grundherrschaft, S. 488). Im Gegensatz zu Ulm verlor das Königtum wieder den Zugang zu Sasbach. Für den hier behandelten Problemkreis sei noch einmal auf J. Fleckenstein, Königspfalz und Bischofskirche, und für Nord- und Mitteldeutschland auf W. Metz, Tafelgut, Königsstraße, S. 268 ff., verwiesen.

176 Dazu H. Maurer, Randen, Registerposition Schleitheim.

177 Purchardi Gesta Witigonis (MG SS 4, 626) v. 198 ff. *Purchardus ductor, summae probitatis amator,/Regalem fiscum Sleitheim cognomine dictum,/Ad laudem matris nobis dedit omnicreantis,/Sic tamen hunc tribuens, post eius vivere presens/Coniugis atque suae post nostram dixerat esse./Tunc stetit hic multos sine nostris usibus annos./Nam postquam vitae finem dux clauserat ipse,/Iuxta condictum coniux possederat illum...* (v. 213 f.) *Et devicta suis per dona monentia votis/In sua iura locum propriae (= proprie) dedit ante notatum.* Vgl. auch die Chronik des Gallus Öhem, S. 19.

178 RI II/1 370 f., RI II/2 603(?); zur Frage der Anwesenheit der Intervenienten vgl. allgemein M. Lintzel, Die Beschlüsse der deutschen Hoftage von 911 bis 1056, Historische Studien H. 161, 1924 (1965), S. 12 ff., und R. Schetter, Intervenienz.

179 D OI 277; es verdient Erwähnung, daß in der einzigen früheren Urkunde Ottos I. für die Reichenau mit einer Intervention (D OI 83 von 946) nicht Herzog Hermann I., sondern Ottos Bruder Heinrich, Hadwigs Vater, zusammen mit einem Grafen Konrad begegnet.

gierte hier ein Vogt Burchard [180]; dieser gilt seit der älteren Forschung als »Nellenburger« [181]. Wenn diese genealogische Einordnung auch unzulässig ist, so darf man ihn wegen seines Namens und wegen der eben erwähnten Daten doch wohl dem gemeinsamen Verwandtschaftskreis der Burchardinger und Nellenburger [182] zuweisen. So gesehen fällt die zeitliche Koinzidenz auf: Otto III. realisierte königliche Rechte in dem bis dahin in Hadwigs Verfügung stehenden Kloster Waldkirch; zu seiner Privilegierung hielt er sich in Sasbach, das als Pertinenz der Reichenau wohl unter burchardingischem Einfluß stand, auf und vermochte zweifellos durch die Präsenz unmittelbar nach Hadwigs Tod seine Stellung im nördlichen Breisgau zu betonen.

Hier ist der Einfluß Burchards II. in Alemannien kurz zu erörtern. Der Herzog gilt in der Literatur als der treue Helfer Ottos I., der die Alemannen in der Lechfeldschlacht befehligte, 962 an der Kaiserkrönung teilnahm und 965 in königlichem Auftrag in Italien gegen Adalbert, den Sohn Berengars, Krieg führte [183]. Mit dieser sicher zutreffenden Kennzeichnung ist jedoch wenig über Burchards alemannische Wirksamkeit und über seine Herrschaftsgrundlagen ausgesagt. Trotz wenigen Quellenzeugnissen müssen wir versuchen, uns davon ein Bild zu verschaffen. Zu dem, was bereits oben [184] anklang, seien weitere Beobachtungen angefügt: In erster Linie können wir mit Burchard II. (und Hadwig) zwei in der Literatur als Vororte Alemanniens bekannte Stätten in Verbindung bringen: Zürich und den Hohentwiel.

Seit Hermann I. 929 in die Verhältnisse der Großmünster- und Fraumünsterabtei in Zürich eingegriffen hat [185], begegnen wir, abgesehen von den durchgängigen *dux*-Nennungen in den Zürcher Privaturkunden und der Münzprägung, erst wieder Burchard II. in besonderem Zusam-

180 NEUGART 1, Nr. 779, S. 633, Tausch zwischen Gebhard von Konstanz und Alawich (Ruodman?) von der Reichenau im Jahre 983.

181 A. HEILMANN, Die Klostervogtei, S. 71; FR. BEYERLE, Die Grundherrschaft, S. 490; dazu K. HILS, Nellenburger, S. 58 mit Anm. 11.

182 K. HILS, Nellenburger, S. 58, Anm. 58, denkt an eine Beziehung zu dem Zürichgaugrafen und Reichsvogt Burchard; zur Reichenauer Vogtei der »Landolde« und Manegolds im 11. Jh. H. J. WOLLASCH, Die Anfänge des Klosters St. Georgen im Schwarzwald, FOLG Bd. 14, 1964, S. 20, Anm. 4 u. 81.

183 R. KÖPKE-E. DÜMMLER, Kaiser Otto d. Gr., S. 256, 319, 332, 381; CHR. FR. STÄLIN, Wirt. Gesch. Bd. 1, S. 453 ff. (Lechfeldschlacht und Italienfeldzug im Mittelpunkt der Darstellung); K. WELLER, Geschichte des schwäbischen Stammes, S. 172 ff. (ähnlich ponderiert; viel Reichsgeschichte); H. KELLER, Kloster Einsiedeln, S. 110.

184 S. oben, S. 133 f.

185 Zürcher UB 1, Nr. 192, S. 83 f.

menhang mit St. Felix und Regula, nämlich als *senior noster*[186]. Wir dürfen diese Stellung zweifellos damit erklären, daß seine Mutter Reginlind als Äbtissin diesem Kloster vorstand[187]. In dem *comes* Burchardus, der 963 und von 964 bis 968 als Graf im Zürichgau und schon 955 als Vogt in Zürich nachweisbar ist, den alemannischen Herzog zu sehen, ist nicht zulässig[188]. Doch sind die beiden wohl in engem verwandtschaftlichen Zusammenhang zu sehen[189]; des Herzogs Einfluß erhellt

186 Ibd., Nr. 212, S. 102 ff.

187 Ibd., Nr. 192, S. 84: *domina Reginlinda*; Nr. 202, S. 94 (D OI 147): *per interventum Regilinde venerabilissime et nobis dilectissime ab comitisse* (!); Nr. 203, S. 96: *advocatum Purchardum cum manu venerabilis domne sue Reginlinde;* Chr. Fr. Stälin, Wirt. Gesch. Bd. 1, S. 445; R. Köpke-E. Dümmler, Kaiser Otto d. Gr., S. 203; K. Weller, Geschichte des schwäbischen Stammes, S. 166.

188 Zürcher UB 1, Nr. 203, S. 94; Nr. 206, S. 97; Nr. 208, S. 98; Nr. 209, S. 98 f.; dazu Nr. 219, S. 110 ff., u. D OI 285. Es ist darauf zu verweisen, daß in D OI 189 von 958 als Graf im Thurgau Burchardus *dux* erscheint, während in D OI 285 von 965 ein Burchardus *comes in pago Thuregum* genannt wird (in der Namensregisterposition Burchardus II. dux Alamanniae der MGH-Diplomata-Ausgabe ist die zweite Stelle irrtümlich unter Thurgau rubriziert – dies abgesehen von der Identitätsfrage). Auch der *comes* Burghartus unter den *testes* des Ottonianum (D OI 235) wurde schon mit dem Herzog gleichgesetzt (R. Köpke-E. Dümmler, Otto d. Gr., S. 332). Doch spricht gegen die Identität, daß Herzog und Graf in mehreren Urkunden getrennt angeführt sind (Zürcher UB 1, Nr. 206–208; dasselbe gilt für den Vogt Burchard in Nr. 203); E. Krüger, Zähringer, 1891, S. 588 mit Anm. 1, und H. Keller, Kloster Einsiedeln, S. 23, Anm. 65. Die beiden Burcharde werden in den Registern der Diplomata Ottos I. (MGH-Ausgabe) und des Zürcher UB 1 identifiziert. Für die *comes/dux* Burchardus-Frage vgl. die Zürich zugewiesene Münze bei H. Dannenberg, Die deutschen Münzen Bd. 1, S. 372, Nr. 992 VS: PURCHARDUS, RS: COMES.

189 Vgl. E. Krüger und H. Keller, wie Anm. 188, die an eine Zugehörigkeit des Grafen Burchard zu den »Nellenburgern« denken; s. auch K. Hils, Nellenburger, S. 47 mit Anm. 11, S. 58 mit Anm. 2; zur Stellung des Grafen Burchard in Zürich vgl. Zürcher UB 1, Nr. 209, S. 99: *in legitimo concilio Burchardi comitis dato ab ipso illis fratribus advocato nomine Manigold.* Die Ergänzung *senioris* bei *Burchardi* ist willkürlich und wohl an Nr. 212 (*senior noster dux Burchardus*) orientiert – dazu Zürcher UB 1, S. 99, Note a u. Anm. 1. Dennoch haben die Herausgeber des Zürcher UB die beiden Burcharde gleichgesetzt. Manegold erscheint dann in Nr. 212 als *potestativus nuncius* des *dux* Burchardus – damit kann er vielleicht als Mittlerfigur zwischen Graf und Herzog angesehen werden – und fungiert in Nr. 206 und 209 als erster Zeuge; dazu E. Krüger, Zähringer, 1891, S. 586, dessen genealogischer Versuch jedoch zweifelhaft bleibt. Gottfried, der Zürichgaugraf von 968, scheint mit dem gleichnamigen *patruus* des Grafen Manegold (Vogt von Einsiedeln, gest. 991) identisch zu sein (Zürcher UB 1, Nr. 212, S. 102, Anm. 1; QW II/3, S. 366; H. Keller, Kloster Einsiedeln, S. 111, 159 mit Anm. 45).

auch aus der Urkunde Ottos II. von 972 (D OII 25): Mit Wissen und Billigung Burchards empfängt das Kloster Einsiedeln die Zollfreiheit für Zürich.

Auf dem Hohentwiel gründeten Burchard II. und Hadwig ein Kloster, das, wenn es auch in der Literatur schon als Projekt der Bildungspflege interpretiert wurde[190], doch in Anbetracht seiner umfangreichen und weit verstreuten Besitzungen als Kristallisationspunkt von Herrschaft zu verstehen ist[191]. Nimmt man noch die herzoglichen Münzen aus Breisach hinzu[192], dessen Nähe zu dem Schwerpunkt Waldkirch hervorzuheben ist, so lassen die Quellenzeugnisse Burchard weit mehr als die übrigen Herzöge des 10. Jahrhunderts in Alemannien wirksam erscheinen.

Dies läßt sich auch an seinen Verbindungen zur alemannischen Kirche verdeutlichen: Abt Burchard von St. Gallen (958–971) und später Bischof Gebhard von Konstanz (979–995) gehörten beide zu den Ulrichen, die mit den Burchardingern verwandt waren[193]; die Petershausener Chronik bezeichnet Gebhard als *nepos* Hadwigs; wir wissen aus der gleichen Quelle, daß die Herzoginwitwe zur Ausstattung von Gebhards Klostergründung Petershausen beigetragen hat[194]. Während zur Zeit des Investiturstreites Verwandtschaft keineswegs mehr Indiz für politische

190 Casus monasterii Petrishus. I 43, S. 74 ff.; zur Funktion des Klosters als Bildungsstätte FR. BEYERLE, Das Burgkloster, passim. Entsprechend dem Bericht der Casus s. Galli c. 94, S. 342 ff., schreibt er die Gründung Hadwig zu; mag vielleicht die Initiative von ihr ausgegangen sein, so ist doch unzweifelhaft, daß die Basis hierfür burchardingisch war.

191 Dazu auch schon H. KELLER, Kloster Einsiedeln, S. 103, der Burchard II. in Zusammenhang mit Hartbert von Chur sieht.

192 H. DANNENBERG, Die deutschen Münzen Bd. 1, S. 342 ff., Nr. 898 ff.; die von ihm (Bd. 1, S. 343) wegen des Münzbildes Breisach zugewiesenen Münzen der Herzöge Otto und Konrad werden unter den Nachträgen (Bd. 4, S. 936) als Zürcher Prägungen angesprochen. Insofern ist die Angabe von H. KELLER, Kloster Einsiedeln, S. 121, zu modifizieren. Aus Zürich sind Münzen aller alemannischen Herzöge bis zu Ernst I. oder II. bekannt. H. DANNENBERG, Die deutschen Münzen Bd. 1, S. 372 ff.; D. W. H. SCHWARZ, Münz- und Geldgeschichte Zürichs im Mittelalter, 1940, S. 16.

193 Zu Abt Burchard: Annales Sangall. mai. a. 958, S. 290 mit Anm. 224 u. a. 971, S. 294; zu Gebhard von Konstanz: Regesten Konstanz 1, Nr. 384, S. 49; I. MISCOLL-RECKERT, Petershausen, S. 40 ff., und H. MAURER, Konstanz, S. 28 ff.; zu seiner Verwandtschaft vgl. auch unten, S. 217 f.

194 Casus monast. Petrishus. I 45, S. 76. Die Verwandtschaft kann über Wendilgard, Gebhards Großmutter, die mit König Heinrich I. verwandt war (Casus s. Galli c. 82, S. 294 ff. mit Anm. 982), oder über Burchard II. und seine Nähe zu den Ulrichen bezogen werden; I. MISCOLL-RECKERT, Petershausen, S. 42.

Orientierung war, dürfen wir dies für das 10. Jahrhundert zumeist unterstellen[195]. Zur Verwandtschaft Burchards gehörte vermutlich auch Bischof Erchanbald von Straßburg; seine Beziehungen zum nördlichen Breisgau rechtfertigen es, der Persönlichkeit Erchanbalds Aufmerksamkeit zu widmen. Zwar spricht er in seinem Gedicht über die Straßburger Bischöfe davon, daß nicht *nobilitas*, sondern *pietas Domini* ihn unter die *proceres* gereiht habe[196], doch K. Schmid[197] machte auf einen Reichenauer Eintrag aufmerksam, in dem ein Erchanbaldus *episcopus*, mit Sicherheit der Straßburger, begegnet; das Namensgut der mit ihm eingeschriebenen Personen konnte als »Grundbestand« in einem weitverzweigten Verwandtschaftsnetz herausgearbeitet werden; aus ihm scheinen zahlreiche hochmittelalterliche Adelsgeschlechter hervorgegangen zu sein, u. a. die Staufenberger, die im nördlichen Breisgau in Forchheim und Endingen Besitz an die Klöster Hirsau, Reichenbach und St. Georgen im Schwarzwald tradierten[198].

Nun kennen wir eine Straßburger Privaturkunde aus der zweiten Hälfte des 10. Jahrhunderts: Ein Irimfrid überträgt durch seinen *advocatus legitimus* Burchard an die Straßburger Marienkirche unter Vermittlung ihres Vogtes Adalbert Güter in der Mark Forchheim und Endingen, die zunächst Bischof Erchanbald erhält; nach seinem Tod sollen sie an den Archidiakon Altrich fallen, nach dessen Ableben an die *fra-*

195 Dazu H. Keller, Kloster Einsiedeln, S. 18 ff., 98 ff.; für die Zeit des Investiturstreites K. Hils, Nellenburger, S. 75 ff.

196 Regesten Straßburg 1, Nr. 148, S. 248 f.; MG Poet. lat. V, 2, 513: *Non me nobilitas, meritum, nec amica sophia/In numero procerum fecit habere locum./Ab grege secepto morti terraeque subacto/Est largita mihi hunc pietas Domini.* Mit diesen Versen setzt sich Erchanbald offensichtlich von dem ab, was er über seinen Vorgänger Richwin geschrieben hat: *Nobilitate praecluem, profunditate litterarum ampliorem, virtutibus illustrem, genere Hlotariensem, in iuventute vividum, in senecta spiritalem* (Regesten 1, Nr. 121, S. 243; MG Poet. lat. V. 2, 512). Da der Sinn der Verse nicht eindeutig ist (indirekte Spitze?, eigene Bescheidenheit? – man vgl. die Rolle der *sophia* in Erchanbalds Leben), ist diese Quelle nur beschränkt aussagekräftig. Ferner läßt sich der Begriff *nobilitas* im 10. Jh. ohnehin nicht für eine eindeutige ständische Abgrenzung heranziehen.

197 K. Schmid, Hirsau, S. 101 ff., 110 f.

198 Codex Hirsaugiensis, hg. v. E. Schneider, Württembergische Geschichtsquellen Bd. 1, 1887, f 26a, 26b (1070–92): *Burchardus comes de Stouffenberg* (an Kloster Hirsau); *Bertholdus frater eiusdem Burchardi comitis*, Besitz in Forchheim und Endingen im Breisgau von *Berhtolfus;* Notitiae fundationis ... S. Georgii (MG SS 15, 2, 1016) a. 1092: *Burchard comes de castro Stoupha, ... praedium situm in Brisgouue, in villis Vorchheim et Endingen.* Den Grundbestand sieht K. Schmid, Hirsau, S. 111, in den Namen Adalbert/Anshelm/Berthold.

tres [199]. Die Zeugenliste dieser Urkunde weist so zahlreiche Überschneidungen mit dem Reichenauer Eintrag von Bischof Erchanbald und seiner Verwandtschaft [200] auf, daß es wohl berechtigt ist, hier einen Zusammenhang zu vermuten. Da auch der Name Irimfrid in einem Eintrag mit gleichem Namensgut begegnet, ist in dem Irimfrid der Urkunde wohl ein Verwandter des Bischofs zu sehen, der nordbreisgauischen Besitz an die Straßburger Bischofskirche, doch zu Händen Erchanbalds, schenkte [201].

199 Straßburger UB 1, Nr. 49, S. 38, u. Regesten Straßburg 1, Nr. 184, S. 254.

200 MG Libri confrat. cod. aug. col. 81 quer (zitiert nach K. Schmid, Hirsau, S. 134): *Erchanbaldus episcopus*, Cuzo, *R...*, Anselm, Adelpreht, Cuzo, *Erlefred*, Anshelm, Adelpreht, *Cuoradus*, *Ruodpreht*, Anshelm, *Berehthilt*, *Cunigund*, Heimo, *Cuonradus*, *Uuinerih; Testes:* Adalbertus, Anshelmus, Zuzo, *Reginbald*, *Burchardus*, *Ezo*, Anshelmus, *Berenhardus*, *Erlene*, *Uuirandus*, *Gunzilinus*, *Geroldus*, *Zeizoluus*, *Uuarzelinus*, *Emicho*, *Diezelinus*/*Nomina fratrum:* Heimo *praepositus*, *Aldericus archidiaconus*, *Reginbaldus*, *Grimine*, *Adalbero*, *Uolmar*, *Anno*, *Duodo*, *iterum Adalbero*, *Manegolt*, *Uuoluolt*, *Uuicman*, Heimo; die Namen Reginbald und Zeizoluus finden sich in anderen, durch das Namensgut verwandten Einträgen: *Zeizolf:* MG Libri confrat. cod aug. col. 120, 122, 132b, 285; *Reginbald:* cod. aug. col. 275b (dazu K. Schmid, Hirsau, S. 134 f., 138). Wir können die Überschneidungen der Namensfolgen und die Nähe des Bischof-Erchanbald-Eintrags zur Verwandtschaft der Staufenberger festhalten (Namen: Adalbert, Berthold, Anshelm – vgl. K. Schmid, Hirsau, S. 110 f.); auch der Name Burchard, im Eintrag fehlend, in der Zeugenliste vorhanden, weist in staufenbergischen Zusammenhang. Dabei ist es fast überflüssig zu betonen, daß es sich noch nicht um das Geschlecht der Staufenberger handelte, die erst in der 2. Hälfte des 11. Jhs. in den Quellen begegnen. Andere Namen der Straßburger Zeugenliste (sowohl aus der ersten Gruppe, als auch unter den *fratres*) finden sich in zeitgenössischen Straßburger Urkunden wieder: *Emicho* und *Erlene*: Zeugen in der Schenkung des *presbyter* Duodo an die Marienkirche zwischen 965 und 991 (Straßburger UB 1, Nr. 48, S. 38; Regesten Straßburg 1, Nr. 183, S. 254); *Diezelinus* und *Uuazelinus*: Zeugen in der Urkunde des Wiserich und Azo von 953 (?) (Straßburger UB 1, Nr. 40, S. 31 f.); zur Möglichkeit, daß Bischof Erchanbald auch mit dem elsässischen Adel verwandtschaftlich in Beziehung stand, vgl. unten, S. 190 ff. Zweifel, ob mit dem Erchanbaldus *episcopus* des Eintrags tatsächlich der Straßburger und nicht auch der Eichstätter (Anfang 10. Jh.) oder Mainzer (Anfang 11. Jh.) Bischof Erchanbald gemeint sein könnte, werden durch den Vergleich mit der Straßburger Privaturkunde hinfällig.

201 MG Libri confrat. cod. aug. col. 301b: Adalbret, Anshalm, Adalbret, Purchart, *Pirihtilo*, *Tragaboto*, Erlefrid, *Hunger*, Irinfrid, *Stracholf*, *Heinhart* (nach K. Schmid, Hirsau, S. 134). Daß zwischen dem Tradenten der Urkunde und den das Rechtsgeschäft bezeugenden Personen enge, vermutlich verwandtschaftliche Beziehungen bestanden, legt der Eintrag eines Heimo *prepositus* zum 3. Januar im Melker Seelbuch, hg. v. W. Wiegand, S. 83, nahe. Er vermachte den Brüdern der Straßburger Kirche Einkünfte aus Broggin-

Es ist schwierig, die Rechte dieses Bischofs als des Eigenklosterherrn von St. Trudpert zu erklären; hierher lassen sich keine Verbindungslinien des Anselm–Adalbert–Burchard-Verwandtschaftskreises ziehen. Es wird daher bei der Untersuchung der Verhältnisse St. Trudperts um die Mitte des 10. Jahrhunderts zu fragen sein, wie sich Erchanbalds Position verstehen läßt [202].

Nachdem im nördlichen Breisgau Besitzüberschneidungen von Erchanbalds Verwandtschaft und den späteren Staufenbergern zu beobachten waren, in deren Zusammenhang wohl auch die Hezelonen und die Grafen von Sulz gehören [203], liegt es nahe zu fragen, ob sich eine Wirksam-

gen bei Kenzingen. Ohne Bedenken kann er mit dem Propst Heimo der Irimfrid-Urkunde gleichgesetzt werden; denn einmal kennt die Straßburger Überlieferung keinen anderen Propst gleichen Namens, zum anderen enthält das Seelbuch Einträge zu anderen Personen, die während des 10. Jhs. in Straßburg wirkten. Es fällt auf, daß der Besitz des tradierenden Irimfrid (Forchheim und Endingen) und des testierenden Propstes Heimo (Broggingen) in den nordbreisgauischen Wirkungsraum der späteren Staufenberger weist. Auch an der Persönlichkeit Arnolds von Kenzingen läßt sich die Verklammerung dieses Broggingen benachbarten Ortes mit Endingen beobachten: Hier machte Arnold eine Schenkung an das Kloster St. Georgen. Vgl. MG SS 15, 1019, und allgemein H.-J. Wollasch, St. Georgen, Registerposition Arnold von Kenzingen.

202 Man wies auf seine Beteiligung am Wiederaufbau des Klosters um die Mitte des 10. Jhs. und auf den Einfluß der Liutfride um 900 hin (Th. Mayer, St. Trudpert, S. 15 f. (276 f.), u. M. Beck, St. Trudpert, S. 83 mit Anm. 82, S. 84 mit Anm. 89). Vgl. unten, S. 190 ff.

203 Hezelo, der Stifter von St. Georgen, übertrug 1086 zusammen mit seinem Sohn Besitz in Endingen und Gottenheim (Notitiae fundationis c. 16 a. 1086 – MG SS 15, 2, 1010). Zu Willibirgs (*domini Hezelonis ex patrueli neptis*) Seelenheil schenkte ihr Gatte Gerung Güter in Königsschaffhausen und Hagenbuch bei Ebnet (ibd. c. 17 a. 1094, 1017). Diese Besitzüberschneidungen weisen neben weiteren Indizien, die H. J. Wollasch, St. Georgen, S. 37 f., zusammengestellt hat, auf Verwandtschaft mit den Staufenbergern hin. Mit diesen wiederum sind die Grafen von Sulz eng verbunden: In Niefern bei Pforzheim schenkten Angehörige beider Geschlechter anteilig an Hirsau; zu Hecklingen in der Nähe von Forchheim/Endingen verkauften die Grafen von Sulz 1273 eine *curia* (V. Schäfer, Die Grafen von Sulz, Diss. phil. Tübingen, 1969, S. 27). Zu diesem späten Beleg für den Breisgau kann ein Zeugnis des 11. Jhs. beigefügt werden: Nach dem Gründungsbericht um 1099 statteten Adalbert von Zollern, Ruotmann von *Husin* und Alwig von Sulz ihre Stiftung Alpirsbach u. a. mit Besitz in Nordweil bei Kenzingen aus (WUB 1, Nr. 254, S. 315). Während hiernach die Schenkung zu gemeinsamer Hand geschah – die Stifter waren untereinander verwandt, da ihnen der Boden des Klosters *hereditario iure* gehörte –, spricht eine Paptsurkunde von 1101 (WUB 1, Nr. 259, S. 327 f.) davon, daß der in das Kloster eingetretene Adalbert von Zol-

keit Erchanbalds auch in der Ortenau nachweisen läßt; sie war eng mit dem Bistum Straßburg, aber auch mit der Gegend am Kaiserstuhl verbunden [204]. Nach einer Urkunde Bischof Wilhelms von Straßburg von 1035 hat er der Kirche in Burgheim bei Lahr den Zehnten von Dinglingen eigenmächtig entfremdet; zu Dinglingen scheint Herzog Burchard I. Beziehungen gehabt zu haben [205]. Es ist weiter bekannt, daß Erchanbald der Straßburger Kirche das *servitium* von Kinzigdorf bei Offenburg geschenkt hat [206].

In dem Versuch, den Einfluß Burchards II. in Alemannien zu klären, darf der Herzog nicht isoliert von seiner Gemahlin Hadwig gesehen werden, die bereits bei der Erwähnung Waldkirchs und des Hohentwiel begegnete. Als Tochter Herzog Heinrichs von Bayern, Ottos I. Bruder, mag sie ihrem Gatten neben seinen Ansprüchen als Sohn Burchards I. zusätzlich eine günstige Ausgangsposition für die Übernahme der Herzogswürde 954 verschafft haben [207]. Doch ist es, da wir über den Zeitpunkt der Heirat nichts wissen, ebenso möglich, daß diese Ehe im Rahmen der Herzogserhebung beschlossen wurde, um Burchard II. in die königliche Verwandtschaft einzubinden [208]. Daneben bleibt aber zu beachten – und ebendies ist an der späteren Entwicklung zu beobachten –, daß sich durch die Verbindung Alemannien–Bayern die Widerstände der bayeri-

lern *singulariter* Güter, u. a. in Nordweil, tradiert habe. Wir können nun entweder annehmen, daß Nordweil, indem es im Gründungsbericht innerhalb der gemeinsamen Schenkung genannt wird, auch den Sulzern gehörte oder daß der Angabe der Papsturkunde, die zweifellos auf eine Vorlage zurückgeht, mehr Glauben zu schenken ist und Nordweil nur als Besitz des Adalbert von Zollern gelten kann. Da die drei Stifter jedoch miteinander verwandt waren, darf man den Beleg Nordweil auch dann für die Präsenz der Grafen von Sulz im nördlichen Breisgau heranziehen; zu Kloster Alpirsbach H. HARTER, »Ruotmannus de Husin« – Mitstifter des Klosters Alpirsbach, in: Alem. Jb. 1968/69, S. 1–17 (zur Verbindung der Hezelonen zu den Honstettern, die Besitz im Breisgau hatten, und zur Frage der breisgauischen Hessonen H. OTT, Urbar, S. 14 ff.).

204 Zum Verhältnis Straßburg–Ortenau H. SCHWARZMAIER, Ortenau, passim.

205 Hier tauschte König Konrad von Burgund mit dem Bistum Chur Besitz, der mit Sicherheit auf Herzog Burchard I. zurückgeht (vgl. oben, S. 65 f.). Zu Dinglingen: Regesten Straßburg 1, Nr. 187, S. 254 (vgl. 1, Nr. 262, S. 273); zur Geschichte Dinglingens D. KAUSS, Pfarrorganisation, S. 178 f., und zu Burgheim DERS., 175 ff., u. W. KNAUSENBERGER, Burgheim, »das interessanteste Dorf der Mortenau«, in: Ortenau 44, 1964, S. 55–88; dazu s. unten, S. 190 ff.

206 Regesten Straßburg 1, Nr. 190, S. 255.

207 CHR. FR. STÄLIN, Wirt. Gesch. Bd. 1, S. 453.

208 Zum Zeitpunkt H. M. DECKER-HAUFF, Ottonen, S. 252, Anm. 74.

schen Liudolfinger und der mit ihnen verwandten Liutpoldinger gegen die ottonische Dynastie auch auf den Südwesten des Reiches auswirkten [209]. Wir sehen das noch zu Lebzeiten Burchards II. am Streit um die Nachfolge Bischof Ulrichs von Augsburg [210]: Der Herzog versuchte geschickt und mit Erfolg, die königlichen Rechte an der Bischofspromotion zugunsten Heinrichs, eines Vetters der Hadwig, zu umgehen. Hier macht sich eine andere, nicht weniger wichtige Seite von Burchards Position in Alemannien bemerkbar, die es neben den Zeugnissen seines guten Verhältnisses gegenüber dem König zu beachten gilt.

Die bayerische Einwirkung auf Alemannien, der Otto II. gegen die Ansprüche Heinrichs d. Z. einen Riegel vorzuschieben gedachte, indem er seinen Neffen Otto, Liudolfs und Itas Sohn, erhob [211], wurde fortgesetzt, und sie zeigte sich in dieser besonderen Situation: Neben den alemannischen Herzögen Otto und seinem Nachfolger Konrad spielte die Witwe Burchards II. eine wichtige, quasi-herzogliche Rolle [212].

Die Wirksamkeit der Hadwig ist uns vor allem durch die Casus s. Galli überliefert; gegen die Formulierungen Ekkeharts IV., Hadwig habe in Wahlwies bei Stockach *pro regiminis causis* ein *colloquium publicum* abgehalten [213] und die Klöster St. Gallen und Reichenau als *duo mei ducatus monasteria* bezeichnet [214], hat die ältere Forschung Einspruch erhoben [215]. Jedoch mußte auch sie die Auffälligkeit des *dux*-Titels konstatieren, mit dem Hadwig in D OIII 63 [216] und D OIII 152 in könig-

209 K. Reindel, Bayern, S. 216 ff.

210 Ders., S. 222, mit weiterer Literatur, und K. Uhlirz, Jahrbücher II., S. 35 ff.; erstaunlicherweise findet sich bei Fr. Zoepfl, Das Bistum Augsburg Bd. 1, S. 73 ff., fast nichts über die gewichtigen Auseinandersetzungen, wie sie in der Vita Udalrici c. 28 (MG SS 4, 415) überliefert sind.

211 Dazu K. Reindel, Bayern, S. 222, und, wenig präzis, K. Weller, Geschichte des schwäbischen Stammes, S. 178; treffend K. Uhlirz, Jahrbücher Ottos II., S. 40; ohne Problembezug Chr. Fr. Stälin, Wirt. Gesch. Bd. 1, S. 461.

212 Dazu H. M. Decker-Hauff, Ottonen, S. 237 f.

213 Casus s. Galli c. 95, S. 347.

214 Ibd., S. 346.

215 Vor allem G. Meyer von Knonau in seiner Ausgabe der Casus s. Galli, S. 320 ff.; zu seinem Urteil über Ekkehart IV. allgemein Th. Mayer, Das schwäbische Herzogtum, S. 88 (325), Anm. 1, der die Kritik von Meyer von Knonau als zu starr bezeichnet.

216 Wegen des Diktats, der Beziehung zum Breisgau und der Erwähnung von Hadwig, die sonst nur als Gestorbene genannt wird (D OIII 152, 157 f.), hat W. Erben, Selz, S. 12 mit Anm. 3, angenommen, daß in D OIII 63 (ausgestellt am 18. 6. 990) erst 994 eine bereits früher geplante Tradition beurkundet wurde. Der *Scaleia* betreffende Tausch Einsiedeln-Worms fand erst 995 statt (D OIII 187).

lichen Urkunden begegnet. Von daher erscheinen die Nachrichten der Casus s. Galli um einiges glaubwürdiger [217]. Für Herzogswitwen gebrauchen die Quellen dieser Zeit die Bezeichnung *domina* [218]; den *dux*-Titel führte allerdings auch Judith, Hadwigs Mutter, von 955 bis etwa 966/67 in Ausübung vormundschaftlicher Rechte für ihren unmündigen Sohn Heinrich II. (den Zänker) [219]. Doch übersieht eine Gleichsetzung Hadwigs mit Judith oder mit den gleichzeitig wirkenden Herrscherinnen Adelheid und Theophanu, daß Hadwigs Stellung sich nicht auf vormundschaftliche Pflichten und Rechte gründete [220] und daß zur selben Zeit vom König ernannte Herzöge in Alemannien amtierten.

Daß Hadwig nach dem Tod Burchards II. Rechte in Waldkirch und damit im nördlichen Breisgau wahrnahm, erlaubt ohne Zweifel, auch ihre Intervention für *Scaleia*/Schelingen im Kaiserstuhl zu verstehen. Mit dem Hohentwielkloster, in dem sie als ihrem Wittum [221] wohnte und vielleicht residierte [222], und seiner weit in den inneralemannischen Raum hineinreichenden Besitzlandschaft verfügte sie über eine bedeutende Position; auch gegenüber dem *regalis fiscus* Schleitheim übte sie Besitzrechte aus. Diese Fakten gewinnen an Hintergrund, wenn man bedenkt, wie sehr es Heinrich d. Z., ihren Bruder, im Rahmen seiner antiottonischen Bestrebungen nach Alemannien zog; nach dem Tod Burchards II. erhob er Anspruch auf das Herzogtum [223]. Bereits am Beispiel Augsburgs und der Nachfolge Bischof Ulrichs ließ sich sein Einfluß feststellen, der sich unmißverständlich in einer Augsburger Münze des bayerischen Herzogs äußerte [224]. Wie sehr schon unter Herzog Otto Augsburg im bayerischen Einflußfeld lag, noch bevor dieser das bayerische Herzogtum wegen der Verschwörung Heinrichs d. Z., des Liutpol-

217 Th. Mayer, Das schwäbische Herzogtum, S. 97 (333 f.).

218 So z. B. Reginlind in D OI 147.

219 D OI 279 von 965: *per interventum dilecte ducis domineque Iudite;* weitere Belege bei K. Reindel, Bayern, S. 221, Anm. 3.

220 Dies gegen Th. Mayer, Das schwäbische Herzogtum, S. 97 (334), der mit dem Vergleich die Problemlage entschärft.

221 Zur Bezeichnung des Hohentwiels und Waldkirchs als Wittum Th. Mayer, Herzogtum, S. 96 (333), 100 (336), der den Begriff aber von den Zusammenhängen in Alemannien isoliert und zu formal verwendet.

222 Casus s. Galli c. 90, S. 329; c. 96, S. 351.

223 K. Reindel, S. 220 f.

224 H. Dannenberg, Die deutschen Münzen Bd. 1, S. 390, Nr. 1042; er weist die Münze aufgrund der am Beispiel Regensburgs entwickelten Typologie (ibd. 1, S. 402) nicht der ersten Regierungszeit Heinrichs (955–976), sondern der zweiten (985–995) zu; zum spät belegten Beinamen ›Zänker‹ K. Reindel, Bayern, S. 222 f., Anm. 1.

dingers Heinrichs und des Augsburger Bischofs mitübernahm[225], verdeutlicht die Vita Udalrici: *Heinricus episcopus aequivoco suo duci* (sc. Heinrich d. Z.) *aptior mansit in omnibus et ipsius consiliis plus consentiens quam Ottoni duci, quamvis Augusta civitas in suo ducatu sita maneret*[226]. Auch von dem Liutpoldinger Heinrich (Herzog 983–985) sind Augsburger Münzen erhalten[227]. Wir hatten erwähnt, daß Heinrich d. Z. nach dem Tod Ottos I. auf das gleichzeitig vakant gewordene alemannische Herzogtum über seine Schwester Hadwig Ansprüche erhob; damit verbunden hegte er Pläne, Kaiser Otto II. zu stürzen. Sie führten 974 zu seiner Verhaftung[228]. Auch die Zeit nach Ottos II. Tod 983 benützte Heinrich d. Z., um als König anerkannt zu werden[229] und um in Alemannien, wiederum als Bruder der Hadwig legitimiert, gegen den noch von Otto II. auf dem Reichstag in Verona erhobenen Herzog Konrad aufzutreten.

Dazu verdient neben der Nachricht der Altaicher Annalen zu 985(!) *Chunradus comes Alemanniam sibi vendicat*[230] ein Zeugnis der Quedlinburger Annalen zu 984 Beachtung: Adelheid, Theophanu und Mathilde, Ottos I. und Adelheids Tochter, trafen im Juni 984 in Rohr mit

225 Zu den Ereignissen Chr. Fr. Stälin, Wirt. Gesch. Bd. 1, S. 462 f.; K. Uhlirz, Jahrbücher Ottos II., S. 51 ff.

226 Vita Udalrici c. 28 (MG SS 4, 416).

227 H. Dannenberg, Die deutschen Münzen Bd. 1, S. 389, Nr. 1041, 1041a.

228 Zu den Ereignissen K. Uhlirz, Jahrbücher Ottos II., S. 51 ff.

229 Vgl. vor allem Thietmar, Chronicon IV 1 ff., S. 130 ff. (IV 2, S. 132, schildert er das Verhalten von Heinrichs sächsischer Anhängerschaft in Quedlinburg: *a suis publice rex appellatur*) und M. Uhlirz, Jahrbücher Ottos III., S. 12 ff.

230 Annales Altahenses maiores a. 985 (hg. v. E. von Öfele, MG SS rer. Germ. i. u. sch., 1890), S. 15 (dazu schon H. Keller, Kloster Einsiedeln, S. 120 f., Anm. 172). Der für diese Zeit verläßliche Annalist hat zu 982 außer der Sarazenenschlacht auch (*eodem anno*) den Tod Herzog Ottos (*nepos imperatoris et dux Bawariorum*) und des Fuldaer Abtes Wernher wie auch die Einsetzung ihrer Nachfolger Heinrich (in Bayern, in Verona erhoben) und Abt Branthogus notiert (die Nachfolge datiert indes von 983). Trotz Erwähnung Ottos und seines bayerischen Nachfolgers zu 982 (983) steht die Notiz über Konrad zu 985, also der Zeit, in der der Thronfolgestreit abgeschlossen wurde (Juni 985; Thietmar, Chronicon IV 8, S. 140), und der erneuten Übernahme des bayerischen Herzogtums durch Heinrich d. Z. An der Notiz fällt der *comes*-Titel für einen bereits eingesetzten Herzog auf. Das Kloster Niederaltaich stand in der 2. Hälfte des 10. Jhs. so stark unter dem Einfluß Heinrichs d. Z., daß es in der Forschung schon fast als sein Eigenkloster angesprochen wurde (H. Keller, Kloster Einsiedeln, S. 117; zu Niederaltaich neuerdings zusammenfassend Fr. Prinz, Klöster und Stifte, in: Handbuch der bayerischen Geschichte Bd. 1, S. 373 ff., hier S. 377 f., mit weiterer Literatur).

Heinrich d. Z. zusammen *comitantibus fratre suo* (sc. Adelheids) *rege Burgundiae Conrado et duce Francorum eius aequivoco*[231]. Hier begegnet Konrad, der 983 eingesetzte alemannische Herzog, ohne Hinweis darauf als *dux Francorum*, ein Indiz vielleicht dafür, daß seine Position in Alemannien um diese Zeit noch strittig war[232]. Die Bezeichnung *dux Francorum*, in der wir unzweifelhaft Konrads Herkunft und Wirkungsbereich (Grafschaft im Rheingau) ausgedrückt sehen, verwendet in abgewandelter Form auch Hrotsvith von Gandersheim für Liudolf; das veranlaßte die Forschung, die Existenz eines fränkischen Stammesherzogtums für die Zeit nach dem Tod des aufständischen Herzogs Eberhard von Franken zu diskutieren[233]. So wenig das aus Hrotsviths Aussage geschlossen werden kann, so wichtig erscheint dieser Hinweis auf Liudolfs bereits besprochene fränkische Orientierung[234]; Konrads Kennzeichnung mag als Ergänzung hierfür gelten.

Die Doppelschichtigkeit der Bestrebungen Heinrichs d. Z., seiner Ansprüche auf Königsherrschaft und auf Nachfolge im alemannischen Herzogtum, zeigt sich an den Vorgängen im Südwesten des Reiches: In Herzog Konrad erwuchs dem bayerischen Liudolfinger in zweifacher Weise ein Gegenspieler; er fungierte als regulär erhobener alemannischer Herzog und als ein Vorkämpfer der ottonischen Dynastie. Zusammen mit Erzbischof Willigis von Mainz und Herzog Bernhard von Sachsen bildete er nach Thietmars Zeugnis den Kern der Anhänger Ottos III.[235]

231 Annales Quedlinburgenses a. 984 (MG SS 3, 66).

232 In D OIII 4 vom 27. 10. 984 erscheint er als *dux Alamannorum;* für die vormundschaftliche Regierung war seine alemannische Herzogswürde ohnehin legitimiert.

233 Hrotsvithae Opera, hg. v. P. von Winterfeld, MG SS rer. Germ. i. u. sch., 1900 (1965), Gesta Ottonis v. 450 ff., S. 217: *Utque suo subdi nato faceret Liudolfo/Multum devotae perfecto mentis amore/Francorum gentis dominos praenobilis almos,/Necnon primates Suevorum scilicet omnes,/Ipsi legali praepulchram foedere iungi/Idam iussit, Herimanni natam ducis almi,/Qui fuit illustris princeps in partibus illis;* dazu P. von Winterfeld, Die Aufhebung des Herzogtums Franken, in: NA 28, 1903, S. 510 f., und dagegen unter dem gleichen Titel A. Karnbaum, in: NA 37, 1912, S. 786–790; die Ansicht von P. von Winterfeld noch bei B. Schlotterose, Die Besetzung der deutschen Herzogtümer bis zum Jahr 1125, Diss. phil. Halle, 1912, S. 26; zum Titel *dux Francorum* H. Werle, Titelherzogtum, S. 230 ff. (für die Konradiner im 10. Jh.), u. S. 255 ff. (für die Salier im 11. Jh.). Udo II. wird jedoch entgegen den Angaben von Werle nirgends als *dux Francorum,* sondern nur als *dux* bezeichnet.

234 S. oben, S. 132 f.

235 Thietmar, Chronicon IV 4, S. 134, (auf dem ersten Tag von Bürstadt im Mai 984) u. Annales Quedling. a. 984, MG SS 3, 66, (bei der Zusammenkunft in Rohr im Juni 984).

Er vertrieb 984[236] den französischen König Lothar nach spätmittelalterlicher, aber wegen der örtlichen Nähe vertrauenswürdiger Überlieferung[237] aus dem Elsaß und scheint so das vereinbarte Zusammentreffen Heinrichs d. Z. mit dem französischen König in Breisach, das Heinrichs Umsturzabsichten dienen sollte, vereitelt zu haben[238].

Dieser Plan Heinrichs d. Z. findet seine konkrete Entsprechung in einer Breisacher Münze eines HEINRICUS DUX, die bislang König Heinrich III. zugeschrieben wurde, der von 1038 bis 1045 das alemannische Herzogtum verwaltete[239]. Nachdem bereits H. Keller vermutet hat, es könne sich hierbei um eine Münze Herzog Heinrichs des Zänkers

236 Dieser Zeitpunkt mit M. Uhlirz, Jahrbücher Ottos III., Exkurs III: Die Breisacher Zusammenkunft und die Feldzüge König Lothars gegen Verdun 984/85, S. 432–441; für diese Datierung auch Fr. Weigle in der MGH-Ausgabe der Briefsammlung Gerberts von Reims zu Brief Nr. 39, S. 66 ff., den Weigle nicht, wie früher angenommen, Gerbert, sondern Erzbischof Adalbero von Reims zuschreibt (s. unten, Anm. 238).

237 Chronicon Mediani Monasterii I 30 (zitiert nach M. Uhlirz, Jahrbücher Ottos III., S. 434).

238 Den Streit darüber, ob die Angabe des 1. Februars als des Zeitpunkts für das geplante Treffen im Brief Gerberts (?) Nr. 39 auf 984 oder 985 zu beziehen ist, hat M. Uhlirz, Jahrbücher Ottos III., S. 432 ff., zugunsten von 984 entschieden. Außer den von ihr angeführten (späteren) Quellenzeugnissen und dem Datierungsproblem Verdun beansprucht auch aus dem Gesamtablauf von Heinrichs Aktivität der Februar 984 mehr Wahrscheinlichkeit. Nach der Hauptquelle Thietmar sind die Stationen: Januar 984 Heinrich in Köln (Übergabe Ottos III. an ihn durch Erzbischof Warin) – Zug nach Corvey, Magdeburg, Quedlinburg (Osterfest 23. März), Werla und Bayern (Anhängerschaft der bayerischen Bischöfe) – Mai 984 Bürstadt bei Worms (Treffen mit Willigis, Herzog Konrad und anderen *optimates:* Bedrängnis Heinrichs) – Heinrich in Verbindung mit Böhmenherzog – 29. Juni Rohr bei Meiningen (Zusammenkunft mit den Kaiserinnen Adelheid und Theophanu: Auslieferung Ottos III.) – 20. Oktober 984 erneute Zusammenkunft in Bürstadt (Auseinandersetzung zwischen Heinrich d. Z. und Heinrich III. von Bayern um das bayerische Herzogtum) – Juni 985 Belehnung Heinrichs d. Z. mit dem Herzogtum in Frankfurt. In der Reihenfolge der Ereignisse, die für Heinrich von Mitte 984 an eine ständige Verringerung seiner Chancen und Handlungsmöglichkeiten brachten, fügt sich das Projekt Breisach im Februar 984 wesentlich besser ein (so schon ähnlich Fr. Weigle in der Brief-Ausgabe, S. 67, Anm. 1, mit Überblick über die Forschungslage).

239 H. Dannenberg, Die deutschen Münzen Bd. 1, S. 500, Nr. 1374, und W. Kienast, Herzogstitel, S. 369, Anm. 66a. Im Gegensatz zu Dannenberg und Kienast weist G. Haselier, Breisach Bd. 1, S. 63, nicht einmal auf die Eigentümlichkeit des *dux*-Titels hin; Heinrich war bereits seit 1028, also lange vor der Übernahme des alemannischen Herzogtums, zum König gewählt und gekrönt worden; E. Steindorff, Jahrbücher Heinrichs III. Bd. 1, 1874 (1963), S. 15 f.

handeln[240], sei etwas ausführlicher auf die damit verbundenen Fragen eingegangen.

Weniger das Gewicht der Münze[241] als ihr Typus und der *dux*-Titel geben Aufschluß: Alle Münzen König Heinrichs III., die wir aus Regensburg kennen, dem Zentrum des bayerischen Herzogtums, das er von 1026 bis 1042 ebenfalls leitete, tragen die Aufschriften HEINRICUS REX mit oder ohne CHUONRADUS IMPERATOR und HEINRICUS IMPERATOR[242]. Die Prägung der Breisacher Münze zeigt auf der Vorderseite außen die Umschrift HEINRICUS DUX[243], die ein Kreuz mit vier Ringeln[244] in jedem Winkel umschließt, auf der Rückseite die Umschrift PRISAHA mit einem kleineren Kreuz und je einem Ringel im rechten oberen und linken unteren Feld. Dieses Münzbild läßt sich nicht ohne weiteres in die Breisacher Münztypologie einordnen[245], wohl aber mit Zürcher Geprägen Konrads und Kaiser Ottos (II. oder III.) vergleichen[246]; weiterhin ist es Regensburger Münzen der Herzöge

240 H. Keller, Einsiedeln, S. 120 f., Anm. 172.

241 So Ders., ibd.; das Gewicht von 1 gr ist jedoch bei Königsmünzen aus der 1. Hälfte des 11. Jhs. nicht ungewöhnlich: Da (im folgenden Abkürzungen für H. Dannenberg, Die deutschen Münzen, wenn als Kompendium zitiert) Bd. 1, S. 353, Nr. 925, Straßburger Münze Heinrichs III. 1,26 gr; dortige Münzen Konrads II. Da, Bd. 1, S. 352 f., Nr. 921 ff. 1,37 gr, 1,56 gr (auch in anderen Gebieten: Da, Bd. 1, S. 261, Nr. 668a, Goslarer Münze Heinrichs III. 1,23 gr, Da, Bd. 1, S. 161, Kölner Münzen Heinrichs III., Nr. 366, 1,22 gr; Nr. 367, 1,37 gr). Die Reihe ließe sich fortsetzen. Alle Münzen Heinrichs III. haben ein der Breisacher Münze zumindest entsprechendes Gewicht. Bei Herzogsmünzen dieser Zeit können wir zwar einen Gewichtsverlust feststellen (z. B. Da, Bd. 1, S. 373, Nr. 997+a, Zürcher Münzen Ernsts I. oder II. 0,75 gr), doch müßte man bei der Breisacher Münze davon ausgehen, daß Heinrich III. als König in Alemannien fungierte.

242 Da, Bd. 1, S. 420 ff., Nr. 1091–1101; Nr. 1095 HEINRICUS/RADISPONA ist nicht sicher zugewiesen, doch fehlt zumindest der *dux*-Titel, wenn auf Heinrich III. zu beziehen. Dieser hatte Bayern immerhin bereits seit 1026, also zwei Jahre vor seiner Königskrönung, inne.

243 Die Aufschriften hier in der sicher rekonstruierten Form.

244 H. Dannenberg, Die deutschen Münzen Bd. 1, S. 500, läßt es offen, ob vier oder zwei Ringel auf der Vorderseite bestehen; die zwei in Frage stehenden Ringel scheinen jedoch ansatzweise vorhanden zu sein (Da, Tafelband).

245 Nach Zuweisung der ohne Ortsangabe geprägten Münzen, Da, Bd. 1, Nr. 900, 902+a, 903 f., an Zürich (so Korrektur in Da, Bd. 4, S. 936) können wir für Breisach keine gesicherte Herzogs- oder Königsmünze feststellen, die auf beiden Seiten ein Kreuz zeigt mit Ausnahme vielleicht von Nr. 895 (Liudolf), auf deren Rückseite in der Mitte ein Rhombus abgebildet ist, von dessen Ecken aus Doppelstriche nach außen laufen.

246 Da, Bd. 1, Nr. 995 f. u. Nr. 999, S. 374.

Otto (976–982) und Heinrich III. (983–985)[247] sehr ähnlich; auf dortigen Prägungen Heinrichs d. Z. (985–995) finden wir zwei Kugeln und einen Ringel in drei der Kreuzwinkel[248]. Diese typologische Reihenfolge gilt ebenso für die Münzen der drei genannten Herzöge aus Nabburg und Augsburg[249], hier auch für die bischöflichen Gepräge[250].

So werden wir mit der Übertragung von Münztypen auf andere Prägstätten rechnen können; von daher scheint die Breisacher Herzog-Heinrich-Münze wohl in die siebziger oder achtziger Jahre des 10. Jahrhunderts zu gehören; wegen der immer noch verbleibenden Unregelmäßigkeit der Münztypologie, welche die Zuweisung in manchen Fällen erschwert, ist es nicht möglich, von der Münze selbst her den *dux* Heinricus zu bestimmen. Mit Hilfe der historischen Zeugnisse grenzt sich indes der Kreis ein: Von Herzog Heinrich I. von Bayern (948–955), dessen Regensburger Münzen im Typ vergleichbar wären, ist nicht bekannt, daß er ein Interesse an Alemannien besaß. Auch ist es unwahrscheinlich anzunehmen, der Liutpoldinger Heinrich III. (983–985) habe im Südwesten des Reiches Rechte geltend machen wollen: Im Thronstreit von 984 hat der frühere Parteigänger Heinrichs d. Z. zu dessen Gegnern gezählt[251]. Wenn nun andererseits Breisach in dieser Auseinandersetzung für den bayerischen Liudolfinger eine wichtige Rolle spielte, so legen es die Umstände wohl nahe, ihm die Breisacher Münze zuzuweisen.

Die Schwerpunkte von Heinrichs Aktivität lagen, seiner Herkunft und seinem Wirkungsbereich entsprechend, in Sachsen und Bayern: in Bürstadt zwischen Worms und Lorsch trafen sich die gegnerischen Parteien zweimal zu einer Besprechung. Hinzu kommt das Oberrheingebiet: Der Plan Heinrichs, sich in Breisach mit dem französischen König zu treffen, gewinnt an Bedeutung, wenn man die Breisacher Münze als Niederschlag seiner Ansprüche und Rechte auf diesen Ort und damit auf den westlichen Teil des alemannischen Herzogtums ansieht; sein Einfluß auf das

247 DA, Bd. 1, Nr. 1065 ff., S. 409 ff., auf der Vorderseite Kreuz mit vier Kugeln.

248 DA, Bd. 1, Nr. 1069 ff., S. 411.

249 Nabburg: DA, Bd. 1, Nr. 1118 ff., S. 429; Augsburg: DA, Bd. 1, Nr. 1040 ff., S. 389 f.

250 DA, Bd. 1, S. 402, Tabelle der Regensburger Herzogs- und Augsburger Bischofsmünzen: Münzen Bischof Ulrichs I. gleichen teils den Regensburger Prägungen Herzog Heinrichs I., teils denen Heinrichs d. Z. (955–976). Bischof Heinrichs Münzen (973–982) stellen den Typus der Zänker-Münzen, nicht aber der Gepräge Ottos (976–982) dar! Wichtig ist auch die von Dannenberg nicht erwähnte Parallele der Regensburger und Augsburger Herzogsmünzen.

251 Thietmar, Chronicon IV 3, S. 134, und IV 8, S. 140.

östliche Zentrum, Augsburg, ist durch bereits bekannte Münzen erwiesen. Im nördlichen Breisgau verfügte seine Schwester Hadwig über weitgehende Rechte in Waldkirch, Sasbach und Schelingen im Kaiserstuhl [252], so daß ein Zugang Heinrichs zu Breisach auch von daher erklärbar wird. Daß wir von Konrad sicher, mit Wahrscheinlichkeit auch schon von Otto [253] keine Breisacher Münzen mehr kennen, während beide in Zürich teils nachweislich, teils mit Sicherheit geprägt haben, wirft ebenfalls ein Licht auf die Verhältnisse im Breisgau, in dem offensichtlich Hadwig und ihr Bruder dominierten.

Wenn wir die Gegensätze zwischen Konrad und Heinrich d. Z. im Thronstreit nach dem Tod Ottos II. bedenken, die wir am Beispiel des Breisgaus gezeigt haben, wird es sich als vorteilhaft erweisen, die Wirksamkeit dieser beiden Herzöge in den Quellen weiter zu verfolgen. Es entspricht der geschichtlichen Lage, daß Heinrich erst nach der Wiedererlangung des bayerischen Herzogtums im Juni 985 als Intervenient in Urkunden für Passau und Kloster Gesecke [254] begegnet, während Konrad Mitte und Ende Oktober 984 auf dem Hoftag der beiden Kaiserinnen in Speyer sich für Bischof Gebhard von Toul [255] und in Ingelheim

252 Die Identität von *Scaleia/Scheleia* mit Schelingen und nicht Schliengen (QW II/3, S. 367) in D OIII 63/187 geht außer aus den Namensbelegen (A. Krieger, Topograph. Wörterbuch Bd. 2, Sp. 828 u. 854 f.) auch daraus hervor, daß Einsiedeln 1482 die Pfarrkirche St. Gangulf in Schelingen an Ettenheimmünster schenkte (P. O. Ringholz, Beziehungen des Benediktiner-Stiftes Einsiedeln zu ehemaligen Klöstern etc. in Baden, in: FDA 52 NF 25, 1924, S. 83–113, hier S. 86; A. Kürzel, Ettenheimmünster, S. 93). P. Kläui, Gütergeschichte, S. 94, nennt Schelingen ohne Kommentar, nachdem er im Quellenwerk Schliengen angenommen hat.

253 Es geht einmal um die Münzen Da, Bd. 1, Nr. 902 f., S. 343, die vom Münzbild her eher Zürich zuzuweisen sind (s. oben, Anm. 245), zum anderen um die strittigen Münzen Da, Bd. 1, Nr. 903a und e, deren Aufschrift auf der Rückseite teils als PACIFICUS (Mader), teils als BRISACH (Pfaffenhofen) gelesen wurden. Nach H. Dannenberg, Die deutschen Münzen Bd. 1, S. 344, ist die Zuweisung an Herzog Otto weiterhin unsicher; sie nimmt G. Haselier, Breisach Bd. 1, S. 63, ohne Diskussion der Probleme wieder auf. H. Dannenberg, Bd. 1, S. 341, erwägt, ob Nr. 894 HERIMANNUS (Kreuz mit vier Kugeln) nicht statt Hermann I. eher Hermann II. zuzusprechen ist. Seinen Beobachtungen ist noch beizufügen, daß Nr. 894 den Zürcher Prägungen Herzog Konrads (Nr. 995, 996) wesentlich mehr entsprechen als den Breisacher (Nr. 890–893) und Zürcher (Nr. 988, 990) Münzen Hermanns I.

254 Übergabe des Herzogtums: RI II/3 969; Interventionen: D OIII 21 (985) und 29 (986); R. Schetter, Intervenienz, S. 82 ff., 98 ff.

255 RI II/3 958; D OIII 2; M. Uhlirz, Jahrbücher Ottos III., S. 37 ff.

für Einsiedeln [256] verwandte. Dem Andernacher Hoftag im Januar 987 wohnten beide Herzöge bei [257]; zusammen mit anderen *optimates* intervenierten sie für das vom Grafen Megingoz [258] an Otto III. tradierte Nonnenkloster Vilich. Im selben Jahr wie auch in den folgenden sehen wir Konrad bei der vormundschaftlichen Regierung in Frankfurt, Konstanz und Mainz als Intervenienten für die Klöster Ellwangen, Murbach und Reichenau [259]. Wie in diesem Zeitraum die Herzöge Konrad und Heinrich vor allem im Hinblick auf die Lage in Frankreich zueinander standen, wie weit Konrad aktiv in die dortigen Auseinandersetzungen eingriff, hat die Forschung noch nicht geklärt [260].

Unter den wenigen nachweislichen Beziehungen Heinrichs zur vormundschaftlichen Regierung fallen seine Interventionen für Einsiedeln und Selz 992 und 993 auf; sie stellen ihn zugleich in einen Zusammenhang mit Konrad und dem alemannischen Herzogtum [261]. Die Interven-

256 RI II/3 960; D OIII 4 vom 27. 10. 984.

257 RI II/3 988a, 989.

258 Zu ihm vgl. oben, S. 136, u. E. Hlawitschka, Habsburg-Lothringen, Registerposition Megingoz.

259 D OIII 38 (987 – Frankfurt) für Ellwangen; D OIII 47 (988 – Konstanz) für Murbach; D OIII 61 (990 – Mainz) für Reichenau.

260 Es geht hier um die inhaltliche Klärung der (Gerbert)-Briefe Nr. 94 (hg. v. Fr. Weigle, S. 123 f.) und Nr. 174 f. (S. 201 ff.), dazu M. Uhlirz, Untersuchungen über Inhalt und Datierung der Briefe Gerberts von Aurillac. Forschungen und Vorarbeiten zu den Jahrbüchern und Regesten Ottos III. Teil 3, 1957, S. 80 ff., und Dies., Jahrbücher Ottos III., S. 73, 133. Ob im Brief Nr. 94 (Gerbert an Adalbero v. Reims) mit dem *dux* Cono nach M. Uhlirz Herzog Konrad von Schwaben gemeint ist, scheint fraglich (skeptisch Fr. Weigle in der Brief-Ausgabe, S. 124, Anm. 11). Wenn man davon ausgeht, daß Gerbert, Adalbero von Reims und Gottfried von Verdun zu dieser Zeit wie der deutsche Hof gegen König Ludwig V. von Frankreich und den von ihm geförderten Herzog Karl von Niederlothringen eingestellt waren, dann läßt sich der Satz Gerberts *Dux Cono pro suo Ottone insidias molitur, sed facile remedium penes nos reperietur* nur mit Mühe auf den dem deutschen Hof verbundenen Herzog Konrad und (?) den Grafen Otto vom Wormsgau beziehen. – Daß Konrad in der lothringisch-westfränkischen Auseinandersetzung eine Rolle spielte, geht aus dem Brief Nr. 101 (Gerbert an Erzb. Everger von Köln, März–Mai 987, S. 130 ff.) hervor: Wir lesen von der Teilnahme eines Herzogs Konrad an einem Treffen der Kaiserin Adelheid, der Königin Hemma, des Königs Ludwig V. und des Herzogs Hugo Capet in Montfaucon; zur These von M. Uhlirz, König Hugo (seit 987) habe 990 versucht, mit Herzog Heinrich d. Z. Verbindung aufzunehmen, vgl. Fr. Weigle, S. 201, Anm. 1.

261 D OIII 83 (992 – Frankfurt); D OIII 130 (993 – Merseburg); die übrigen Interventionen Heinrichs gelten für Passau (D OIII 21–985), Gesecke (D O III 29–986), Vilich (D OIII 32–987) und Quedlinburg (D OIII 155–994); R. Schetter, Intervenienz, S. 82 f.

tion Heinrichs für Kloster Einsiedeln, das bis dahin nur vom alemannischen Herzog gefördert wurde [262], fügt sich in das Bild, das die Forschung von Heinrichs Beziehungen zu diesem Kloster entworfen hat: Der bayerische Herzog holte für die Reform »seiner« Klöster Mönche aus Einsiedeln oder diesem nahestehende Persönlichkeiten; daß es sich hierbei nicht nur um religiöse Fragen handelte, sondern auch politische Konstellationen eine Rolle spielten, erhellt aus den Reformvorgängen um Tegernsee unter dem aus Einsiedeln stammenden Bischof Wolfgang von Regensburg. Nicht aus Einsiedeln, sondern aus St. Maximin in Trier holte Herzog Otto, der Kontrahent Heinrichs d. Z., Mönche für die Reform, während unter Heinrichs Herzogsherrschaft zahlreiche Beziehungen zwischen Einsiedeln und Bayern nachgewiesen werden können [263]. Man wird aus der Nennung Heinrichs neben Konrad in der erwähnten Einsiedler Urkunde schließen dürfen, daß Heinrich hier, in dem alemannischen »Herzogskloster«, Rechte geltend machte; seine Intervention für Selz erklärt sich wohl aus Heinrichs Verwandtschaft mit der Kaiserin Adelheid. Ein weiteres Mal erscheint Herzog Konrad in einer Urkunde für Einsiedeln Ende Oktober 996 [264]. Im Gefolge des Königs befand sich auch Heinrich IV. von Bayern, der Sohn des 995 gestorbenen Zänkers; er erscheint aber nicht in dieser Urkunde.

Wir begegnen Heinrich dem Zänker und Konrad schließlich anläßlich des Todes von Hadwig Ende 994: Konrad intervenierte am 11. November für Abt Wolfold von Schwarzach in Baden-Baden oder Badenweiler, Heinrich am 23. November für Quedlinburg in Bruchsal [265]. Zwischen diesen beiden Daten urkundete Otto III. am 14. November auf dem Hohentwiel; mit der Geschichte des Berges verbindet sich der Personenkreis Herzog Burchards II., Hadwigs und auch ihres Bruders, Herzog Heinrichs des Zänkers [266]. Hier soll neben der Behandlung der Frage

262 Nur in D OI 189(958) ist von *consultu fidelium* die Rede; man beachte den Bezug auf Guntrams Verurteilung!

263 H. Keller, Kloster Einsiedeln, S. 112 f., 117 f. (mit Verweis auf S. Riezler, Geschichte Baierns, Bd. I/1, 1927, S. 574 ff.), und Ders., Ottobeuren und Einsiedeln, S. 398, Anm. 135; die Intervention Heinrichs für Einsiedeln ist bei Keller nicht erwähnt.

264 D OIII 231; RI II/3 1208e, 1211 f.; M. Uhlirz, Jahrbücher Ottos III., S. 223.

265 D OIII 153, 155.

266 M. Uhlirz, Jahrbücher Ottos III., S. 177, schreibt, Heinrich d. Z. und sein Sohn hätten sich auf dem Hohentwiel eingefunden, um dort den vom Oberrhein her kommenden Otto III. zu treffen. Das läßt sich mit dieser Bestimmtheit nicht behaupten; wir wissen nur von der Intervention der beiden Heinriche für Quedlinburg in D OIII 155 vom 23. 11. 994 in Bruchsal,

nach der Besitzqualität des Berges, die in der Forschung der fünfziger Jahre des 20. Jahrhunderts eingehend diskutiert wurde [267], das, was wir über den Hohentwiel wissen, in den Zusammenhang Königtum–Herzogtum eingebunden werden.

Von den im 10. Jahrhunderts mit dem Hohentwiel verbundenen Persönlichkeiten Erchanger, Burchard (I.), Konrad I., Burchard II., Hadwig, Otto III. und Heinrich II. fällt Hadwigs Wirksamkeit ohne Zweifel am meisten auf [268]. Über sie jedoch die Verbindung zu Erchanger und Berthold, deren Schwester Kunigunde in erster Ehe mit Markgraf Liutpold von Bayern verheiratet war, herzustellen und den Hohentwiel als liutpoldingisches Eigengut zu qualifizieren, bedeutet eine unzulässige Vereinfachung der einen und Auslassung der anderen Tatbestände [269]. Andererseits erschöpft sich die Problematik des Hohentwiel nicht in der Feststellung, Hadwig habe auf dem ihr als Wittum überlassenen Berg gewohnt [270], ohne daß zugleich die Frage der Beziehung Herzogsvorort — Wittum–»reguläre« Herzöge diskutiert wird.

Die von den Begriffen Reichsgut, Amtsgut, Allod ausgehende Forschung [271] berücksichtigte zu wenig die besonderen Verhältnisse eines königsfernen historischen Raumes. Sieht man von einer exakten Trennung der genannten Begriffe ab, so erscheint die Ansicht, die den Hohentwiel als Reichsgut versteht, dabei allerdings die Bedingungen der jeweiligen geschichtlichen Situation berücksichtigt, am ehesten vertretbar: Die Quellenzeugnisse aus dem Anfang des 10. Jahrhunderts sprechen nicht dagegen. Wenn Erchanger, Berthold und Liutfrid den Berg befestigten

nachdem Otto III. am 14. 11. auf dem Hohentwiel geurkundet hat. Für die folgenden Reisestationen Sasbach und Erstein können wir ihre Anwesenheit nicht nachweisen, obwohl die in Sasbach vollzogene Privilegierung Waldkirchs mit Hadwig in gleicher Weise zu tun hatte wie der Hohentwiel. Die zitierte Passage der Jahrbücher bringt ja eine falsche Deutung von *hereditario iure* in D OIII 157 (s. oben, S. 141, Anm. 143); dementsprechend weist M. Uhlirz Hadwigs Bruder die Funktion zu, Otto III. sein Erbe auszufolgen. Dennoch mag die Anwesenheit der Heinriche in Bruchsal mit Hadwigs »Hinterlassenschaft« zusammengehangen haben.

267 H. M. Decker-Hauff, Ottonen, S. 237 ff.; G. Tellenbach, Kritische Studien, S. 170 ff.; Th. Mayer, Das schwäbische Herzogtum, passim, und zusammenfassend H.-M. Maurer, Adelsburg, S. 304, 306.

268 O. Feger, Herzogin Hadwig in Dichtung und Wirklichkeit, in: Hohentwiel, S. 114–124, ist wenig ergiebig.

269 Gegen diese These von H. M. Decker-Hauff vgl. G. Tellenbach, Kritische Studien, S. 172 ff.

270 So Th. Mayer, Das schwäbische Herzogtum, S. 96 f. (333).

271 Vor allem H. M. Decker-Hauff; teilweise auch Th. Mayer und G. Tellenbach.

und den Plan hegten, Bischof Salomo von Konstanz dorthin zu bringen [272], und wenn weiter König Konrad I. Berthold und Burchard dort belagerte [273], so lassen sich aus diesen Vorgängen keine Schlüsse auf Eigenbesitz ziehen; die Herkunft der einzelnen Beteiligten ist ohnehin unterschiedlich genug. Vielmehr legt es die Funktion der »Kammerboten« Erchanger und Berthold, die in Urkunden Konrads I. als *comes* und *comes palatii* begegnen [274] und nach dem Bericht der Casus s. Galli auch den Fiskus Stammheim verwalteten [275], nahe, den Hohentwiel in seiner Nähe zum Fiskus Bodman als öffentliches Gut anzusprechen; die Pfalz Bodman war *camerae nuntiorum iuris oppidum* und spielte 911 bei der mißglückten Erhebung des Grafen Burchard, des Vaters von Herzog Burchard I., eine Rolle [276].

Wenn Burchard II. und Hadwig in Verbindung mit dem Hohentwiel begegnen – und zwar als Klostergründer –, dann können wir den Berg ohne Schwierigkeit zu jenen Besitzungen rechnen, die – als ursprüngliches Reichsgut – von Burchard I. nach seiner Erhebung zum Herzog beansprucht worden sind [277]. Wie weit diese Ansprüche mit oder ohne Einwilligung des Königtums geltend gemacht werden konnten und wie wenig der Begriff »Amtsgut« hierfür verwendbar ist, hat die Untersuchung von Urkunden Ottos I., die den inneralemannischen Raum betreffen, gezeigt [278]. Hadwig verfügte mit Sicherheit als Witwe Herzog Bur-

272 Casus s. Galli c. 19, S. 72 ff.
273 Annales Alamannici a. 915, S. 263.
274 D KoI 2 f., 9–11, 17.
275 Casus s. Galli c. 16, S. 60 ff. mit Anm. 219.
276 Vgl. Casus s. Galli c. 12, S. 48, und Annales Alamannici (Red.) 2) a. 911, S. 260; zu Bodman: Th. Mayer, Bodman, S. 111. Reichsgut können wir auch in dem am Fuß des Hohentwiel gelegenen Ort Singen fassen: In D HI 2 (920) wandelt Heinrich I. das Lehen, das ein Vasall Herzog Burchards I. dort besessen hat, in Eigentum um. Singen begegnet uns als Ausstellungsort (*villa publica, publice*) in Wartmann 1, Nr. 111, S. 105 (787), und 2, Nr. 665, S. 268 (888). Daß Heinrich I. einem Anhänger des alemannischen Herzogs diese Gunst zuteil werden ließ, bedeutet zweifellos einen politischen Akt, trug dieser Vorgang doch zur Stärkung des Herzogssitzes Hohentwiel bei. Doch hat das Ganze wohl nichts mit der von den Casus s. Galli berichteten Nachfolge in Besitzpositionen Erchangers und Bertholds zu tun, wie W. Metz, Heinrich »mit dem goldenen Wagen«, S. 115, annimmt (vgl. dazu oben, S. 67, Anm. 39).
277 S. oben, S. 70.
278 D OI 116 u. 119; vgl. oben, S. 94 ff.

chards II. und nicht als Urenkelin des Markgrafen Liutpold über den Hohentwiel [279].

Auch die Rechte Hadwigs nach 973 lassen sich mit dem Reichsgutcharakter vereinbaren, und dies umso mehr, als wir in der Urkunde Ottos III. für Epfendorf (D OIII 152) Gelegenheit haben, das Verhältnis Hadwig – Reichsgut – Königtum zu studieren [280]. Gerade das Beispiel Epfendorfs, das bekanntlich auch zu den Gütern des Hohentwielklosters gehörte, vermag einen Hinweis darauf zu geben, wie über Reichsgut, unabhängig von verfassungsrechtlichen Grundsätzen, verfügt wurde und wie wenig diese absolut gesetzt werden dürfen.

So bieten die inneralemannischen Spannungen nach dem Tod Burchards II. [281] und die weitreichenden Rechte und Positionen Hadwigs

279 Dem, was G. TELLENBACH, Kritische Studien, S. 172 ff., gegen diese These von H. M. Decker-Hauff vorgebracht hat, kann hinzugefügt werden: Um eine Tradition des Twiel von Kunigunde an ihren Sohn aus erster Ehe, Herzog Arnulf, annehmen zu wollen, müßte das Verhältnis Burchards I. und Arnulfs zum Königtum und zueinander geprüft werden. Da eine positive Einstellung König Konrads zu Arnulf auch Decker-Hauff nicht unterstellte (S. 240), glaubte er, es habe eine »Neuverteilung« der großen Erbmasse von Erchangers und Bertholds Besitz erst unter Heinrich I. stattgefunden; dieser habe, als sächsischer Herzog einst auch gegen Konrad I. eingestellt, nun Kunigundes bayerischen Nachkommen den Hohentwiel zukommen lassen. Abgesehen davon, daß der Übergang von der Herzogs- zur Königswürde nicht außer acht gelassen werden darf, geben die Quellen keinen Hinweis auf einen Zusammenhang zwischen dem Einfall Herzog Heinrichs in Franken und dem gleichzeitigen Vorgehen Konrads I. in Alemannien.

280 Auf diesem Hintergrund wird der folgende Satz von H. M. DECKER-HAUFF, S. 237, problematisch: »Hätte es sich hier (sc. Güterliste von D HII 511, doch auch allgemein auf Hohentwiel bezogen) um Reichsgut gehandelt, das Herzog Burchard II. zu Lehen gegeben worden war, so wäre es schon 973 an Kaiser Otto II. zurückgefallen, und wären die fraglichen Güter Herzogsgut gewesen, so hätten sie damals oder (etwa bei einer Wittumsvergabung an Hadwig) spätestens 994 an die betreffenden Herzöge (973 an Herzog Otto I., 994 an Herzog Konrad) gehen müssen.« Hier werden unzulässige Prämissen gesetzt: Burchard II. müßte den Berg (und den dazugehörigen Besitz) als Lehen empfangen haben; an eine Kontinuität innerhalb des Herzogtums wird nicht gedacht. Als Reichsgut hätte es an Otto II. zurückfallen müssen: Auch Epfendorf fiel als nachweisliches Reichsgut nicht zurück. Im Fall von Herzogsgut müßten die Nachfolger Burchards II. darüber verfügt haben: Es fragt sich, ob diese dazu in der Lage waren. Erstaunlicherweise spricht DECKER-HAUFF an anderer Stelle, S. 238, von den Spannungen zwischen Hadwig und Burchards Nachfolgern.

281 TH. MAYER erwähnt die Herzöge nach Burchard II. nur S. 96 (333) und schreibt, sie hätten kein Interesse für den Berg gezeigt, sondern außerhalb Schwabens und am Hof sich aufgehalten und sich wenig um das Herzogtum gekümmert. Auch ihre Grablege befinde sich außerhalb des Landes. Nun wird

eine Erklärung für die Geschichte des Hohentwiel in der 2. Hälfte des 10. Jahrhunderts. Th. Mayer ist weitgehend zuzustimmen, wenn er den in D HII 511 erwähnten Grundbesitz als öffentliches Gut bezeichnet [282], über das Hadwig verfügt habe, und wenn er entsprechend auch den Hohentwiel selbst als »öffentliches Reichseigentum« hinstellt [283]. Es fragt sich jedoch, ob das von Burchard II. und Hadwig dort gegründete Kloster deswegen auch im Eigentum des Reiches stand. Hier kann vielleicht der Parallelvorgang in Waldkirch einen Hinweis geben: Auch dieses Kloster ist mit Sicherheit auf »öffentlichem Gut« gegründet worden, allerdings zu Beginn des 10. Jahrhunderts, und man wird deshalb nicht sagen können, daß es vor 994 »im Eigentum des Reiches« stand. Im

man aus der Tatsache, daß Otto und Konrad nicht im Zusammenhang mit dem Hohentwiel nachweisbar sind, mit dem gleichen Recht schließen können, daß sie trotz eines vielleicht vorhandenen Interesses nicht dazu in der Lage waren – und dies wohl nicht zuletzt wegen Hadwig. Über Hermann II. wissen wir ohnehin nur sehr wenig (dazu s. unten, S. 172 ff.). Was die Grablegen angeht, so ist nur von Otto bekannt, wo er bestattet wurde, nämlich in Aschaffenburg.

282 In der Besitzliste von D HII 511 lassen sich drei räumliche Schwerpunkte unterscheiden (s. Karte Nr. 2 im Anhang): 1. die unmittelbare Umgebung des Klosters, 2. der Scherragau zwischen Ehingen und der Donau, 3. der *pagus Bara*. Als westlicher Außenposten wird Etzwihl an der unteren Alb im Alpgau erwähnt (die Identifizierungen nach H. M. Decker-Hauff, Ottonen, S. 236, Anm. 19, u. H. Jänichen, Stein am Rhein, S. 77). Ad 1. Arlen, (Etzwihl), Hilzingen: Der Fiskus Bodman reichte nachweislich (RI I 991) bis Nenzingen und Wahlwies – Stätte eines durch Hadwig abgehaltenen *colloquium publicum* (Casus s. Galli c. 95, S. 347) –; der Hohentwiel und Singen (D HI 2) gehörten wohl dazu (zu Singen: Fr. Sättele, Geschichte der Stadt Singen, 1910, S. 10 ff.). Hilzingen liegt am Fuß des Hohentwiel. Hier schlossen die Vögte von Stein a. Rh. und Allerheiligen in Schaffhausen ein Tauschgeschäft ab; vgl. Th. Mayer, Das schwäbische Herzogtum, S. 110 f. (345 f.), mit Hinweisen auf die vermutliche Entwicklung des Hohentwiel unter zähringischem Einfluß. Arlen befindet sich auf der Linie Singen–Stein a. Rh., also noch innerhalb der Höri, des zum Fiskus Bodman gehörigen Bannforstes (vgl. die Urkunde Friedrich Barbarossas für Konstanz von 1155 – Thurgauisches UB 2, Nr. 42, S. 158 f.). Ad 2. *Honstetta* (Heinstetten nordwestl. von Schwenningen), *Rieden* (Riedern, abgeg. bei Schwenningen), *Suanninga* (Schwenningen), *Burgh* (Ortsteil von Straßberg, Zollernalbkreis): Hier, im Scherragau, können wir in Trossingen und Truchtelfingen Reichsgut annehmen (D OI 116), wie auch in dem nahe Heinstetten gelegenen Nusplingen (RI I 1809; DA 43). Ad 3. *Nagelta* (Nagold), Epfendorf, *Phisgina* (Fischingen), *Ufenninga* (Oberiflingen), *Affraninga* (Effringen), *Rahtfelda* (Rotfelden), *Sindelstetta* (Sindelstetten): Reichsgut ist in Epfendorf, Bösingen, Mössingen, *Ancencimbra*, Harthausen, Irslingen (D OIII 152) und Oberndorf (D KoI 5; D OI 119) nachweisbar.

283 Th. Mayer, Das schwäbische Herzogtum, S. 108 f. (344).

gleichen Jahr machte Otto III. in Waldkirch und auf dem Hohentwiel seine Rechte geltend, indem er sich hier 994 und noch einmal im Jahre 1000 auf dem Weg nach Italien aufhielt [284].

Auch um die Rechtsstellung des Klosters auf dem Hohentwiel beurteilen zu können, ist es notwendig, von der Begriffspolarität Allod – Reichsgut abzusehen. Wir kennen zahlreiche adelige Klöster aus der Zeit Ottos II. und Ottos III., die im Augenblick ihrer *traditio* an das Königtum in den Quellen genannt werden [285]; sie sind alle auf Eigengut errichtet, liegen aber, mit Ausnahme Waldkirchs, außerhalb Alemanniens [286]. Dies berechtigt keineswegs, daraus auf Allod Burchards II. oder Hadwigs auf dem Hohentwiel zu schließen [287]. Umgekehrt muß die »ursprüngliche« Besitzqualität des Hohentwiel nichts darüber aussagen, ob die auf diesem Reichsgut stattfindenden Vorgänge (hier die Klostergründung) den Interessen des Königtums entsprachen. Im übrigen wissen wir viel zu wenig darüber, wie der Hohentwiel zusammen mit dem Kloster in die Verfügungsgewalt Ottos III. überging, als daß wir einen »Heimfall« von Reichsgut unterstellen dürften [288].

Wenn wir die Geschichte des Berges um die Jahrtausendwende weiterverfolgen, so können wir auch hier den Reichsgutcharakter mit den Quellenzeugnissen in Einklang bringen: Nach dem Aufenthalt Ottos III. im Juni 1000 begegnet Heinrich II. aus Anlaß der Verlegung des Klosters nach Stein a. Rh. Zur Interpretation der gefälschten Urkunde Heinrichs II. für das St. Georgskloster in Stein [289] durch Decker-Hauff hat die Forschung bereits Stellung genommen [290]; seine These, der Hohen-

284 RI II/3 1377–79.

285 S. oben, S. 140 ff.

286 Nachweislich auf Reichsgut wurde Selz als Wittum für die Kaiserin Adelheid gegründet (dazu J. Wollasch, Selz, S. 135 f., und zur materiellen Basis ausführlich H. Bannasch, Selz, S. 106 ff.). Doch können wir hier im Unterschied zum Hohentwiel den Akt der Wittumszuweisung seitens des Königtums genau verfolgen.

287 So H. M. Decker-Hauff, Ottonen, S. 238.

288 Daraus, daß wir keine Privilegierung des Hohentwielklosters kennen, wird man keine Schlüsse ziehen dürfen, was den Übergang in die königliche Verfügung betrifft.

289 D HII 511.

290 G. Tellenbach, Kritische Studien, S. 173 f., und Th. Mayer, Das schwäbische Herzogtum, S. 102 f. (338 f.), der den von Decker-Hauff ignorierten Bericht der Casus monasterii Petrishus. I 43 (S. 74 ff.) und II 3 (S. 88 ff. heranzog. Die Intervention Hermanns II. von Alemannien und Abt Wernhers von der Reichenau, auf die Decker-Hauff seine Erbentheorie weiter ausdehnte, lediglich als Erwähnung der weltlichen und geistlichen Großen Alemanniens zu verstehen, legt auch der Zusatz *aliisque Suevie principibus* nahe.

twiel sei durch Erbgang an Heinrich von Bayern, Hadwigs Neffen und späteren König, gelangt, steht im Widerspruch zu den urkundlichen Belegen unter Otto III. und zur Angabe der Petershausener Chronik, (erst) nach dem Tod Ottos III. habe Heinrich II. den Besitz Burchards und Hadwigs auf dem Hohentwiel für sich vindiziert [291].

Erst auf dem Hintergrund der Waldkircher Vorgänge läßt sich die Geschichte des Hohentwiel um die Jahrtausendwende voll bewerten. In den Aufenthalten Ottos III. in Sasbach und auf dem Hohentwiel spiegelt sich die Möglichkeit des Königtums, bis dahin ganz oder weitgehend unzugängliche Räume geschichtlicher Wirksamkeit für sich zu beanspruchen. Wie kurzfristig diese »Erschließung« war, ist an der folgenden Entwicklung zu erkennen: In Sasbach läßt sich nach Otto II. kein Herrscher mehr nachweisen; über Waldkirch hören wir bis in die Zeit Heinrichs V. nichts mehr [292]. Den Ort Nußbach in der Ortenau, der als Tradition Burchards und Hadwigs über Otto III. an das Kloster gefallen war [293], übergab Heinrich II. 1007 an das neu gegründete Bistum Bamberg; diesem wies derselbe Herrscher auch die Abtei Stein am Rhein zu [294]. Als Vögte von Stein und anderer Bamberger Besitzungen in Alemannien lassen sich später die Zähringer nachweisen [295]; mit ihnen bringt die Forschung allgemein auch die weitere Geschichte des Stein benachbarten Hohentwiels in Verbindung [296].

Gerade im Raum am oberen Neckar, in dem das Kloster Stein über Besitz verfügte, tradierte Heinrich II. zahlreiche Güter an Bamberg:

291 Casus monasterii Petrishus. II 3, S. 88 ff.
292 1123 bestätigte Heinrich V. dem Kloster seine Privilegien (St. 3187).
293 D OIII 58; zu Nußbach D. Kauss, Pfarrorganisation, S. 220 ff., ohne Erwähnung der besonderen Umstände.
294 D HII 156 u. 166.
295 E. Heyck, Zähringer, S. 499 ff.; Regesten Bistum Bamberg, hg. v. E. von Guttenberg, Nr. 50, 52–54, 59 f., 62; im Hinblick auf Hadwigs Hinterlassenschaft glaubte S. Hirsch, Jahrbücher Heinrichs II. Bd. 1, S. 314, Anm. 5, zwischen Gütern, die Heinrich von Bayern als Erbe zufielen, und denen, die an den König (Otto III.) gelangten, unterscheiden zu können: Diese seien auch später noch im Besitz der deutschen Könige (Urkunde Heinrichs V.); dagegen habe Heinrich II. seinen Anteil an Bamberg übertragen. Abgesehen von allgemeinen Einwänden trifft diese Unterscheidung nicht voll zu: Nußbach in der Ortenau, *per traditionem* an Waldkirch gefallen, schenkte Heinrich II. an Bamberg.
296 Th. Mayer, Das schwäbische Herzogtum, S. 110 ff. (345 ff.), mit Verweis auf die ältere Literatur.

in Seedorf und Nagold [297], in Aach [298] bei Freudenstadt nahe des Steinschen Iflingen, weiter in Holzgerlingen bei Böblingen und in Kirchentellinsfurt bei Tübingen [299]. Das an Bamberg übergebene Kloster Stein a. Rh. stattete er mit dem Ort Kirchen im südlichen Breisgau aus [300]. Wie unter Otto III. Sasbach, so begegnet in Verbindung mit Heinrich II. Kirchen seit Ende des 9. Jahrhunderts wieder in den Quellen. Mit dem Steinschen Besitz in Kirchen und mit den Zähringern berühren wir die Geschichte des Breisgaus um die Jahrtausendwende, von der im folgenden die Rede ist.

3. Die Neuordnung des Oberrheingebiets durch Heinrich II. und der breisgauische Adel um die Jahrtausendwende

Die Annales Sangallenses maiores notieren zum Jahr 1002: *Otto imperator Rome sine herede defunctus est; cui successit Heinricus de regio genere, dux Baioariorum tertius eo nomine;* cum quo et Herimannus dux Alamanniae et Alsatiae regnum forte dividere et parti aspirare temptabat. *Sed infecto negotio ultionem conatus in eos, qui in Strazpurg cum rege senserant adversus se, irrupit civitatem et in direptionem dedit, pessimo quoque exemplo sacra profanavit* [301]. Die Nachricht, Herzog Hermann II. habe versucht, sich von Heinrich II. einen Teil des Reiches – ohne Zweifel als Preis für die Anerkennung – abtreten zu lassen, ist von der älteren Forschung teils verworfen, teils anerkannt worden [302]; in neueren Arbeiten wird die Frage nur am Rand erwähnt [303]. Dabei

297 D HII 149, 154.
298 WUB 2, Schenkungsbuch des Klosters Reichenbach, S. 418: *Egino comes de Ura, qui predium ipsorum, quod vocatur Aha et pertinet ad Babenberc a duce Berhtoldo in beneficium suscepit*; vgl. E. Heyck, Zähringer, S. 522.
299 D HII 150, 161.
300 D HII 171. Die Urkunde ist eine Fälschung: Th. Mayer, Das schwäbische Herzogtum, S. 102 f. (339); ihr Inhalt in Bezug auf Kirchen wird aber als glaubwürdig angesehen; (vgl. auch K. Schmid, Königtum, Adel, S. 234 f.).
301 Annales Sangall. mai. a. 1002, S. 301 f.
302 Gegen die Glaubwürdigkeit: S. Hirsch, Jahrbücher Heinrichs II. Bd. 1, S. 217, Anm. 6; dafür: W. von Giesebrecht, Geschichte der deutschen Kaiserzeit Bd. 2, 1885(5), S. 19 ff.; C. Henking in der Ausgabe der Annales Sangall., S. 302, Anm. 248.
303 Weder R. Schmidt, Königsumritt und Huldigung in ottonisch-salischer Zeit, in: Vorträge u. Forschungen Bd. VI, 1961, S. 97–233, hier S. 140 ff., noch S. Haider, Die Wahlversprechungen der römisch-deutschen Könige bis zum Ende des 12. Jhs., 1968, S. 16 ff., erwähnen die Annalen-Notiz. Ein Hinweis auf die Quellenaussage findet sich bei W. Schlesinger, Erbfolge und Wahl

erhält das annalistische Zeugnis eine Stütze in einer urkundlichen Passage: Als Heinrich II. das Nonnenkloster St. Stephan an die Straßburger Bischofskirche als Entschädigung für die Übergriffe herzoglicher Parteigänger schenkte, spricht er von seiner *hereditaria in regnum sine aliqua divisione successio* [304].

Den bei den Annales Sangallenses erwähnten Bischofssitz Straßburg bezeichnet Thietmar von Merseburg als *caput ducatus sui* (sc. Hermanns II.) [305]. Dieser tritt hiermit in die Reihe der alemannischen Vororte dieser Zeit neben Zürich, Hohentwiel und Breisach [306]; Thietmars zeitgenössische Aussage verdient besondere Aufmerksamkeit und läßt erkennen, welche Bedeutung dem Oberrheingebiet unter den konradinischen Herzögen zukam; hier befand sich unzweifelhaft der Schwerpunkt des alemannischen Herzogtums um 1000.

Für eine Beurteilung des annalistischen Zeugnisses müssen wir nach Anhaltspunkten für die Nachricht vom Teilungsplan suchen; dazu empfiehlt es sich, die Quellen des Thronstreits auf das Verhältnis Heinrich – Hermann hin zu prüfen und die Wirksamkeit Heinrichs II. im Oberrheingebiet, dem Mittelpunkt konradinischer Macht in Alemannien, zu untersuchen. Herzog Hermann II. von Alemannien und Elsaß vermochte nach dem Tod Ottos III. die Gunst der meisten *proceres*, die dem Leichenbegängnis beiwohnten, für sich zu gewinnen [307]. Als einziger der Bewerber um die Königskrone begann er bewaffneten Widerstand gegen den bayerischen Herzog und widersetzte sich zusammen mit den Alemannen [308] am längsten Heinrich II., der im Juni 1002 in Mainz von geistlichen und weltlichen Großen aus Bayern, Ostfranken und Oberlothringen zum König gewählt und von Erzbischof Willigis geweiht wor-

bei der Königserhebung Heinrichs II. 1002, in: Festschrift für Hermann Heimpel Bd. 3, Veröffentlichungen des Max-Planck-Instituts für Geschichte Bd. 36/3, 1972, S. 1–36, hier S. 2 mit Anm. 9.

304 D HII 34 vom 15. 1. 1003; hierzu jetzt eingehend W. SCHLESINGER, Erbfolge.

305 Thietmar, Chronicon V 12, S. 234.

306 J. FLECKENSTEIN, Königspfalz und Bischofskirche, S. 58 f., und H. MAURER, Konstanz als Hauptstadt, S. 2.

307 Thietmar, Chronicon IV 54, S. 192; dazu allgemein M. HELLMANN, Der deutsche Südwesten in der Reichspolitik der Ottonen, in: ZWLG 18, 1959, S. 193–216, hier S. 211 f.

308 Annales Quedlinburgenses a. 1002 (MG SS 3, 78): *Herimannus dux cum Suevis regi restitit*; Adalboldi vita Heinrici II. c. 6 (MG SS 4, 685): *adunatis Alemannis et quibusdam Francis et Alsatiensibus.*

den war[309]. Hermann versuchte, sicher im Verein mit seinem Schwiegersohn Konrad, dem Sohn Herzog Ottos von Kärnten, von Worms aus die Wahl zu verhindern; mit Konrad und dessen fränkischem Anhang verwüstete er Straßburg wegen der königstreuen Haltung Bischof Werners I., stellte sich dann aber nicht dem auf der Reichenau weilenden Heinrich II. zum Kampf, sondern unterwarf sich ihm erst Anfang Oktober in Bruchsal[310].

Die Vorgänge von Bruchsal und die daraus resultierende Beziehung zwischen König und Herzog stellen sich nach den Quellen verschieden dar, und sie sind entsprechend unterschiedlich in der Literatur bewertet worden. Thietmar schreibt: *Heremannus ... regi humiliter presentatur. Misericorditer eius graciam impetravit et, in beneficio et in omnibus iusti desiderii satisfactionem persolvens excepto Argentine dampno, quod idem iussu et consilio regis de sua proprietate et abbatiam in eadem urbe sitam reparavit, miles et amicus eius fidus efficitur*[311]. Mit dem Passus *miles et amicus eius fidus*, den Thietmar wohl von Widukind und Liutprand übernommen hat[312], ist das Lehnsverhältnis Hermanns zu Heinrich II. umschrieben; eine Aussage über Art und Inhalt der Beziehungen können wir darin schwerlich erblicken[313]. Hierüber geben die Quellen den erwünschten Aufschluß: An anderer Stelle bezeichnet Thietmar die Herzöge Hermann II. und Dietrich von Oberlothringen als *solo nomine*

309 Zur Frage der etappenweise erfolgten Königserhebung R. Schmidt, Königsumritt, S. 114 f.; wenn dieser (S. 116) schreibt, zur Erlangung der Herrschaft im Reich habe es zwei Wege gegeben (Unterwerfung des Schwabenherzogs und Zustimmung in den übrigen Reichsteilen), von denen Heinrich den ersten gewählt habe, so sieht er Heinrichs Verhalten zu formal und verkennt, daß dieser bereits vor der Huldigung in Sachsen auf der Reichenau gastete und die Auseinandersetzung mit Hermann plante; dieser nahm aber nach Thietmar davon Abstand (V 12 ff., S. 234 ff.). Zu Thietmars Schilderung der Ereignisse R. Schneider, Die Königserhebung Heinrichs II. im Jahre 1002, in: DA 28, 1972, S. 74–104.

310 Alles nach Thietmar, Chronicon V 11, S. 232 ff.; V 22, S. 245, und Annales Quedlinburgenses a. 1002 (MG SS 3, 78).

311 Thietmar, Chronicon V 22, S. 245; diese Ausdrucksweise veranlaßte noch S. Haider, Wahlversprechungen, S. 25, zu schreiben, Heinrich habe in Bruchsal dem Herzog die Bedingungen diktiert(!). Im Anschluß daran gibt er zu, daß Hermanns Position immerhin noch so stark gewesen sei, daß er berechtigte Wünsche (*iusti desiderii*) vorbringen konnte.

312 Vermutung von R. Schmidt, Königsumritt, S. 146 ff.

313 Beachtenswert zu den Bruchsaler Vorgängen die Annales Hildesheimenses a. 1003 (MG SS 3, 92): *Herimannus Alemannorum dux regis eleccioni aliquamdiu resistens, regie se potestati subdidit, et interventu reginae et principum in suo honore permansit.*

duces, sed non re[314], obgleich er über den mit ihm verwandten Hermann[315] insgesamt günstiger urteilt als etwa die Annales Sangallenses, die das Straßburger Vorgehen ganz der Initiative Hermanns zuschreiben und seinen baldigen Tod (Mai 1003) als Gericht Gottes erscheinen lassen[316]. Für unsere Frage verdienen auch die Annalen von Quedlinburg zum Jahr 1003 Beachtung: *Herimanus dux ad extrema pervenit, et discordia a Suevis quievit*[317]. Bis zu Hermanns II. Tod scheint demnach Alemannien ein Herd der Unruhe gewesen zu sein; wir erfahren nichts Näheres darüber, aber ein Zusammenhang mit den Ereignissen des Thronstreits liegt nahe. Auch während der Regierung seines Sohnes und Nachfolgers Hermanns III., für den seine Mutter Gerberga die Vormundschaft ausübte[318], sah sich Heinrich II. mit Spannungen im Südwesten des Reiches konfrontiert[319]; nach seinem ersten Italienzug 1004 können wir ihn in Zürich und Straßburg nachweisen; er ließ einen allgemeinen Frieden beschwören und urkundete für St. Gallen, Einsiedeln und Sulzburg[320].

Aufgrund der Quellenzeugnisse dürfen wir annehmen, daß Hermann II. mit der Anerkennung Heinrichs II. seine starke Position in Alemannien nicht verlor und sich für sein Verhalten in Bruchsal manche Zugeständnisse einzuhandeln vermochte[321]; somit weist die Situation von 1002 in ihrer Struktur eine gewisse Ähnlichkeit mit jener von 919/20 auf, als Burchard von Schwaben den früheren Herzog von Sachsen als

314 Thietmar, Chronicon V 27, S. 253; die Aussage bezieht sich darauf, daß die beiden Herzöge den König auf einem Hoftag von Diedenhofen Weihnachten 1002 schlecht beraten wollten.

315 Vgl. den Stammbaum in der MGH-Ausgabe der Chronik, S. X.

316 Der Gedanke des Gottesgerichts begegnet auch bei Thietmar V 12, S. 234, und in den Annales Quedlinburgenses a. 1002 (MG SS 3, 78); interessant ist die vergleichbare deus–diabolus–Polarisierung in D HII 34 bei der Schilderung von Straßburgs Verwüstung. Die Vorstellung des »Straßburger Gottesgerichts« muß allgemein verbreitet gewesen sein. Sie diente wohl als zusätzliche Diskreditierung des politisch unterlegenen Gegenspielers des Königs.

317 Beleg wie Anm. 316.

318 Chr. Fr. Stälin, Wirt. Gesch. Bd. 1, S. 471 f.

319 Thietmar, Chronicon VI 9, S. 284, und Adalbold, Vita Heinrici c. 42 (MG SS 4, 694).

320 RI II/4 1571 ff.; Adalbold, Vita Heinrici II c. 42 (MG SS 4, 694).

321 Spielt Thietmar, Chronicon V 22, S. 247, mit der Formulierung *iusti desiderii* vielleicht auf den »unrechtmäßigen« Teilungsplan an?

König anerkannte und dafür Gegenleistungen erhielt [322]. Die Nachricht vom Versuch einer Reichsteilung wird auf diesem Hintergrund nicht unwahrscheinlicher.

Doch versuchen wir in einem zweiten Ansatz, die Ereignisse des Thronstreits unter dem besonderen Aspekt des Oberrheingebiets zu sehen; dabei können wir uns weiteren Aufschluß über den Stellenwert dieser geographischen Einheit im Rahmen der historischen Vorgänge erhoffen, aber auch Einblick in die Wirksamkeit der diesen Raum bestimmenden Adelskräfte gewinnen.

Konrad und Hermann II. begegnen als *duces Alamannorum et Alsaciorum* teils in urkundlichen, teils in annalistischen Quellen. Die Schwerpunktverlagerung innerhalb des alemannischen Herzogtums, die sich in diesem Titel widerspiegelt, stellte den Gegenstand des ersten Abschnitts dieses Kapitels dar. Wir erlebten Herzog Konrad im Oberrheingebiet (Breisach, Elsaß) gegen die Bestrebungen Heinrichs d. Z. vorgehen; Hermann II. erscheint gleichfalls im Elsaß: Die Kaiserinwitwe Adelheid urkundete 999 in Erstein für oberitalienische Klöster mit Erlaubnis *domini arjmanni comitis istius comitatu alsaciense*. Herzog Hermann II. fungiert hier als Graf im *comitatus alsaciensis*; zur gleichen Zeit können wir aber einen Grafen Eberhard durchgängig im elsässischen Nordgau nachweisen, zu dem Erstein gehörte [323]. Entweder muß man annehmen, daß Hermann als Inhaber der südlichen Sundgaugrafschaft auftrat [324], oder

322 So betrachtet, wäre die terminologische Reminiszenz bei Thietmar (*amicus, miles*) nicht nur literarisch, sondern auch Umschreibung ähnlicher Bedingungen; vgl. R. Schmidt, Königsumritt. S. 146 f., den die Stellen mehr für die Frage nach der Beteiligung des Stammes interessieren. S. Haider, Wahlversprechungen, S. 25, nimmt sich die Chance, das innovierende Moment in den Vorgängen um 1002 zu sehen, indem er zu schematisch verfährt und z. B. bei der Huldigung in Sachsen zwischen förmlichen und »indirekten« Bedingungen (sc. der Anerkennung) unterscheidet. Dazu neuerdings W. Schlesinger, Erbfolge.

323 RI II/3 1307b; M. Uhlirz, Die rechtliche Stellung der Kaiserinwitwe im Deutschen und Italischen Reich, in: ZRG GA 74, 1957, S. 85–97, versteht darunter einen elsässischen Arimannengraf; Korrektur bei H. Keller, Kloster Einsiedeln, S. 120, Anm. 170.

324 R. Kloss, Grafschaftsgerüst, S. 124 f. 986 ist ein Liutfridus (D OIII 27), 987 ein Heinricus (D OIII 426 Fälschung!), von 1003 an ein Odo/Uto/Otto *comes* (D HII 69, 80, 499) nachweisbar. Für die Zeit Hermanns liegt also kein Beleg vor (doch vgl. D OIII 273 mit Vorbemerkung). In D OIII 274 von 998 (Schenkung an Ebersheim) kommt nur der *pagus Alsaciensis* ohne Grafennamen vor; die Güter gehören beiden Gauen an. Dafür, daß ein Sundgaugraf im Nordgau begegnet, nennt R. Kloss, S. 125, D HII 69. Es handelt sich um die Bestätigung der elsässischen Güter Peterlingens, die nach D OII 51 in

es hängt diese Nennung vielleicht mit Hermanns Stellung im *ducatus Alsaciensis* zusammen[325].

Mit dem Elsaß verbindet sich auch die früheste Nachricht über Heinrichs II. Eingreifen im Südwesten: Thietmar berichtet, ein Graf Gerhard vom Elsaß habe vom König (Heinrich II.) eine Grafschaft Herzog Hermanns II. erhalten, durch eine List der Alemannen jedoch seine Fahnen-

beiden Grafschaften lagen. In die Vorlage, die in D OIII 273 noch ohne Änderung übernommen wurde, ist bei beiden Grafschaften der Name Udo/Odo eingefügt.

325 Auch wenn mit Grund zu betonen ist, daß Ende des 10. Jhs. das Oberrheingebiet Schwerpunkt des Herzogtums geworden ist, darf die Stellung Hermanns II. im nordostalemannischen Marchtal nicht übersehen werden. Die Historia monasterii Marchtelanensis (13. Jh.) berichtet von Hermanns Sorge um die seit dem 8. Jh. bestehende *cella s. Petri* (vgl. H. SCHWARZMAIER, Emerkingen. Entstehung u. Formen einer Adelsherrschaft im Mittelalter, in: ZWLG 25, 1966, S. 128 ff., hier S. 191 ff.). Sein Sohn, der spätere Hermann III., hat Marchtal mit Säkularkanonikern besetzt (Annales Bebenhusani coenobii a. 1011 bei CHR. FR. STÄLIN, Wirt. Gesch. Bd. 1, S. 473 mit Anm. 2). Hermann II. verfügte über ein *castrum* in Marchtal (dazu H.-M. MAURER, Adelsburg, S. 306 f., der Marchtal aber nur als Sitz des Grafen Adalbert erwähnt), über Besitz in Bettighofen südl. von Emerkingen (Historia mon. March., hg. v. G. Waitz, in: MG SS 24, 662 ff.) und in Daugendorf nördl. von Riedlingen (vgl. die Forschungsmeinung zu D HIV 431 bei H. SCHWARZMAIER, Emerkingen, S. 193 mit Anm. 147, und K.-E. KLAAR, Die Herrschaft der Eppensteiner in Kärnten, Archiv f. vaterländ. Gesch. u. Topographie Bd. 61, 1966, S. 56 f.). Daugendorf wie Marchtal gehören zu dem alaholfingischen Besitzzentrum auf der Ostbaar (H. JÄNICHEN, Baar u. Huntari, S. 109). Bettighofen läßt sich von den St. Galler Urkunden her nicht hierunter fassen, doch gibt die Marchtaler Überlieferung einen Hinweis: Sie nennt Hermann zusammen mit einem *dux* Bertholdus, den die Forschung mit dem letzten Alaholfinger Berthold gleichsetzte. Nach Erwähnung von Hermanns Heirat mit Gerberga berichtet die Historia, der Herzog habe auf Bitten Gerbergas zum Gedächtnis jenes Bertholds Bettighofen der Marchtaler Kirche geschenkt. Dies gestattet vielleicht, den tradierten Ort ebenfalls zum alaholfingischen Besitz zu zählen. Daß Hermann II. und Gerberga ihren ersten Sohn Berthold nannten, nahm die Forschung als Indiz für die Verwandtschaft des herzoglichen Paares mit dem Marchtaler Berthold (vgl. auch die örtliche Überlieferung in: MG SS 24, 664). Offen bleibt nur, ob Hermann oder seine Gattin mit Berthold verwandt waren. Fragt man danach, wieweit Hermann hier eine alte Herzogstradition aufgriff oder seine verwandtschaftliche Beziehung Grund für seine Tätigkeit in Marchtal war (dazu H. SCHWARZMAIER, Emerkingen, S. 205), so ist nach den Beobachtungen dieser Untersuchung zur Herzogsgewalt im Alemannien des 10. Jhs. die zweite Möglichkeit vorzuziehen.

lanze verloren [326]. Die Notiz Thietmars bedeutet die früheste Erwähnung der Fahnenbelehnung eines »Reichsfürsten«. Sie wurde von der Forschung als Form der Grafschaftseinweisung vermerkt [327]. Jedoch beziehen sich alle übrigen Zeugnisse auf Belehnung mit der Herzogswürde [328], so daß man bereits vermutete, das *beneficium* Gerhards habe den elsässischen Dukat betroffen [329]. Wie man auch den rechtlichen Vorgang verstehen mag, so viel ist den Tatsachen zu entnehmen: Herzog Hermann II. verfügte im Elsaß über Rechte, die auf einem Comitat oder Dukat beruhten – sie sind durch seine Erwähnung in der Ersteiner Urkunde gesichert; eben hier griff Heinrich II. ein und übertrug dem Grafen Gerhard eine Position im Elsaß, die vielleicht der Hermanns entsprach.

Dieses Vorgehen Heinrichs II. rief den Widerstand der Alemannen hervor ähnlich wie in der zweiten, von Thietmar berichteten Anekdote [326]: Die *amici* des Herzogs eroberten mit List die von den Bischöfen Werner von Straßburg und Adalbero von Basel besetzte Befestigung Breisach. Auch diese Auseinandersetzung zwischen Anhängern Heinrichs und Hermanns fand im Oberrheingebiet statt; nimmt man die Aussage über Straßburg als *caput ducatus* und das Zusammenwirken Hermanns mit dem in der Gegend um Worms ansässigen Konrad hinzu, so ermißt man die Bedeutung dieses Raumes als einer konradinischen Position. Hier vollzog Heinrich II. umfangreiche Veränderungen, um jene Gegner zu treffen, die bereits die Pläne seines Vaters, Heinrichs des Zänkers, vereitelt hatten.

Das Eingreifen Heinrichs II. ist eng mit der Frage verknüpft, ob der Graf Berthold, der 1004 in der Königsurkunde für das Cyriakkloster in Sulzburg begegnet, mit dem Breisgau-Grafen Birchtilo vom Ende des 10. Jahrhunderts oder mit Bezelin »von Villingen«, einem Vorfahren der

326 Thietmar, Chronicon V 21, S. 245 ff. Daß mit *rex* Heinrich II. gemeint ist, geht aus dem feindseligen Verhältnis zu den auf Hermanns Seite stehenden Alemannen ebenso wie aus dem Bericht Thietmars hervor, der Graf habe sich auf dem Heimweg (vom König) befunden (mißverständlich R. Kloss, Grafschaftsgerüst, S. 126, der vom »Kaiser« spricht); zum Zusammenhang S. Hirsch, Jahrbücher Heinrichs II. Bd. 1, S. 220.

327 G. Waitz, Deutsche Verfassungsgesch. Bd. 6, S. 73 f., 74, Anm. 2, u. Bd. 7, S. 8 mit Anm. 4; J. Bruckauf, Fahnlehn und Fahnenbelehnung im alten Deutschen Reich, 1907, S. 19 ff.; H. Mitteis, Lehnrecht und Staatsgewalt, 1933 (1958), S. 513.

328 So noch bei Thietmar, Chronicon VI 3, S. 276.

329 H. Keller, Kloster Einsiedeln, S. 101 f., Anm. 34; zur genealogischen Einordnung Gerhards E. Hlawitschka, Habsburg-Lothringen, S. 148 ff.

Zähringer, identisch ist[330]. Da wir in den »Birchtilonen« den einzigen im Breisgau ansässigen Personenkreis aus der 2. Hälfte des 10. Jahrhunderts fassen können, erwarten wir durch die Untersuchung dieser Frage zugleich Aufschluß über die Geschichte des Raumes und der in ihm wirkenden Kräfte. Dabei soll zunächst das Problem Sulzburg diskutiert und dann zu den Fragen um das Kloster St. Trudpert im Münstertal in Beziehung gesetzt werden; dieses wird von der einzigen bekannten Privaturkunde aus der Mitte des 10. Jahrhunderts, einem Gütertausch St. Trudpert–St. Gallen von 968/69, berührt[331].

Um die Gründung des Sulzburger Klosters aufhellen zu können, wird es zweckmäßig sein, die Quellenaussagen und die in der Literatur vollzogene Identifizierung der beteiligten Personen vergleichend zu prüfen. In einer abschriftlich überlieferten Privaturkunde aus der Zeit vor 993[332] berichtet ein Pyrtilo, er habe in Sulzburg ein Kloster als Grablege errichtet und mit Besitz ausgestattet, über den er *hereditario iure* verfüge; im Fall eines unrechtmäßigen Zugriffs auf den Klosterbesitz sollen seine *coheredes* diesen in ihre Gewalt zurücknehmen[333]. – In D OIII 129 von 993 schenkt Otto III. *ob peticionem fidelis nostri Birchtilonis comitis ad ecclesiam s. Cyriaci* seine *proprietas* in Sulzburg. Wir können mit einiger Wahrscheinlichkeit annehmen, daß diese beiden Birchtilos identisch sind[334]. Ein *clericus* Bezelinus bat 1004 durch Intervention Bischof Adalberos von Basel König Heinrich II. um die Erlaub-

330 Vgl. oben, S. 49, Anm. 266 ff.

331 WARTMANN 3, Nr. 811, S. 27.

332 J. Trouillat, Monuments 1, Nr. 83, S. 137; zur Überlieferung dieser und der zweiten Sulzburger Privaturkunde von 1010 P. RÜCK, Die Urkunden der Bischöfe von Basel bis 1213, S. 30 ff.

333 K. LIST, Sulzburg, S. 268, spricht von Erben Pyrtilos; davon steht in der Urkunde nichts; mißverständlich E. HEYCK, Zähringer, S. 6, »gemeinsame Erben«. Dementsprechend sehen beide Autoren die Personen von 1010 als Erben Pyrtilos/Birchtilos an; darüber unten, S. 181 ff.

334 P. RÜCK, Urkunden, S. 33, weist darauf hin, daß die Identität nicht absolut sicher ist. Das trifft zu; man beachte jedoch die Formulierungen von D OIII 129 und D HII 78: D OIII 129: *ob peticionem fidelis nostri Birchtilonis comitis (Pirthilonis D)... in pago Brisichgowe nuncupato et in comitatu superius iam scripti Birchtilonis comitis*. Während außer dem *comes B.* niemand begegnet, fassen wir in D HII 78 drei Personen: *petenti clerico Becelino per interventum... episcopi Adalberonis... in comitatu Bertdoldi*. Andererseits fällt auf, daß der Aussteller der Privaturkunde von ca. 993 ohne Titel erscheint; doch vgl. unten, S. 182, Anm. 346. Zur Bedeutung der Förderung Sulzburgs durch Otto III. M. HELLMANN, Der deutsche Südwesten, S. 210.

nis, einen Markt *in comitatu Bertdoldi* zu errichten[335]. – Pirctelo übertrug 1010 seine *hereditaria pars cum manu fratris mei Gebehardi* an das Nonnenkloster St. Cyriak in Sulzburg im Breisgau in der Grafschaft Adalberos und tradierte es an die Basler Marienkirche; Bischof Adalbero, der Vorstand dieser Kirche, stattete das Kloster mit weiterem Besitz im Breisgau aus[336].

Dieser Faktenzusammenhang legt die Fragen nahe: Wie erklärt sich die Breisgaugrafenreihe Birchtilo (zuletzt D OIII 187 von 995) – Berthold (D HII 78 von 1004) – Adalbero (D HII 117 f. von 1006, 171 von 1007 und in der Privaturkunde von 1010)? Wer sind der *clericus* Bezelinus und die Brüder Pirctelo und Gebhard? Beide Fragen hängen eng miteinander zusammen: Ausgehend von der Prämisse, daß der Graf Adalbero von 1006 deshalb im Breisgau amtierte, weil der Berthold von 1004, der mit dem Grafen Birchtilo gleichgesetzt wird, gestorben ist, sah die Forschung fast durchgängig in den Brüdern Pirctelo und Gebhard von 1010 die Söhne des Grafen Birchtilo, des Stifters von Sulzburg. Diese Voraussetzung galt für E. Heyck[337]: Er identifizierte den Grafen Birchtilo mit dem Bezelin, der als Graf im Thurgau 999 von Otto III. in Rom das Marktrecht für Villingen empfing. Diesen hielt jedoch E. Heyck wegen der zeitlichen Daten nicht für den Sohn Bertas von Büren, der in der Verwandtschaftstafel Adelas von Vohburg als Bezelin von Villingen begegnet und 1024 gestorben ist[338], sondern für dessen Vater. Abgesehen davon, daß zeitliche Wahrscheinlichkeitsrechnungen mit Vorbehalt für eine Argumentation brauchbar sind und wir vielleicht mit dem Fehlen eines Zwischengliedes im Stemma Friedrich Barbarossas rechnen müssen[339], ist die Identität des Breisgaugrafen Birchtilo mit

335 D HII 78; dazu RI II/4 1573.

336 J. Trouillat, Monuments 1, Nr. 93, S. 149 f.; mit richtiger Datumsangabe P. Rück, Urkunden, S. 287 f.

337 E. Heyck, Zähringer, S. 11; neuere, an Heyck anschließende Zusammenfassung bei B. Sütterlin, Geschichte Badens Bd. 1: Frühzeit und Mittelalter, 1968(2), S. 163 ff.

338 P. Jaffe, Bibliotheca rerum Germanicarum I, S. 547.

339 E. Krüger, Zähringer, 1891, S. 571 f., 613, Anm. 4; Heyck argumentierte, Berta könne Bezelin kaum vor 985 zur Welt gebracht haben; dieser habe jedoch bereits 991 die Thurgaugrafschaft von Landold übernommen. Doch ist er erst 998 in der Papsturkunde für Petershausen nachweisbar (JL 3831). Bei Einschub eines Zwischenglieds auf Friedrichs Seite könnte zudem ein früheres Geburtsdatum Bertas angenommen werden.

dem Vater (?) Bezelins von Villingen [340] keineswegs gesichert; vielmehr hat H. Keller nachweisen können, daß die Grafen Birchtilo (im Breisgau bis Ende des 10. Jahrhunderts) und Berthold (im Thurgau) unterschieden werden müssen [341], ohne daß eine weitere Verwandtschaft auszuschließen ist. H. Keller nimmt die These von E. Krüger auf, daß wir in dem Berthold von 1004 den neu in den Breisgau gekommenen Thurgaugrafen zu sehen haben [342].

Für die Identität des Berthold von 1004 mit dem bis dahin nachgewiesenen Birchtilo setzte sich neuerdings auch K. List ein; er sah in Adalbero ebenfalls den Nachfolger des gestorbenen Grafen Birchtilo; nur erklärte er die beiden gegen E. Heyck nicht für Zähringer, sondern für Verwandte des elsässischen Grafenhauses [343].

Es ist jedoch unwahrscheinlich, daß die in der Urkunde von 1010 erwähnten Brüder Pirctelo und Gebhard Söhne des um 1005 angeblich gestorbenen Grafen Birchtilo sind; auch die damit verbundene Annahme, 1004 begegne Birchtilo als Graf Berthold in der Urkunde Heinrichs II. zusammen mit seinem Sohn, dem Kleriker Bezelin, als Petenten, überzeugt nicht [344]. Denn einmal bedeutet der Ausdruck *hereditaria pars* keineswegs zwingend, daß Pirctelo die Güter von dem Stifter der Kirche geerbt hat [345], spricht doch schon Pyrtelo in der Urkunde aus der Zeit vor 993 von seinem *hereditarium ius*. Zum anderen lesen wir in derselben Urkunde nichts von Erben, sondern von Miterben [345]; wohl in dieser Funktion erscheint Pirctelos Bruder Gebhard 1010! Die doppelte *traditio*

340 Nach der von Heyck vorgenommenen Korrektur an der Einsiedler Notiz, Landold sei Großvater Bertholds von Zähringen gewesen (QW II/3, S. 372); dazu H. KELLER, Kloster Einsiedeln, S. 111, Anm. 110; S. 122, Anm. 184.

341 Vgl. Anm. 340; Herr Dr. Keller gewährte mir Einblick in das Material seiner angekündigten Untersuchung; dafür danke ich ihm auch an dieser Stelle.

342 E. KRÜGER, Zähringer, 1891, S. 609, 612 f., der jedoch auch Birchtilo für einen Zähringer hielt.

343 K. LIST, Sulzburg, S. 268 ff., bes. S. 276 ff.

344 K. List übernahm das Verwandtschaftsschema weitgehend von E. Heyck unter Änderung der genealogischen Zuweisung und mit Korrektur der Bezelin-Erklärung. Auch A. TSCHIRA, Die Klosterkirche Sankt Cyriacus in Sulzburg, in: Schauinsland 80, 1962, S. 3–38, hier S. 3, auf dessen klärende Darstellung P. RÜCK, Urkunden, S. 32, hinweist, bleibt dieser Tradition verbunden.

345 So E. HEYCK, Zähringer, S. 11, und K. LIST, Sulzburg, S. 272; zu *coheres* J. F. NIERMEYER, Mediae Latinitatis Lexicon minus, 1954, s. v., u. die Sachregisterposition *coheredes* in: DG LL II Capitularia II, bes. II 232: Concilium Triburense a. 895 cap. 32 *De ecclesia a compluribus coheredibus obsessa.*

des annähernd gleichen Dotationsgutes erklärt sich daraus, daß bis zur Übergabe des Klosters an Basel Sulzburg dem Stifter eigenkirchenrechtlich verbunden blieb [346].

Wenn wir davon ausgehen, daß der Graf Birchtilo vom Ende des 10. Jahrhunderts 1010 noch am Leben war – allerdings nur unter der Voraussetzung, daß der Graf und der Klosterstifter identisch sind –, ergeben sich hieraus Konsequenzen für die in der Forschung strittige Identifizierung des *clericus* Bezelinus, des *comes* Bertdoldus von 1004 und des 1006 bis 1010 urkundlich belegten Grafen Adalbero [347]. Es ist unwahrscheinlich anzunehmen, daß Birchtilo an der Markterrichtung in *Rincka* nicht beteiligt war. Da der Kleriker Bezelin und der Graf Berthold in D HII 78 als zwei Personen deutlich geschieden sind [348] und da die eine Annahme, Bezelin sei ein Sohn Birchtilos gewesen, hinfällig und die andere, in Bezelin trete uns irgendein Kleriker entgegen, wenig überzeugend ist [349], beansprucht die Vermutung von E. Krüger und H. Keller [350] die größte Wahrscheinlichkeit: In Bezelin können wir den früheren Grafen Birchtilo erkennen, der 1010 seine Stiftung an Basel

346 Hierin treffend K. LIST, Sulzburg, S. 268, Anm. 3, nach K. SCHMID, Königtum, Adel, S. 299, Anm. 73a, mit weiterer Literatur. So wird man die Formulierung von LIST, S. 272, bezüglich der Urkunde von 1010 zurückweisen müssen: »Das Gotteshaus in Sulzburg ›wurde erbaut‹ – nicht von den Schenkern ...« – Durch die hier vorgetragene, bereits von E. KRÜGER, Zähringer, 1891, S. 605 ff., vorgeschlagene Identifizierung des Pyrtelo (vor 993) mit Pirctelo (1010) entfällt auch die von E. HEYCK, S. 12, Anm. 32, kritisierte Ungenauigkeit der Genealogia Zaringorum (MG SS 13, 735, und hg. v. F. L. Baumann, in: FDA 14, 1881, S. 83 ff.): Birchtilo (Bezelin) und sein Bruder Gebhard (Gebizo) erscheinen hier zu Recht als Stifter Sulzburgs, abgesehen davon, daß die Quelle sie den Zähringern zuordnet; daran übte bereits F. L. Baumann in der Genealogia-Ausgabe im FDA mit Verweis auf J. Bader Kritik. Die gleiche Quelle stützt im übrigen die Annahme, daß der Graf Birchtilo und der Klosterstifter Pyrtelo identisch sind (s. oben, S. 179, Anm. 334): *Comes Bezelinus, qui cum fratre Gebezone claustrum sanctimonialium dictum Sultzberg construxit* ...

347 E. HEYCK, Zähringer, S. 6, 9, hielt Bezelin für einen Kleriker, dem Graf Birchtilo seine Gründung anvertraute. K. LIST, Sulzburg, S. 272 f., glaubte, in ihm einen Sohn des Grafen zu erkennen, und zwar den zweiten, während sein erster Sohn Adalbero im Grafenamt folgte. Das sind unbewiesene genealogische Konstruktionen.

348 Vgl. die Identität der beiden Birchtilos in D OIII 123.

349 Zutreffend in der Kritik an E. Heyck K. LIST, Sulzburg, S. 271.

350 E. KRÜGER, Zähringer, 1891, S. 609; H. KELLER, Kloster Einsiedeln, S. 119.

tradierte. Aus dieser These resultiert, daß zu Birchtilos Lebzeiten zwei Grafen im Breisgau, Berthold und Adalbero, amtierten[351].

Bevor wir die Identifizierung Adalberos untersuchen, sei die Frage, ob nach 1002 ein neuer Breisgaugraf eingesetzt worden ist, auf dem Hintergrund des Thronstreits erörtert. Den Quellen ist zu entnehmen, daß in der Ortenau die jahrzehntelang nachweisbare Grafenreihe Gebhard – Cuno – Cuno nach 1004 abbricht und zunächst ein Hessinus[352], von 1016 an ein Berthold begegnet[353]. Auch im südlichen Elsaß erscheint seit 1003 ein Graf Otto, der als Vorfahr der Habsburger gilt[354]. In beiden Fällen scheint sich Heinrichs Vorgehen gegen die Konradiner gerichtet zu haben: In der Ortenau verfügten sie in der zweiten Hälfte des 10. Jahrhunderts über die Grafschaft und wohl auch über die wichtige Abtei Schwarzach; im Elsaß besaß Herzog Hermann II. Grafenrechte. Wie sehr auch der Breisgau von dieser Umstrukturierung des Oberrheingebiets betroffen war, erhellt aus der Förderung der Basler Kirche mit breisgauischen Positionen[355].

Mit einiger Sicherheit dürfen wir unterstellen, daß der Graf Berthold von 1004 nicht mit dem Breisgaugrafen identisch ist; war er ein Vorfahre der Zähringer, war er Bezelin »von Villingen«? Letzte Gewißheit ist nicht zu erreichen, doch steht fest, daß Bezelins Sohn Berthold, der spätere Herzog von Zähringen, über die Grafschaften Breisgau, Ortenau, Alpgau und Thurgau verfügte[356]. Vielleicht ist Bezelin »von Villingen« als der *comes* Benzelin im Melker Seelbuch eingetragen, der an die Straßburger Bischofskirche eine Stiftung in Mußbach nördlich von Emmendingen gemacht hat[357]. Da wir für die Zeit von 1010 bis 1028 keinen

351 Selbst wenn man Berthold mit Birchtilo gleichsetzt, muß Adalberos Grafschaft zu Lebzeiten Birchtilos erklärt werden, der noch 1010 im Zusammenhang mit Sulzburg begegnet.

352 Bei ihm vermutet H. J. Wollasch, St. Georgen, S. 30, eine Verwandtschaft mit den Stiftern von St. Georgen.

353 D HII 156, 167, 348.

354 D HII 57, 69, 80, 499; D KoII 1, 42; H. Keller, Kloster Einsiedeln, S. 121.

355 Dazu s. unten, S. 194.

356 Belege bei E. Heyck, Zähringer, S. 19.

357 Melker Seelbuch, hg. v. W. Wiegand, zum 15. Juli: *Benzelin comes obiit de Muosbach unicuique fratrum denarium I;* dazu E. Krüger, Zähringer, 1891, S. 576. Wenn dessen Deutung von *Benzelin* und *Muosbach* zutrifft, dann würde sich auch die Beziehung zu Straßburg erklären: Im nördlichen Breisgau verfügte die Bischofskirche über Besitz; W. Stülpnagel, Breisgau, S. 10 f., und oben, S. 152 f. Die Zähringer hatten wohl seit Heinrich II. die Vogtei der Bamberger Besitzungen in Alemannien inne; E. Heyck, Zähringer, S. 499 f. Kloster Schuttern, das Heinrich II. an das Bistum Bamberg übertrug

Nachweis für die Breisgaugrafschaft besitzen [358], ließe sich dieses Zeugnis für Bezelins Verbindungen zum Breisgau heranziehen; doch muß offen bleiben, ob es auch auf Grafenrechte hinweist.

Gegen die Annahme, Heinrich II. habe noch zu Lebzeiten Graf Birchtilos den Thurgaugrafen Berthold/Bezelin im Breisgau eingesetzt, wurde geltend gemacht, daß der König kein »Strafgericht« über Herzog Hermann II. und seine Anhänger gehalten habe; auch die Plünderer Straßburgs seien sicher keine Leute aus dem Breisgau gewesen, da Thietmar von *Alemanni* spreche [359]. Um den Bedeutungsinhalt von *Alemanni* um die Jahrtausendwende zu bestimmen, bietet die Vita Trudperti jedoch keinen Aufschluß [360], vielmehr wird man an die urkundliche Terminologie im Hinblick auf den Breisgau zu dieser Zeit denken können [361]. Von Strafmaßnahmen ist nichts bekannt, doch darf die Unterwerfung Hermanns II. in Bruchsal weder überschätzt noch allein auf dem von Thietmar gezeichneten Hintergrund gesehen werden [362].

Auch die Beziehungen des königstreuen Adalbero von Basel zu Birchtilo – er intervenierte für Sulzburg bei Heinrich II. – sind kein Argument gegen die These, daß der König versuchte, mit dem ihm während seiner ganzen Regierungszeit verbundenen Thurgaugrafen Bezelin/Berthold im Oberrheinraum, dem Schwerpunkt der konradinischen Macht in Alemannien, einzugreifen [363]. Daß kurze Zeit später ein Graf Adal-

(vgl. D KoII 13), hatte von diesem den Ort Malterdingen nahe Mußbach erhalten (D HII 348); in Mußbach selbst besaßen die Zähringer Rechte; E. Heyck, Zähringer, S. 515. Zur Vogtei der Zähringer über die Bamberger Güter Th. Mayer, Der Staat der Herzöge von Zähringen, 1935, wieder in: Ders., Studien, S. 350–364, H. W. Klewitz, Die Zähringer. Vom Leben einer deutschen Hochadelssippe im Mittelalter, in: Schauinsland 84/85, 1966/67, S. 27–48, H. Büttner, Die Zähringer im Breisgau und Schwarzwald während des 11. und 12. Jhs., ibd., 76, 1958, S. 3–18, M. Krebs, Ortenau, S. 141 f.

358 W. Schultze, Gaugrafschaften, S. 47.

359 So K. List, Sulzburg, S. 270 (vgl. Thietmar, Chronicon V 12, S. 234).

360 K. List beruft sich auf Th. Mayer, St. Trudpert, S. 14 (in: Studien, S. 275 f.). Dieser betont jedoch den Unterschied zwischen dem 7. Jh. und der Abfassungszeit der Vita.

361 S. oben, S. 50 f.

362 S. oben, S. 174 f.; K. List, Sulzburg, S. 270, gibt *amicus* ohne Kommentar mit »Freund« wieder.

363 Für seine These macht Ders., ibd., S. 271, Bezelin »von Villingen« zum Gefolgsmann des Schwabenherzogs. Doch heißt dies die Quelle D OIII 311 *(duce egregio Herimanno rogante)* überinterpretieren. Die zahlreichen Belegstellen für das Verhältnis Heinrich II. – Bezelin bei E. Heyck, Zähringer, S. 14 ff., und E. Krüger, Zähringer, 1891, S. 572 ff.

bero nachweisbar ist, der mit dem Personenkreis um Sulzburg wohl verwandt war, wie gleich zu zeigen ist, spiegelt die Instabilität der breisgauischen Verhältnisse auf dem Hintergrund des Dynastiewechsels; das wurde bislang in der Diskussion um Kloster Sulzburg nicht beachtet.

Bischof Adalbero trug den gleichen Namen wie der von 1006 an belegte Breisgaugraf; der Bischof stand der Sulzburger Gründung zweifellos nahe. Sind die beiden Träger des Namens Adalbero untereinander und mit Birchtilo verwandt gewesen? Die Forschung hat dies angenommen und die Adalberos entsprechend der verwandtschaftlichen Zuordnung Birchtilos für Zähringer bzw. für Verwandte des elsässischen Grafenhauses gehalten [364]. Da die Gleichsetzung Birchtilos mit Bezelin »von Villingen« verfehlt ist, ist die andere Möglichkeit zu prüfen, daß nämlich der Sulzburger Personenkreis zum elsässischen Adel Verbindungen hatte.

Wir kennen aus der zweiten Hälfte des 10. und dem Anfang des 11. Jahrhunderts nur zwei breisgauische Privaturkunden, in denen uns ein umfangreiches Namensgut begegnet: 968/69 tauschten die Klöster St. Gallen und St. Trudpert Besitzungen am Schönberg und bei Müllheim [365]; die andere Urkunde betrifft die Übergabe Sulzburgs an Basel. Da wir hiermit die zwei anderen Breisgauklöster neben Waldkirch fassen können, erwarten wir Aufschluß von einem Vergleich zwischen den Personenkreisen beider Urkunden: 968/69 begegnen ein Lantpertus (Vogt von St. Trudpert), ein Adalbero *praepositus, Wigo decanus, Kenricus edituus* und *Hiltipertus cellarius,* ferner: Manegolt, Ruodolf, *Ruodpret, Uto,* Arnolt, *Hezo, Yrinch,* Thieterich, *Nizo, Sahso, Francho, Wolfpret, Stevin,* Reiccho, Lantpret, Birhtilo, *Erchanbret, Nandker* und Pirihtilo *comes.*

Dem seien die Namen der Sulzburger Urkunde gegenübergestellt: Pircelo und *Gebehardus,* Adalbero *comes,* Adalbero *episcopus, Otine vicedom., Ludevicus,* Manegold, Lantpertus (*milites episcopi*). Am Ende werden als Zeugen genannt: Adalbero *comes, Beretholt comes,* Ruodolf *comes,* Managolt, Lantpreht, Reccho, Arnolt, Detterich, *Bernhalt, Ebbo, Uuolfine,* Managolt, *Folcmar, Lanho, Kerolt, Beretholt.*

Wenn wir im Namensgut, das uns in diesen beiden Urkunden entgegentritt, mehrere Überschneidungen beobachten können, so gehen wir sicher nicht fehl, hierin einen Ausdruck für die Kontinuität von Verwandtschaftsgruppen zu sehen [366]; einige dieser Namen finden wir auch

364 E. Heyck, Zähringer, S. 12 f.; K. List, Sulzburg, S. 272, und E. Krüger, Zähringer, 1891, S. 608 ff.

365 Wartmann 3, Nr. 811, S. 27.

366 H. Maurer, Randen, S. 54 f., für den Alpgau und den Klettgau.

in den Breisgau-Urkunden des 9. und beginnenden 10. Jahrhunderts wieder [367]. Dabei soll noch einmal der enge Zusammenhang mit dem Alpgau und dem Klettgau, mit dem Personenkreis um Kloster Rheinau und mit dem elsässischen Adel unterstrichen werden [368].

Vor diesem Hintergrund ist zunächst die Trudperter Urkunde zu beurteilen. Wir wissen, daß das Kloster Anfang des 10. Jahrhunderts von den Etichonen restauriert und mit Besitz ausgestattet worden ist [369]. Wenn wir uns vergegenwärtigen, welchen starken Einfluß der elsässische Adel noch bis zur Mitte des 10. Jahrhunderts im Breisgau ausübte, ist es nicht abwegig, anzunehmen, daß auch nach Guntrams »Sturz« die intensiven Verbindungen vom Elsaß zum Breisgau fortbestanden, wenn auch in etwas verringertem Maße [370]. Andererseits konnte N. Ficker-

367 *Uto* kommt vor in: WARTMANN (im folgenden W) 2, Nr. 534, S. 147 (zweimal) (868); W 2, Nr. 553, S. 167 (870); W 2, Nr. 654, S. 258 (886); W 2, Nr. 760, S. 361 f. (909); W 2, Nr. 777, S. 377 (890–920); Regesta Alsatiae 1, Nr. 662 (902), und Regesta Badensia S. 7 (926); *Manegolt* in: W 2, Nr. 760, S. 361 f. (909); *Dietrich* in: W 2, Nr. 777, S. 377 (890–920), und Regesta Badensia S. 7 (926); *Lantpret* in: W 2, Nr. 486, S. 102 (861); W 2, Anhang Nr. 7, S. 386 f. (861); W 2, Nr. 574, S. 186 f. (873/74); W 2, Nr. 654, S. 258 (886); W 2, Nr. 677, S. 279 (890), W 3, Anhang Nr. 2, S. 684 (804); *Gerold* in: Regesta Alsatiae 1, Nr. 662 (902) und in der Form *Herolt* in Regesta Badensia S. 7 (926). Um 840 fungierte ein gleichnamiger Graf im Breisgau (W 1, Nr. 382, S. 357). Zum Vorkommen des Namens Wolvene im 9. und 10 Jh. vgl. oben, S. 24, Anm. 94, u. S. 124, Anm. 67.

368 Dazu oben, S. 124 f., Anm. 67–70; hier ist noch nachzutragen, daß wir zahlreiche Namen der in Anm. 70 zitierten Urkunde des Rheinauer Abtes Cozpert von 892 in breisgauischem Zusammenhang nachweisen können: (vgl. die dort angeführte Zeugenliste) *Cozpret, Adalhelm, Adalger, Hartpret, Cozhelm, Otpret, Erchanbret, Hugibreht, Meginbret* (W 2, Nr. 486, 534, 553, 574 – wie Anm. 367; dazu: W 2, Nr. 397, S. 18 f. (a. 845); W 2, Nr. 490, S. 106 (a. 862); W 2, Nr. 541, S. 154 f. (a. 868); die Trudperter Urkunde von 902 (NEUGART 1, Nr. 635, S. 521 f.) und die Bestätigung von 1186 in: ZGO 30, 1878, S. 86 ff.). K. SCHMID, Königtum, Adel, S. 267, Anm. 71, wies auf die gemeinsame Schenkung einer Hildeburg und eines Waltherio im Breisgau um 820 hin (vgl. oben, S. 125, Anm. 70); den Namen Hildeburg konnte er den Rheinauischen »Cozperten« zuordnen. Wir können den Namen Walther für den Breisgau bis zur Wende zum 10. Jh. nachweisen: W 2, Nr. 397, 574 (oben in dieser Anm.) und Nr. 760 (Anm. 367).

369 Vgl. oben, S. 24.

370 Man wird die Positionen von Kloster Einsiedeln und Konstanz vor allem im nördlichen Breisgau berücksichtigen müssen, wo auch Waldkirch über reichen Besitz verfügte. Doch darf man wohl für den Breisgau grundsätzlich dasselbe annehmen wie für das Elsaß: Das Vorgehen Ottos I. gegen Guntram beeinträchtigte die Stellung der Etichonen am Oberrhein, aber beseitigte sie nicht.

mann Bischof Erchanbald von Straßburg (965–991) als Eigenkirchenherrn von Kloster St. Trudpert nachweisen [371], das im Gebiet des Konstanzer Bistums lag. Erchanbald läßt sich mit einem weitverzweigten Verwandtschaftskreis in Verbindung bringen, der durch die Namen Adalbert, Anshelm, Berthold und Burchard umschrieben ist. Doch ist deswegen eine Beziehung zum elsässischen Adel nicht ausgeschlossen [372].

Um zu klären, wie sich die Zeugnisse über St. Trudpert im 10. Jahrhundert verstehen lassen, ist zunächst von dem Namensgut der Urkunde von 968/69 auszugehen, die ja in die Zeit Bischof Erchanbalds fällt. Da zahlreiche Überschneidungen mit der Sulzburger Urkunde zu beobachten waren [373], darf man zugleich Aufschluß für den Personenkreis um das Cyriakkloster erhoffen; zwischen den beiden Urkunden scheint ein enger Zusammenhang zu bestehen, der bislang nicht beachtet wurde. An dem Zeugnis für St. Trudpert wird man in erster Linie die wichtigen Namen des Vogtes, Lantpert, und des Propstes, Adalbero, beobachten [374].

Der Vergleich der Namenslisten der beiden Urkunden für St. Trudpert und Sulzburg mit Gedenkbucheinträgen etichonischer Prägung zeigt: Die Familie der »Eberharde« ist mehrfach im Liber memorialis von Remiremont eingeschrieben. Im Zusammenhang mit *Hugo* und *Eberhard, Guntram* und *Hildegard* finden sich die Namen *Stephan, Lantpert, Reccho,*

371 N. Fickermann, Über die metrischen Subskriptionen der Passio Trudperti, in: Beiträge St. Trudpert, S. 31–60.

372 S. oben, S. 153 f., und eingehend unten, S. 190.

373 Vgl. oben, S. 185.

374 Es läßt sich nicht sicher entscheiden, ob Adalbero Propst von St. Trudpert oder Propst der St. Galler Besitzungen im Breisgau war. Die erste Möglichkeit beansprucht allerdings mehr Wahrscheinlichkeit; denn wir können die übrigen Officialen der Urkunde (Wigo, *decanus,* Kenricus *edituus*) in anderen St. Galler Urkunden dieser Zeit nicht nachweisen. Auch A. Krieger, Topograph. Wörterbuch Bd. 2, Sp. 783, und G. Meyer von Knonau, Exkurs I a), Die St. Gallen'schen Offizialen von 920 bis zum Ende des 10. Jhs., in: MVG NF 5/6, 1877, S. 451 ff., verstehen Adalbero als Angehörigen von St. Trudpert. Man kann weiterhin ein Zeugnis der Casus s. Galli heranziehen. In cap. 127 (S. 411 f.) heißt es von Chunibertus, er habe nach seinem Dekanat in St. Gallen als Propst des Klosters im Breisgau amtiert. Da Chunibertus als Dekan noch 962/63 nachweisbar ist (Wartmann 3, Nr. 808, S. 25), könnte seine Tätigkeit als Breisgauer Propst von St. Gallen in die Zeit der Trudperter Urkunde fallen. Das gleiche Quellenzeugnis läßt im übrigen erkennen, wie stark das Propstamt des Klosters St. Gallen jeweils regional verankert war (dazu Wartmann 2, Nr. 760, S. 361 f., G. Meyer von Knonau, Besitz St. Gallen, S. 162, Anm. 329, und R. Sprandel, St. Gallen, S. 61 f., 69 f. 76). So würde auch die andere Möglichkeit, daß Adalbero Breisgauer Propst von St. Gallen war, seine Ansässigkeit in diesem Raum einschließen.

Manegolt, Adalbero, Nizo und *Uto/Otto,* die alle in der Trudperter und zum Großteil in der Sulzburger Urkunde begegnen [375]. Weiteres Namensgut aus ihnen erscheint in einer umfangreichen Liste aus Remiremont, die wohl als Verwandteneintrag gelten kann und in die erste Hälfte des 10. Jahrhunderts zu datieren ist [376]. Zu den bereits erwähnten Namen treten *Arnolt, Thieterih* (fünfmal), *Yrinc* (zweimal), *Sahso, Francho* (zweimal), *Nandker, Uto* (dreimal) und *Ruodpert* (zweimal), so daß fast alle Zeugennamen der Breisgauer Urkunden begegnen.

Ferner lassen sich zahlreiche Namen in den Listen der Murbacher und Basler Konvente wiederfinden; zu Murbach hatte das elsässische Grafenhaus enge Beziehungen [377]. Da auch der Name Birchtilo in mehreren Einträgen unter denselben Namen erscheint [378], ist der Schluß wohl be-

375 Zur Verwandtschaft der Etichonen vgl. MG Liber memor. Romar. 6v, 8 (um 950) und 7r, 2 (diese auch bei H. KELLER, Kloster Einsiedeln, S. 15, Anm. 18), 6r, 2 (um 925), 38v, 1 (um 950) mit dem in den ersten Einträgen fehlenden Namen Reccho, 40v, 2 (2. Viertel 10. Jh.) und 64r, 2 (um 950); Listen im Anhang.

376 MG Liber memor. Romar. 53v, 12; zur Datierung ibd., S. 205, (Kommentar zur Eintragsfolge); ein Konventseintrag ist wegen der Mischung von Frauen- und Männernamen wohl nicht anzunehmen (zur Methode G. TELLENBACH, Liturgische Gedenkbücher als historische Quellen, in: Mélanges Eugène Tisserant Bd. 5, Studi et Testi 235, 1964, S. 389–399).

377 Zu Murbach: A. GATRIO, Murbach Bd. 1, S. 50 ff., 143 ff.; A. BRUCKNER, Untersuchungen zur älteren Äbtereihe des Reichsklosters Murbach, in: Elsaß-Lothringisches Jahrbuch 16, 1937, S. 31–56, und H. BÜTTNER, Geschichte des Elsaß Bd. 1, Registerposition Murbach. Eine auf 885 datierte Konventsliste aus Murbach ist im Liber memorialis von Remiremont überliefert (MGH-Ausgabe 58v–62v (jeweils Nr. 1); zur Datierung ibd., S. XXI, 207); wir kennen eine weitere Liste mit zahlreichen Überschneidungen aus dem Reichenauer Verbrüderungsbuch (MG Libri confrat. cod. aug. col. 167–175). Dem Basler Konvent begegnen wir ebenhier und im St. Galler Codex (MG Libri confrat. cod. aug. col. 324 ff. und cod. sangall. col. 355 ff.); vgl. unten Anhang, S. 232.

378 Im einzelnen ist dies von H. Keller untersucht worden; hier einige Einträge, die den Zusammenhang erkennen lassen: MG Libri confrat. cod. aug. col. 438: *Nanger, Hitel, Anno,* Lanpret, Piritilo, Erchanbret, Nandker, *Atto,* Berettol (zweimal), *Abba* – die geradestehenden Namen in gleicher Reihenfolge in WARTMANN 3, Nr. 811; cod. aug. col. 304: Lantpret, *Anno, Piritelo, Pereterat,* Lantpret, *Kerhilt, Heberhart*, Theithalm, Peringer*, Liutfrid*, Willeburg, Liutpret;* cod. aug. col. 27, 32 ff.: *Perehtrat, Himiltrud,* Recho, *Liutolt, Thiethelm,* Pirihtelo, *Svidprug, Wito*, Rimisind, Rudpret, Kerhilt, Anno;* cod. aug. col. 315: *Imezha, Diethinc, Cotescalc*, Cunderat*, Berenhart*, Werinhere*, Kerunc*, Berehkart, Cotescalc*, Sigeboto*, Abo, Dietker, Hiltrud, Berehkart, Imeza, Pirithelo, Alberic, Gerhilt, Imeza, Beretliub, Berenhart*, Cotescalc*, Gerhilt, Alberic,* Kerolt, *Waltker*, Heilrat, Liubreth, Ato* (zweimal), *Meriboto*, Otwin*, Cilia, Imma, Cunderat** (zweimal), *Beretliub,*

rechtigt, daß die Personen der St. Trudperter und Sulzburger Urkunden eine weitläufige Beziehung zum elsässischen Adel hatten: Der Graf im Breisgau Adalbero zu Beginn des 11. Jahrhunderts, der gleichnamige und gleichzeitige Basler Bischof, der Gründer von Sulzburg Birchtilo und der als sein Vater anzusprechende Breisgaugraf gleichen Namens der sechziger Jahre des 10. Jahrhunderts scheinen miteinander verwandt und mit dem Elsaß verbunden gewesen zu sein. Auch der bislang als »Lehngraf« geltende Diethelm (zwischen 968 und 990) kann nach den Forschungen von H. Keller dazugerechnet werden [379].

Jedoch sind diese rein namenskundlichen Feststellungen durch Beobachtungen an Besitzverhältnissen zu ergänzen und abzusichern: Eine Prüfung der breisgauischen Besitzkomplexe von St. Trudpert [380] führt zu bemerkenswerten Überschneidungen mit Orten, an denen Guntram nachweisbar ist: 1144 bestätigte Papst Lucius II. St. Trudpert u. a. Güter in Vogtsburg, Denzlingen, Buggingen, dazu im südlichen Breisgau Riedlingen und Kandern in unmittelbarer Nähe von Liel, einem der konfiszierten Güter Guntrams. Dieses Zusammentreffen erklärt sich vielleicht aus der Restauration und Dotation des Klosters durch die Etichonen, die den breisgauischen Besitz allerdings nur bestätigten, die aber mit

Friedrat, Werinhere, Encela;* cod. aug. col. 286: Stephan, *Piligart, Hiltibold, Engilbrug, Adelun, Odelhart,* Stephan, Ekelwih, *Kecila, Kadolt,* Piritilo, *Reginbold, Cotescalc*, Rapold, Kecila.* Die geradestehenden Namen kommen in den Urkunden von St. Trudpert und Sulzburg vor; die mit * gekennzeichneten Namen kennen wir auch aus etichonischen Einträgen. Dazu die Belege oben, S. 188, Anm. 375, und im Anhang, S. 231 ff.

379 Vgl. zu Diethelm noch R. Kloss, Grafschaftsgerüst, S. 128, und das Vorkommen dieses Namens in den oben, S. 188, Anm. 378, aufgeführten Gedenkbucheinträgen. – Was die enge Verbindung Elsaß – Breisgau betrifft, so sei noch einmal auf H. Büttner, Breisgau und Elsaß, verwiesen. Zu dem, was dort, S. 13 ff., über die breisgauische Grafenwürde des elsässischen Adeligen Erchanger, des Vaters der Kaiserin Richgardis, ausgeführt wird, läßt sich folgendes hinzufügen: In den vierziger, fünfziger und sechziger Jahren des 9. Jhs. können wir einen Grafen Alberich im Breisgau nachweisen: Wartmann 2, Nr. 397, S. 18 f. (845); 2, Nr. 429, S. 47 (854); 2, Anhg. Nr. 7, S. 386 f. (861); 2, Nr. 490, S. 106 f. (862?); 2, Nr. 541, S. 154 f. (868?). Sein Name weist in elsässisch-etichonische Zusammenhänge (vgl. F. Vollmer, Etichonen, S. 162, und die Einträge oben, S. 188, Anm. 378). Andererseits fungierte derselbe Alberich 855 als Graf im Alpgau, und H. Maurer, Randen, S. 42 ff., brachte ihn unter Verweis auf einen Reichenauer Gedenkbucheintrag in die Nähe der Rheinauer Stiftersippe. Diese Beziehungen (Elsaß – Breisgau – Alpgau) stützen die oben, S. 124, vorgetragene These.

380 Vgl. die Karte im Anhang der Beiträge zu St. Trudpert, hg. v. Th. Mayer, mit der Spezifizierung des Besitzes nach Erwähnungen.

Rantbert wohl verwandt waren [381]. Ferner ist auch hier festzuhalten, daß in Buggingen, Zizingen, Laufen und Eggenen [382] in der ersten Hälfte des 9. Jahrhunderts eine Hildeburg Besitz an St. Gallen tauschte, die von der Forschung in engen Zusammenhang mit der Rheinauer Stiftersippe gebracht wurde [383]. Nicht nur der Name Cozpert, sondern auch mehrere seiner Umgebung finden sich in Einträgen, die eine Nähe zum elsässischen Adel vermuten lassen [384]. Die Annahme einer Verbindung zwischen diesen beiden Verwandtschaftskreisen verliert durch die Besitznachfolge Cozpert – Guntram in Eschenz nicht an Wahrscheinlichkeit [385].

Nachdem wir wahrscheinlich gemacht haben, daß das Kloster St. Trudpert auch nach der Mitte des 10. Jahrhunderts mit dem elsässischen Adel in Verbindung stand, ist hier noch einmal die eigenkirchenrechtliche Stellung Bischof Erchanbalds von Straßburg in dem im Konstanzer Bistumssprengel gelegenen Kloster aufzugreifen [386]. In der Literatur wurde diese sowohl mit dem *ius fundi,* das Erchanbald aus dem Wiederaufbau des um die Mitte des 10. Jahrhunderts abgebrannten Klosters abgeleitet hat [387], als auch mit den Beziehungen der Liutfride zu St. Trudpert um 900 erklärt [388]. Die erste Annahme läßt jedoch die Frage außer

381 JL II 8563; Druck in: PL 179, S. 849, und in der Edition der Trudperter Urkunden von G. von Weech in: ZGO 30, 1878, S. 78. J. BASTIAN, Güterbesitz, S. 186 ff., äußert sich nicht über das Alter der breisgauischen Besitztitel, doch darf man wohl, ähnlich wie bei Waldkirch, darin schon einen frühen Besitzstand erkennen; zu Zizingen vgl. unten, S. 190, Anm. 382; Rantbert, der das ihm von seinen Vorfahren überkommene Kloster in zerrüttetem Zustand übernommen hatte und durch die Liutfride restaurieren ließ, war mit diesen nach späterer Überlieferung verwandt. M. BECK, St. Trudpert, S. 61, Anm. 1 (zu den verschiedenen Fassungen der Vita), S. 79, Anm. 68, S. 82, äußert zwar Bedenken wegen habsburgischer Tendenzen, hält aber eine Verwandtschaft für möglich.

382 Besitz in Zizingen ist für das Kloster bereits 968/69 belegt (WARTMANN 3, Nr. 811); Eggenen kennen wir erst aus der Zeit nach 1200 als Klostergut.

383 K. SCHMID, Königtum, Adel, S. 267, Anm. 71.

384 Dazu oben, S. 123 ff., Anm. 65 ff.; hier seien Beispiele aus dem Liber memorialis von Remiremont angefügt: *Cozpret* (MG Liber memor. Romar. 6r, 11; 38v, 1; 53v, 4 u. 12; 62v, 1) *Beringer* (7r, 2; 40v, 2; 53v, 4) *Liutolt* (53v, 4 – zweimal –; 53v, 12; 64r, 2).

385 Dazu oben, S. 119 ff.

386 Vgl. oben, S. 152.

387 TH. MAYER, St. Trudpert, S. 15 f. (276 f.), mit Verweis auf das vergleichbare Verhältnis von Klingenmünster und der Mainzer Bischofskirche.

388 M. BECK, St. Trudpert, S. 23, Anm. 82.

acht, wodurch der Straßburger Bischof zu seinem Eingreifen veranlaßt war; das *ius fundi* kann nur als Folgeerscheinung verstanden werden. Zur Klärung des Motivs sind die Vorgänge von 902 vielleicht aufschlußreich. Um der Frage nachzugehen, ob zwischen Erchanbald und dem elsässischen Adel Beziehungen bestanden, ist es erforderlich, wiederum die Zeugenliste der Irimfrid-Urkunde heranzuziehen [389]. Neben der Adalbert/Anselm-Gruppe begegnen die Namen *Heimo* (Propst; auch im Gedenkbucheintrag Erchanbalds), *Bernhard, Erlene* und *Emicho. Heimo* läßt sich unter etichonischen Namen nachweisen [390], *Bernhard* ist als elsässischer Grafenname bekannt. *Erlene* und *Emicho* stehen zusammen mit *Heimo* unter den Zeugen einer in Anwesenheit Erchanbalds vollzogenen Schenkung an die Straßburger Marienkirche: Ein *presbyter* Duodo tradiert Besitz in Enzheim [391]. Sowohl sein Name [392] als auch die Lage des Schenkungsgutes in der Mark Enzheim [393] weisen auf die Etichonen.

Doch läßt sich aus dem Vergleich der Urkunden Duodos und Irimfrids noch mehr Aufschluß gewinnen: Duodo schenkt mit der Bestimmung, daß nach seinem Tod der Propst Altrich, nach dessen Hinscheiden aber Duodos *nepos* Mathfrid über den Besitz verfügen soll [394]. Wenn vor dem Anfall des Besitzes an die Straßburger Kirche Altrich und der *nepos* Mathfrid ein Verfügungsrecht erhalten, ist die Vermutung berechtigt, daß auch Altrich als Verwandter Duodos in dieser Funktion erwähnt wird.

Im Vergleich dazu setzt Irimfrid fest, daß nach seinem Tod Erchanbald und nach diesem Altrich, der, wie aus der Zeugenliste ersichtlich, inzwischen Archidiakon geworden ist, den Besitz erhalten soll, bevor er in das Eigentum der Marienkirche übergeht. Mit aller Vorsicht darf auch hier eine verwandtschaftliche Beziehung zwischen Erchanbald und Altrich unterstellt werden.

389 S. oben, S. 153, Anm. 199 f.

390 MG Liber memor. Romar. 53v, 12 u. 64r, 2; doch vgl. auch lothringische Zusammenhänge ibd., 46r, 2, dazu E. HLAWITSCHKA, Habsburg-Lothringen, Registerposition Gottfried d. Gef.

391 Straßburger UB 1, Nr. 48, S. 38; Regesten Straßburg 1, Nr. 183, S. 254.

392 Vgl. MG Liber memor. Romar. 53v, 4 u. 12; 62v, 1; Libri confrat. cod. aug. col. 192b.

393 Hier hatte Kloster Murbach Besitz; H. L. VON JAN, Elsaß, S. 209.

394 Man vgl. *Mathfrid* mit den Namen Mahtsuuind und Mahtgund, die in etichonisch geprägten Einträgen vorkommen: MG Liber memor. Romar. 57r, 2 u. Libri confrat. cod. aug. col. 192b.

Die ältere Forschung[395] vertrat die Ansicht, Erchanbald habe vor Antritt des Bischofsamts Altrich geheißen. K. Schmid[396] hat dies zurückgewiesen: Das für die frühere These als Quelle benützte Epitaphium hat Erchanbald für seinen Lehrer verfaßt, der in dem in Ichform verfaßten Gedicht als Altrich erscheint[397]. Ist hiermit das Namensproblem gelöst, so fügt sich das Zeugnis des Lehrer-Schüler-Verhältnisses zu dem, was wir hinter den Angaben der Irimfrid-Urkunde vermuteten.

Der Name Altrich begegnet im Murbacher Konvent, in der ihm verbundenen Laienliste und in weiteren Einträgen mit etichonischem Namensgut[398]. Für den Namen Erchanbald läßt sich dies nicht in gleicher Weise feststellen[399]; öfters finden wir ihn zusammen mit *Adalbert* und *Anselm*[400].

Schließlich sei noch ein Zugang zu diesem Problem von der Besitzgeschichte her versucht. In Dinglingen[401] hat Erchanbald *sine generali consilio* den Zehnten der Kirche von Burgheim entfremdet. Der Ort liegt unmittelbar Hugsweier an der Schutter benachbart, wo die Etichonen eine starke Stellung hatten und wo auch Kloster Waldkirch mit Sicherheit von Burchard I. her über Besitz verfügte. Dieser örtliche Zusammenhang erklärt auch, daß derselbe Herzog in Dinglingen begütert war, wie sich aus dem Verfügungsrecht seines Schwiegersohnes, König Konrads von Burgund, schließen läßt[402]. Burchard I. und Erchanbald wirkten hier wohl eher wegen ihrer gemeinsamen Beziehung zum elsässischen Adel als wegen ihrer Zugehörigkeit zum Adalbert/Anselm/Berthold-Verwandtschaftskreis. Zum Kloster St. Trudpert und zum südlichen Breisgau hatten weder die Staufenberger noch die anderen hochmittelalterlichen Adelsgeschlechter, die mit ihnen verwandt waren, Verbindungen. Insofern ist zu vermuten, daß Bischof Erchanbald über seine Nähe zu den Etichonen Rechte in St. Trudpert wahrnahm.

Die Beobachtung, daß das Namensgut der Trudperter und Sulzburger Urkunden weitgehend übereinstimmt und zugleich eine Beziehung zum Elsaß nahelegt, müßte sich durch die Besitzverhältnisse von St. Cyriak bestätigen lassen. Pyrtelo/Pirctelo dotierte das Kloster vor 993 mit Gü-

395 Zuletzt noch A. M. Burg, Histoire de l'église d'Alsace, 1945, S. 82 f.

396 Hirsau, S. 105, Anm. 118.

397 Vgl. die Ausgabe von K. Strecker in: MG Poet. lat. V, 2, 513.

398 MG Liber memor. Romar. 53v, 4 u. 12; 62v, 1; 63r, 1; vgl. Anhang unten, S. 231 ff.

399 Doch s. MG Liber memor. Romar. 49r, 4 u. 50v, 1.

400 K. Schmid, Hirsau, S. 134 f., 138.

401 Vgl. oben, S. 155, Anm. 205.

402 Vgl. oben, S. 31, und die auf S. 155, Anm. 205, zitierte Literatur.

tern in *Uuilare, Rincka/Rinlea,* Rimsingen, Reute, Vörstetten, Buggingen [403] und 1010 zusätzlich mit Holzhausen. Sulzburg selbst, wo das Kloster errichtet wurde, gehörte zweifellos ebenso der Stifterfamilie. In Sulzburg, Buggingen, Rimsingen und Gallenweiler, womit wir vielleicht *Uuilare* identifizieren können [404], verfügte St. Trudpert über Besitz [405]. Bischof Adalbero von Basel fügte der Klosterdotation Besitz in Seefelden bei Buggingen und in Bischoffingen in der Nähe von Burkheim und Oberrotweil am Kaiserstuhl hinzu, also von Orten, in denen Guntram Positionen innehatte.

Eine Verwandtschaft Adalberos von Basel zu Birchtilo läßt sich vielleicht deswegen vermuten, weil jeder der beiden Namen in Einträgen öfters mit *Lantpret* begegnet [406] und weil Adalbero dem Sulzburger Kloster eng verbunden war: 1004 intervenierte er bei Heinrich II. für Bezelin und das Kloster Sulzburg; dieses tradierten Pyrtelo und Gebhard 1010 an die Basler Kirche zu Händen von Adalbero. Man hat beobachtet, daß in dieser Urkunde trotz genauer Regelung der Äbtissinwahl – Wahlrecht des Konvents mit Einflußmöglichkeit Adalberos – und der *vita regularis* und trotz den sonst geläufigen Bestandteilen von Traditionsurkunden nichts über die Regelung der Vogtei mitgeteilt wird [407], die wahrscheinlich im 12., nachweislich im 13. Jahrhundert in Händen der Üsenburger lag [408]. Sollte die Vogteifrage vorerst unproblematisch

403 Auf die Besitzüberschneidung Guntram–Sulzburg in Buggingen machte auch E. Krüger, Zähringer, 1891, S. 619, Anm. 3, aufmerksam, allerdings unter anderen Prämissen.

404 Zu *Uuilare* s. oben, S. 49, Anm. 267.

405 Das zwischen Steinenstadt und Müllheim gesuchte *Rincka* liegt Trudperter Besitz in Auggen und Mauchen benachbart.

406 Vgl. die Belege für *Birchtilo* oben, S. 188, Anm. 378, für *Adalbero* MG Liber memor. Romar. 40v, 2 u. 38v, 1. Doch reicht dieses Material nicht zu sicheren Schlüssen aus.

407 H. Ott, Urbar, S. 18, Anm. 28.

408 In Rimsingen, Reute, Vörstetten und dem Buggingen benachbarten Hügelheim ist Besitz der Hessonen nachweisbar, mit denen die Üsenburger verwandt waren (H. Ott, Urbar, S. 17 ff.). Die verwandtschaftliche Nähe Birchtilonen – Hessonen könnte sich auch im Namensgut spiegeln: Der Anfang des 11. Jhs. wirksame Vogt von Einsiedeln Dietrich, Vater eines Hesso, und einer seiner Enkel, Lambert, erinnern an die Zeugenlisten der Trudperter und Sulzburger Urkunde (Stemma bei H. Ott, Urbar, S. 16). Hier kommt auch der Name Arnolt vor; Ende des 11. Jhs. schenkte der mit den Grafen von Nimburg und damit auch den Hessonen verwandte Arnold von Kenzingen an St. Georgen Besitz in Endingen; vgl. H. J. Wollasch, St. Georgen, S. 36. Die Einordnung des Einsiedler Vogts Dietrich durch K. List, Sulzburg, S. 282 mit Anm. 65, in die Mitte des 10. Jhs. trifft nicht zu.

gewesen sein, da Bischof Adalbero zur Stifterfamilie gehörte? Seine Mitwirkung an der Wahl der Äbtissin verdient hierzu Beachtung [409].

Adalbero stattete nicht nur Kloster Sulzburg mit Besitz in Bischoffingen und Seefelden aus [410], sondern schenkte auch Güter in Teningen im nördlichen Breisgau und in Illkirch an die Basler Kirche [411] und in Sierenz im Sundgau an Einsiedeln [412]. Teningen gehörte zu den an Einsiedeln gelangten breisgauischen Positionen Guntrams; Illkirch gilt als alter etichonischer Besitz [413]. Wir können hierin gewichtige Indizien für eine Nähe Adalberos und im weiteren Sinn wohl auch Birchtilos

409 Vgl. dazu oben, S. 140 ff.

410 Aus der Erwähnung Heinrichs II. in Verbindung mit Adalberos Besitzübertragung in der Sulzburger Urkunde wird man schwerlich auf die Herkunft der Güter aus der Hand des Königs schließen können: *cum consultu regis Heinrici caeterorumque suorum episcoporum nec non et suorum canonicorum* ... hatte Adalbero die Güter vom *episcopium* abgetrennt. Man darf wohl annehmen, daß Adalbero zu diesen Besitzungen enge Verbindungen hatte, sie vielleicht sogar wie Teningen an Basel tradiert hatte. Wenn man unterstellt, Heinrich II. habe sie wie Opfingen, Bellingen und *Hasela* (D HII 117 f.) der Basler Kirche übergeben, bleibt der Ursprung unklar: Die Formulierung *iudiciaria acquisitione iuri nostro ascriptum* bezieht die Forschung allgemein auf Guntram (E. HEYCK, Zähringer, S. 13, Anm. 35; H. BÜTTNER, Breisgau und Elsaß, S. 23; W. STÜLPNAGEL, in: Freiburg im Breisgau. Stadtkreis und Landkreis. Amtliche Kreisbeschreibung, hg. vom Statist. Landesamt Baden-Württbg. Bd. I/1, 1965, S. 221). Zu erwähnen ist, daß Heinrich II. *Hasela* und Bellingen nicht der Basler Marienkirche allgemein, sondern dem Propst Otine mit allen Rechten einschließlich Vererbung schenkte; auch Otine gehört als *vicedominus* zusammen mit den *milites* des Bischofs Ludevicus, Managoldus und Lantpertus zu denen, die die Sulzburger Urkunde bei der Schenkung Adalberos berücksichtigt. Grundsätzlich wird man annehmen können, daß Adalbero in Bischoffingen und Seefelden Besitzrechte hatte; vielleicht überschnitten sie sich mit königlichen. Dieses Nebeneinander läßt sich am Beispiel Sulzburgs beobachten: St. Trudpert hatte hier Besitz; hier gründete Birchtilo St. Cyriak; König Otto III. schenkte hier seine *proprietas* an das Kloster (D OIII 129).

411 Necrologium Basiliense, hg. v. Fr. Boehmer, in: Fontes rerum Germanicarum 4, 1869 (1969), S. 146: zum 12.5.: *Adalbero epus obiit, qui sepultus est in cripta posteriori et dedit curtes suas et proprietates earundem in villis et bannis Tenningen et Illenkilch.*

412 QW II/3, S. 367, mit irriger Zuweisung zu einem angeblichen Bischof Adalbero (I.) von Basel Anfang des 10. Jhs.; Korrektur bei H. KELLER, Kloster Einsiedeln, S. 122, Anm. 186, unberücksichtigt bei P. RÜCK, Urkunden, S. 29 mit Anm. 15, und bei G. BONER, Das Bistum Basel. Ein Überblick von den Anfängen bis zur Neuordnung 1828, in: FDA 88, 1968, S. 5–101, hier S. 14.

413 J. CLAUSS, Historisch-topograph. Wörterbuch, S. 512 f., und H. L. VON JAN, Elsaß, S. 216; zu Sierenz vgl. oben, S. 129 f.

zum elsässischen Adel erkennen[414]. Die Annahme der älteren Forschung, der Basler Bischof habe zu den zähringischen Vorfahren gezählt, beruhte auf der inzwischen überholten Identifizierung von Birchtilo mit Bezelin/Berthold »von Villingen«[415].

Nachdem wir versucht haben, die verwandtschaftlichen Bindungen des Personenkreises aufzuhellen, der an der Gründung und frühen Geschichte des Klosters Sulzburg beteiligt war, sei vor diesem Hintergrund die oberrheinische Politik Heinrichs II. beurteilt. Bischof Adalbero war eine der Hauptstützen des Königs in diesem Raum. Unter seinem Episkopat wurde die von Otto d. Gr. begonnene Einfügung Basels in das Reich verstärkt; dabei sind die Vorstufen zu beachten: Nachdem 948 Bischof Wichard von Basel an der Synode von Ingelheim teilgenommen hatte[416], nahm 961 Landeloh von Basel an der Translation der Mauritius-Reliquien über Regensburg nach Magdeburg teil[417]. Schon die ältere Forschung nahm an, daß er aus Burgund stammte, und verband dies mit der Wirksamkeit der Kaiserin Adelheid gegenüber Kloster Murbach[418]. Wie wir aus einer gefälschten, aber im Kern als glaubwürdig erachteten Urkunde wissen, machte Adelheid Murbach unter dem Abbatiat von Landelohs Nachfolger Beringer eine umfangreiche Schenkung in Ammersch-

414 Zu Adalbero E. Heyck, Zähringer, S. 13; R. Massini, Das Bistum Basel zur Zeit des Investiturstreites, 1946, S. 7 ff., und P. Rück, Urkunden, S. 29 ff.

415 Dies ansatzweise auch bei K. List, Sulzburg, S. 283 (Stemma); doch übernimmt List von E. Heyck weitgehend die Filiation und die damit verbundene enge genealogische Methode. Da für ihn die Identität des Breisgaugrafen Berthold von 1004 mit Birchtilo feststeht, ignoriert er die Frage, wann und wie die Zähringer in den Breisgau kamen. Auch geht es ihm in erster Linie um den Anschluß der Habsburger an die Birchtilonen (S. 282); vgl. schon die Kritik von H. Ott, Urbar, S. 17, Anm. 23, und S. 18, Anm. 30, mit Bezug auf die Monographie von K. List, St. Cyriak in Sulzburg, 1964, S. 23–28 (historischer Teil, in dem hier benutzten Aufsatz zugrundegelegt und erweitert). Hier sei noch kurz auf seine Argumentation mit dem Cyriak-Patrozinium eingegangen: List, S. 281, sieht in ihm ein Indiz für die Verbindung Sulzburgs zum Elsaß; das Patrozinium sei vom Etichonenkloster Altdorf übertragen worden. List hat jedoch übersehen, daß nach den Notitiae Altorfenses (MG SS 15, 2, 992 ff.) der Graf Hugo *raucus* 974 ein Kloster zu Ehren des Apostels Bartholomäus und des Papstes Gregor d. Gr. gründete; erste Leo IX. schenkte 1049 eine Reliquie des Cyriacus, der von da an Hauptpatron wurde (J. Clauss, Historisch-topograph. Wörterbuch, S. 11, und M. Barth, Handbuch der elsäss. Kirchen im Mittelalter, 1960/63, S. 37).

416 RI II/1 166a.

417 Hierzu RI II/1 289c und R. Köpke-E. Dümmler, Otto d. Gr., S. 319; H. Büttner, Geschichte des Elsaß Bd. 1, S. 199, nimmt an, Landeloh habe die Reliquien überbracht.

418 A. Gatrio, Murbach, S. 166 f., u. neuerdings H. Keller, Kloster Einsiedeln, S. 101, Anm. 33.

weiher[419]. Wie in anderen etichonischen Einflußbereichen versuchte Otto I. offenkundig auch hier, mit Hilfe seiner burgundischen Verwandtschaft königliche Positionen wieder zugänglich zu machen[420].

Eine Parallele zu der Verbindung Basel–Murbach kann man in der Geschichte der Abtei Münstergranfelden erkennen: König Konrad von Burgund hat dieses Kloster auf Initiative Ottos d. Gr. hin in einem öffentlichen Verfahren den Liutfriden entzogen[421]; sein Sohn, Rudolf III. von Burgund, schenkte es 999 Bischof Adalbero von Basel und erneuerte die Übergabe ein Jahr später unter Mitwirkung Ottos III.[422]. Vielleicht darf dieser Vorgang auch auf dem Hintergrund von Adalberos Nähe zum elsässischen Adel gesehen werden[423].

Wie systematisch Heinrich II. die Förderung des Basler Bistums unter Adalberos Leitung fortsetzte, zeigt ein Blick auf die königlichen Vergünstigungen: Im südlichen Elsaß und im nördlichen Breisgau erhielt Adalbero königliche Wildbannrechte[424]: Der Hardtwald im Sundgau war im Osten von Basel bis Nambsheim durch den Rhein begrenzt; er erstreckte sich von seinem nördlichsten Punkt über Rogginhausen südöstlich an Ensisheim vorbei bis Wittenheim, dann ein Stück am Fluß Ill entlang. Die weitere Grenze verlief über Habsheim und Blotzheim nach Binningen südwestlich von Basel und erreichte entlang der Birs

419 D OII 323.

420 Doch wird man bereits in Landelohs Nachfolger, Abt Beringer, und in dem durch die gefälschte Urkunde Ottos II. überlieferten Vogt Udo wieder etichonischen Einfluß annehmen können; dieser Udo wurde in der Literatur schon mit dem Sundgaugrafen Otto vom Anfang des 11. Jhs. in Verbindung gebracht; vgl. Fr. Vollmer, Etichonen, S. 175, Anm. 290, und oben, S. 183.

421 Zu Münstergranfelden s. die Literatur oben, S. 116, Anm. 33.

422 J. Trouillat, Monuments 1, Nr. 85, S. 139; Nr. 86, S. 140; dazu Th. Mayer, Historisch-politische Kräfte, S. 12 (394 f.).

423 Eine Untersuchung des Basler Konvents in seinen zahlreichen Namensüberschneidungen mit Murbach im 9. Jh. (s. oben, S. 188, Anm. 377; zum Murbacher Konvent hat K. Schmid einen Beitrag angekündigt – MG Liber memor. Romar., S. 207) steht noch aus. Die Annahme von burgundischem und etichonischem Einfluß auf Basel verliert nicht an Wahrscheinlichkeit, wenn man die geographische Lage von Münstergranfelden bedenkt, das in Abhängigkeit der Liutfride stand. Eine Verbindung der Liutfride zu Burgund spiegelt sich vielleicht im Bericht des Chronicon Ebersheimense c. 20 (MG SS 23, 441), daß ein Liutfridus *comes de nobili Burgundionum genere* (ca. 973) Besitz in Artolsheim bei Schlettstadt an Ebersheimmünster schenkte; dazu Fr. Vollmer, Etichonen, S. 175; Artolsheim war bereits seit dem 9. Jh. in der Verfügung des Klosters und liegt im Kerngebiet von dessen Ausstattung, vgl. J. Clauss, Historisch-topograph. Wörterbuch, S. 51 f.; H. L. von Jan, Elsaß, S. 197, 201 f., u. RI I 645.

424 D HII 80 = RI II/4 1575 und D HII 188 = RI II/4 1695.

wieder den Rhein. Am Rand dieses weitgehend unbesiedelten Gebietes verfügten die Klöster Murbach und Ebersheimmünster über Besitz [425]; in Bartenheim, einer Murbacher Position, schenkte der Sundgaugraf Otto Anfang des 11. Jahrhunderts eine Hufe an Einsiedeln [426]. Daneben ist das Reichsgut in Kembs, wo Karl III. geschenkt hatte und nun Heinrich II. 1016 urkundete [427], in Sierenz und Schlierbach [428] zu erwähnen; in Sierenz schenkte auch Bischof Adalbero an Einsiedeln. Die Verzahnung von Reichsrechten und Besitzungen des elsässischen Adels hier im südlichen Elsaß berechtigt auch, Adalberos Besitz in Sierenz als Argument für seine Verwandtschaft mit den Etichonen zu gebrauchen.

Ähnlich ist die Verleihung des Wildbannbezirks im nördlichen Breisgau an den Basler Bischof zu sehen [429]. Zunächst ist das Gebiet genau zu beschreiben [430]: Seine Grenze verlief von Tiengen nach Osten über Uffhausen und Adelhausen zur Wiehre, von dort in nördlicher Richtung nach Herdern, Zähringen, Gundelfingen, weiter nordwestlich nach Vörstetten, Tiermendingen (abgeg.) und Reute, von hier aus nach Westen bis Bötzingen. Die folgende Beschreibung der Urkunde *et inde per ascensum Treisame fluminis usque ad locum, ubi Ramesaha fluvius intrat in Treisama, et inde par ascensum Ramesahae usque ad prescriptam villam Togingnun* läßt sich von den heutigen geographischen Verhältnissen her nicht klären; vielmehr ist davon auszugehen, daß die Dreisam früher ihren Flußlauf veränderte: So ist die Grenze von Bötzingen aus dem heutigen Mühlbach entlang über Gottenheim am Tuniberg vorbei bis Tiengen zu ziehen [431].

425 In Fessenheim, Rümersheim, Banzenheim, Ottmarsheim (dem Rhein entlang), in Blotzheim, Bartenheim, Sausheim und Wittenheim können wir Besitz für Murbach, in Battenheim und Baldersheim für Ebersheimmünster und in Baldersheim und Habsheim für Kloster Ottmarsheim nachweisen. Belege bei H. L. VON JAN, Elsaß, S. 197 ff., 200 ff., und bei J. CLAUSS, Historisch-topograph. Wörterbuch, s. v.

426 QW II/3, S. 370.

427 D KaIII 2; D HII 353.

428 Sierenz und Schlierbach, erwähnt in D KaIII 2 (RI I 1578), fehlen bei A. EGGERS, Der königliche Grundbesitz, S. 20 ff.

429 D HII 188; dazu TH. MAYER-EDENHAUSER, Zur Territorialbildung der Bischöfe von Basel, in: ZGO 91, 1939, S. 225–322, hier bes. S. 234, der das Gebiet fälschlich mit dem Mooswald gleichsetzt, und W. STÜLPNAGEL, Breisgau, S. 9 f.

430 H. W. KLEWITZ, Zähringer, S. 34, mit allgemeiner Wiedergabe des Urkundenwortlauts; Karte bei W. STÜLPNAGEL, Zur Geschichte der Veste Zähringen und ihrer Umgebung, in: Schauinsland 76, 1958, S. 19–32, hier S. 25.

431 Zur Dreisam W. WUNDT, in: Freiburg im Breisgau. Kreisbeschreibung Bd. I/1, S. 99. Bisweilen floß sie über St. Georgen Richtung Tiengen, wurde

Um über die Bedeutung des Wildbannbezirks Aufschluß zu erhalten, ist es erforderlich, die dortigen Besitzungen und ihre Inhaber bis zum Beginn des 11. Jahrhunderts zusammenzustellen[432].

Adelhausen	–	(Waldkirch)
Betzenhausen	–	Guntram, Einsiedeln
Bötzingen	–	Lorsch, Waldkirch
Buchheim	–	Lorsch, St. Gallen
Gottenheim	–	(Waldkirch)
(Haslach)	–	St. Gallen, Guntram?, Basel? (durch H II)
Hochdorf	–	Lorsch, St. Gallen, Murbach
Holzhausen	–	Sulzburg
Mundenhofer Mark	–	St. Gallen
Neuershausen	–	St. Gallen, Lorsch, Konrad von Burgund, Schwarzach
Opfingen	–	Guntram?, Basel (durch Heinrich II.)
Reute	–	Sulzburg
Tiengen	–	St. Gallen (durch Arnulf)
Uffhausen	–	Lorsch, St. Gallen
Vörstetten	–	Sulzburg
Wendlingen	–	St. Gallen, Waldkirch

am Tuniberg nach N abgelenkt und erreichte über Gottenheim und Bötzingen Riegel. Anfang des 11. Jhs. muß indes ihr Flußbett auf der Linie Mundenhof-Umkirch gelegen und den Tuniberg südlich von Gottenheim erreicht haben. *Per ascensum Treisame fluminis* heißt demnach von Bötzingen bis südlich Gottenheim; denn hier mündete *Ramesaha fluvius* (Mühlbach) ein, der – wie auch heute – im Bett der »Alten Dreisam« von St. Georgen über Tiengen und Waltershofen floß und südlich von Gottenheim in die Dreisam mündete. Somit können wir von Bötzingen bis Tiengen die Grenze in fast gerader N–S–Richtung bestimmen. Vgl. Topographische Karte des Landesvermessungsamts Baden-Württemberg 1 : 25 000 Nr. 7912 (Freiburg i. Br. NW) und 8012 (Freiburg i. Br. SW). Sicher folgte die Grenze von Tiengen bis Uffhausen dem Lauf des Mühlbachs und berührte dabei auch Wendlingen.

432 Belege bei A. Krieger, Topograph. Wörterbuch Bd. 1 u. 2, s. v.; die Angaben bei Wartmann und G. Meyer von Knonau, Besitz St. Gallens, S. 162 f., zu Bötzingen und Mundingen sind nach A. Krieger in Bietzighofen und Mundenhof zu korrigieren (s. oben, S. 24, Anm. 91). Der Besitz von Kloster Waldkirch, bestätigt 1178, ist hier aufgenommen, da er als Dotationsgut gelten kann (s. oben, S. 83 f.). Adelhausen war Pertinenz von Waldkirchs Besitz in Wendlingen; dasselbe gilt für Gottenheim im Hinblick auf Bötzingen; dazu H. Büttner, Waldkirch, S. 92 ff., und ZGO 36, 1883, S. 250–254. Die Klammer bei Haslach erklärt sich aus der Unsicherheit der Zuweisung von *Hasela* (s. unten, S. 199, Anm. 437).

Im Unterschied zum sundgauischen Hardtwald fällt die Siedlungsdichte dieses Bezirks auf [433]. Den königlichen Forstrechten entspricht es, daß auch hier Reichsgut zu erkennen ist, das wohl im Zuge der fränkischen Konfiskationen entstanden ist [434]. Die Grundbesitzer Lorsch und St. Gallen sind hierfür Anzeichen [435], ebenso wie die Schenkung Arnulfs in Tiengen. Bemerkenswert ist, daß sich unter den zahlreichen *tributarii*, die Ludwig d. Fr. 816 an St. Gallen schenkte, ein Otgarius *de Puahheim* (Buchheim) befand [436]. Fast der gesamte breisgauische Besitz von Kloster Lorsch konzentrierte sich auf diesen Raum.

Sieht man von Murbachs Titel Hochdorf ab, dessen Erwerb nicht zu datieren ist, so läßt sich nach der ersten Phase der Besitzveränderung (Lorsch, St. Gallen 8. und 9. Jahrhundert) eine zweite feststellen, die durch Guntram, Waldkirch und König Konrad von Burgund gekennzeichnet ist und die in der ersten Hälfte des 10. Jahrhunderts anzusetzen ist. Guntrams Position erhellte aus Betzenhausen, Opfingen und vielleicht Haslach, wenn *Hasela* (D HII 117) damit identifiziert wird [437]. Kloster Waldkirch verfügte über mehrere Güter am Rand des Wildbannbezirks; daß Burchard I. hier Zugang hatte, geht aus dem Besitz König Konrads von Burgund hervor, den dieser wohl von dem Herzog erhalten hatte [438].

Nach einem Zwischenstadium in den fünfziger und sechziger Jahren, in dem Guntram weitgehend von Einsiedeln auf königliche Initiative hin abgelöst wurde, wird eine dritte Phase der Besitzveränderung am Ende des 10. und zu Beginn des 11. Jahrhunderts erkennbar: Graf Birchtilo stattete Sulzburg mit Gütern in dem Forstgebiet aus; wenn die Annahme, daß der Stifter des Klosters mit dem elsässischen Grafenhaus

433 W. Stülpnagel, Breisgau, S. 9.

434 Zu Forsten Th. Mayer, Fürsten und Staat, S. 278 f., 294, mit Verweis auf die ältere Literatur und Ders., Schaffhausen, S. 30 ff., wieder als Separatum in: Herrschaft und Staat im Mittelalter, 1956, S. 325–331.

435 W. Stülpnagel, in: Kreisbeschreibung Freiburg Bd. I/1, S. 221; auch Kloster Schuttern, das wohl mit konfiszierten Gütern ausgestattet wurde, hatte Beziehungen zu diesem Raum: 878/79 gab Abt Engilbert von Schuttern Besitz in *Buocheimer marca* an Lorsch und erhielt dafür Güter in Bötzingen (Codex Lauresham. Nr. 2670; dazu D. Kauss, Pfarrorganisation, S. 93). Tiermendingen am Rand des Wildbannbezirks begegnet in der Besitzbestätigung für Schuttern von 1136 (PL 179, S. 293, Nr. 244).

436 Wartmann 1, Nr. 226, S. 217; dazu R. Sprandel, St. Gallen, S. 50 ff.; als Ausstellungsorte tragen Buchheim und Neuershausen in St. Galler Urkunden das Attribut *publicus*; Wartmann 1, Nr. 179, S. 169; 2, Nr. 541, S. 154 f.

437 Dazu W. Stülpnagel, wie Anm. 435, und H. Büttner, Breisgau und Elsaß, S. 23, 25.

438 S. oben, S. 64 f.

verwandt war, zutrifft, dann erklärt sich der entfernt gelegene Besitz von St. Cyriak aus dieser Beziehung. Wir wissen, daß Otto d. Gr. mit Guntrams Verurteilung keineswegs die Etichonen allgemein traf oder treffen konnte; für das Elsaß läßt sich dies an den Grafenreihen mühelos erkennen. Im Hinblick auf den Breisgau wird man ähnliches am Beispiel Sulzburgs feststellen können: In den Sulzburger Besitztiteln mögen sich, zumindest teilweise, Rechte eines mit Guntram weitläufig verwandten Personenkreises weiter erhalten haben. In diesem Zusammenhang ist auch auf die Schenkung Heinrichs II. in Opfingen, *Hasela* und Bellingen hinzuweisen; ihre urkundlichen Bezeugungen sprechen von einer *acquisitio iudiciaria.* Einerseits ist von einem Konfiskationsverfahren nach Guntrams Sturz nichts bekannt, andererseits liegen Bellingen und Opfingen in unmittelbarer Nähe von nachweislichem Guntrambesitz. Eben das am Rand des Wildbannbezirks gelegene Opfingen gelangte zusammen mit den Forstrechten an Basel. Durch die *traditio* Sulzburgs erhielt dieser Bischofssitz auch Positionen in Vörstetten, Reute und Holzhausen. In der Wildbannurkunde Heinrichs II . werden ausdrücklich die *cumprovinciales inibi predia habentes* genannt; neben ihnen spielte hier vor allem Kloster Einsiedeln eine Rolle. Ihm hat noch 1004 der König den breisgauischen Besitz eigens bestätigt [439]. Diese Maßnahme ist sicher mit den instabilen Verhältnissen im Breisgau zu dieser Zeit zu erklären. Wie weit Lorsch und St. Gallen noch im Besitz ihrer früheren Rechte waren, ist nicht bekannt; doch scheint die südliche Grenze des Bezirks auf St. Gallen Rücksicht genommen zu haben, dessen Besitzzentrum im Breisgau auch in späterer Zeit der Schönberg war [440].

Die Dynamik von Heinrichs II. Eingreifen am Oberrhein wird ferner an der Behandlung der Abtei Murbach erkennbar: Wie aus den Restitu-

439 D HII 77; H. KELLER, Kloster Einsiedeln, S. 120. Es fällt auf, daß in dieser Urkunde ausführlich von Guntrams Ächtung die Rede ist wie in keiner anderen Besitzbestätigung für Einsiedeln; nur die Schenkungsdiplome D OI 155 u. 189 hatten darauf Bezug genommen. H. BRESSLAU, Vorbemerkung zu D HII 77, unterscheidet die Parallelen zu früheren Urkunden (D OI 276 – allgemeine Fassung; D OII 24 – Ortsverzeichnis; D OI 189 – Guntramstelle); wegen des Ausdrucks *investitura* kommt vielleicht auch D OI 155 in Frage. Ferner macht H. Breßlau wahrscheinlich, daß für D HII 77 eine verlorene, sicher erschließbare Urkunde Ottos I. für Einsiedeln (Schenkung der *curtis* Riegel und ihrer Pertinenzen) benützt wurde. Auch bei Annahme einer Vorlage ist der Zusammenhang zwischen dieser Bestätigung und den Urkunden für Basel nicht zu verkennen. Die Vermutung von H. KELLER, Kloster Einsiedeln, S. 120, die *acquisitio iudiciaria* spiele auf momentane Gegner an, ist in Frage zu stellen.

440 G. MEYER VON KNONAU, Besitz St. Gallens, S. 161, Anm. 329.

tionen Konrads II. und Heinrichs III. hervorgeht[441], entzog Heinrich II. dem Kloster Besitz in Ettenheim in der Ortenau, in Wasenweiler und Todtnau im Breisgau und in Ostheim im Sundgau, einer abgegangenen Siedlung südwestlich von Gebweiler, um damit Basel auszustatten[442]. Unter den Orten im Breisgau[443], zu denen nach dem Wortlaut von Konrads II. Urkunde noch mehr Besitz gehörte, ist Wasenweiler zu beachten: Es liegt zwischen dem Wildbannbezirk und Breisach, das wohl Anfang des 11. Jahrhunderts ebenfalls an das Basler Bistum gelangte[444], und sollte hier also eine Brückenfunktion für den Besitz von Basel im nördlichen Breisgau ausüben.

Wie wichtig gerade dieser Raum für Heinrich II. war, läßt sich schließlich daran erkennen, daß Güter in Malterdingen östlich von Riegel in Verbindung mit der Grafschaft im Eritgau bei Sigmaringen eine Rolle spielten[445]. Die Vorgänge lassen sich im einzelnen nicht genau ermit-

441 D KoII 39, D HIII 238.
442 Nicht Ostheim nördlich von Colmar, wie im Namensregister der MGH-Ausgabe angegeben ist; H. L. von Jan, Elsaß, S. 228.
443 Hierzu H. Büttner, Murbach, S. 316 f.
444 1139 erscheint Breisach in der Hand Basels (Urkunde Papst Innozenz' II. in: J. Trouillat, Monuments 1, Nr. 182, S. 274 ff.); dazu W. Stülpnagel, Breisgau, S. 8 f.; Th. Mayer-Edenhauser, Basel, S. 238 f., und G. Haselier, Breisach, S. 65 ff. In Breisach verteidigten Adalbero von Basel und Werner von Straßburg die Sache Heinrichs II. (vgl. Thietmar, Chronicon V 21, S. 247). Otto III. ist wohl die einzige bekannte Königsmünze aus Breisach zuzuweisen, H. Dannenberg, Die deutschen Münzen Bd. 1, Nr. 905, S. 344; daß zur gleichen Zeit die herzogliche Münzprägung auslief, mag einen Zugang des Königtums zu Breisach, vielleicht im Rahmen der Waldkircher Vorgänge, signalisieren. – Mit Bischof Werner, der Alawich, den früheren Abt der Reichenau, zwischen Februar 1001 und Januar 1002 abgelöst hatte (Regesten Straßburg 1, Nr. 215, S. 260 ff.), besaß Heinrich II. eine wichtige Stütze im Unterelsaß und der angrenzenden Ortenau. Bald nach der Unterwerfung Hermanns II. schenkte er der Bischofskirche die Frauenabtei St. Stephan (D HII 34) und 1014/1017 das Kloster Schwarzach und einen Wildbannbezirk im nördlichen Elsaß (D HII 227, 367; Regesten Straßburg 1, Nr. 224 und 226, S. 265 f.); ferner übertrug er an die Straßburger Kirche nach dem Melker Seelbuch (zum 13. Juli, S. 102) das *plenum servitium* in Schlettstadt. In der Ortenau (zu Schwarzach als konradinischer Position H. Schwarzmaier, Ortenau, S. 27 f.) vermochte Heinrich II. durch die Übertragung der Abteien Gengenbach und Schuttern (D HII 167; D KoII 13) und der *curtis* Nußbach (D HII 156), die noch Otto III. aus der Hinterlassenschaft Burchards II. und Hadwigs an Waldkirch geschenkt hatte, an das Bamberger Bistum und durch die Vogtei der Zähringer wichtigen Einfluß für sich zu sichern; M. Krebs, Ortenau, S. 141 f.
445 D HII 348b.

teln, da hier eine Fälschung vorliegt [446]. So muß offen bleiben, ob Wolverat den genannten Besitz für den Erwerb oder den Bestand der Eritgaugrafschaft an Heinrich II. abtrat; die zweite Möglichkeit erscheint nach den Darlegungen von J. Kerkhoff plausibler. Doch ist so viel als sicher anzunehmen, daß Heinrich II. auf Malterdingen zur weiteren Erfassung des nördlichen Breisgaus erheblichen Wert legte.

Der Versuch, die Beobachtungen an der Oberrhein-Politik Heinrichs II. zusammenzufassen und zugleich die weitere Entwicklung dieses Raumes und Alemanniens in der Folgezeit unter dem Aspekt Königtum — Herzogtum zu skizzieren, führt zu einer wichtigen Feststellung: Das Kloster Einsiedeln unter Otto I. und die Bischofskirche von Basel unter Heinrich II. bildeten Hauptstützen der königlichen Politik im Breisgau. War das Vorgehen Ottos d. Gr. durch die Einschränkung der bedeutenden Positionen Guntrams motiviert, so scheint Heinrich II. den Breisgau und mit ihm das ganze Oberrheingebiet wegen der konradinischen Herrschaftsbasis neu orientiert zu haben. Dabei stützte er sich in Bischof Adalbero und in Birchtilo, dem Gründer Sulzburgs, auf lokale Kräfte, die höchstwahrscheinlich zu jenem Adelskreis in verwandtschaftlichen Beziehungen standen, dessen Übergewicht Otto I. einzudämmen versucht hatte. Doch Heinrich II. kann nicht als Begründer dieser Politik betrachtet werden; bereits Otto III. hatte Birchtilo und Adalbero von Basel gefördert.

Die breisgauische Grafenwürde gelangte nach Liudolfs Comitat, der als Reaktion auf Guntrams Stellung am Oberrhein eine durchaus politische Funktion hatte, an Birchtilo und blieb auch fortan in dessen Verwandtschaftskreis. Man hat die Frage diskutiert, ob Guntram Graf im Breisgau gewesen ist, und führte teils dafür, teils dagegen seinen reichen Besitz ins Feld [447]. Wenn wir uns vergegenwärtigen, daß zu Beginn des 10. Jahrhunderts das elsässische Grafenhaus das damals einzige Breisgaukloster St. Trudpert restaurierte und dotierte, daß dasselbe Kloster um die Mitte des 10. Jahrhunderts weiterhin unter elsässischem Einfluß stand,

446 Die Urkunde hat Schenkungen Heinrichs II. an Schuttern zum Inhalt. In einer der drei überlieferten Fassungen findet sich der Einschub über Malterdingen, das Heinrich II. von Wolverat von Altshausen *pro comitatu in Erigaue* erhalten habe; vgl. die Urkundenkritik von J. Kerkhoff, Altshausen, S. 10 ff., H. Keller, Kloster Einsiedeln, S. 119 f., und neuerdings noch einmal J. Kerkhoff, Zur Interpretation kirchlicher Überlieferungen als Quellen für die Geschichte des mittelalterlichen Adels, in: ZWLG 30, 1971, S. 283–307, hier S. 297 ff.

447 H. Büttner, Breisgau und Elsaß, S. 22, und W. Stülpnagel, Breisgau, S. 15.

daß ferner die Birchtilonen, zu denen auch Graf Diethelm zu rechnen ist, zum elsässischen Adel Beziehungen hatten, dann spricht dieser kontinuierliche Hintergrund doch sehr für die breisgauische Grafenwürde Guntrams[448].

Bedenkt man die vielfältigen Versuche Heinrichs II., das Oberrheingebiet neu zu strukturieren, und ferner die annalistischen und urkundlichen Zeugnisse über die Anfänge der Herrschaft Heinrichs II. und über sein Verhältnis zu Hermann II. als dem Mitbewerber um die Königswürde und als dem später lehnrechtlich verbundenen Herzog, dann verdient die Aussage der Annales Sangallenses über einen Reichsteilungsversuch Hermanns II. Beachtung. So gesehen, muß die vermutete Einsetzung des zähringischen Vorfahren Berthold im Breisgau und dessen spätere Wirksamkeit in der Ortenaugrafschaft als Versuch Heinrichs II. erscheinen, einer ihm eng verbundenen Persönlichkeit die schwierige Position am Oberrhein anzuvertrauen. Dieser Versuch gelang keineswegs sofort: In Adalbero können wir mit Sicherheit einen Angehörigen der Birchtilonen sehen, die in der zweiten Hälfte des 10. Jahrhunderts als Inhaber der Breisgaugrafschaft nachweisbar sind. Daraus auf Spannungen zwischen dieser Grafenfamilie und Heinrich II. schließen zu wollen, wäre angesichts der Förderung Sulzburgs und Adalberos von Basel durch den König unzulässig. Die Gegnerschaft wird man vielmehr im Verhältnis Heinrichs II. zu den Konradinern zu suchen haben: Im Sundgau löste Graf Otto offenkundig Hermann II. ab; das *caput ducatus* Straßburg war Anfang des 11. Jahrhunderts durch die königstreue Persönlichkeit des Bischofs Werner geprägt; die Übertragung von St. Stephan an die Bischofskirche gehört zu den frühesten Maßnahmen Heinrichs II. im Südwesten des Reiches.

Verfolgt man das Verhältnis des Königs zu diesem Raum und zu Alemannien kurz weiter, so ist beachtenswert, daß sich Heinrich II. gerade in Straßburg und am Oberrhein auch schon in den ersten anderthalb Jahrzehnten seiner Regierung aufhielt, bis mit dem Jahr 1016 und dem

448 Aus der ersten Hälfte des 10. Jhs. kennen wir nur einen Grafen Adalbero: WARTMANN 2, Nr. 760, S. 361 f. von 909, und NEUGART 1, Nr. 714, S. 580 f. von 926 – hier allerdings nicht mit dem Breisgau ausdrücklich verbunden; unter den übrigen Grafen, die in dieser Urkunde genannt werden, gilt Bernolt als Ortenaugraf. Ein Graf Guntram nahm an dem Gerichtstag teil; man kann in ihm wohl Guntram den Reichen oder einen seiner Vorfahren sehen. Wir wissen nichts über diesen Adalbero, doch ist es nicht abwegig, ihn wegen des Namens in die hier dargestellte Kontinuität des Raumes einzugliedern.

Ausgriff nach Burgund Straßburg und Basel noch bedeutender wurden[449]. Ottonische Tradition führte er in der Benutzung von Erstein und Brumath fort; auf dem Weg nach Burgund begegnen als neue Aufenthaltsorte im Sundgau Kembs und Dammerkirch. Was Kembs betrifft, so läßt sich hier, ähnlich wie im Fall Sasbach und Kirchen, die Reaktivierung von Reichsgut beobachten, das unter Karl III. zum letzten Mal in den Quellen genannt war[450].

Neben dem Oberrheingebiet treten im Vergleich zum Itinerar der späteren Ottonen Zürich und der nordostalemannische Raum in das Wirkungsfeld Heinrichs II.: In Zürich, woher Münzen Hermanns II. oder Hermanns III. ebenso wie Ernsts I. oder Ernsts II. bekannt sind[451], hielt Heinrich, von Italien kommend, 1004 eine Versammlung der alemannischen Großen ab und ließ sie einen Frieden beschwören; 1018 ist er auf dem Weg von Franken durch das Oberrheingebiet nach Burgund erneut in Zürich nachzuweisen, wo er zum zweiten Mal einen Fürstentag hielt[452]: Einsiedeln erhielt einen Waldbezirk in der Nähe des Klosters zu eigen[453]. Wie es Heinrich II. gelang, in Zürich eine bis dahin vorrangig herzogliche Position für das Königtum wieder zugänglich zu machen, so fällt auch seine Präsenz im nordostalemannischen Raum auf: Als er 1002 in Alemannien erstmals versuchte, Herzog Hermann II. zu unterwerfen, hielt er sich im Kloster Reichenau auf[454]. Darin ist offensichtlich ein Indiz für die Haltung der Reichenau zu erkennen: Heinrich mag als Neffe der Hadwig im Kloster eine gute Position besessen haben.

449 Vgl. zum Itinerar Heinrichs II. H. J. Rieckenberg, Königsstraße, S. 83 f. (52 f.), und Tabelle XVIII, S. 149 f. (118 f.), der jedoch die Zeiträume vor und nach 1016 zu stark polarisiert: Immerhin hielt sich Heinrich II. vor diesem »Stichjahr« zweimal – nicht einmal, wie Rieckenberg angibt – in Straßburg auf: 1004 (D HII 78 = RI II/4 1572a, b, 1573) und 1009 (D HII 207 f. = RI II/4 1719 f.). Auch trifft nicht zu, daß Heinrich II. die Bündner Pässe nicht mehr benutzt hat. 1004 zog er im Juni von Locarno nach Zürich (RI II/4 1568–72). Vgl. auch C. Brühl, Fodrum, S. 127 ff.

450 Zu Karl III. und Kembs vgl. oben, S. 197.

451 H. Dannenberg, Die deutschen Münzen Bd. 3, S. 809.

452 Thietmar, Chronicon VIII 34, S. 532; Annales Einsidlenses a. 1018 (MG SS 5, 144).

453 D HII 395; zu Zürich S. Hirsch, Jahrbücher Heinrichs II. Bd. 1, S. 314, Bd. 2, S. 456, Bd. 3, S. 81. Die Angaben bei H. J. Rieckenberg, Königsstraße, S. 149 (118), innerhalb von Tabelle XVIII (Rheinstraße) zu 1018 sind zu ergänzen: Straßburg – Zürich – Basel.

454 Thietmar, Chronicon V 13, S. 234 ff.

Zu Heinrichs Verhältnis zu Reichenau, das von der Einsetzung der Äbte Immo und Bern mitgeprägt war[455], fügt sich die Tatsache, daß das Königtum Anfang des 11. Jahrhunderts zum nordostalemannischen Raum mit Ulm und Sontheim an der Brenz, der eine Brücke zwischen dem östlichen Franken und dem Südwesten des Reiches einschließlich Burgunds darstellte, einen neuen Zugang gewann, den Konrad II. und Heinrich III. erweiterten[456].

Nach dieser Skizze vom südwestlichen Itinerar Heinrichs II. soll abschließend versucht werden, das Verhältnis zwischen Heinrich II. und den alemannischen Herzögen mit einem kurzen Blick auf die Zeit Konrads II. zu charakterisieren. Nur wenn man die »offene« Situation von 1002 und die Rolle Alemanniens und Hermanns II. darin bedenkt, werden die Probleme des alemannischen Herzogtums in dieser Zeit deutlich, Probleme, die keineswegs auf den Südwesten des Reiches beschränkt sind: Zu erwähnen sind hier die Spannungen zwischen Heinrich II. und dem Markgrafen Heinrich von Schweinfurt[457], dem sich auch Heinrichs Bruder Bruno, der spätere Bischof von Augsburg[458], und Ernst, der Vetter des Markgrafen, der 1012 mit der alemannischen Herzogswürde belehnt wurde, anschlossen; die Ignorierung von Zusagen aus der Zeit des Thronstreits stellten nach Thietmar[459] den Grund für die Empörung dar.

Heinrich II. hielt sich nicht weniger oft als seine Vorgänger im Südwesten des Reiches auf; vielmehr hat er neue Bereiche Alemanniens dem Königtum erschlossen, und diese Politik setzten Konrad II. und Heinrich III. konsequent fort[460]. Daneben fällt jedoch auf, daß sich keine Intervention der schwäbischen Herzöge in Urkunden Heinrichs II. für

455 K. Beyerle, Von der Gründung, S. 112/25 ff., und K. Hauck, Kirchengeschichte Bd. 3, S. 456 f.

456 H. J. Rieckenberg, Königsstraße, S. 89 (58), u. zur Rolle Ulms und der Reichenau U. Schmitt, Villa regalis Ulm.

457 S. Hirsch, Jahrbücher Heinrichs II. Bd. 1, S. 260 ff., 298 ff.; K. Reindel, Bayern, S. 231 ff.; R. Holtzmann, Geschichte der sächsischen Kaiserzeit, S. 404 ff.; S. Haider, Wahlversprechungen, S. 21 f.

458 Dazu die Regesten Augsburg I/2, Nr. 217, S. 124 ff.

459 Thietmar, Chronicon V 14, S. 236; V 32 ff., S. 256 ff.

460 H. J. Rieckenberg, Königsstraße, S. 108 (77), mit Erwähnung von Konstanz, St. Gallen, Reichenau, Ulm; dazu Rottweil (D HIII 37–1040) und Tabellen XIX u. XXII, S. 150 f. (119 f.).

alemannische Empfänger mehr findet[461]. In dieser Funktion begegnen ausschließlich die Bischöfe Adalbero von Basel, Bruno von Augsburg, Ulrich von Chur, Werner von Straßburg und Eberhard von Bamberg[462]. Auch für das Kloster Einsiedeln, einen der Brennpunkte königlicher und herzoglicher Wirksamkeit im ottonischen Alemannien, fehlt die herzogliche Intervention[463].

Andererseits sind Hermann II., Hermann III. und Ernst I. in die Einsiedler Überlieferung eingegangen; Hermann II. bezeichnet der Liber vitae als *benefactor*. Wir wissen, daß 992 Abt Gregor von Einsiedeln den Sohn des späteren Herzogs Hermann, Berthold, getauft hat[464]. Doch scheint gerade das entscheidende Moment des Zusammenwirkens von König und Herzog im Hinblick auf Einsiedeln gefehlt zu haben, das sich unter Otto d. Gr. und seinem Sohn beobachten läßt, das aber bereits zur Zeit Ottos III. in eine Krise geraten war. In der Auseinandersetzung zwischen Konrad II. und Herzog Ernst II. optierte das Kloster für das Königtum; die Einsetzung des aus Bayern stammenden Abtes Embrich 1026 durch Konrad II. wurde in der Literatur schon als Versuch des Königtums verstanden, dem opponierenden Herzogtum eine bedeutende Machtbasis zu nehmen[465]. So kann vielleicht das Beispiel Einsiedelns stellvertretend die Probleme des Verhältnisses Königtum – alemannisches Herzogtum verdeutlichen, die freilich wegen mangelnder Quellen nur mit großer Vorsicht zu formulieren sind.

461 Vgl. aber D HII 511 (unecht): Tradition des Twieler Klosterguts *duce Herimanno adnitente aliisque Suevie principibus;* in D HII 505 (1024): Wildbann für Ellwangen, *consultu fidelium nostrorum, Ernost videlicet Alamannie ducis et reliquorum principum circum habitancium*, wird Herzog Ernst II. als Inhaber von Besitzrechten genannt. Zur Intervention anderer Herzöge in Urkunden Heinrichs II. vgl. D HII 385, 402 (Gottfried II. von Niederlothringen) u. D HII 455, 490 (Heinrich V. von Bayern) und die Namensregisterpositionen zu den sächsischen Herzögen Bernhard I. und Bernhard II. in der MGH-Ausgabe von Heinrichs Diplomata.
462 D HII 78, 117 f., 188, 277, 348, 355, 367 (Wildbann Straßburg, hier auch Poppo von Lorsch als Inhaber von Besitzrechten erwähnt).
463 Vgl. D HII 77, 378, 395 und auch D KoII 42, 109; zur Intervention der Herzöge für Einsiedeln im 10. Jh. s. H. Keller, Kloster Einsiedeln, S. 106.
464 QW II/3, S. 366; Annales Einsidlenses a. 992 (MG SS 3, 144).
465 H. Keller, Kloster Einsiedeln, S. 122 ff., und präziser Ders., Ottobeuren und Einsiedeln, S. 378 f.; Ernst II. und sein Bruder Hermann IV. fehlen in der Einsiedler Überlieferung.

Hier läßt sich weder die Geschichte Alemanniens in der ersten Hälfte des 11. Jahrhunderts allgemein weiter untersuchen noch besonders die Auseinandersetzung zwischen Konrad II. und Ernst II. um Burgund und das für den Zugang dorthin wichtige Herzogtum, in der sich das Bemühen Konrads II. spiegelt, die gleichrangige Ausgangsbasis der salischen Kontrahenten durch die Entwicklung »transpersonaler Staatsvorstellungen« zugunsten des Königtums zu verändern[466]. Ziel war es, die Voraussetzungen zu analysieren, unter denen Heinrich II. sein Verhältnis zu den konradinischen Herzögen in Alemannien und besonders im Oberrheingebiet fand und gestaltete; vielleicht ließe sich von daher ein weiterer Zugang zu den eben skizzierten Fragen gewinnen.

466 H. BEUMANN, Zur Entwicklung transpersonaler Staatsvorstellungen, in: Das Königtum. Seine geistigen und rechtlichen Grundlagen, Vorträge und Forschungen Bd. III, 1956, S. 184–224; dazu auch U. SCHMITT, Villa regalis Ulm, S. 51 f.

ERGEBNISSE

Der Breisgau, an der Westgrenze Alemanniens gelegen, zeichnete sich im 10. Jahrhundert durch seine doppelte Orientierung zum schwäbischen Herzogtum und zum Elsaß, mit dem es eine landschaftliche Einheit bildet, aus. Während Herzog Burchard I. bereits in den zwanziger Jahren das Margaretenkloster in Waldkirch gründete und somit in die Geschichte am Oberrhein eingriff, gelang es dem ottonischen Königtum erst nach Guntrams Unterwerfung, seine Herrschaft vor allem mit Hilfe von Kloster Einsiedeln hier zu etablieren.

Dieser Erfolg der Zentralgewalt spiegelt sich darin, daß der Breisgau ungefähr zur selben Zeit in Königsurkunden des 10. Jahrhunderts erstmals mit dem *ducatus Alamanniae* verbunden erscheint. Bedenkt man die weit früher anzusetzende Wirksamkeit des Herzogs in diesem Raum, so wird die Relativität des Begriffes *ducatus* sichtbar: Die königliche »Interpretation« der südwestdeutschen Zustände läßt keinen Rückschluß auf den tatsächlichen Geltungsbereich des Herzogtums zu, gibt andererseits um so mehr über die ottonische Auffassung von *dux* und *ducatus* Aufschluß.

Das Elsaß wirkte nicht nur in der Person des Etichonen Guntram auf die andere Seite des Rheins, sondern auch die Geschichte der breisgauischen Klöster offenbart während des ganzen 10. Jahrhunderts die Verklammerung beider Landschaften: Der aus Rätien, einer der Kernlandschaften des neu gebildeten Herzogtums, stammende Burchard I. konnte vor allem wegen hunfridingisch-etichonischer Beziehungen *Waldkirch* als Herrschaftsschwerpunkt aufbauen. Beispielhaft wird hieran deutlich, von welchen Voraussetzungen die Aktivität des Herzogs in einer Randzone Alemanniens getragen war.

Etichonischer Einfluß kennzeichnet gleichermaßen den Kreis der Personen, die sich am Wiederaufbau des um die Mitte des 10. Jahrhunderts abgebrannten Klosters *St. Trudpert* (Bischof Erchanbald von Straßburg) und an der Gründung und Ausstattung von *St. Cyriak* in Sulzburg (Graf? Birchtilo und Bischof Adalbero von Basel) beteiligten.

Begründet durch den Wechsel der Häuser, die an der alemannischen Herzogswürde teilhatten, verlagerte der *ducatus* seinen räumlichen Schwerpunkt: Gegen Ende des 10. Jahrhunderts kam dem Oberrheingebiet und hier besonders dem Elsaß die Rolle einer Kernlandschaft zu, die vorher Rätien, der Thurgau und der Hegau gespielt hatten. Daß die aus Franken stammenden Herzöge Konrad und Hermann II. zusätzlich über den von Schwaben getrennten *ducatus Alsaciensis* verfügten, geht zum großen Teil auf die um und nach 950 festgestellte Wirksamkeit von Konradinern am Oberrhein zurück.

Dabei kam Kuno »von Öhningen« vorrangige Bedeutung zu, da er außer mit den Konradinern, wie die Forschung bisher annahm, auch mit den Etichonen verwandt war. Die Brücke, die sich an seinem Beispiel von der Landschaft am Ausfluß des Bodensees zum Elsaß schlagen läßt, gilt für das 9. und 10. Jahrhundert auch auf breiter sozialgeschichtlicher Basis. Im Breisgau überschnitten sich die Einflußbereiche der Rheinauer Stiftersippe und der Etichonen.

Formen und Bedingungen königlicher Herrschaft im Südwesten des Reiches zeigen sich an *Sasbach* am Kaiserstuhl. Hier scheint ähnlich wie in Ulm und Brumath ein Reichskloster, die Reichenau, den Aufenthalt der Könige ermöglicht zu haben. Ganz allgemein gilt, daß in Alemannien die Rolle, die die Reichskirche bei der königlichen Gastung spielte, gegenüber eigenwirtschaftlichen Organisationsformen bei weitem überwog.

Die Phasen, in denen die Zentralgewalt in Sasbach präsent war (Karl III., Otto III.), lassen erkennen, in welchem Umfang königsferne Gebiete unter dem Einfluß von Zwischengewalten standen: Herzog Burchard II. und Hadwig waren der Reichenau eng verbunden; im nördlichen Breisgau verfügten Hadwig über Waldkirch und Sasbach und ihr Bruder Heinrich der Zänker über Breisach. Dem bayerischen Herzog ist mit Sicherheit die Breisacher Herzog-Heinrich-Münze zuzuweisen.

Die Beschäftigung mit den Problemen des Hohentwiels und mit der Wirksamkeit Herzog Hermanns I. in Innerschwaben brachte die Einsicht, daß Reichsgut und Amtsgut keine absoluten Größen sind, sondern erst durch den Kontext der jeweils aktuellen politischen Situation aussagekräftig werden. Von daher ließ sich allgemein das Verhältnis König–Herzog im 10. Jahrhundert präzisieren: Dieses reichte von der Form einträchtiger Zusammenarbeit Ottos d. Gr. und Hermanns I., die sich in der Gründung und frühen Geschichte Kloster Einsiedelns und in der Heirat Liudolfs und Itas widerspiegelt, bis zu den Spannungen zwischen beiden Gewalten in der Krise der ottonischen Dynastie in den achtziger und neunziger Jahren und im Thronstreit von 1002: Die Auseinandersetzungen Heinrichs II. und Hermanns II. von Schwaben am Oberrhein, unter reichsgeschichtlichem und landeskundlichem Aspekt betrachtet, offenbaren die Folgen der von Otto d. Gr. in die Wege geleiteten Herzogspolitik. An der Geschichte Alemanniens im 10. und beginnenden 11. Jahrhundert ließ sich zeigen, in welchem Ausmaß die Kontinuitätsprobleme der liudolfingischen Herrschaft nicht zuletzt dadurch, daß Mitglieder des Königshauses die Herzogswürde übernahmen (Heinrich der Zänker in Bayern, Otto in Schwaben und Bayern), zu Problemen der Herzogtümer wurden und wie sehr auf diese Weise das theoretisch beabsichtigte Gleichgewicht der beiden Kräfte gefährdet war.

EXKURS I:

Zur Verwandtschaft Kunos von Öhningen

Im Anschluß an die Ausführungen, oben, S. 128 ff. mit Anm. 84 f. soll hier die Beziehung zwischen Kuno von Öhningen und den mütterlichen Vorfahren der Stifter von Zwiefalten, Kuno und Liutold, genauer erörtert werden [1]. Damit hängt die Frage nach der etichonischen Prägung der frühen Achalmer, besonders der Grafen von Mömpelgard, zusammen [2]. Da die Forschung in dem Grafen Liutho/Liutold von Mömpelgard nicht nur die Brücke zur Verwandtschaft der Zwiefaltener mit den elsässischen Liutfriden, sondern auch zu Kuno von Öhningen sah und sieht, ist es notwendig, auf die Gegenthese, Liutho sei ein Sohn des burgundischen Grafen Alberich von Mâcon gewesen, näher einzugehen; sie wurde zuletzt ausführlich von P. Kläui vertreten [3]. Seine Argumente sind folgende: 1. Zur Zeit des *comes* Liutho (Anfang 11. Jh.) bestand noch keine Grafschaft Mömpelgard; vielmehr gehörte die Burg nachweislich 1044 dem Grafen Ludwig von Mousson [4]. Heinrich III. scheint sie ihm als militärischen Stützpunkt gegen burgundische Angriffe zu Lehen gegeben zu haben. 2. Die Chronik des Alberich von Trois-Fontaines [5] (13. Jh.) berichtet, Dietrich, Ludwigs Sohn, sei durch Ermentrud, eine Urenkelin des Grafen Otto Wilhelm von Burgund, Graf von Mömpelgard geworden. Otto Wilhelm aber war der zweite Gemahl der Ermen-

1 An Literatur darüber ist zu nennen: G. Schenk von Schweinsberg, Genealogische Studien, S. 376; E. Klebel, Zur Abstammung der Hohenstaufen, in: ZGO 102 NF 63, 1954, S. 137–187, hier S. 170 mit Anm. 164, S. 173 mit Anm. 180, 183 f.; E. Kimpen, Königsgenealogie, S. 83 f. (mit der ständigen Prämisse: Kuno von Öhningen = Konrad der Rote).

2 Hierüber grundlegend H. Witte, Excurs. Zur Genealogie der Grafen von Mömpelgard, in: Der heilige Forst II, in: ZGO NF 13, 1898, S. 389–424, hier S. 418 ff.; neuerdings mit Ergänzungen Fr. Vollmer, Etichonen, S. 175 f. mit Anm. 290.

3 P. Kläui, Die Verwandtschaft des Kanzlers Hunfried mit Heinrich III., in: ZWLG 15, 1956, S. 284–287, und etwas verändert in: Ders., Hochmittelalterliche Adelsherrschaften im Zürichgau, Mitteilungen der Antiquarischen Gesellschaft in Zürich Bd. 40 H. 2, 1960, S. 7 ff., 27.

4 Herimannus Augiensis a. 1044 (MG SS 5, 125): *Eodem anno Ludowicus comes Reginoldum principem ..., dum quoddam castellum eius, quod Mons Piligardae dicitur, magna cum manu expugnare pararet, cum parva militum suorum copia pugnam iniens vicit ...*

5 Chronica Albrici monachi Trium Fontium, ed. P. Scheffer-Boichorst, in: MG SS 23, 674–950, hier 784.

trud, die aus ihrer ersten Ehe mit Alberich von Mâcon einen Sohn Leotold hatte. Dieser, in der zweiten Hälfte des 10. Jahrhunderts nachweisbar, ist mit dem *com*es Liutho von Mömpelgard identisch. Als Stützargumente führt Kläui weiter an: 3. In einer Urkunde von 1044 beklagt sich Hunfrid, ein Sohn Liuthos und der Willibirg, seine Verwandten hätten ihm sein väterliches Erbe entrissen. Damit sind die Grafschaftsrechte Mâcon und Mömpelgard gemeint, die ihm sein Stiefvater Otto Wilhelm streitig machte. Durch Gerichtsurteil hat er seine Güter wieder erhalten und übertrug sie zum Schutz an Straßburg (in Sulzmatt bei Gebweiler und in Wolxheim – nicht Wolfganzen! – bei Molsheim, beide im Elsaß). Die Grafschaft Mömpelgard scheint von dem Gerichtsurteil nicht betroffen gewesen zu sein [6]. 4. Besitz der Familie Liuthos im Weilertal (auf der Höhe von Straßburg) ist aus einer Zeugennennung in der Urkunde von 1044 zu erschließen; dieses Tal hieß früher aber Alberichestal; es liegt daher nahe, die Namensgebung auf Liuthos Vater Alberich oder seinen gleichnamigen Großvater zurückzuführen. 5. Heinrich III. nennt seinen Kanzler Hunfrid in D HIII 145 seinen *familiaris*. Weil Liutho der Stiefbruder von Agnes, der Mutter von Heinrichs III. Gemahlin gleichen Namens, war, drückt sich in der Bezeichnung zweifellos das Verwandtschaftsverhältnis und nicht nur die Zugehörigkeit zum Hof aus.

Ad 1.: Daran, daß Anfang des 11. Jahrhunderts eine Grafschaft Mömpelgard nicht bestand, kann kein Zweifel sein; der Zeitpunkt der Zwiefaltener Überlieferung (12. Jahrhundert) bietet hierfür eine hinreichende Erklärung. Wie Ludwig in den Besitz der Burg gelangte, können wir nicht ausmachen [7]; die Frage nach der Herkunft dieses Ludwig stellt Kläui nicht [8].

Ad 2.: Kläui sieht selbst die Schwierigkeit, die Aussagen Hermanns von der Reichenau und der Chronik von Trois-Fontaines zu vereinbaren;

6 Argument Nr. 3 fehlt in der späteren Fassung von 1960.

7 Nichts spricht dafür, daß Ludwig die Burg erst seit 1044 besaß, wie die ältere französische Forschung annimmt (vgl. den Überblick bei M. Grosdidier de Matons, Le comté de Bar des Origines au Traité de Bruges (vers 950–1301), 1922, S. 116 f.). Daß sie als Lehen von Heinrich III. an Ludwig vergeben wurde, ist ebenso nur Annahme der Forschung.

8 Dazu E. Hlawitschka, Habsburg-Lothringen, S. 104, 111. Er war ein Sohn von Leos IX. Schwester Hildegard.

eine annehmbare Lösung gelingt ihm nicht [9]; dennoch ist diese Chronikstelle der Angelpunkt von Kläuis These. Man wird zunächst Hermann dem Lahmen weit größere Glaubwürdigkeit zubilligen können, zumal da die Aussage der späten Chronik auch zeitlich falsch eingefügt ist [10]. Die Divergenz der Quellenaussagen läßt sich vielleicht damit erklären, daß Dietrich das *castellum* von seinem Vater her bereits besaß, die burgundische Gemahlin davon unabhängige Grafschaftsrechte in die Ehe einbrachte und aus dieser Verbindung die Grafschaft Mömpelgard entstand; der Chronist des 13. Jahrhunderts vermochte diese Ausgangsbasis nicht mehr exakt zu formulieren.

Ad 3.: Bei der Wiedergabe der Urkunde verwickelt sich Kläui in Widersprüche: Einerseits sollen zum väterlichen Erbe auch die Grafenrechte in Mömpelgard gehört haben, andererseits seien von dem Gerichtsurteil nur die elsässischen Güter betroffen gewesen. Da in der durch Grandidier überlieferten Urkunde das Wort Mömpelgard überhaupt nicht, auch nicht in Verbindung mit Hunfrids Namen, begegnet [11], wird man diese Beweisführung unberücksichtigt lassen können. Zudem spricht Kläui hier von Grafenrechten in Mömpelgard für die Mitte des 11. Jahrhunderts. Da wir nach der Urkunde die *hereditas paterna* auf das Elsaß beschränken müssen, bleibt auch die Ansicht von Kläui gänzlich hypothetisch, die Rechte an Mömpelgard seien Liutho/Leotold durch seinen Stiefvater entfremdet und innerhalb dessen Familie an Ermentrud tradiert worden.

Ad 4.: Um die Benennung des Weilertales nach Alberich I. oder Alberich II. von Mâcon behaupten zu wollen, müßte man ein Ausgreifen dieses Adels in den Bereich der Nordvogesen belegen können; doch ist hiervon nichts bekannt [12]. Der Ausgang des Weiler-/Alberichestales stand um die Mitte des 10. Jahrhunderts unter dem Einfluß des Klosters Lure,

9 »Aber die Ausdrucksweise des Chronisten wie die Tatsache, daß erst von diesem Zeitpunkt an eine festgefugte Grafschaft mit dem Mittelpunkt Mömpelgard besteht, läßt doch auf etwas mehr als nur das Zubringen von Gütern, zu denen ja Mömpelgard selbst nicht gehörte, schließen. Ermentrud hat zweifellos Grafschaftsrechte über diese Gegend, und zwar auch über Mömpelgard selbst, besessen.« (ZWLG, S. 285).

10 Nämlich zu 1033 (MG SS 23, 784), obwohl die Heirat erst 1076 stattfand (P. Kläui, Verwandtschaft, S. 285, Anm. 7, und H. Bresslau, Jahrbücher Konrads II. Bd. 2, S. 68, Anm. 1).

11 *Hunfrid de Mumpilgart* im Zwiefaltener Nekrolog (in: Fürstenbergisches UB 1, Nr. 8, S. 31); zu den Kindern Alberichs von Mâcon vgl. die skeptischen Ausführungen von H. Bresslau, Jahrbücher Konrads II. Bd. 2, S. 36 ff., u. R. Poupardin, Bourgogne, S. 218 f.

12 R. Poupardin, Bourgogne, S. 211 ff.

über das die Nordgaugrafen die Vogtei ausübten zusammen mit Adelheids Bruder Rudolf [13]. Im Weilertal selbst stattete der Etichone Hugo *raucus* in den siebziger Jahren des 10. Jahrhunderts das Kloster Altdorf, selbst am Ausgang des Tales gelegen, mit reichem Besitz aus [14]. Zu diesen das Weilertal betreffenden Besitzbelegen fügt sich, daß wir unter den Etichonen Ende des 8. Jahrhunderts einen Albericus, einen Enkel Herzog Etichos, nachweisen können [15]; der Name des Tales dürfte sich zwanglos auf ihn zurückführen lassen, wenn man sich nicht die Etymologie der früheren Historiker (Albrecht/Albertus namengebend) zu eigen macht [16].

Ad 5.: Die Nennung Hunfrids als eines Intervenienten neben Agnes, dem mit dem König verwandten Erzkanzler und Kölner Erzbischof Hermann und den *ceteri familiares* sagt nichts über ein Verwandtschaftsverhältnis zwischen Hunfrid und Heinrich III. aus. Nach Auskunft der Wörterbücher kommt *familiaris* in dieser Bedeutung nicht vor, sondern bezeichnet einen Angehörigen des engeren Vertrautenkreises. Die Gruppierung der intervenierenden Personen ist vielmehr politisch-verfassungsrechtlich zu erklären: Agnes als *consors regni*, Hermann als Erzkanzler und Hunfrid als italienischer Kanzler [17].

Nachdem sich die These von der Verwandtschaft des *nobilissimus comes* Liutho/Liutold mit Alberich von Mâcon als wenig wahrscheinlich erwiesen hat, sind wir berechtigt, nach Indizien für den Zusammenhang Achalmer – Etichonen – Kuno von Öhningen zu suchen. Hier können wir weitestgehend auf die Beobachtungen der Forschung zurückgreifen;

13 D OI 199 von 959; Wolfisheim und Rosheim liegen auf der Höhe des Weilertales.

14 J. Clauss, Historisch-topograph. Wörterbuch, S. 10 f.; die Besitzungen reichten bis Schirmeck. Aus der Mitte des 11. Jhs. wissen wir von der Übertragung des Klosters Hugshofen an das Bistum Straßburg durch Volmar und seine Gattin Heilicha (Regesten Straßburg 1, Nr. 285, S. 278); dazu H. Jänichen, Herrschafts- und Territorialverhältnisse um Tübingen und Rottenburg im 11. und 12. Jh., 1. Teil: Die freien Herren, Schriften zur südwestdeutschen Landeskunde Bd. 2, 1964, S. 4 ff.; Jänichen spricht, auf Beobachtungen von H. Witte aufbauend, von einer Verwandtschaft zwischen den Herren von Hurningen, zu denen Volmar gehörte, und den Achalmern. Seine Ableitung der Hurninger von den Alberichen von Mâcon, die mit dem hurningischen Besitz im Alberichestal operiert, ist zurückzuweisen; zur Erschließung des Breuschtales (= Weilertal) im 10. Jh. durch den elsässischen Adel vgl. auch H. Büttner, Geschichte des Elsaß Bd. 1, S. 206 f.

15 Fr. Vollmer, Etichonen, Registerposition Alberich, Sohn des Haicho.

16 J. D. Schoepflin, Alsatia illustrata Bd. 2, S. 201.

17 D HIII 145; zur Verwandtschaft Hermanns von Köln mit dem König E. Steindorff, Heinrich III. Bd. 1, S. 51 f., und J. Fleckenstein, Hofkapelle Bd. 2, S. 192, 243 ff.

einige Bemerkungen seien noch angefügt: In der Urkunde von 1044, in der Hunfrid, der Sohn Liutolds und Willibirgs, mit Zustimmung seiner Mutter das *predium ad Imbriaguam* (Embrach im Thurgau) an die Straßburger Bischofskirche übertrug, begegnen unter den Zeugen außer Ato und Reinher *de Alberichestalan* thurgauische Persönlichkeiten, darunter Duoto, Wahelin und Ochhelin *de Flacha* [18]. Wir wissen, daß Liutolds Gemahlin Willibirg aus dem Thurgau stammte; die Zwiefaltener Überlieferung verbindet sie mit Wülfingen, die Einsiedler mit Embrach [19]. Ihre Herkunft versuchte P. Kläui durch ihre Identifizierung mit Willibirg von Ebersberg zu klären [20]; doch wies H. Keller seine Ausführungen zurück [21]. Man wird im Hinblick auf die thurgauischen Besitzungen und die churrätischen Güter, die ihre Enkel, Kuno und Liutold, an Zwiefalten tradierten [22], mit der älteren Forschung eine Verwandtschaft Willibirgs mit den Burchardingern oder Ulrichen annehmen können [23].

Interesse beanspruchen für unseren Zusammenhang die Zeugen *de Flacha*. Wir gehen wohl nicht fehl, in der Erwähnung der *testes* einen Ausdruck dafür zu erkennen, daß diese Personen Besitzrechte an dem Urkundengegenstand hatten und als weitere Verwandtschaft des Ausstellers der Urkunde gelten dürfen; die Nennung von Zeugen aus dem Elsaß ist ein Hinweis darauf [24]. Die neuere Forschung hat nun beobachtet, daß die Herren von Flaach sowohl mit Tuto von Wagenhausen als auch mit Kuno von Öhningen verwandt waren [25]; in Osterfingen im Klettgau, wo das Stift Öhningen von dem Grafen Kuno Besitz erhalten hatte, tradierten die Brüder Berthold, Rudolf und Liutold von Flaach zwischen 1111 und 1125 ihr Erbe an das Kloster Rheinau [26]. Die Zusammenhänge lassen sich nicht im einzelnen rekonstruieren, doch kann vielleicht das Auftreten der Zeugen *de Flacha*, bei deren Nachkommen der Name Liu-

18 Zur Echtheitsfrage der Urkunde und zur Zeugenliste P. Kläui, Adelsherrschaften, S. 3 ff., 82 ff.

19 Die Chronik von Zwiefalten I 1, S. 12; QW II/3, S. 373: *Domina Willeburgis de Emberracho.*

20 P. Kläui, Adelsherrschaften, S. 20 ff.

21 H. Keller, Kloster Einsiedeln, S. 125, Anm. 212.

22 Die Chronik von Zwiefalten I 5, S. 26 ff. Maienfeld und Fläsch in der Nähe von Pfäfers; die Urkunde auch im Bündner UB 1, Nr. 211, S. 167 f. Die Orte erscheinen im Churrätischen Reichsurbar (ibd. 1, 383 f.).

23 H. Witte, Mömpelgard, (wie Anm. 2), S. 420.

24 P. Kläui, Adelsherrschaften, S. 82 ff.

25 Ders., ibd., S. 16 f., und H. Maurer, Randen, S. 130.

26 Zürcher UB 1, Nr. 257, S. 142.

told begegnet, in der Urkunde von Hunfrid einen Hinweis darauf geben, daß Kuno von Öhningen mit den elsässischen Grafen verwandt war.

Die Herkunft der Vögte von Rheinau im 12. Jahrhundert, der Herren von Weißenberg, aus der »Öhninger Stiftersippe« konnte H. Maurer aufhellen [27]. Ihm folgend vermutete H. Jakobs, daß die »Rheinfeldener« als »Öhninger« bereits an der Loslösung der *cella alba*, des Klosters St. Blasien, von Rheinau mitgewirkt haben könnten [28]. Es ist hier nicht der Ort, in die Diskussion der Forschung um die Anfänge von St. Blasien einzugreifen [29]. Doch können wir für unsere Frage vielleicht die Beobachtung fruchtbar machen, daß zwischen diesem Kloster und den Nachkommen Kunos von Öhningen enge Verbindungen bestanden, wie sie sich in der Tradition Rudolfs von Rheinfelden von 1071 und in der Schenkung des *praedium* Schluchsee offenbaren. H. Keller vermutete, daß die Prägung von St. Blasien durch Einsiedeln [30] wohl um die Jahrtausendwende mit einem aus späterer Überlieferung bekannten Propst Bernhard zusammenhing und dieser vielleicht mit Bernhard, dem Bruder des *comes* Chuonradus (gest. 994), in Beziehung zu setzen ist [31]. Sagt diese Kombination allein noch nicht viel über das Verhältnis Kuno von Öhningen – Graf Konrad (gest. 994) aus, so führt vielleicht die sanktblasianische Überlieferung weiter: Nach den Annales necrologici [32] soll der erste Abt des Klosters (?) vor der Mitte des 11. Jahrhunderts Beringer geheißen haben [33]. Dieser Name findet sich sowohl in der Rheinauer Stiftersippe der Cozperte als auch in der Geschichte Kloster Murbachs und des Sundgaus. Ein Sohn Rudolfs von Achalm und Adelheids trug

27 H. Maurer, Randen, S. 96 ff., 153 ff.

28 H. Jakobs, St. Blasien, S. 226 ff.

29 Neben H. Jakobs sind an neueren Arbeiten zu nennen: J. Wollasch, Muri und St. Blasien, Perspektiven schwäbischen Mönchtums in der Reform, in: DA 17, 1961, S. 420–446, und H. Ott, Das Immunitätsprivileg Heinrichs IV. für St. Blasien vom Jahr 1065, in: ZGO 112 NF 73, 1964, S. 413–430.

30 Acta Murensia, in: Quellen zur Schweiz. Gesch. III, 3, S. 31.

31 H. Keller, Kloster Einsiedeln, S. 87, Anm. 276; S. 111 f. mit Anm. 112; danach H. Jakobs, St. Blasien, S. 39, Anm. 5; S. 181; Jakobs setzt mit Keller den Einsiedler Grafen mit dem Ufgaugrafen gleich und läßt hinsichtlich Bernhard die Sache offen, da die Identität Ufgaugraf – Kuno von Öhningen nicht sicher sei. Doch ist die Prämisse (Einordnung des Einsiedler Grafen), wie dargestellt (oben, S. 125 ff.), unbewiesen.

32 Annales Necrologici Monasterii s. Blasii in Nigra Silva, in: MG Necrol. 1, S. 329–333, hier S. 329.

33 Dazu H. Jakobs, St. Blasien, S. 30, 231.

diesen Namen; Adelheid hatte wohl einen gleichnamigen Bruder[34]. Vielleicht ist in der Bündelung der Namen Bernhard und Beringer in der Frühgeschichte von St. Blasien ein Hinweis auf das Elsaß zu erblicken[35].

Mit der Erwähnung von Bernhard, dem Schenker von Wittenheim, berühren wir wieder die Persönlichkeit des in die Einsiedler Überlieferung eingegangenen Grafen Konrad. Versuchen wir, über seine Gemahlin Liutgart Näheres zu erfahren. Sie kann wohl nach den Beobachtungen von H. Keller[36] als Urheberin der thurgauischen Schenkung ihres Gatten an Einsiedeln angesehen werden. Es gelang, ihren Namen in Reichenauer Einträgen im Verwandtschaftskreis Bischof Gebhards von Konstanz ausfindig zu machen[37]; auch mit dem Bischof Eginolf von Lausanne und Abt Gregor von Einsiedeln begegnet ihr Name im St. Galler Verbrüderungsbuch[38]. Da in Verbindung mit *Liutgart* der Name Konrad vorkommt, darf wohl an den Grafen und seine Gemahlin vom ausgehenden 10. Jahrhundert gedacht werden. Bischof Gebhard von Konstanz zählte zum Verwandtschaftskreis der Ulriche[39]; wenn ihn K. Schmid den Konradinern zuordnet, weil in Gedenkbucheinträgen seiner Familie die Namen Eberhard und Konrad – nicht Hermann, wie angegeben[40] – erscheinen, so ist nach einer möglichen Erklärung für diese doppelte Beziehung zu suchen; sie könnte durch kognatische Verwandtschaft entstanden sein. Wenn man mit dieser Hypothese die Einträge prüft, so fällt auf, daß *Konrad* nicht ohne *Liutgart* vorkommt; in einer Notiz finden sich sogar Namen, die auf den elsässischen Adel weisen: *Uuilligart, Stephan, Azala*[41]. Dies berechtigt, das, was von dem Grafen Konrad und seiner Gemahlin Liutgart bekannt ist, hier anzuwenden und zu unterstellen, daß Liutgart zur engeren Verwandtschaft Bischof Geb-

34 In dem alemannischen Grafen Liutolt, dem Vater eines Berengar, der mit Konrad II. 1027 in Rom war, wird der Ahnherr der Achalmer vermutet (H. Bresslau, Jahrbücher Konrads II. Bd. 1, S. 146 mit Anm. 1).

35 H. Büttner, St. Blasien und das Elsaß, Veröffentlichungen aus dem Fürstlich Fürstenbergischen Archiv Bd. 4, 1939, ist für diese Frage nicht ergiebig.

36 H. Keller, Kloster Einsiedeln, S. 108.

37 MG Libri confrat. cod. aug. col. 261b, 619; dazu H. Keller, Kloster Einsiedeln, S. 83, 107 f.

38 MG Libri confrat. cod. sangall. col. 264.

39 I. Miscoll-Reckert, Kloster Petershausen, S. 40 ff., und Chr. Fr. Stälin, Wirt. Gesch. Bd. 1, S. 559 ff.

40 K. Schmid, Kuno von Öhningen, S. 89.

41 MG Libri memor. Romar. 6v, 8; 53r, 6; 43v, 14; 53v, 12; 46r, 4; s. Anhang, S. 231 f.

hards zählte [42]; daß wir Liutgarts Gemahl, den Grafen Konrad, aufgrund von Gedenkbucheinträgen, die die Namen *Konrad* und *Bernhard* enthalten, zu Recht mit dem Elsaß in Verbindung brachten, geht aus dem elsässischen Namensgut in der Umgebung Gebhards von Konstanz hervor. So wird man in dem Vorkommen von *Konrad* nicht einen Hinweis auf konradinische Prägung des Bischofs erkennen dürfen [43]. H. Keller vermutete [44], daß die Gattin des Grafen Konrad mit Bischof Eginolf von Lausanne verwandt war, den eine späte Überlieferung mit der Kyburg in Verbindung bringt. Die Kyburg aber gehörte den Ulrichen, dem Verwandtschaftskreis um Gebhard von Konstanz [45]. So ist aus dem in den Einträgen gewonnenen Bild und aus anderen Quellenzeugnissen anzunehmen, daß der 994 getötete Graf Konrad, der zusammen mit seinem Bruder in elsässischer Umgebung erscheint, durch seine Ehe mit Liutgart der Verwandtschaft Bischof Gebhards von Konstanz angehörte. Da die Identifizierung des Liutho *de Mumpilgart* mit dem Sohn Alberichs von Mâcon durch P. Kläui zurückgewiesen werden konnte, ergeben sich für die »Öhninger These« über Liuthos Herkunft sichere Grundlagen. Die Doppelbeziehung zum Elsaß und zum Thurgau, die wir für den Einsiedler Grafen und für Kuno von Öhningen vermuten, könnte als Hinweis auf ihre Identität gewertet werden.

42 Vgl. auch H. Keller, Kloster Einsiedeln, S. 109 mit Anm. 91.
43 Der Name Eberhard, dessen Häufigkeit in der Einsiedler Überlieferung H. Keller, Kloster Einsiedeln, S. 80 ff., betont, kann nicht zur Argumentation verwendet werden.
44 Ders., ibd., S. 108 mit Anm. 88.
45 Chr. Fr. Stälin, Wirt. Gesch. Bd. 1, S. 559 f.

EXKURS II:

Zum Forschungsstand der Konradinergenealogie

(Vgl. Verwandtschaftstafeln am Ende des Exkurses)

Nachdem E. Kimpen[1] und K. Schmid[2] die Richtigkeit des von der älteren Forschung[3] für das 10. Jahrhundert erarbeiteten Konradinerstammbaums erneut bezweifelt hatten, versuchte neuerdings E. Hlawitschka[4], die Bedenken auszuräumen. Da seine Äußerungen den Eindruck erwecken, wir verfügten über einen weitgehend gesicherten Wissensstand in dieser Frage, seien hier einige Bemerkungen angefügt; ihr Ziel ist es, auf die Offenheit der Probleme hinzuweisen und die Argumente für und gegen die verschiedenen Möglichkeiten der verwandtschaftlichen Bezüge abzuwägen. An der Diskussion um die Konradinergenealogie zeigt es sich, wie sehr eine ältere Theorie trotz ihrem thesenhaften Charakter als Orientierungsbasis gelten kann.

Den besten Zugang zu den Problemen gewinnt man mit der Frage, wer der Vater Herzog Hermanns II. gewesen ist. Denn die Quellen beantworten diese Frage unterschiedlich: Nach den Einsiedler Annalen[5] war es Herzog Konrad; der Annalista Saxo[6] nennt Hermann *filius Udonis*, Sohn des in Kalabrien gefallenen Udo *dux*. Bereits die ältere Forschung[7] erkannte, daß der Annalista hierin Thietmar ausschrieb und zwei Stellen kombinierte: III 20 *Udonem ducem, matris meae avunculum* und V 22 *Heremannus dux, matris mee avunculi filius*. Dies veranlaßte die Forschung zum Teil, dieses Zeugnis zu ignorieren, da sie davon ausging, daß bei Thietmar unter *avunculus matris meae* sowohl Udo d. J. als auch (Herzog) Konrad verstanden werden können, die zusammen mit Judith, Thietmars Großmutter, Heribert und dem früh gestorbenen Gebhard als Kinder des Grafen Udo, des Bruders Herzog Hermanns I.,

1 E. Kimpen, Königsgenealogie, S. 64 f.
2 K. Schmid, Kuno von Öhningen, S. 88.
3 Fr. Stein, Geschichte König Konrads I. von Franken und seines Hauses, 1872, und S. Hirsch, Jahrbücher Heinrichs II. Bd. 1, S. 212, Anm. 2, und Bd. 2, S. 25, Anm. 1 (divergierende Äußerungen!).
4 E. Hlawitschka, Habsburg-Lothringen, S. 46 ff., Anm. 4; vgl. auch H. Jakobs, St. Blasien, S. 176 ff.
5 Annales Einsidlenses a. 997 (MG SS 3, 144).
6 Annalista Saxo a. 1002 (MG SS 6, 650).
7 S. Hirsch, Jahrbücher Heinrichs II. Bd. 2, S. 25, Anm. 1.

gelten [8]. Über Udo berichtet der Continuator Reginonis [9], er habe seine *beneficia* und *praefecturae* wie ein Erbe an seine Söhne verteilt. Darunter verstand die Forschung die Grafschaften Wetterau [10] und Rheingau; die nach 949, dem Todesjahr Udos, hier nachweisbaren Grafen Heribert und Konrad hielt sie dementsprechend für Udos Söhne [11].

Was im übrigen über die konradinische Verwandtschaft im 10. Jahrhundert bekannt ist, beruht auf Angaben Thietmars von Merseburg; wir werden deshalb sein Zeugnis über Hermanns II. Abstammung prüfen müssen. Mustert man seine Äußerungen über die Konradiner, so fällt auf, daß er außer Udo d. J. keinen der Söhne Udos d. Ä. als *avunculus matris meae* oder in einer anderen Beziehung als seinen Verwandten bezeichnet, auch nicht Herzog Konrad. Gleichwohl begegnet dieser bei ihm: IV 60 *Conradus, Suevorum ductor, ac eiusdem frater Heribertus comes ... momentanea morte oppressi sunt* [12]. Insofern werden wir nicht ohne weiteres Thietmars Angabe über Hermann II. als unbrauchbar klassifizieren können oder unterstellen dürfen, hier sei Konrad als Vater gemeint [13].

Das Brüderpaar Konrad – Heribert, kurz vor der Jahrtausendwende gestorben, hielt die ältere Theorie für Söhne Udos d. Ä. [14]. Doch besteht hierzu keine Notwendigkeit; eine Identität zwischen den bald nach 949 nachgewiesenen Inhabern der Grafschaften Wetterau (Kinziggau) und Rheingau und den beiden Brüdern am Ende des Jahrhunderts ist nicht bewiesen. Auf der Suche nach Indizien für ihre Einordnung beginnen wir mit der Beobachtung von E. Kimpen. Diesem war aufgefallen, daß Thietmar die Söhne Heriberts, Gebhard und Otto, als seine *nepotes* bezeichnet [15]. Denn als Söhne des Bruders seiner Großmutter, Judith, müssen sie seine Onkel zweiten Grades gewesen sein. Weiter versuchte Kimpen, die Nachrichten des Annalista Saxo und der Einsiedler Annalen zu

8 Übersicht bei FR. STEIN, Konrad I., S. 332 (Stammtafel C), und W. K. PRINZ VON ISENBURG, Stammtafeln zur Geschichte der europäischen Staaten Bd. 1, 1953(2), Tafel 4.

9 Continuator Reginonis a. 949, S. 164.

10 Dazu neuerdings W.-A. KROPAT, Reich, Adel und Kirche in der Wetterau von der Karolinger- bis zur Stauferzeit, Schriften des Hess. Landesamts f. gesch. Landeskunde Bd. 28, 1965, S. 20 ff.

11 Belege bei FR. STEIN, Konrad I., S. 312 f.

12 Der Tod Heriberts ist zwischen 993 und 997 zu datieren; vgl. MGH-Ausgabe Thietmar, S. 200 mit Anm. 2–4.

13 So R. HOLTZMANN in der MGH-Ausgabe, S. 246, Anm. 4.

14 FR. STEIN, Konrad I., S. 312.

15 E. KIMPEN, Königsgenealogie, S. 64; Thietmar, Chronicon VII 49, S. 458, und VIII 7, S. 446.

vereinbaren: Er nahm an, an der Stelle, auf die der Annalista sich stützte, habe Thietmar *avunculus* im Sinne von »älterer Vetter« verwendet. So gesehen wäre Hermanns II. Vater Konrad (nach der Einsiedler Überlieferung) als Sohn Udos d. J. ein Neffe Judiths und damit ein Vetter von Thietmars Mutter Kunigunde. Otto und Gebhard werden durch diesen Generationseinschub zu Thietmars Vettern; *nepos* in der Bedeutung von »Vetter« ist geläufig.

Gegen diese Quelleninterpretation haben sowohl H. Jakobs als auch E. Hlawitschka Stellung genommen: H. Jakobs [16] wendet sich gegen die Annahme, Thietmar habe seine genealogischen Begriffe ungenau gebraucht; denn im Zusammenhang mit Udo d. J. bedeute *avunculus* eindeutig »Onkel«, und die parallele Formulierung Thietmars sei nicht zu verkennen. E. Hlawitschka weist auf die Unverträglichkeit der Zeugnisse Thietmars und der Einsiedler Annalen hin [17] und betont am Beispiel *nepos* die Ungenauigkeit in der Beschreibung entfernter Verwandter.

Doch beschäftigen wir uns etwas näher mit der *nepos*-Frage. Es trifft zu, daß die Bezeichnung *nepos* zahlreiche Bedeutungen hat, von Enkel, Neffe, Vetter bis zum allgemeinen Verwandten [18]. Andererseits fällt auf, daß bei Thietmar außer an den Otto und Gebhard betreffenden Stellen *nepos* als »Neffe ersten und zweiten Grades« oder als »Vetter« zu verstehen ist; die Interpretation »Vetter der Mutter« hängt aber gerade an der Frage, wie man Herzog Konrad und Heribert einordnet [19].

16 H. Jakobs, St. Blasien, S. 177.

17 E. Hlawitschka, Habsburg-Lothringen, S. 47, Anm. 4. Dagegen, daß Kimpen Hermann II. zum Enkel Udos d. J. machen will, wendet er sich treffend mit dem Hinweis auf Thietmars Verwandtschaftsangaben selbst: Hermann könnte dann nicht als *matris meae avunculi filius* erscheinen; damit weist er indirekt Kimpens unterschiedliche Interpretation der – analogen – *avunculus*-Stellen (einmal *avunculus* als »Onkel«, einmal als »älterer Vetter«) zurück. Doch übernimmt Hlawitschka hier die Ansicht von R. Holtzmann, an den beiden Stellen seien mit *avunculus* verschiedene Personen gemeint, ohne Kommentar.

18 Novum glossarium mediae latinitatis, hg. v. Fr. Blatt, 1957, s. v. *nepos*; vgl. zu Thietmars Verwandtschaftsangaben K. A. Eckhardt, Genealogische Funde zur allgemeinen Geschichte, Germanenrechte Neue Folge – Deutschrechtliches Archiv H. 9, 1962, S. 16 f.; zur Vielschichtigkeit von *nepos* E. Klebel, Verwandtschaftsbezeichnungen im hohen Mittelalter, in: Monatsblatt Adler 6, 1944, S. 4 ff. Den Belegen Klebels in Königsurkunden ist u. a. noch D OIII 21 beizufügen; aus dieser Urkunde erhellt die allgemeine Bedeutung: *interventionibus ... nepotum nostrorum, Heinricorum ducum scilicet Bauuariae ac Carintane regionum:* Heinrich d. Z. war Ottos III. Onkel zweiten Grades, der Liutpoldinger Heinrich ein entfernter Großonkel (über die Ehe Hz. Heinrich I. – Judith).

19 Vgl. in der MGH-Ausgabe Sachregisterposition *nepos*, S. 612.

Wenn man nach weiteren Quellen sucht, die über die Konradiner im 10. Jahrhundert Aufschluß geben, so stößt man auf die Verwandtschaftstafel Ottos von Hammerstein. Sie dürfte für unseren Zusammenhang von erhöhter Wichtigkeit sein, begegnet doch bei Thietmar Otto von Hammerstein, der Sohn Heriberts, im Rahmen des *nepos*-Problems [20]. H. Breßlau [21] fiel in der Filiation Udos die Inkongruenz auf, daß *Otto* unvermittelt auf *Heribertus* stößt und daß deshalb in der Annahme eines Schreibfehlers (Prolepse) vorn *Heribert* zu konjizieren sei. So entspräche es nach Meinung Breßlaus dem »bisher Bekannten«, da Heribert und sein Bruder, Herzog Konrad, als Söhne Udos d. Ä. gelten. Doch kann man mit dem gleichen Recht vermuten, der Schreiber habe ein Zwischenglied übersehen, so daß die Reihe zu vervollständigen wäre: *Udo – Otto(Udo) – Heribert – Otto.* Beide Änderungsvorschläge beruhen auf Konjektur; man wird in Anbetracht der allgemeinen Unsicherheit wegen des Konradiner-Stammbaums nicht einem von beiden unbedingte Gültigkeit zuerkennen können. Die Forschung übernahm die Konjektur von Breßlau [22]. Doch bietet die Genealogia Ottonis et Irmingardis noch weitere Schwierigkeiten, die die Forschung bislang nicht zu lösen vermochte: Während in dem zweiten Ansatz *Irmingard* und *Otto* jeweils am Ende der Reihen stehen, hört nur die eine Seite des ersten Ansatzes mit *Otto* auf; die andere nennt zuletzt *Cuno*, ohne daß ein Bezug zu *Irmingard* erkennbar wäre. Dies gab zu mehreren Thesen Anlaß, die jedoch nicht befriedigen [23]. Es ist nicht zu verkennen, daß im zweiten Ansatz mit *Godefridus – Irmingard* die väterliche Verwandtschaft Irmingards und mit *Gerbirhc – Imiza – Otto* die mütterliche Ottos er-

20 Edition wie oben, S. 117, Anm. 39: *Gebehard et Udo nepotes, filii duorum fratrum. Gebehard genuit Cunonem. Udo genuit Ottonem* (Breßlau: *Heribertum*). *Cuno genuit Cunonem. Heribertus genuit Ottonem. Item ex alia parte: Godefridus et Gerbirhc nepos et neptis. Godefridus genuit Irmingardam. Gerbirhc genuit Imizam. Imiza genuit Ottonem.*

21 H. Bresslau, Otto von Hammerstein und sein Haus, in: Forschungen zur deutschen Geschichte 21, 1881, S. 401–406.

22 So zuletzt E. Hlawitschka, Habsburg-Lothringen, S. 49, mit den Argumenten, daß so die Notiz im Einklang mit Thietmars Angaben stehe und nur so ihr Aufbau logisch(?) sei; dazu s. weiter unten im Text.

23 G. Schenk zu Schweinsberg, Genealogische Studien, S. 371 f., meint, es habe sich vielleicht um einen Heiratsplan zwischen Kindern Irmgards/Ottos einer- und Cunos andererseits gehandelt; doch empfand er das Fehlen ihrer Namen selbst als befremdend. Dagegen spricht weiter der Aufbau der Doppelnotiz. E. Hlawitschka, Habsburg-Lothringen, S. 50, Anm. 12, vermutet in Cuno einen der Belastungszeugen beim Prozeß Ottos (Thietmar, Chronicon VIII 18, S. 514: *tribus sacramentis,* keine Namen!). Dieser Hinweis berücksichtigt nicht den parallelen Aufbau.

wähnt werden. Wenn man nach einer Analogie im ersten Ansatz sucht, so bleibt, da die eine Reihe zweifellos die väterliche Verwandtschaft Ottos wiedergibt, für die andere, die auf *Cuno* endet, nur die mütterliche Irmgards übrig. Zum Verständnis dessen ist grundsätzlich denkbar, daß eine Verwandte Irmgards mütterlicherseits, etwa eine Schwester ihrer Mutter, Cuno geheiratet hat und dadurch Gebhard ein Vorfahr Irmgards mütterlicherseits geworden ist. Träfe diese Annahme zu, so würde sich der Einschub eines Zwischenglieds auf Ottos Seite empfehlen, da Irmgard in diesem Fall erst eine Generation unter Cuno einzureihen wäre [24].

Die Frage, ob der Stammbaum Ottos von Hammerstein zu erweitern ist, kann nicht ohne Berücksichtigung der *arbor parentele* innerhalb des Kirchenrechts gestellt werden. Es ist im Rahmen dieser Arbeit allerdings unmöglich, die Probleme der verschiedenen *computationes*, vornehmlich zu Beginn des 11. Jahrhunderts, vor dem Hintergrund des Vorgehens Heinrichs II. gegen Konrad von Kärnten und gegen Otto von Hammerstein zu erörtern [25]. Man wird aber, was die Zählweise auf der mit dem Prozeß gegen Otto zusammenhängenden Synode von Seligenstadt (1023) betrifft, von Burchard von Worms ausgehen können, der in seinen Dekreten den Beginn der (kanonischen) Zählung für die Enkelgeneration *(nepotes)* und nicht, wie bisher üblich, für die Sohnesgeneration postulierte. Burchard war nach Ansicht der Forschung auch an der Redaktion des vergleichbaren Kapitels der Seligenstädter Beschlüsse beteiligt [26], und es wurde bereits vermutet, daß Burchards Interpolation auch dem Ziel diente, Ottos und Irmingards Ehe auf diese Weise ungültig zu machen [27].

24 Die von H. JAKOBS, St. Blasien, S. 176 f., besprochene Möglichkeit, in dem Udo der Genealogie Udo d. J. zu sehen, wird von ihm selbst verworfen, da auf diese Weise Gebhard (ein Vetter Udos d. J.) zum Sohn von Udos d. Ä. einzigen Bruder Hermann würde; dieser aber hatte nur die Tochter Ita.

25 Allgemein J. FREISEN, Geschichte des kanonischen Eherechts, 1893(2), S. 410 ff., und die wenig ergiebige Arbeit von D. VON KESSLER, Der Eheprozeß Ottos und Irmingards von Hammerstein. Studie zur Geschichte des katholischen Eherechts im Mittelalter, 1923. Über den Hammersteinprozeß wird demnächst eine Untersuchung von S. Reicke (Nachlaß) mit Behandlung der kanonischen Fragen erscheinen, wie mir Herr Dr. J. Reicke freundlich mitteilte. Leider konnte ich das Manuskript nicht einsehen.

26 Burchard von Worms, Decretorum liber VII c. 10, in: PL 140, 782; Concilium Seligenstadense c. XI, in: MG Const. 1, 638. Dazu A. M. KOENIGER, Burchard I. von Worms und die deutsche Kirche seiner Zeit, in: Veröffentlichungen aus dem Kirchenhistorischen Seminar München II. Reihe Nr. 6, 1905, S. 155 ff., und U. LEWALD, Studien zum Liber de Vita Christiana des Bonizo von Sutri mit besonderer Berücksichtigung des Eherechts, Diss. phil. Berlin, 1938, S. 77 ff.

27 U. LEWALD, Bonizo, S. 78, Anm. 2 mit Verweisen.

Auch die Ehe Konrads von Kärnten mit Herzog Hermanns II. Tochter Mathilde, die auf einer Verwandtschaft 4. kanonischen Grades basierte, wurde von Heinrich II. wegen der *consanguinitas tertii loci* (!) gebrandmarkt; diese Verwandtschaft entspricht ganz den Verhältnissen der Hammersteingenealogie [28]. Deren hier erörterte Erweiterung würde also den Rahmen der dirimierenden Ehehindernisse nicht überschreiten. Doch bedarf die Frage einer kompetenten Behandlung. Die Inkongruenz der beiden Ansätze (*item ex alia parte ...*), die in dem verschieden großen Abstand zum jeweils gemeinsamen Ahnherrn besteht, würde durch den Einschub noch größer; doch entbehrt auch die mit Breßlaus Konjektur bestehende Divergenz einer Erklärung.

Die Ausgangsfrage danach, was über die Abstammung der Brüder Herzog Konrad und Heribert auszusagen ist, läßt sich so präzisieren: Wenn sie als Söhne Udos d. Ä. gelten sollen, dann bezeichnete Thietmar Heriberts Kinder mit *nepotes* als seine Onkel oder Verwandten allgemein. Ließen sie sich als Söhne Udos d. J. verstehen, so wären es seine Vettern. Diese Bedeutung von *nepos* würde zu dem sonstigen Wortgebrauch bei Thietmar passen. Die Verwandtschaftstafel Ottos von Hammerstein ist entstellt überliefert; ein Eingriff in den Text muß sich in jedem Fall seiner Prämissen bewußt bleiben. Hier mit Breßlau die Theorie, die die ältere Forschung zum Konradinerstammbaum entwarf, zugrunde zu legen, ist jedoch nicht selbstverständlich.

Ein weiteres Beispiel soll die Unsicherheit dieser Genealogie im 10. Jahrhundert verdeutlichen. Im Aufgebot Ottos II. für Italien heißt es: *Heribertus comes ducat XX* (Lücke) *et fratris filius aut veniat cum XXX aut mittat XL* [29]. Daß mit Heribert der Graf in der Wetterau/Kinziggau [30], einer der Söhne Udos d. Ä., gemeint ist, nimmt die Literatur an [31]. Doch machte man sich bisher m. W. noch keine Gedanken darüber, auf wen sich die Angabe *filius fratris* beziehen könnte. Dies läßt sich nicht schlüssig beantworten, doch seien folgende Bemerkungen gestattet: Wir konnten bereits [32] wahrscheinlich machen, daß die folgende Angabe des Aufgebotes (Megingaus/Burchard) auf den Laden(Lobden)-/Gartachgau um Heidelberg zu beziehen ist. Aufgrund der beobachteten

28 Vgl. zu Konrad von Kärnten Tafel und Bemerkungen bei S. Hirsch, Jahrbücher Heinrichs II. Bd. 1, S. 244 ff., u. bes. S. 246, Anm. 2, mit Quellenverweisen, und neuerdings mit Bezug auf Heinrichs versteckt politisches Vorgehen gegen die Konradiner E. Hlawitschka, Habsburg-Lothringen, S. 63, Anm. 62.

29 Edition wie oben, S. 117, Anm. 36.

30 Vgl. D OII 128 von 976 und dazu W.-A. Kropat, Wetterau, S. 22.

31 M. Uhlirz, Jahrbücher Ottos II., S. 252.

32 S. oben, S. 136.

regionalen Kontinuität darf man unterstellen, daß der Sohn von Heriberts Bruder im Raum Wetterau – Lobdengau wirksam war.

Die ältere Forschung hat die »Erbschaft« des Grafen Udo d. Ä. so verteilt: Den Rheingau übernahm Konrad, den Kinziggau Heribert (beide bei Thietmar zum Ende des 10. Jahrhunderts erwähnt); die Wetterau soll, obwohl nicht bezeugt, Udo d. J. zugefallen sein [33]. Demgegenüber hat W.-A. Kropat betont, der Kinziggau in der Erwähnung von 976 sei nur eine Namensvariante für Wetterau [34]. Für Udo d. J. suchte man Grafschaften an der Mosel, in denen ein gleichnamiger Graf in der 2. Hälfte des 10. Jahrhunderts wirkte [35]. Doch ist die Identität der beiden Personen nicht gesichert, so daß die Frage offen bleiben muß, wo Udo d. J. als Graf fungierte [36]. Es ist auch hier nicht möglich, eine sichere Erklärung zu geben. Doch sind mehrere Fälle diskutabel. Wenn wir den Heribertus *comes* für einen Sohn Udos d. Ä. halten, kommen als Brüder nach herkömmlicher Auffassung Udo d. J. und Konrad in Frage. Der erste gilt denen, die Hermann II. entsprechend den Einsiedler Annalen für den Sohn Konrads halten, als kinderlos, und Konrad, so man den Herzog für einen Sohn Udos d. Ä. hält, hatte einen Sohn, eben Hermann (II.). Eine Wirksamkeit in der Wetterau wird man Hermann wohl nicht zuerkennen können; die Grafschaft ging an Heriberts Nachkommen Otto von Hammerstein über [37]. Im Rheingau läßt sich andererseits bis 995 Herzog Konrad als Graf nachweisen [38].

Hier sei eine andere Erklärung erwogen, die nicht mehr als ein denkbarer Vorschlag sein will: Wenn wir die Annahme aufgeben, der *comes* Heribertus von 976 und von 981(?) sei mit dem um 997 gestorbenen gleichnamigen Bruder Herzog Konrads identisch, fällt uns die Beweislast zu, dieses Brüderpaar genealogisch einzuordnen. Angesichts der Unstimmigkeit in der Verwandtschaftstafel Ottos von Hammerstein ist es möglich, Heribert und Herzog Konrad als Söhne Udos d. J. zu erkennen; Thietmars Zeugnis würde dem, wie dargestellt, entsprechen. Sehen wir im Augenblick von Hermann II. ab und wenden wir uns der Notiz

33 Belege dazu und zum folgenden bei Fr. Stein, Konrad I., S. 310 ff.

34 W.-A. Kropat, Wetterau, S. 22, 27; zu Heribert ibd., S. 41. Im Register, S. 232, ist nur Udo d. Ä. aufgenommen.

35 Mayenfeld und Trechirgau: H. Werle, Titelherzogtum, S. 231 mit Anm. 26, S. 233 mit Anm. 32.

36 I. Dietrich, Konradiner, S. 151, hält es für fraglich, ob der im Kinziggau nachgewiesene Heribert die ganze Wetterau innehatte; ibd., S. 256, Bemerkungen zum Mayenfeldgrafen.

37 D HII 351 von 1016; Fr. Stein, Konrad I., S. 321.

38 D OIII 8 von 985, D OIII 166 von 995.

des Aufgebots zu: Unser Lösungsvorschlag bringt es mit sich, daß auch die bislang unterstellte Identität des Grafen Cunradus vom Rheingau um 950 und des alemannischen Herzogs (982–997) fällt[39]. Wenn man die exakten »Identifizierungen« der im Aufgebot erscheinenden Personen bedenkt[40], könnte die namenlose Nennung eines *frater* als Hinweis dafür gelten, daß Heribert zu dieser Zeit nur noch einen Bruder, nämlich Udo d. J., hatte. Wie verträgt sich diese Vermutung nun mit der regionalen Einordnung des *filius fratris*? Beide Möglichkeiten sind zu diskutieren: Wenn man mit Fr. Stein und (zurückhaltend) I. Dietrich an eine Teilung der Grafschaft Wetterau denkt, so wäre ihr Hauptteil Udo zuzuweisen, während Heribert, sein Bruder, den Kinziggau verwaltete. Als *filius fratris* käme von den Söhnen Udos d. J. Heribert in Frage, der die Wetterau auf seinen Sohn Otto von Hammerstein vererbte. Wenn wir davon absehen, Wetterau und Kinziggau zu trennen, dann paßte ebenfalls gut in das entworfene Bild, daß Herzog Konrad, der andere Sohn Udos d. J., den Rheingau verwaltet hat.

Man könnte weiter fragen, warum der Sohn des Bruders und nicht der Bruder selbst aufgeboten wird[41]. Zwei Antworten bieten sich an: Der Bruder war zu dieser Zeit nicht mehr am Leben, oder er wirkte in einem anderen Raum. Wenn die Vermutung zuträfe, daß in dem *frater* Udo d. J. zu sehen ist, würde die erste Annahme dafür sprechen, daß das Aufgebot mit Uhlirz auf die Zeit nach der Schlacht von Cotrone datiert wird, in der Udo *dux* gefallen ist. Doch reichen die Indizien für eine Umdatierung nicht aus, andere sprechen sogar dagegen[42]. Für die zweite Möglichkeit (Wirksamkeit in einem anderen Raum) läßt sich keine Entscheidung treffen; vielleicht ist der Grund darin zu suchen, daß der *frater* im Moselgebiet amtierte oder daß er mit dem *ducatus Alsaciensis*-Aufgebot nach Italien zog. Zumindest würde auch dieser Aspekt unserer Annahme nicht im Wege stehen, in dem Sohn von Heriberts Bruder entweder Konrad vom Rheingau, den späteren alemanni-

39 Die nicht bezeugte Filiation Udo d. Ä. – Herzog Konrad und die große zeitliche Distanz veranlaßten K. Schmid, Kuno von Öhningen, S. 88, am bisherig gültigen Stammbaum zu zweifeln.

40 Vgl. dazu oben, S. 136, Anm. 124.

41 Im Vergleich mit den übrigen Angaben fällt die Anonymität in personaler und lokaler Hinsicht auf.

42 Vgl. oben, S. 135, Anm. 121; den dort genannten Gründen ist noch anzufügen, daß die hohe Zahl der Panzerreiter (100) des Augsburger Bischofs schwer auf die Zeit kurz nach dem Tod Bischof Heinrichs, der bei Cotrone fiel, zu beziehen ist (vgl. Regesten Augsburg I/2, Nr. 172, S. 97 f.).

schen Herzog, oder seinen in der Wetterau wirksamen Bruder Heribert zu erkennen [43].

Es bleibt noch eindringlich zu fragen, wie Hermann II. in dieses »System« einzufügen ist. Nach den bisherigen Beobachtungen und dem Zeugnis Thietmars, er sei ein Sohn von Kunigundes Onkel gewesen, in dem aus dem Kontext der Chronik heraus nur Udo d. J. zu erkennen ist, müßte er als Bruder Konrads angesehen werden. Dem steht ohne Zweifel die Nachricht der Einsiedler Annalen entgegen, Hermann sei als Sohn Konrads in der Herzogswürde gefolgt. Man wird sich zwischen ihrem Zeugnis, für das die örtliche Nähe gewichtig spricht, und Thietmar, dem seine Verwandtschaft mit den Konradinern Glaubwürdigkeit verschafft, entscheiden und dabei nach stützenden Indizien suchen müssen [44]. Ob sich die für die Filiation Udo d. J. – Hermann II. beige-

43 Dazu oben, S. 225.

44 E. Hlawitschka, Habsburg-Lothringen, S. 48, Anm. 4, glaubt zur Ergänzung der Einsiedler Überlieferung einen Reichenauer Gedenkbucheintrag heranziehen zu können, der von H. Schwarzmaier, Reichenauer Gedenkbucheinträge aus der Zeit König Konrads II., in: ZWLG 22, 1963, S. 19–28, untersucht wurde (MG Libri confrat. cod. aug. col. 668: *Cuonradus dux, Herimannus dux, Gerbirch, Mathilth, Fridericus dux, Cuonradus dux, Brun, Friderich, Ruodolf, Adalheid*). H. Schwarzmaier, S. 20 f., erkannte in dieser Namensgruppe die alemannischen Herzöge Konrad und Hermann, Hermanns Töchter und deren Gatten und sah in Mathilde, die sich mit ihrer Familie eintragen ließ, den Mittelpunkt der Personengruppe. Ferner ordnete er die Notiz in die Auseinandersetzungen der Konradiner um Burgund und das alemannische Herzogtum ein (1025 bis 1027). Die Erwähnung Herzog Konrads weist jedoch nicht notwendig auf die Filiation Konrad – Hermann hin; er kann ebenso gut als Hermanns Bruder eingetragen sein. – Hier sei auch kurz auf den Beitrag von E. E. Stengel, Udo und Hermann, die Herzöge vom Elsaß. Das Rätsel der ältesten Wetzlarer Geschichte, in: Hess. Jb. f. Landesgesch. 1, 1951, S. 42–71, eingegangen: Der Versuch, in Udo und Hermann die Söhne Gebhards, des *dux regni quod a multis Hlotharii dicitur*, zu sehen und die Wohltäter des Wetzlarer Marienstifts in die erste Hälfte des 10. Jhs. zu datieren (beide gest. 949), kann nicht als gesichert betrachtet werden (vgl. I. Dietrich, Konradiner, S. 219 ff., u. H. Keller, Kloster Einsiedeln, S. 101 f., Anm. 34). Stengel, S. 45, gibt die Quellen über die elsässischen Herzöge am Ende des 10. Jhs. nur z. T. wieder: Er beschränkt sich auf die »Chronisten« (für Hermann II.) und läßt die verfassungsrechtlichen Stellen (Aufgebot, D OIII 8, 130) unerwähnt. So muß er Udos und Hermanns Titel *duces Alsatiae* einmal von ihrem Vater – sie werden in der Wetzlarer Überlieferung indes nicht Brüder genannt! –, zum anderen von Lothringen herleiten. Nach der weiterhin als Quelle

steuerten Beobachtungen als tragfähig erweisen, muß offen bleiben. Sie dienten keinem anderen Zweck, als dem, die Ungereimtheiten der althergebrachten Konradinergenealogie zu verdeutlichen, die in neueren Arbeiten nicht genügend beachtet wurden.

zur Verfügung stehenden Grabschrift (wegen der leoninischen Hexameter ins 10. oder 11. Jh. zu datieren) sind Udo und Hermann in Wetzlar bestattet worden; daß Herzog Hermann I. auf der Reichenau sein Grab fand, hat für STENGEL, S. 56, wenig Gewicht. Zu den in der Grabschrift angegebenen Sterbedaten (Monat) bemerkt STENGEL, S. 57 f., wenigstens eine Monatsangabe (November) treffe wohl auf Udo (gest. 949) zu; die andere (April) würde zu Herzog Hermann III. passen. Doch könne wegen des häufigen Vorkommens der Namen bei den Konradinern mit einem Irrtum des Schreibers gerechnet werden. Gemäß dieser treffenden Bemerkung können wir jedoch überhaupt wenig mit den Daten ausrichten. Bereits I. DIETRICH, Konradiner, S. 220, machte auf die Möglichkeit einer Kontamination aus späterer Sicht aufmerksam. So muß offen bleiben, welche Persönlichkeiten im Zusammenhang mit der Wetzlarer Geschichte als »Herzöge vom Elsaß« begegnen; die Verbindung der Konradiner mit dem Wetzlarer Raum (I. DIETRICH, Konradiner, S. 220) und mit dem Elsaß während des 10. Jhs. mag sich in der späten Überlieferung spiegeln, ohne daß wir gezwungen sind, in Udo und Hermann Gebhards Söhne zu sehen. Zu Udo und Hermann auch H. BÜTTNER, Die politische Erfassung des Lahn- und Dillgebiets im Früh- und Hochmittelalter, in: Hess. Jb. für Landesgesch. 8, 1958, S. 1–21, hier S. 11, und W.-H. STRUCK, Die Stiftsgründungen der Konradiner im Gebiet der mittleren Lahn, in: Rhein. Vjbl. 36, 1972, S. 28–52, hier S. 44 mit Anm. 84.

Stammtafel der Konradiner (nach Isenburg und Holtzmann)

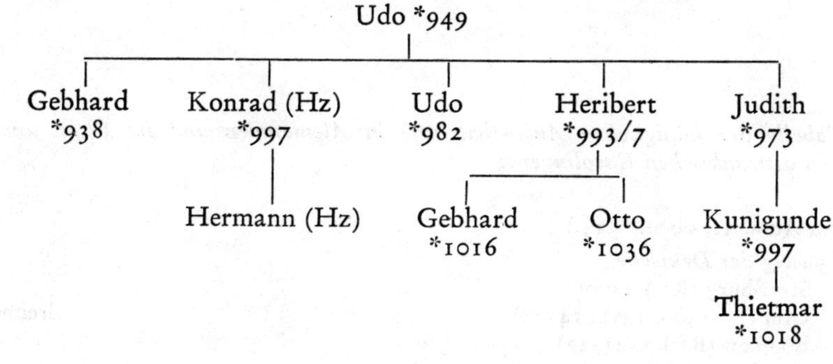

diskutierte andere Möglichkeit

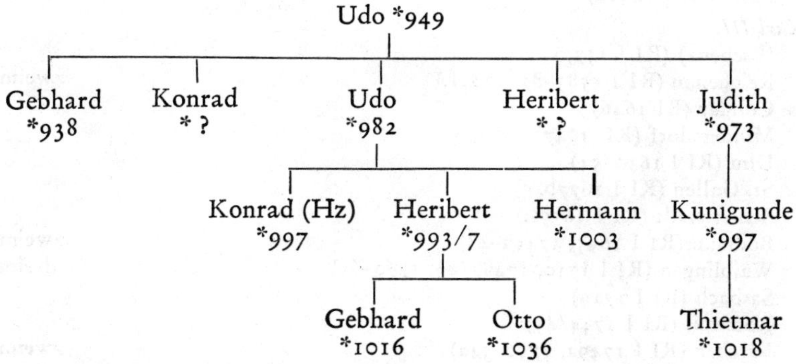

Genealogie Ottos und Irmgards

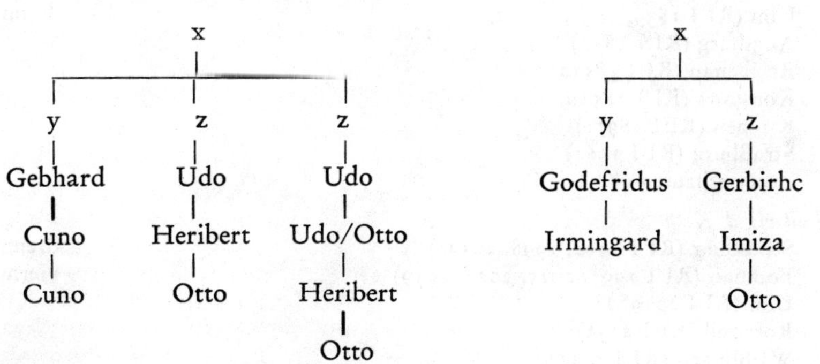

(Breßlau)

ANHANG

Tabelle der königlichen Aufenthaltsorte in Alemannien und im Elsaß unter den ostfränkischen Karolingern:

(zu Anm. 31, oben, S. 15.)

Ludwig der Deutsche	
Straßburg (RI I 1370d)	
Ulm (RI 1409, 1418, 1430b)	dreimal
Bodman (RI I 1423–27)	
Augsburg (RI I 1499)	
Heilbronn (RI I 1370)	
Basel (RI I 1441a)	
Karl III.	
(Eschenz) (RI I 1577)	
Reichenau (RI I 1583–87, 1681f.)	zweimal
Colmar (RI 1646)	
Mindersdorf (RI 1647)	
Ulm (RI I 1650/51)	
St. Gallen (RI I 1677b, c)	
Schlettstadt (RI I 1679f.)	
Bodman (RI I 1695, 1745a–48)	zweimal
Waiblingen (RI I 1710, 1748a/49, 1760–65)	dreimal
Sasbach (RI I 1719)	
Rottweil (RI I 1744/45)	
Kirchen (RI I 1749a, 1750–54a)	zweimal
Lustenau (RI I 1756–59)	
Neudingen (RI I 1765c)	
Arnulf	
Ulm (RI I 1839, 1848, 1867c)	dreimal
Augsburg (RI I 1840)	
Reichenau (RI I 1851a)	
Konstanz (RI I 1851b)	
Kirchen (RI I 1897e)	
Straßburg (RI I 1961)	
Zusmarshausen (RI I 1868)	
Ludwig d. K.	
Straßburg (RI I 1992, 1998, 2039a)	dreimal
Bodman (RI I 1993, 2025, 2056, 2059)	viermal
Ulm (RI I 2019f.)	
Rottweil (RI I 2033)	
Waiblingen (RI I 2055)	
Augsburg (RI I 2064a)	
Nordhausen (RI I 2040)	

Gedenkbucheinträge aus Remiremont
(MG Liber memor. Romar.)

Bemerkungen: Die geradestehenden Namen sind für den jeweils angegebenen Text wichtig; dort werden auch die Bezüge zwischen dem Namensgut der Einträge besprochen. Die mit * versehenen Namen (in 53v, 12) weisen auf Entsprechungen in den Murbacher und Basler Konventslisten hin, auf deren Wiedergabe wegen ihres Umfangs verzichtet wurde. – In 40v, 2 ist statt *Uaterius* (MGH-Edition) *Ualterius* zu lesen: *l* und *t* haben denselben Schaft. Der Name Uaterius kommt sonst nicht vor; vgl. Personenregister der MGH-Edition, S. 278, UUAT–.

6r, 2 (um 925). Zu S. 124 ff., Anm. 70, 74, 79.

Hugo *com.*, Hildesint, Uuito, *Algoz*, Burchardus, *Rodulfus*, Liutfridus, *Luduicus*, Irmingart, Liutfridus, Uuilla, Liutfridus, Uuilla, Liutfridus, Uuito, *Uuernerio*, Cuonradus, Uodelrih, Eburhardus, Hugo, *Berta*, *Alburc*, Lantbertus, *Rotbertus*, Uuito

6r, 11 (Mitte 10. Jh.). Zu S. 190, Anm. 384.

Richerius, *Uuilenc*, *Acilin*, *Agenes*, Gozbertus, Tiet, *Gundrada*, Uualterius, Ermensint, *Raginardus*, Hugo, *Emerllant*, *Isbergo*, *Emma*, *Gersint*, Conigundis, *Adelardus*, Ermentrudis (zweimal), Hugo, Udolricus

6v, 8 (um 950).
Zu S. 124 ff., Anm. 70, 74, 79, S. 188, Anm. 375, Exkurs I, S. 217, Anm. 41.
Ildigart, *Bertrudis*, Meingot, Uualteir, Ildigart, *Teudo*, *Reinpolt*, Euerat, Hugo, Ugo, Guntram, Betta, *Teudo*, *Meingot*, *Litart*, *Gotifrit*, Riqin, Gunrat, Uualteir, *Titfret*, Meingot, Amalri, Stefanus, Ugo, Girat, Otlint, *Teueir*, Ermendrudis, *Adelsend*, *Teuteir*, Uuito, *Etdo*, Nico, Riqin, *Teueir*, Bertrau, Adelacdis, Ildegart, *pro omnes propinquos et consanquineos, uiuos ac mortuos*

7r, 2 (Forts. von 6v, 8). Zu S. 125, Anm. 74, S. 188 ff., Anm. 375, 384.

Nobilissimus nobilior Guntarm *uiuos ac mortuos pro omnes propinquos et consanquineos*, *Adeldiu*, Gotilint, Percer, Riqin, Lanpert, Dagopret, Purcart, *Etto*, Conigund, Irminsuint, Manegolt

38v, 1 (um 950). Zu S. 125, Anm. 74, S. 188 ff., Anm. 375, 384.

(Einsatz in 2. Hälfte des Eintrags) Bertrau, *Lettardus*, *Uilleg*, Iogspertus, *Letbaldus*, *Teutbaldus*, *Alsuindis*, *Berherius*, Otco, Aelbereo, Gotilindis, Lanberdus, Ricuinus, Alluc, Burchardus, *Hamontdus*, Dagobertus, Euardus, Recgo, *Rodoricus*, Libo

40v, 2 (2. Viertel 10. Jh.). Vgl. Angaben zu 38v, 1.

Pericerius, Oco, Lanpertus, Adelbero, Burchard(us), *Reinardus*, *Titpertus*, Uualterius (nicht: *Uuaterius*!), *Rambaldus*, *Ingaldus* (zweimal), *Erinpurc*, *Oto*, *Paldol*, Pergerius, Ricuinus, Purcardus, Aluc, *Oto*, *Haimarto*, *Uiperdus*, Conra, Cotilint, *Fater*, Armannus

42v, 16 (4. Viertel 9. Jh.). Zu S. 125, Anm. 74.

Hirmigart, *Herchenrat*, *Palsint*, *Suabin*, Huoco, Adal, Adalrih, *Huoto*, *Albrih*,

Emeldrud, Burcat, *Cundolt,* Irminsint, Cotelint, Udolrih, *Niuart,* Uodoulrih, Adelrih, *Isinbret, Suabin, Ato*

53v, 4 (4. Viertel 9. Jh.). Zu S. 190, Anm. 384, S. 191 ff., Anm. 392, 398.

Doda, Adhelricus, Liutfridus, *Theutdericus, item Theudericus, Thieto, Theudericus, Huoto, Huodolfridus, Hartricus, Herirat,* Criffo, Meinuuardus, *Azo, Adheluuich, Liuthart, Theutfridus, Uuitburc, Uuitaldus, Archenradus, Fridericus,* Liutolt, *Hemhart, Ruotpert, Uuarunt, Keralt, Adhelfridus,* Burchart, Sigiboto, *Baldus, Hildine,* Liutfridus, *Chunipertus,* Periger, *Theutboldus, Amalpertus, Rodouuardus,* Toto, *Amalpertus,* Alterich, *Uuerinc,* Cozpertus, *Uuicheramnus, Hunoldus,* Meinuuart, *Puoso, Hymmo,* Franco, *Adhelbolt,* Liutolt, *Haso, Landzo, Uuillirich, Uuuerman, Folrit, Herolt, Arcumfridus*

53v, 12 (1. Hälfte 10. Jh.). Zu S. 188 ff., Anm. 376, 384, 390, 392, 398.

*Freuelind, Pereuic, Rihharius, Tudina, Regina, Uuadpert, Ingolt, Prunnehilt, Unnid, Folheloh, Engilsind, Uualterat, Cozlind, Cozsind, Cozpiric, Uerinbert, Mereboto, Adalhart, Raholf, Inga (et) Ospirn**, Alouc, *Cozlind, Uodilfrid, Erchenfrit,* Irmindrud, Meginuart, *Sigeboto**, *Adaboto,* Meginuart, Griffo, *Liutsind, Ruodoloh, Mereboto, Uiligart, Laltolt, Engilbert* (zweimal), *Uuirimhere, Adaluic, Liuthart**, *Uolpert, Sigiloh, Kerhilt Uuolferat, Ripoto, Hadebert, Amalker, Regimunt* (zweimal), Francho, Odilind, *Keruic, Pereuic, Puricher,* Thieterih, *Piat, Amalger, Reginmunt,* Sahso, *Meginher, Ellinhart, Alauic, Ratuic, Thiepo**, Perinker, Pald, *Liupold, Puobo, Engilrih, Herrat, Meginfrid, Uuillihelm**, *Erih**, Arnolt, *Uuolfrid, Meginhere**, *Kerh(er), Heilman**, *Heilbot, Uuolflioz**, *Erchenher, Ierat**, *Sigeleih, Cozpret**, Uualdher, *Aalbert, Ratcoz**, *Frecholf**, *Ruoduic, Folcholt**, *Iuncman**, *Eigilher, Ruodhart,* Thieterihc, *Hunem(er), Uualdker**, Perinker, *Adalman, Uuoleram**, *Reginmunt**, *Erih**, *Thiepold, Rakys**, *Herrat, Poto, Uuaenc(us), Frat(er), Riholf, Tougolf**, Yrinc, *Thoumunt, Uualdker**, Francho, *Uuoffo, Edelinc, Rambert, Uuolfo, Uuichart, Sindibold, Thiepert, Ansuuart, Liupman,* Toto, *Ruodoloh, Uto* (zweimal), *Altine, Erih**, *Thiepo**, *Engilmar,* Manegolt, *Heimo lai(cus), Ruodker,* Erlefrid, Nandker, *Mereswind,* Thieterih, *Ruodpert,* Thierterih, Hiltegart, Uualdhere, *Ymma, Uto, Cozhelm, Engilgart, Hiltithiu, Cunderat,* Uualdhere, *Cozhelm, Ingolt, Harpert, Cozhelm, Latfrid, Tiepurc, Anshelm, Othart, Folhhilt, Perenhere, Fricho, Thieto, Egilsind, Ymmo, Thietuin, Cotelm, Tota,* Eberher, *Erlebold, Cotehelm,* Yrminsind, Liutolt, *Adalthiu,* Thieterih, Yrminsind, Thieterih, Otuin, *Cozholm, Thieto, Kerolf, Sumerhilt, Fregolf**, *Uuolfher, Ruohere, Ruopert, Adagern, Thieterat,* Eberhart, *Adalbert, Uualdker**, *Yrimburc,* Francho, *Edilluid, Engilsind, Adaluic, Cozsind,* Meginuart, *Pereuic, Uolferat,* Yrinc, Kerbirc

56v, 2 (3. Viertel 10. Jh.). Zu S. 124, Anm. 70.

Anno, Baldricus, Ugo, Irmingart, *Rado migrauit, domine libera eum, Teutbaldo, Albricus, Ralint, Teutbaldo, Beta,* Gotlindis, Euart, *Adalgart,* Gerart, Uualtetir, Uualtir, *Anno frater, Berta, Ermenart, Leudo, Norgot, Elgot,* Franco, *Gisla,* Ildeburc, Uualteir, *Ermenat, Leudo, Reindrudis, Teucinda, Lancinda, Uindelmot, Teudericus, Unbert, Berta, Ripaldus, Teudericus, Meinfrida,* Amalricus *paruulus, Uundelmot, Otinb,* Otlindis, *Fastrada, Berta* . . . Irmngart, *Goda, Manoto, Ansel, Uuinant*

57r, 2 (vor Mitte 10. Jh.). Zu S. 125, Anm. 74, S. 191, Anm. 394.

Nomina defunctorum. Hiltibrhat, Vogo, *Richgovuo,* Gerhart, *Meginuuarc,* Eberhart, Megingoz, *Iudita, Richhilt,* Harterat, Radeboto, Mahtgund, Hartman, Guntrammus (zweimal), Harterat, Adeluuar, *Folkerat, Gundolt, Sigehart,* Berenger, *Adelrat, Gimmunt,* Hiltigart, *Bilidrud, Adeluuin, Suonheri,* Adelheid

MG Libri confrat. cod. aug. col. 192b/193b (Mitte 10. Jh.)
Vgl. Angaben zu 57r, 2.

Harterat, Herman, *Mathsuuind,* Mahtgund, Radeboto, *Ruodolf, Gerung, Keroh, Adalpret,* Kerolt, Purchart, *Folchnant, Cundolt,* Pernhart, Kerolt, *Vuigo,* Adaluuar, *Erlolf,* Tuto, Adalrih, Cundram, Vuilla, Gerburg, Liutfrid, *Albuuin,* Pernhart, Irimgart, Chuonrat, Adalbero, *Fizila,* Libo, *Ruodgart,* Eberhart, *Loha, Vuanger, Crispio* (zweimal), *Susinna, Egilolf,* Ruodolf, *Reginart,* Hartmann, *Ruodpret,* Cundram, Vodalrih, Hiltegart, *Vogo,* Vto, Voto, *Vualere, Fonteia*

57r, 4 (3. Viertel 10. Jh.). Zu S. 124, Anm. 70.

Hildeburc, Uualterius, Uuidus, Lanbertus, Uco, *Rampo, Fulco, Cozelmus, Leutardus, Rozindis, Railindis,* Uuido, *Sarilus, Girbertus,* Uuidus, *Sarilus,* Ermentrudis, Adelacdis, *Isuardus, Angeldrudis, Rotrudis,* Odelindis, Uuilelmus, *Berta,* Lanbertus, *Lisinia,* Hildebur, *Ihila, Odelm*

62v, 2 u. 63r, 1 (um 885). Zu S. 124, Anm. 70, S. 190 ff., Anm. 384, 392, 398.

Nomina laicorum. Haluuic, Adaluuic, Ruodpret, Uuolpoto, Heinrih, Minio, Vualteri, *Ratart, Ratniuh, Ittespurc, Thietlint, Engilhilt,* Liuto, Hoto, *Kerbolt, Sigibolt, Haicho, Cunipret, Reinhart, Adaldiu, Ratsint,* Adalsint, Erchinpret, Uualtheri, Gozhelm, *Titerat/Kerbold,* Peringer, *Purgolt, Adalholf, Gamanolf, Liupret,* Uodalrih, Berno, *Ildradi,* Hugoni, *Heiradi, Acharii, Trudane, Paboni, Titerat, Sitpret, Altrat,* Altrih, Uualtarii, *Uuolfcanc, Ildifridi*

64r, 2 (um 950). Zu S. 188, Anm. 375, 384.

Adelbertus, item Aelbertum, Isingart, Uuarnerum, Burchar, Hemo, Euerat, *item* Euerat, Euerat, *Leultolt,* Alluc, Dagobertus, *Anno,* Bercher, Oto, Aelbero, *Uuitmart, Petronilla, Lietbrant*

MG Libri confrat. cod. aug. col. 154. Zu S. 87, Anm. 153.

Purchart, Reginlind, Luitcart, Kisila, Perchta, Rualind, Thiet, Perihker, Odarih, Manegolt, *Uotilo, Perehtolt, Erchenbold,* Kerbrig (zweimal), *Sigebrug, Ruom,* Uuito, Perehker, Perenhart, *Uualdpret, Helmerat, Uuenilo, Cundhere, Heribold, Picho*

MG Libri confrat. cod. sangall. col. 366. Zu S. 87, Anm. 153.

Uualtfrit, Kysala, Reginlint, Thiotolt, Erchanpolt, Uualtpret, Kebine, Kysala, Pertha, Ruollint, Richpret, Cunthere, Ruom, Uuolfram, Tuogolf, Kerrat

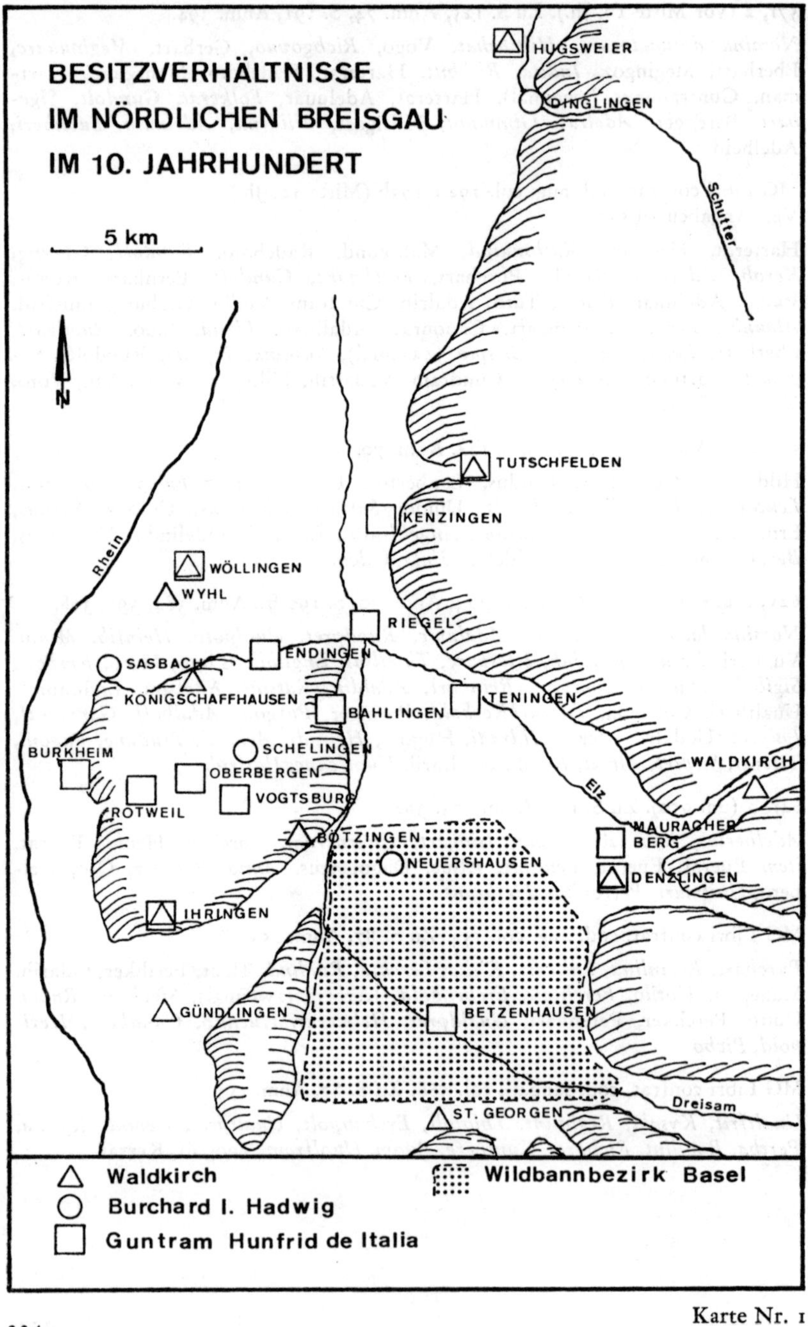
BESITZVERHÄLTNISSE
IM NÖRDLICHEN BREISGAU
IM 10. JAHRHUNDERT
5 km
N
HUGSWEIER
DINGLINGEN
Schutter
TUTSCHFELDEN
KENZINGEN
Rhein
WÖLLINGEN
WYHL
RIEGEL
SASBACH
ENDINGEN
KÖNIGSCHAFFHAUSEN
TENINGEN
BAHLINGEN
SCHELINGEN
BURKHEIM
OBERBERGEN
ROTWEIL
VOGTSBURG
WALDKIRCH
Elz
MAURACHER BERG
BÖTZINGEN
NEUERSHAUSEN
DENZLINGEN
IHRINGEN
GÜNDLINGEN
BETZENHAUSEN
Dreisam
ST. GEORGEN
Waldkirch
Burchard I. Hadwig
Guntram Hunfrid de Italia
Wildbannbezirk Basel

Karte Nr. 1

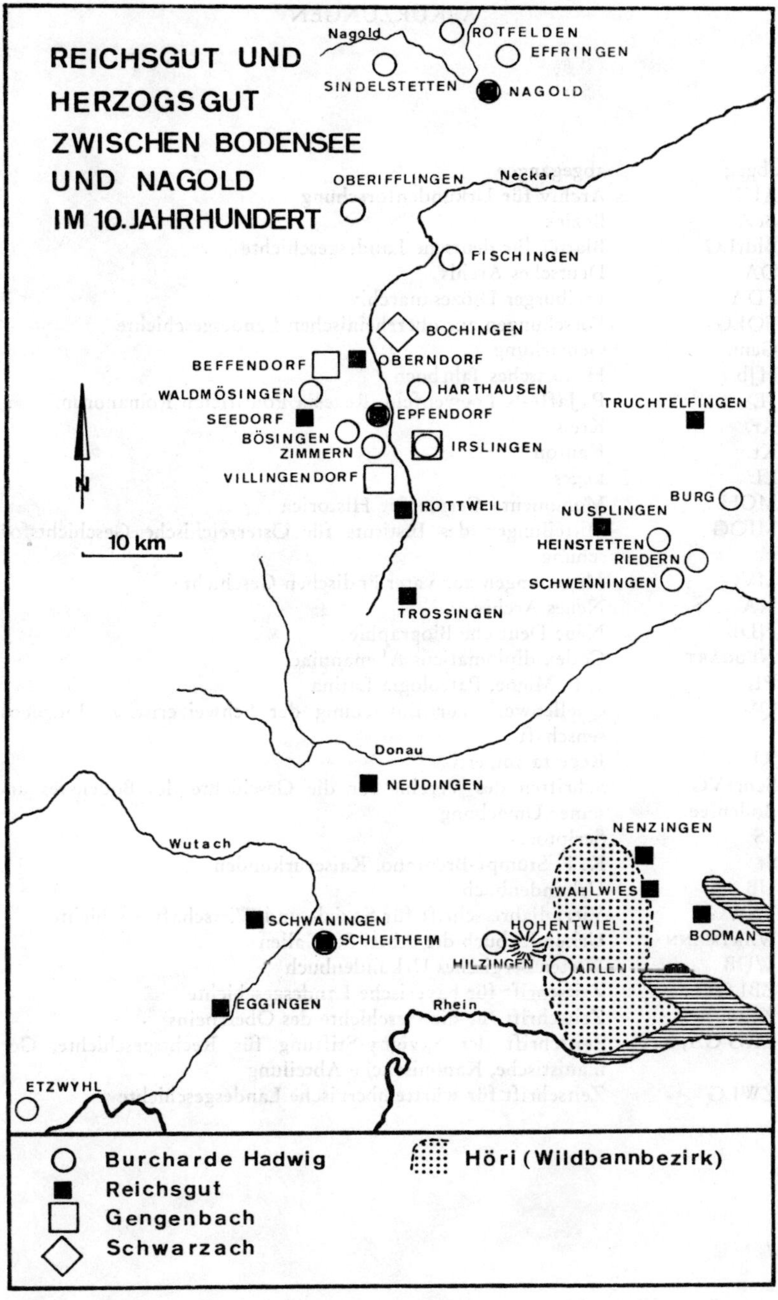
REICHSGUT UND
HERZOGSGUT
ZWISCHEN BODENSEE
UND NAGOLD
IM 10. JAHRHUNDERT
Nagold
ROTFELDEN
EFFRINGEN
SINDELSTETTEN
NAGOLD
OBERIFFLINGEN
Neckar
FISCHINGEN
BOCHINGEN
BEFFENDORF
OBERNDORF
WALDMÖSINGEN
HARTHAUSEN
TRUCHTELFINGEN
SEEDORF
EPFENDORF
BÖSINGEN
ZIMMERN
IRSLINGEN
VILLINGENDORF
N
ROTTWEIL
BURG
NUSPLINGEN
10 km
HEINSTETTEN
RIEDERN
SCHWENNINGEN
TROSSINGEN
Donau
NEUDINGEN
NENZINGEN
Wutach
WAHLWIES
SCHWANINGEN
HOHENTWIEL
BODMAN
SCHLEITHEIM
HILZINGEN
ARLEN
EGGINGEN
Rhein
ETZWYHL
Burcharde Hadwig
Reichsgut
Gengenbach
Schwarzach
Höri (Wildbannbezirk)

Karte Nr. 2

ABKÜRZUNGEN

abgeg.	abgegangen
AUF	Archiv für Urkundenforschung
Bez.	Bezirk
BldtLG	Blätter für deutsche Landesgeschichte
DA	Deutsches Archiv
FDA	Freiburger Diözesanarchiv
FOLG	Forschungen zur oberrheinischen Landesgeschichte
Gem.	Gemarkung
HJb	Historisches Jahrbuch
JL	P. Jaffé-S. Loewenfeld, Regesta Pontificum Romanorum
Kr.	Kreis
Kt.	Kanton
LL	Leges
MGH	Monumenta Germaniae Historica
MIÖG	Mitteilungen des Instituts für Österreichische Geschichtsforschung
MVG	Mitteilungen zur vaterländischen Geschichte
NA	Neues Archiv
NDB	Neue Deutsche Biographie
Neugart	Codex diplomaticus Alemanniae
PL	J. P. Migne, Patrologia Latina
QW	Quellenwerk zur Entstehung der Schweizerischen Eidgenossenschaft
RI	Regesta Imperii
SchrrVG Bodensee	Schriften des Vereins für die Geschichte des Bodensees und seiner Umgebung
SS	Scriptores
St	K. F. Stumpf-Brentano, Kaiserurkunden
UB	Urkundenbuch
VSWG	Vierteljahresschrift für Sozial- und Wirtschaftsgeschichte
Wartmann	Urkundenbuch der Abtei St. Gallen
WUB	Wirtembergisches Urkundenbuch
ZBLG	Zeitschrift für bayerische Landesgeschichte
ZGO	Zeitschrift für die Geschichte des Oberrheins
ZRG GA, KA	Zeitschrift der Savigny-Stiftung für Rechtsgeschichte, Germanistische, Kanonistische Abteilung
ZWLG	Zeitschrift für württembergische Landesgeschichte

QUELLEN- UND LITERATURVERZEICHNIS

A. Quellen

Annales Alamannici, ed. C. Henking, in: MVG 19 NF 9, 1884, S. 224–265.
Annales Altahenses maiores, ed. E. L. B. von Oefele, in: MG SS rer. Germ. i. u. sch., 1891.
Annales Einsidlenses, ed. G. H. Pertz, in: MG SS 3, S. 123–136, 1839.
Annales Fuldenses, ed. F. Kurze, in: MG SS rer. Germ. i. u. sch., 1891.
Annales Quedlinburgenses, ed. G. H. Pertz, in: MG SS 3, S. 72–90, 1839.
Annales Sangallenses maiores, ed. C. Henking, in: MVG 19 NF 9, 1884, S. 265–323.
Annalista Saxo, ed. G. Waitz, in: MG SS 6, S. 542–777, 1844.
Liutprandi Antapodosis, in: Liutprandi opera, ed. J. Becker, in: MG SS rer. Germ. i. u. sch., 1915(3).
Die Briefsammlung Gerberts von Reims, hg. v. Fr. Weigle, in: MG Briefe der deutschen Kaiserzeit Bd. 2, 1966.
Purchardi Carmen de gestis Witigonis abbatis Augiensis, ed. G. H. Pertz, in: MG SS 4, S. 621–632, 1841.
Ekkeharti Casus s. Galli, ed. G. Meyer von Knonau, in: MVG 15/16 NF 5/6, 1877.
Casus monasterii Petrishusensis, hg. v. O. Feger, in: Schwäbische Chroniken der Stauferzeit Bd. 3, 1956.
Die Chronik des Gallus Öhem, hg. v. K. Brandi, in: Quellen und Forschungen zur Geschichte der Abtei Reichenau Bd. 2, 1893.
Ekkehardi Chronicon universale, ed. G. H. Pertz, in: MG SS 6, S. 33–231, 1844.
Chronicon Ebersheimense, ed. L. Weiland, in: MG SS 23, S. 427–453, 1874.
Herimanni Augiensis Chronicon, ed. G. H. Pertz, in: MG SS 5, S. 67–133, 1844.
Thietmari Chronicon, ed. R. Holtzmann, in: MG SS rer. Germ. NS 9, 1955(2).
Die Zwiefalter Chroniken Ortliebs und Bertholds, hg. v. E. König und K. O. Müller, in: Schwäbische Chroniken der Stauferzeit Bd. 2, 1941.
Codex diplomaticus Alemanniae, ed. Tr. Neugart, T. I, 1791.
Codex Laureshamensis, ed. K. Glöckner, I–III, 1929–1936.
Continuatio Reginonis, in: Reginonis Chronicon, ed. F. Kurze, in: MG SS rer. Germ. i. u. sch., 1890.
Fontes rerum Germanicarum, ed. Fr. Böhmer, Bd. IV, 1869 (1969).
Hrotsvithae Gesta Ottonis, in: Hrotsvithae opera, ed. P. von Winterfeld, in: MG SS rer. Germ. i. u. sch., 1902 (1965).
Historia monasterii Marchtelanensis, ed. G. Waitz, in: MG SS 24, S. 660–683, 1879.
Historia Welforum, hg. v. E. König, in: Schwäbische Chroniken der Stauferzeit Bd. 1, 1938.
MG-Legum sectio II: Capitularia regum Francorum T. I, ed. A. Boretius, 1883, T. II, edd. A. Boretius et V. Krause, 1897 (1960).
MG-Legum sectio IV: Constitutiones et acta publica imperatorum et regum T. I, ed. L. Weiland, 1893.

Liber marcarum de anno 1353, hg. v. W. Haid, in: FDA 5, 1870, S. 66–118.
Liber quartarum in dioecesi Constantiensi de anno 1324, hg. v. W. Haid, in: FDA 4, 1869, S. 1–62.
Liber taxationis ecclesiarum et beneficiorum in dioecesi Constantiensi de anno 1353, hg. v. W. Haid, in: FDA 5, 1870, S. 1–118.
MG-Libri confraternitatum sancti Galli, Augiensis, Fabariensis, ed. P. Piper, 1884.
MG-Libri memoriales: T.I Liber memorialis Romaricensis, Text- und Tafelband, edd. E. Hlawitschka, K. Schmid, G. Tellenbach, 1970.
Miracula s. Verenae, ed. G. Waitz, in: MG SS 4, S. 451–460, 1841.
Miracula s. Waldburgis, ed. O. Holder-Egger, in: MG SS 15, 1, S. 535–555, 1887.
Monuments de l'histoire de l'ancien évêché de Bâle, ed. J. Trouillat, Bd. 1, 1852.
Notitiae Altorfenses, ed. O. Holder-Egger, in: MG SS 15, 2, S. 992–995, 1888.
Notitiae fundationis et traditionum monasterii s. Georgii in Nigra Silva, ed. O. Holder-Egger, in: MG SS 15, 2, S. 1005–1023, 1888.
Quellen zur Schweizer Geschichte Bd. III: Die ältesten Urkunden von Allerheiligen in Schaffhausen, Rheinau und Muri, hg. v. F. L. Baumann, G. Meyer von Knonau u. M. Kiem, 1883.
Quellenwerk zur Entstehung der Schweizerischen Eidgenossenschaft Abt. II Bd. 3: Urbare und Rödel, hg. v. P. Kläui, Stift Einsiedeln, Traditionsnotizen des 10.–14. Jahrhunderts, 1951.
Quellensammlung der badischen Landesgeschichte, ed. J. J. Mone, 3 Bde., 1848–1854.
Recueil des Historiens des Gaules et de la France, ed. M. Bouquet, Bd. 9, 1874.
Regesta Badensia. Urkunden des Großherzoglich Badischen General-Landes-Archivs von den ältesten bis zum Schlusse des zwölften Jahrhunderts, von C. G. Dümgé, 1836.
Regesta Alsatiae aevi Merovingici et Karolini 496–918, I. Quellenband, hg. v. A. Bruckner, 1949.
Regesta Imperii:
I. Die Regesten des Kaiserreichs unter den Karolingern 751–918, hg. v. J. F. Böhmer, E. Mühlbacher und J. Lechner, 1908(2) (1966).
II. Sächsisches Haus 919–1024.
1. Abt.: Die Regesten des Kaiserreichs unter Heinrich I. und Otto I. 919–973, hg. v. J. F. Böhmer und E. von Ottenthal, 1893 (1967).
2. Abt.: Die Regesten des Kaiserreichs unter Otto II. 955 (973)–983, hg. v. J. F. Böhmer und H. L. Mikoletzky, 1950.
3. Abt.: Die Regesten des Kaiserreichs unter Otto III. 980 (983)–1002, hg. v. J. F. Böhmer und M. Uhlirz, 1956.
4. Abt.: Die Regesten des Kaiserreichs unter Heinrich II. 1002–1024, hg. v. J. F. Böhmer, neubearb. v. Th. Graff, 1971.
Die Regesten der Bischöfe und des Domkapitels von Augsburg, hg. v. W. Volkert und Fr. Zoepfl, I/1 u. 2, 1955/64.
Die Regesten der Bischöfe und des Domkapitels von Bamberg, hg. v. E. von Guttenberg, Bd. 1, 1932/1963.
Regesta Episcoporum Constantiensium, edd. P. Ladewig, Th. Müller, Bd. 1, 1895.

Regesten der Bischöfe von Straßburg Bd. I, Teil 2: Regesten der Bischöfe von Straßburg bis zum Jahr 1202, hg. v. P. Wentzcke, 1908.
Widukindi rerum gestarum Saxonicarum libri tres, edd. H. E. Lohmann, P. Hirsch, in: MG SS rer. Germ. i. u. sch., 1935.
Das Melker Seelbuch der Straßburger Kirche, hg. v. W. Wiegand, in: ZGO 42 NF 3, 1888, S. 77–103, 192–205.
Das alte Merseburger Todtenbuch, hg. v. E. Dümmler, in: Neue Mittheilungen aus dem Gebiet historisch-antiquarischer Forschungen 11, 1867, S. 223–264.
MG-Diplomata
Die Urkunden der Karolinger
1. Bd.: Die Urkunden Pippins, Karlmanns und Karls des Großen, bearb. v. E. Mühlbacher, 1956(2).
3. Bd.: Die Urkunden Lothars I. und Lothars II., bearb. v. Th. Schieffer, 1966.
Die Urkunden der deutschen Karolinger
1. Bd.: Die Urkunden Ludwigs des Deutschen, Karlmanns und Ludwigs des Jüngeren, bearb. v. P. Kehr, 1956(2).
2. Bd.: Die Urkunden Karls III., bearb. v. P. Kehr, 1936/37.
3. Bd.: Die Urkunden Arnulfs, bearb. v. P. Kehr, 1955(2).
4. Bd.: Die Urkunden Zwentibolds und Ludwigs des Kindes, bearb. v. Th. Schieffer, 1960.
Die Urkunden der deutschen Könige und Kaiser
1. Bd.: Die Urkunden Konrad I., Heinrich I. und Otto I. 1956(2).
2. Bd.: Teil 1: Die Urkunden Otto des II., 1956(2).
Teil 2: Die Urkunden Otto des III., 1957(2).
3. Bd.: Die Urkunden Heinrichs II. und Arduins, 1957(2).
4. Bd.: Die Urkunden Konrads II., hg. v. H. Breßlau, 1957(2).
5. Bd.: Die Urkunden Heinrichs III., hg. v. H. Breßlau und P. Kehr, 1957(2).
6. Bd.: Die Urkunden Heinrichs IV., hg. v. D. von Gladiss, 1953/59.
Die Kaiserurkunden des X., XI. und XII. Jahrhunderts, in: Die Reichskanzler vornehmlich des X., XI. und XII. Jahrhunderts, hg. v. K. F. Stumpf-Brentano, 3 Bde., 1865–1883 (1960).
Bündner Urkundenbuch, hg. v. E. Meyer-Marthaler und F. Perret, 1. Bd., 1955.
Fürstenbergisches Urkundenbuch, hg. v. fürstlichen Hauptarchiv in Donaueschingen, 7 Bde., 1876–1891.
Urkundenbuch der Abtei St. Gallen, hg. v. H. Wartmann, Bd. 1, 1863, Bd. 2, 1866, Bd. 3, 1882.
Urkundenbuch der Stadt Straßburg, 1. Bd.: Urkunden und Stadtrechte bis zum Jahr 1266, bearb. v. W. Wiegand, 1879.
Urkundenbuch zur Geschichte der jetzt die Preussischen Regierungsbezirke Coblenz und Trier bildenden mittelrheinischen Territorien, hg. v. H. Beyer, Bd. 1, 1860.
Thurgauisches Urkundenbuch, hg. v. Fr. Schaltegger, 2 Bde., 1917/24.
Wirtembergisches Urkundenbuch, hg. v. Königl. Staatsarchiv in Stuttgart, 11 Bde., 1849–1913.
Urkundenbuch der Stadt und Landschaft Zürich, hg. v. J. Escher und P. Schweizer, Bd. 1, 1888.
Vita Heinrici II. imperatoris auctore Adalboldo, in: MG SS 4, S. 683–695, 1841.
Gerhardi Vita Oudalrici, ed. G. Waitz, in: MG SS 4, S. 377–428, 1841.

Vita s. Trudperti, ed. B. Krusch, in: MG SS rer. Merov. IV, S. 352–363, 1902.

B. Literatur und Nachschlagewerke

Bannasch, H., Zur Gründung und älteren Geschichte des Benediktinerklosters Selz im Elsaß, in: ZGO 117 NF 78, 1969, S. 97–160.

Bastian, J., Der Güterbesitz des Klosters St. Trudpert, in: Beiträge zur Geschichte von St. Trudpert, hg. v. Th. Mayer, 1937, S. 169–201.

Baumann, F. L., Über die Abstammung der sog. Kammerboten Erchanger und Berchtold. Zur schwäbischen Grafengeschichte, in: Württembergische Vierteljahrshefte für Landesgeschichte 1, 1878, S. 25–33.

–, Die Gaugrafschaften im wirtembergischen Schwaben, 1879.

Beck, M., St. Trudpert bis zum 10. Jahrhundert, in: Beiträge zur Geschichte von St. Trudpert, hg. v. Th. Mayer, 1937, S. 61–84.

Beyerle, Fr., Die Grundherrschaft der Reichenau, in: Die Kultur der Abtei Reichenau, hg. v. K. Beyerle, 1925, Bd. 1, S. 452–512.

–, Das Burgkloster auf dem Hohen Twiel, in: Hohentwiel. Bilder aus der Geschichte des Berges, hg. v. H. Berner, 1957, S. 125–135.

Beyerle, K., Von der Gründung bis zum Ende des freiherrlichen Klosters (724–1427), in: Die Kultur der Abtei Reichenau, hg. v. Ders., 1925, Bd. 1, S. 55–212.

Blatt, Fr., Novum Glossarium mediae Latinitatis ab anno 800 usque ad annum 1200 (L-Nym), 1957.

Bloch, H., und Wittich, W., Die Iura curiae in Munchwilare, in: ZGO 54 NF 15, 1900, S. 391–431.

Bresslau, H., Jahrbücher des deutschen Reiches unter Konrad II., 2 Bde., 1869/74, Nachdruck 1967.

Brühl, C., Die wirtschaftliche Bedeutung der Pfalzen für die Versorgung des Hofes von der fränkischen bis zur Stauferzeit, in: GWU 16, 1965, S. 505–515.

–, Fodrum, Gistum, Servitium regis. Studien zu den wirtschaftlichen Grundlagen des Königtums im Frankenreich und in den fränkischen Nachfolgestaaten Deutschland, Frankreich und Italien vom 6. bis zur Mitte des 14. Jahrhunderts, Kölner Historische Abhandlungen Bd. 14/I/II, 1968.

Büttner, H., Die frühmittelalterliche Besiedlung des Breisgaus, in: Schauinsland 65/66, 1938/39, S. 122–132.

–, Geschichte des Elsaß Bd. 1, 1939.

–, Franken und Alemannen im Breisgau und Ortenau, in: ZGO 91 NF 52, 1939, S. 323–359, wieder in: Ders., Schwaben und Schweiz, S. 31–59.

–, Reichsbesitz am nördlichen Kaiserstuhl, in: Schauinsland 67, 1941, S. 26–31.

–, Breisgau und Elsaß, in: Schauinsland 67, 1941, S. 3–25, wieder in: Ders., Schwaben und Schweiz, S. 61–85.

–, Waldkirch und Glottertal. Zur politischen Erfassung des Raumes zwischen Kaiserstuhl und Kandel im Mittelalter, 1941, Erstdruck in: Ders., Schwaben und Schweiz, S. 87–115, und wieder in: Schauinsland 91, 1973, S. 5–30.

–, Die Anfänge der Stadt Zürich, in: Schweiz. Zeitschrift f. Geschichte 1, 1951, S. 529–544, wieder in: Ders., Schwaben und Schweiz, S. 315–326.

–, Schwaben und Schweiz. Gesammelte Aufsätze, hg. v. H. Patze, Vorträge und Forschungen Bd. XV, 1972.

Burg, A. M., Das elsässische Herzogtum. Ein Überblick, in: ZGO 117 NF 78, 1969, S. 83–95.

CLAUSS, J. M. B., Historisch-topographisches Wörterbuch des Elsaß, 1. Lieferung A-Schl, 1895–1914.
DANNENBERG, H., Die deutschen Münzen der sächsischen und fränkischen Kaiserzeit, 5 Bde., 1876–1905.
DECKER-HAUFF, H. M., Die Ottonen und Schwaben, in: ZWLG 14, 1955, S. 233–371.
DIENEMANN-DIETRICH, I., Der fränkische Adel in Alemannien im 8. Jahrhundert, in: Vorträge und Forschungen Bd. I: Grundfragen der alemannischen Geschichte, hg. v. Th. Mayer, 1952 (1962), S. 149–192.
DIETRICH, I., Das Haus der Konradiner. Untersuchungen zur Verfassungsgeschichte der späten Karolingerzeit, Diss. phil. Marburg, 1952.
DÜMMLER, E., Geschichte des ostfränkischen Reiches, 3 Bde., 1887/88 (2).
EGGERS, A., Der königliche Grundbesitz im 10. und beginnenden 11. Jahrhundert, in: Quellen und Studien zur Verfassungsgeschichte des Deutschen Reiches in Mittelalter und Neuzeit Bd. 3, 2, 1909.
ERBEN, W., Die Anfänge des Klosters Selz, in: ZGO 46 NF 7, 1892, S. 1–37.
FLECKENSTEIN, J., Fulrad von Saint Denis und der fränkische Ausgriff in den süddeutschen Raum, in: Studien und Vorarbeiten zur Geschichte des großfränkischen und frühdeutschen Adels, hg. v. G. Tellenbach, FOLG Bd. 4, 1957, S. 9–39.
–, Über die Herkunft der Welfen und ihre Anfänge in Süddeutschland, ibd., S. 71–136.
–, Die Hofkapelle der deutschen Könige, 2 Bde. Schriften der MGH Bd. 16/I/II, 1959/66.
–, Bemerkungen zum Verhältnis von Königspfalz und Bischofskirche im Herzogtum Schwaben unter den Ottonen, in: Schauinsland 90, 1972, S. 51–59.
FRIEDEL, R., Geschichte des Fleckens Erstein, 1927.
GATRIO, A., Die Abtei Murbach im Elsaß, 2 Bde., 1895.
HAIDER, S., Die Wahlversprechungen der römisch-deutschen Könige bis zum Ende des 12. Jahrhunderts, Diss. phil. Wien, 1968.
HASELIER, G., Geschichte der Stadt Breisach am Rhein Bd. 1, 1969.
HAUCK, K., Kirchengeschichte Deutschlands Bd. 3, 1954 (8).
HEILMANN, A., Die Klostervogtei im rechtsrheinischen Teil der Diözese Konstanz bis zur Mitte des 13. Jahrhunderts, 1908.
HEIMPEL, H., Bisherige und künftige Erforschung deutscher Königspfalzen, in: GWU 16, 1965, S. 461–487.
HELLMANN, M., Der deutsche Südwesten in der Reichspolitik der Ottonen, in: ZWLG, 1959, S. 193–216.
HEUSINGER, BR., Servitium regis in der deutschen Kaiserzeit, in: Archiv für Urkundenforschung 8, 1923, S. 26–159.
HEYCK, E., Geschichte der Herzöge von Zähringen, 1891.
HILS, K., Die Grafen von Nellenburg im 11. Jahrhundert. Ihre Stellung zum Adel, zum Reich und zur Kirche, FOLG Bd. 19, 1967.
HIRSCH, S., Jahrbücher des deutschen Reiches unter Heinrich II., 3 Bde., 1862/75.
HLAWITSCHKA, E., Die Anfänge des Hauses Habsburg-Lothringen. Genealogische Untersuchungen zur Geschichte Lothringens und des Reiches im 9., 10. und 11. Jahrhundert, 1969.
HOLTZMANN, R., Geschichte der sächsischen Kaiserzeit (900–1024), 1967(5).

Jänichen, H., Baar und Huntari, in: Vorträge und Forschungen Bd. I: Grundfragen der alemannischen Geschichte, hg. v. Th. Mayer, 1952 (1962), S. 83–148.
–, »Dorf« und »Zimmern« am oberen Neckar, in: Alemannisches Jahrbuch 1954, S. 145–166.
–, Der Besitz des Klosters Stein am Rhein, in: Jahrbücher für Statistik und Landeskunde von Baden-Württemberg 4, 1958/59, S. 76–86.
Jakobs, H., Der Adel in der Klosterreform von St. Blasien, Kölner historische Abhandlungen Bd. 16, 1968.
Jan, H. L. von, Das Elsaß zur Karolingerzeit. Nachweise zur Ortskunde und Geschichte des Besitzes der reichsländischen Vorzeit, in: ZGO 46 NF 7, 1892, S. 193–242.
Kauss, D., Die mittelalterliche Pfarrorganisation in der Ortenau, 1970.
Keller, H., Kloster Einsiedeln im ottonischen Schwaben, FOLG Bd. 13, 1964.
–, Ottobeuren und Einsiedeln im 11. Jahrhundert, in: ZGO 112 NF 73, 1964, S. 373–411.
Kerkhoff, J., Die Grafen von Altshausen-Veringen. Die Ausbildung der Familie zum Adelsgeschlecht und der Aufbau ihrer Herrschaft im 11. und 12. Jahrhundert, in: Hohenzollerische Jahreshefte 24, 1964, S. 1–132.
Kienast, W., Der Herzogstitel in Frankreich und Deutschland (9.–12. Jahrhundert), 1968.
Kimpen, E., Zur Königsgenealogie der Karolinger- bis Stauferzeit, in: ZGO 103 NF 64, 1955, S. 35–115.
Kläui, P., Die Verwandtschaft des Kanzlers Hunfried mit Heinrich III., in: ZWLG 15, 1956, S. 284–287.
–, Hochmittelalterliche Adelsherrschaften im Zürichgau, in: Mitteilungen der antiquarischen Gesellschaft Zürich 40 H 2, 1960.
–, Untersuchungen zur Gütergeschichte des Klosters Einsiedeln vom 10.–14. Jahrhundert, in: Festgabe für H. Nabholz, 1944, S. 78–120.
Klewitz, H.-W., Das alemannische Herzogtum bis zur staufischen Epoche, in: Oberrheiner, Schwaben und Südalemannen, Arbeiten vom Oberrhein Bd. 2, hg. v. Fr. Maurer, 1942, S. 79–110.
Kloss, R., Das Grafschaftsgerüst des Deutschen Reiches im Zeitalter der Herrscher aus sächsischem Haus, Diss. phil. Breslau, 1940.
Knapp, E., Die Ulriche, ein frühmittelalterliches Grafengeschlecht am Bodensee, in: Schrr. VG Bodensee 36, 1907, S. 11–30.
–, Die älteste Buchhorner Urkunde, in: Württ. Vierteljahrshefte f. Landesgesch. NF 19, 1910, S. 155–265.
Köpke, R., und Dümmler, E., Kaiser Otto der Große, 1962 (2).
Krebs, M., Politische und kirchliche Geschichte der Ortenau, in: Die Ortenau 40, 1960, S. 133–245.
Krieger, A.: Topographisches Wörterbuch des Großherzogtums Baden, 2 Bde., 1904/05 (2).
Kropat, W.-A., Reich, Adel und Kirche in der Wetterau von der Karolinger- bis zur Stauferzeit, Schriften des Hess. Landesamts f. gesch. Landeskunde Bd. 28, 1965.
Krüger, E., Zur Herkunft der Zähringer, in: ZGO 45 NF 6, 1891, S. 553–635, und 46 NF 7, 1892, S. 478–541.
Kürzel, A., Benediktiner-Abtei Ettenheim-Münster, 1870.

Lewald, U., Studien zum Liber de Vita Christiana des Bonizo von Sutri mit besonderer Berücksichtigung des Eherechts, Diss. phil. Berlin, 1938.

Lintzel, M., Die Beschlüsse der deutschen Hoftage von 911 bis 1056, Historische Studien Bd. 161, 1924.

–, Heinrich I. und das Herzogtum Schwaben, in: Hist. Vierteljahrsschrift 24, 1929, S. 1–17, wieder in: Ders., Ausgewählte Schriften Bd. 2, 1961, S. 73–84.

–, Miszellen zur Geschichte des zehnten Jahrhunderts, Teil VII: Der Reichstag von Verona im Jahre 983, in: Berichte der sächsischen Akademie der Wissenschaften Leipzig, phil.-hist. Klasse 100, 2, 1953, S. 108–116, wieder in: Ders., Ausgewählte Schriften Bd. 2, 1961, S. 291–296.

List, K., Zur Frage der Stifter des Klosters Sulzburg im Breisgau, in: Schauinsland 84/85, 1966/67, S. 268–283.

Maurer, H., Das Land zwischen Schwarzwald und Randen im frühen und hohen Mittelalter. Königtum, Adel und Klöster als politisch wirksame Kräfte, FOLG Bd. 16, 1965.

–, Rottweil und die Herzöge von Schwaben. Zu den hochmittelalterlichen Grundlagen des Rottweiler Hofgerichts, in: ZRG GA 85, 1968, S. 59–77.

–, Palatium Constantiense. Bischofspfalz und Königspfalz im hochmittelalterlichen Konstanz, in: Adel und Kirche. Festschrift für G. Tellenbach, hg. v. J. Fleckenstein und K. Schmid, 1968, S. 374–388.

–, Fähre, Burg und Markt. Studien zum vorstädtischen Meersburg, in: Die Stadt in der europäischen Geschichte. Festschrift für E. Ennen, hg. v. W. Besch u. a., 1972, S. 259–269.

–, Der Bischofssitz Konstanz als Hauptstadt in Schwaben, in: Schrr. VG Bodensee 91, 1973, S. 1–15.

–, Konstanz als ottonischer Bischofssitz. Zum Selbstverständnis geistlichen Fürstentums im 10. Jahrhundert, Veröffentlichungen des Max-Planck-Instituts für Geschichte Bd. 39 (= Studien zur Germania sacra Bd. 12), 1973.

Maurer, H.-M., Zur Entstehung der hochmittelalterlichen Adelsburg in Südwestdeutschland, in: ZGO 117 NF 78, 1969, S. 295–332.

Mayer, H. E., Die Peterlinger Urkundenfälschungen und die Anfänge von Kloster und Stadt Peterlingen, in: DA 19, 1963, S. 30–129.

Mayer, J. G., Geschichte des Bistums Chur Bd. 1, 1907.

Mayer, Th., St. Trudpert und der Breisgau, in: Beiträge zur Geschichte von St. Trudpert, hg. v. Ders., 1937, S. 11–30, und wieder in: Ders., Mittelalterliche Studien, 1959, S. 273–288.

–, Die historisch-politischen Kräfte im Oberrheingebiet im Mittelalter, in: ZGO 91 NF 52, 1939, S. 1–24, wieder in: Ders., Mittelalterliche Studien, 1959, S. 387–403.

–, Das deutsche Königtum und sein Wirkungsbereich, in: Das Reich und Europa, 1941 (2), S. 52–74, und wieder in: Ders., Mittelalterliche Studien, 1959, S. 28–44.

–, Fürsten und Staat. Studien zur Verfassungsgeschichte des deutschen Mittelalters, 1950.

–, Die Anfänge des Stadtstaates Schaffhausen, in: Schaffhauser Beiträge zur vaterländischen Geschichte 31, 1954, S. 7–55.

–, Das schwäbische Herzogtum und der Hohentwiel, in: Hohentwiel. Bilder aus der Geschichte des Berges, hg. v. H. Berner, 1957, S. 88–113, und wieder in: Ders., Mittelalterliche Studien, 1959, S. 325–349.

–, Die Pfalz Bodman, in: Deutsche Königspfalzen. Beiträge zu ihrer historischen und politischen Erforschung Bd. 1, hg. v. H. Heimpel, Veröffentlichungen des Max-Planck-Instituts für Geschichte Bd. 11/1, 1963, S. 97–112.

Mayer-Edenhauser, Th., Zur Territorialbildung der Bischöfe von Basel, in: ZGO 91 NF 52, 1939, S. 225–322.

Metz, W., Das karolingische Reichsgut. Eine verfassungs- und verwaltungsgeschichtliche Untersuchung, 1960.

–, Heinrich »mit dem goldenen Wagen«, in: BldtLG 107, 1971, S. 136–161.

–, Tafelgut, Königsstraße und Servitium regis in Deutschland vornehmlich im 10. und 11. Jahrhundert, in: HJb 91, 1971, S. 257–291.

Meyer von Knonau, G., Zur älteren alemannischen Geschlechterkunde, in: Forschungen zur deutschen Geschichte 13, 1873, S. 69–86.

–, Der Besitz des Klosters St. Gallen in seinem Wachstum bis 920 nach Wartmann, Bd. I und II (Exkurs II), in: MVG 13 NF 3, 1872, S. 87–225.

Meyer-Marthaler, E., Rätien im frühen Mittelalter, Beiheft 7 der Zeitschrift für Schweizer Geschichte, 1948.

Miscoll-Reckert, I., Kloster Petershausen als bischöfliches Eigenkloster. Studien über das Verhältnis zu Bischof, Adel und Reform vom 10. bis 12. Jahrhundert, FOLG Bd. 24, 1973.

Naumann, H., Die Schenkung des Gutes Schluchsee an St. Blasien. Ein Beitrag zur Geschichte des Investiturstreites, in: DA 23, 1967, S. 388–404.

Niermeyer, J. F., Mediae Latinitatis Lexicon minus (A-Vac), 1954.

Ott, H., Das Urbar als Quelle für die Wüstungsforschung, in: ZGO 116 NF 77, 1968, S. 1–19.

Poupardin, R., Le Royaume de Bourgogne (888–1039), Bibliothèque de l'Ecole des hautes Etudes 163, 1907.

Reindel, K., Bayern unter den Liutpoldingern, in: Handbuch der bayerischen Geschichte, hg. von M. Spindler, Bd. 1, 1967, S. 206–237.

Rieckenberg, H. J., Königsstraße und Königsgut in liudolfingischer und frühsalischer Zeit 919–1065, in: Archiv für Urkundenforschung 17, 1941, S. 32–154, und wieder als Separatum, 1965.

Rosenstock-Huessy, E., Herzogsgewalt und Friedensschutz. Deutsche Provinzialversammlungen des 9.–12. Jahrhunderts, Untersuchungen zur Deutschen Staats- und Rechtsgeschichte H 104, 1910.

Roth, H., Geschichte des Frauenklosters und Chorherrenstifts St. Margareta in Waldkirch im Breisgau, 1944 (masch. Ms. in UB Freiburg i. Br., H 1089).

–, Die Gründer des Klosters Waldkirch, in: FDA 72, 1952, S. 54–73.

–, St. Peter und St. Martin bei Waldkirch. Ein Beitrag zur Frühgeschichte des Elztales unter Berücksichtigung der St. Peter- und St. Martinskirchen im Breisgau, 1953.

Rück, P., Die Urkunden der Bischöfe von Basel bis 1213. Vorarbeit zu den Regesta episcoporum Basiliensium, Quellen und Forschungen zur Basler Geschichte Bd. 1, 1966.

Schenk zu Schweinsberg, G., Genealogische Studien zur Reichsgeschichte, in: Archiv für hessische Geschichte und Altertumskunde NF 3 H 1, 1900, S. 349–377.

Schetter, R., Die Intervenienz der weltlichen und geistlichen Fürsten in den deutschen Königsurkunden von 911–1056, Diss. phil. Berlin, 1935.

Schlesinger, W., Erbfolge und Wahl bei der Königserhebung Heinrichs II. 1002, in: Festschrift für H. Heimpel Bd. 3, Veröffentlichungen des Max-Planck-Instituts für Geschichte Bd. 36/3, 1972, S. 1–36.

Schmid, K., Königtum, Adel und Klöster zwischen Bodensee und Schwarzwald (8.–12. Jahrhundert), in: Studien und Vorarbeiten zur Geschichte des großfränkischen und frühdeutschen Adels, hg. v. G. Tellenbach, FOLG Bd. 4, 1957, S. 225–334.

–, Zur Problematik von Familie, Sippe und Geschlecht, Haus und Dynastie beim mittelalterlichen Adel, in: ZGO 105 NF 66, 1957, S. 1–62.

–, Kloster Hirsau und seine Stifter, FOLG Bd. 9, 1959.

–, Die Thronfolge Ottos des Großen, in: ZRG GA 81, 1964, S. 80–163, mit Nachträgen wieder in: Königswahl und Thronfolge in ottonisch-frühdeutscher Zeit, hg. v. E. Hlawitschka, 1971, S. 417–508.

–, Probleme um den Grafen Kuno von Öhningen, in: Dorf und Stift Öhningen, hg. v. H. Berner, 1966, S. 43–88.

–, Adel und Reform in Schwaben, in: Investiturstreit und Reichsverfassung, hg. v. J. Fleckenstein, Vorträge und Forschungen Bd. XVII, 1973, S. 295–319.

Schmid, L., Älteste Geschichte der Hohenzollern Bd. 1, 1884.

Schmidt, J., Kirchen am Rhein. Eine karolingische Königspfalz, 1912.

Schmidt, R., Königsumritt und Huldigung in ottonisch-salischer Zeit, in: Vorträge und Forschungen Bd. VI, 1961.

Schmitt, U., Villa regalis Ulm und Kloster Reichenau. Untersuchung zur Pfalzfunktion des Reichsklostergutes in Alemannien (9.–12. Jahrhundert), Veröffentlichungen des Max-Planck-Instituts für Geschichte Bd. 42, 1974.

Schneider, R., Die Königserhebung Heinrichs II. im Jahre 1002, in: DA 28, 1972, S. 74–104.

Schoepflin, J. D., Alsatia illustrata T. I und II, 1751/61.

Schultze, W., Die Gaugrafschaften des alamannischen Badens, 1896.

Schwarzmaier, H., Über die Anfänge des Klosters Wiesensteig, in: ZWLG 18, 1959, S. 217–232.

–, Königtum, Adel und Klöster im Gebiet zwischen oberer Iller und Lech, Studien zur Geschichte des bayerischen Schwabens Bd. 7, 1961.

–, Emerkingen. Entstehung und Formen einer Adelsherrschaft im Mittelalter, in: ZWLG 25, 1966, S. 182–213.

–, Die Klöster der Ortenau und ihre Konvente in karolingischer Zeit, in: ZGO 119 NF 80, 1971, S. 1–31.

Semmler, J., Traditio und Königsschutz, in: ZRG KA 45, 1959, S. 1–33.

Sprandel, R., Das Kloster St. Gallen in der Verfassung des karolingischen Reiches, FOLG Bd. 7, 1958.

Sprandel-Krafft, L., Untersuchungen zur Geschichte Bischof Ulrichs von Augsburg, Diss. phil. Freiburg, 1962.

Stälin, Chr. Fr., Wirtembergische Geschichte Bd. 1, 1841.

Stein, Fr., Geschichte König Konrads I. von Franken, 1872.

Stengel, E. E., Udo und Hermann, die Herzöge vom Elsaß. Das Rätsel der ältesten Wetzlarer Geschichte, in: Hessisches Jahrbuch für Landesgeschichte 1, 1951, S. 42–71.

Stülpnagel, W., Der Breisgau im Hochmittelalter, in: Schauinsland, 1959, S. 3–17.

Sütterlin, B., Geschichte Badens Bd. 1: Frühzeit und Mittelalter, 1968 (2).
Tellenbach, G., Königtum und Stämme in der Werdezeit des deutschen Reiches, in: Quellen und Studien zur Verfassungsgeschichte des Deutschen Reiches in Mittelalter und Neuzeit Bd. 7, 4, 1939.
–, Vom karolingischen Reichsadel zum deutschen Reichsfürstenstand, in: Adel und Bauern im deutschen Staat des Mittelalters, hg. v. Th. Mayer, 1943, S. 22–73, und wieder in: Herrschaft und Staat im Mittelalter, hg. v. H. Kämpf, 1956, S. 191–242.
–, (zusammen mit J. Fleckenstein u. K. Schmid) Kritische Studien zur großfränkischen und alemannischen Adelsgeschichte, in: ZWLG 15, 1956, S. 169–190.
–, Der großfränkische Adel und die Regierung Italiens in der Blütezeit des Karolingerreiches, in: Studien und Vorarbeiten zur Geschichte des großfränkischen und frühdeutschen Adels, hg. v. Ders., FOLG Bd. 4, 1957, S. 40–70.
–, Augsburgs Stellung in Schwaben und im deutschen Reich während des Hochmittelalters, in: Augusta 955–1955, 1955, S. 61–69.
Uhlirz, K., Jahrbücher des deutschen Reiches unter Otto II. und Otto III. Erster Band: Otto II. 973–983, 1902.
Uhlirz, M., Der Fürstentag zu Mainz im Februar–März 983, in: MIÖG 58, 1950, S. 267–284.
–, Jahrbücher des Deutschen Reiches unter Otto II. und Otto III. Zweiter Band: Otto III. 983–1002, 1954.
Vollmer, Fr., Die Etichonen. Ein Beitrag zur Frage der Kontinuität früher Adelsfamilien, in: Studien und Vorarbeiten zur Geschichte des großfränkischen und frühdeutschen Adels, hg. v. G. Tellenbach, FOLG Bd. 4, 1957, S. 137–184.
Waitz, G., Jahrbücher des Deutschen Reichs unter König Heinrich I., 1963(4).
–, Deutsche Verfassungsgeschichte, 8 Bde., 1953/55 (Nachdruck der 2., 3. u. 4. Auflage).
Warnke-Zoller, G., König und Herzog. Studien zur Politik der Liudolfingerkönige, Diss. phil. Freiburg, 1947.
Weller, K., Geschichte des schwäbischen Stammes bis zum Untergang der Staufer, 1944.
Werkmann, L., Beiträge zur Geschichte des Frauenstifts Waldkirch, in: FDA 3, 1868, S. 123–163.
Werle, H., Titelherzogtum und Herzogsherrschaft, in: ZRG GA 73, 1956, S. 225–299.
Werner, K. F., Heeresorganisation und Kriegführung im deutschen Königreich des 10. und 11. Jahrhunderts, in: Ordinamenti militari in occidente nell' alto medioevo T. II, Settimane di studio del centro italiano di studi sull'alto medioevo, 15, 2, 1968, S. 791–843.
Wetzel, M., Waldkirch im Elztal. Stift, Stadt und Amtsbezirk Teil 1, 1912.
Witte, H., Der heilige Forst und seine ältesten Besitzer, in: ZGO 51 NF 12, 1897, S. 193–244.
Wollasch, H. J., Die Anfänge des Klosters St. Georgen im Schwarzwald. Zur Ausbildung der geschichtlichen Eigenart eines Klosters innerhalb der Hirsauer Reform, FOLG Bd. 14, 1964.
Zoepfl, Fr., Das Bistum Augsburg und seine Bischöfe im Mittelalter, Geschichte des Bistums Augsburg und seiner Bischöfe Bd. 1, 1955.

REGISTER

Vorbemerkung: Aufgenommen sind, von wenigen Ausnahmen abgesehen, nur die Ortsnamen des südwestdeutschen Raumes. Die Angabe des Kreises oder Kantons findet sich in der Regel nur zur Abgrenzung gleichnamiger Orte. Personennamen, die im Text mit mehreren Varianten vorkommen, erscheinen hier meistens nur in ihrer deutschen Schreibweise.

Abkürzungen: A. = Abt, B. = Bischof, Eb. = Erzbischof, Gem. = Gemahl(in), Gf(n). = Graf(en), Hz. = Herzog, Kg. = König, Kl. = Kloster, Kr. = Kreis, Ks. = Kaiser, Kt. = Kanton, M. = Mönch, P. = Propst, S. = Sohn, T. = Tochter, V. = Vogt.

Sonderbände der Reihe „Vorträge und Forschungen"

Herausgegeben vom Konstanzer Arbeitskreis für mittelalterliche Geschichte
Sämtliche Bände 13,5 x 21,3 cm. Broschur

Sbd 1 Das Kaisertum Ottos des Großen

Helmut Beumann: Das Kaisertum Ottos des Großen. Ein Rückblick nach tausend Jahren · Exkurs (1963): Kaisersigna unter Papsturkunden im 10. Jahrhundert · Heinrich Büttner: Der Weg Ottos des Großen zum Kaisertum. 1963. 80 Seiten. ISBN 3-7995-6661-9

Sbd 2 Heinrichs I. Südwest- und Westpolitik

Von Heinrich Büttner. Die Anfänge 919–922 · Die Entwicklung in Lothringen 923–926 · Schwaben und Hochburgund bis zum Jahre 926 · Der Westen 927–933 · Der Ausklang bis zum Vertrag von 935. 1964. 96 S. ISBN 3-7995-6662-7

Sbd 3 Lorsch und St. Gallen in der Frühzeit

Heinrich Büttner: Lorsch und St. Gallen · Johannes Duft: Die Klosterbibliotheken von Lorsch und St. Gallen als Quellen mittelalterlicher Bildungsgeschichte. 1965. 46 Seiten. ISBN 3-7995-6663-5

Sbd 4 Markturkunde und Markt in Frankreich und Burgund vom 9. bis 11. Jahrhundert

Von Traute Endemann. Die Markturkunden im 9. Jahrhundert · Der Markt in den Urkunden des 10. Jahrhunderts · Die Markturkunden im 11. Jahrhundert · Markt und Münze vom 9. bis 11. Jahrhundert · Portus · Burgus · Salvitas · Markt und Marktort · Die Erscheinungsformen des Marktes. 1964. 248 Seiten mit 1 Kartenbeilage. ISBN 3-7995-6664-3

Sbd 5 Germanische Stammeskunde zwischen den Wissenschaften

Von Ernst Schwarz. Germanische Volksbewegungen vor und um Christi Geburt · Das ostfränkische Problem, sprach- und siedlungsgeschichtlich gesehen. 1967. 92 Seiten mit 9 Karten. ISBN 3-7995-6665-1

Sbd 6 Vogtei und Herrschaft im alemannisch-burgundischen Grenzraum

Von Traute Endemann. Einleitung · Romainmôtier · Defensio, Vogtei und Garde · Entwicklung und Formen der Vogtei. 1967. 56 Seiten mit 1 Karte. ISBN 3-7995-6666-x

Sbd 7 Struktur und Geschichte

Drei Volksaufstände im mittelalterlichen Prag

Von František Graus. Zur Problematik der modernen Geschichtswissenschaft · Prag 1389 – 1419 – 1422 · Zur Deutung spätmittelalterlicher Volksbewegungen in den Städten. 1971. 96 Seiten. ISBN 3-7995-6667-8

Sbd 8 Adel, Kirche und Königtum im Westgotenreich

Von Dietrich Claude. Einleitung · Die Frühzeit · Die Zeit der Wanderungen im Römischen Reich · Das tolosanische Reich (418–507) · Die Jahrzehnte der Reichskrise (507–568) · Die Dynastie Leovigilds (568–603) · Die Rückkehr zur Wahlmonarchie (603–642) · Chindasvinth und Reccesvinth (642–672) · Die letzten Jahrzehnte des Westgotenreiches (672–711) · Zusammenfassung · Die Könige der Westgoten · Register. 1971. 216 Seiten. ISBN 3-7995-6668-6

Sbd 9 Beiträge zur Geschichte Italiens im 12. Jahrhundert

Raoul Manselli: Grundzüge der religiösen Geschichte Italiens im 12. Jahrhundert · Paolo Lamma: Byzanz kehrt nach Italien zurück · Alfred Haverkamp: Friedrich I. und der hohe ital. Adel. 1971. 96 S. ISBN 3-7995-6669-4

Sbd 10 Papst und Frankenkönig

Studien zu den päpstlich-fränkischen Rechtsbeziehungen von 754 bis 824

Von Wolfgang H. Fritze. Der Forschungsstand · Freundschaftsbund und Schutzversprechen in den päpstlich-fränkischen Verträgen der Jahre 816/17. Das foedus fidei et caritatis zwischen Karl d. Gr. und Papst Leo III. von 796 · Freundschaftsbund und Schutzversprechen im päpstlich-fränkischen Vertragswerk von 774 · Freundschaftsbund und Schutzversprechen im päpstlich-fränkischen Vertragswerk von 754. 1973. 100 Seiten. ISBN 3-7995-6670-8

Sbd 11 Die ostsächsischen Städte zwischen Oberweser und mittlerer Elbe im Investiturstreit

Von Berent Schwineköper. In Vorbereitung. ISBN 3-7995-6671-6

Sbd 12 Die Gründungstradition des Erfurter Petersklosters

Von Matthias Werner. Einleitung. – I. Die ältesten Zeugnisse der Gründungstradition · Der Zusatz zu den Annalen Lamperts von Hersfeld · Der Zusatz in der Erfurter Handschrift der Frutolf-Ekkehard-Chronik · Die Dagobert-Fälschung. – II. Die Situation des Petersklosters im 12. Jh. · Allgemeiner Überblick über die Geschichte des Petersklosters im 11./12. Jh. · Die Beziehungen des Petersklosters zu König und Erzbischof · Stellung und Gründungstradition der Stifte St. Marien und St. Severi im 11./12. Jh. – III. Hintergrund und Motive der Gründungstradition. 1973. 124 S. ISBN 3-7995-6672-4

Sbd 13 Reichsabtei Salem

Verfassungs- und Wirtschaftsgeschichte des Zisterzienserklosters von der Gründung 1134 bis zur Mitte des 14. Jhs.

Von Werner Rösener. Salem, aus bescheidenen Anfängen zum reichsten Kloster Schwabens emporgerückt, eng mit der oberschwäbischen Umwelt, mit Adel, Kirche und Stadtbürgertum verflochten, ist ein Beispiel der Besitz- und Herrschaftsverhältnisse Süddeutschlands im Mittelalter. 1974. 260 Seiten mit einer Faltkarte. ISBN 3-7995-6673-2

Sbd 14 Entwicklung und Spätformen der Leibeigenschaft am Beispiel der Heiratsbeschränkungen

Die Ehegenoßsame im alemannisch-schweizerischen Raum

Von Walter Müller. Die Untersuchung geht von den weitgehenden Ehebeschränkungen der unfreien Bevölkerung im Mittelalter aus und schildert die von den Grund- und Leibherren gegen Heiraten ihrer Eigenleute mit Ungenossen getroffenen Maßnahmen. Neben Vereinbarungen über die Kinder aus solchen Ehen und über den Austausch der Frauen standen im südalemannischen Raum und in der deutschen Schweiz die sog. Raub- und Wechselverträge im Vordergrund. Genoßsameverbände bestanden vor allem im Zürichgau und im weiteren Bodenseeraum, wo die Ehegenoßsame der zwölfeinhalb Gotteshäuser – eine Spätform der Leibeigenschaft – bis über die Mitte des 18. Jhs. galt. 1974. 176 Seiten, 1 Ausschlagkarte.
ISBN 3-7995-6674-0

Aus Verfassungs- und Landesgeschichte

Festschrift zum 70. Geburtstag von Theodor Mayer

Band I: Zur Allgemeinen und Verfassungsgeschichte. 2. Auflage 1973. 332 S und 3 Bildtafeln. 17 x 24 cm. Leinen. ISBN 3-7995-7706-8

Band II: Geschichtliche Landesforschung, Wirtschaftsgeschichte, Hilfswissenschaften. 2. Aufl. 1973. 438 Seiten und 1 Ausschlagtafel, 17 x 24 cm. Leinen ISBN 3-7995-7707-6

Theodor Mayer

Mittelalterliche Studien

Gesammelte Aufsätze. Festschrift zum 75. Geburtstag von Theodor Mayer

Der Vertrag von Verdun · Das deutsche Königtum und sein Wirkungsbereich · Die mittelalterliche deutsche Kaiserpolitik und der deutsche Osten · Das Kaisertum und der Osten im Mittelalter · Geschichtliche Grundlagen der deutschen Verfassung · Staat und Hundertschaft in fränkischer Zeit · Königtum und Gemeinfreiheit im frühen Mittelalter · Bemerkungen und Nachträge zum Problem der freien Bauern · Über Entstehung und Bedeutung der älteren deutschen Landgrafschaften · Das österreichische Privilegium minus · Zur Frage der Städtegründung im Mittelalter · Die Anfänge von Lübeck · St. Trudpert und der Breisgau · Konstanz und St. Gallen in der Frühzeit · Das schwäbische Herzogtum und der Hohentwiel · Der Staat der Herzöge von Zähringen · Die Zähringer und Freiburg im Breisgau · Die Habsburger am Oberrhein im Mittelalter · Die historisch-politischen Kräfte im Oberrheingebiet im Mittelalter · Die Besiedlung und politische Erfassung des Schwarzwaldes im Hochmittelalter · Aufgabe der Siedlungsgeschichte in den Sudetenländern · Zur Geschichte der nationalen Verhältnisse in Prag. 3. Auflage 1972. 516 Seiten mit 1 Bildtafel, 4 Karten im Text und 10 Königsitineraren als Kartenbeilage. 17 x 24 cm. Leinen. ISBN 3-7995-7003-9

Danksagung an Theodor Mayer zum 85. Geburtstag

Mit einem Foto, dem Festvortrag von Professor Dr. Josef Fleckenstein, dem vollständigen Verzeichnis der vom 24. 8. 1963 bis 23. 8. 1968 veröffentlichten Protokolle des Konstanzer Arbeitskreises für mittelalterliche Geschichte (Konstanzer Reihe und Hessische Reihe) sowie dem Register der Vortragenden. - 52 Seiten, Glanzkartonbroschur. ISBN 3-7995-6902-2

Theodor Mayer zum Gedenken

Am 26. November 1972 starb Theodor Mayer. Der Konstanzer Arbeitskreis für mittelalterliche Geschichte e. V. widmete seinem Gründer und langjährigen Präsidenten am 10. April 1973 im Ratssaal der Stadt Konstanz eine Gedenkstunde. Das Buch enthält die Ansprachen des Kulturreferenten der Stadt, Dr. Lothar Klein, des Vorsitzenden des Arbeitskreises, Universitätsprofessor Dr. Helmut Beumann, und des Präsidenten der Monumenta Germaniae Historica, Universitätsprofessor Dr. Horst Fuhrmann. – Mit einem Foto, dem revidierten und in den bibliographischen Daten ergänzten Gesamtverzeichnis der von 1951 bis 1973 veröffentlichten Protokolle des Konstanzer Arbeitskreises für mittelalterliche Geschichte (Konstanzer Reihe und Hessische Reihe) sowie dem Register der Vortragenden. 1974. 80 S. 16,5x23,5 cm. ISBN 3-7995-6903-0